马克思主义理论研究
和建设工程重点教材

当代西方哲学思潮评析

《当代西方哲学思潮评析》编写组

主　编　丁立群

副主编　朱志方　欧阳谦　罗跃军

主要成员

（以姓氏笔画为序）

王晓东　刘振怡　苏德超

何卫平　张　旭　张廷国

陈江进　高来源

高等教育出版社·北京

图书在版编目(CIP)数据

当代西方哲学思潮评析 /《当代西方哲学思潮评析》编写组编. -- 北京：高等教育出版社，2021.9（2024.12重印）

马克思主义理论研究和建设工程重点教材

ISBN 978-7-04-056941-4

Ⅰ. ①当… Ⅱ. ①当… Ⅲ. ①西方哲学-现代哲学-哲学思潮-教材 Ⅳ. ①B5

中国版本图书馆 CIP 数据核字(2021)第 178007 号

当代西方哲学思潮评析
DANGDAI XIFANG ZHEXUE SICHAO PINGXI

责任编辑	吴佳宁 李 喆	封面设计	王 鹏	版式设计	童 丹	责任校对	王 雨
责任印制	赵 佳						

出版发行	高等教育出版社	网 址	http://www.hep.edu.cn
社 址	北京市西城区德外大街4号		http://www.hep.com.cn
邮政编码	100120	网上订购	http://www.hepmall.com.cn
印 刷	北京中科印刷有限公司		http://www.hepmall.com
开 本	787mm×1092mm 1/16		http://www.hepmall.cn
印 张	26.25		
字 数	460 千字	版 次	2021年9月第1版
购书热线	010-58581118	印 次	2024年12月第5次印刷
咨询电话	400-810-0598	定 价	52.00元

本书如有缺页、倒页、脱页等质量问题，请到所购图书销售部门联系调换
版权所有 侵权必究
物 料 号 56941-A0

目　录

绪　论 ·· 1
　　一、当代西方哲学思潮的背景 ··· 1
　　二、当代西方哲学思潮的演变 ··· 6
　　三、研究当代西方哲学思潮的意义与方法 ································ 16

第一章　意志主义 ·· 20
第一节　叔本华的意志主义 ··· 20
　　一、意志与本体 ·· 20
　　二、直观与艺术 ·· 23
　　三、悲剧与人生 ·· 25
第二节　尼采的意志哲学 ·· 26
　　一、权力意志 ··· 27
　　二、重估一切价值 ··· 28
　　三、超人与永恒轮回 ··· 30
第三节　克尔凯郭尔的生存哲学 ·· 32
　　一、个体存在论 ·· 32
　　二、主观真理论 ·· 34
　　三、生存境界论 ·· 36
第四节　对意志主义与生存哲学的评析 ·································· 38

第二章　实证主义 ·· 41
第一节　孔德的实证哲学 ·· 41
　　一、实证哲学的特点 ··· 41
　　二、三阶段定律 ·· 42
　　三、社会学与新宗教 ··· 43
第二节　密尔的实验推理方法 ··· 45
　　一、语言与逻辑 ·· 45
　　二、知识与方法 ·· 48

三、功利主义与自由 ………………………………………… 51
第三节 斯宾塞的社会进化论 ……………………………………… 54
一、综合哲学 ………………………………………………… 54
二、社会有机体及其进化 …………………………………… 55
三、理性的功利主义 ………………………………………… 57
第四节 对实证主义的评析 ………………………………………… 60

第三章 新康德主义 …………………………………………………… 63
第一节 柯亨的纯粹哲学 …………………………………………… 63
一、纯粹认识的逻辑 ………………………………………… 63
二、纯粹意志的伦理学 ……………………………………… 66
第二节 弗莱堡学派的价值哲学 …………………………………… 67
一、价值学说 ………………………………………………… 68
二、自然科学与社会历史科学的区分 ……………………… 70
第三节 卡西尔的符号形式哲学 …………………………………… 73
一、人是符号的动物 ………………………………………… 73
二、符号的形式及其功能 …………………………………… 77
第四节 对新康德主义的评析 ……………………………………… 82

第四章 经典实用主义 ………………………………………………… 86
第一节 皮尔士的实效主义 ………………………………………… 86
一、对笛卡儿主义的批判 …………………………………… 87
二、信念理论 ………………………………………………… 88
三、皮尔士的意义理论 ……………………………………… 92
第二节 詹姆斯的实用主义 ………………………………………… 94
一、彻底经验与意识流 ……………………………………… 94
二、方法论与真理观 ………………………………………… 97
三、信仰意志与道德 ………………………………………… 99
第三节 杜威的经验自然主义 ……………………………………… 100
一、对哲学的改造 …………………………………………… 100
二、原经验理论 ……………………………………………… 101
三、实验主义 ………………………………………………… 105

四、民主与教育……………………………………………………… 107
　第四节　对经典实用主义的评析………………………………………… 108

第五章　前期分析哲学……………………………………………………… 111
　第一节　弗雷格和罗素的逻辑分析方法………………………………… 111
　　一、弗雷格与现代逻辑的诞生……………………………………… 111
　　二、罗素的逻辑原子主义与摹状词理论…………………………… 119
　第二节　前期维特根斯坦的语言哲学…………………………………… 124
　　一、世界的基本结构………………………………………………… 125
　　二、命题的意义……………………………………………………… 127
　　三、哲学问题………………………………………………………… 128
　第三节　维也纳学派与逻辑经验主义…………………………………… 130
　　一、意义标准………………………………………………………… 131
　　二、理论语言的意义………………………………………………… 133
　　三、形而上学不是科学……………………………………………… 135
　　四、理论评价的逻辑………………………………………………… 137
　第四节　对前期分析哲学的评析………………………………………… 139

第六章　科学哲学…………………………………………………………… 142
　第一节　波普学派的证伪主义…………………………………………… 142
　　一、证伪与科学划界………………………………………………… 142
　　二、确认度与逼真度………………………………………………… 145
　　三、科学研究纲领方法论…………………………………………… 149
　第二节　库恩的科学历史主义…………………………………………… 153
　　一、范式……………………………………………………………… 153
　　二、常规科学………………………………………………………… 156
　　三、不可通约性……………………………………………………… 158
　第三节　费耶阿本德的方法论的无政府主义…………………………… 164
　　一、反归纳法和方法论的无政府主义……………………………… 165
　　二、科学人道主义…………………………………………………… 166
　第四节　对科学哲学的评析……………………………………………… 167

第七章 现象学·········170

第一节 胡塞尔的意识现象学·········170
一、现象学方法·········170
二、意向性分析·········174
三、交互主体性现象学·········176
四、生活世界现象学·········179

第二节 舍勒的情感现象学·········181
一、现象学经验·········182
二、情感现象学·········183
三、价值现象学·········185
四、宗教现象学·········186

第三节 海德格尔的此在现象学·········188
一、基础存在论·········188
二、此在的本真存在和非本真存在·········191
三、此在与时间·········193
四、海德格尔后期思想·········194

第四节 梅洛-庞蒂的知觉现象学·········196
一、知觉的首要地位·········197
二、身体-主体与世界·········199
三、自我与他者·········202

第五节 对现象学的评析·········205

第八章 存在主义·········208

第一节 马塞尔基督教的存在主义·········208
一、神秘体验与问题处境·········208
二、对反思的区分·········210
三、存在与存有·········211

第二节 雅斯贝尔斯的生存哲学·········212
一、生存哲学视域下的"大全"·········213
二、自由与超越·········214
三、世界哲学体系的构想·········216

第三节 萨特的存在主义·········217

一、现象学本体论 218
　　　二、人的绝对自由 225
　　　三、历史人学理论 229
　第四节　对存在主义的评析 233

第九章　哲学解释学 236
　第一节　哲学解释学的起源 236
　　　一、施莱尔马赫的普遍解释学 237
　　　二、狄尔泰的精神科学解释学 239
　　　三、海德格尔的存在论解释学 242
　第二节　伽达默尔的哲学解释学 244
　　　一、真理与方法 244
　　　二、理解的历史性 245
　　　三、理解的语言性 249
　　　四、理解的实践性 250
　第三节　利科的哲学解释学 251
　　　一、解释学的迂回道路 251
　　　二、文本的理论 252
　　　三、文本理论的扩大：从文本到行动 257
　第四节　对哲学解释学的评析 258

第十章　批判的社会理论 261
　第一节　霍克海默、阿多尔诺的社会批判理论 261
　　　一、理论的批判本性与辩证法的否定精神 262
　　　二、对启蒙精神的批判 266
　　　三、对文化工业的批判 269
　第二节　马尔库塞的社会批判思想 271
　　　一、马克思异化理论与弗洛伊德精神分析学的结合 271
　　　二、文明压抑与爱欲解放 272
　　　三、单向度的人 275
　第三节　哈贝马斯的交往行为理论 278
　　　一、交往行为与社会进化 278

二、意识形态批判 282
　　三、理性重建与交往合理化 285
第四节　对法兰克福学派思想的评析 289

第十一章　后期分析哲学 293
第一节　后期维特根斯坦的语言哲学 293
　　一、语言游戏 294
　　二、私人语言与遵守规则 297
　　三、哲学治疗 298
第二节　日常语言学派 301
　　一、摩尔与常识实在论 301
　　二、赖尔的哲学制图法与奥斯汀的言语行为理论 304
　　三、斯特劳森的日常语言哲学 312
第三节　新实用主义 317
　　一、蒯因的分析的实用主义 318
　　二、罗蒂的新实用主义哲学 325
第四节　对后期分析哲学的评析 330

第十二章　结构主义与后结构主义 333
第一节　列维-斯特劳斯的结构人类学 333
　　一、结构主义方法论 334
　　二、亲属关系的基本结构 336
　　三、神话要素的结构分析 338
第二节　福柯的权力分析 339
　　一、知识考古学与话语构成 340
　　二、谱系学与权力—知识分析 342
　　三、自我伦理与生存美学 344
第三节　巴尔特的符号学理论 346
　　一、结构主义符号学 346
　　二、现代神话的符号学分析 348
　　三、文学科学与文本理论 349
第四节　德里达的解构主义 351

一、后结构主义转向 352
　　二、解构形而上学 354
　　三、不可解构的正义 356
　第五节　对结构主义和后结构主义的评析 357

第十三章　自由主义与共和主义 361
　第一节　罗尔斯的平等自由主义 361
　　一、无知之幕 361
　　二、平等的正义原则 364
　　三、中立性与政治自由主义 367
　第二节　诺齐克的自由至上主义 370
　　一、资格理论 370
　　二、对罗尔斯的批判 374
　第三节　阿伦特的共和主义 376
　　一、人的境况 377
　　二、公共领域 380
　　三、美国革命的启示 382
　第四节　对政治哲学的评析 384

结　语　当代西方哲学的发展趋势 387
　　一、当代英美分析哲学发展概况 387
　　二、当代欧洲大陆哲学发展概况 391
　　三、当代西方哲学发展的主要趋势 396

阅读文献 402
人名译名对照表 405

后　记 409

绪　　论

在西方哲学领域，"当代"和"现代"的含义不同于其他领域，如文学史领域，"现代"和"当代"之间是有严格区分的。而在西方哲学领域，"现代"和"当代"之间并未做严格区分。从时间上说，它们都是相对于西方古代、近代哲学史而言的。换言之，现代西方哲学思潮和当代西方哲学思潮是一致的。但是，由于"现代"与"近代"在英语中是一个词汇（modern），而"当代"（contemporary）一词又含有"现代"的含义，"现代"（modern）一词极易造成现代与近代的混淆，所以，我们采用"当代西方哲学思潮"的表述。同时，我们也考虑了与西方哲学史教材内容上的衔接性。在西方哲学史中，德国古典哲学终结了传统哲学，此后，西方哲学便演进到当代。当代西方哲学思潮是指黑格尔哲学产生后即19世纪中期开端的，与马克思主义哲学在时间上并行的，在西方资本主义国家流行的各种哲学思潮的总称。当代西方哲学思潮在广义上应包括流传于当代西方的马克思主义哲学，但由于西方马克思主义在国内有些高校是单独开设课程的，为避免重复，本书原则上不包括西方马克思主义的内容，只是为了保持思想流派的完整性以及哲学家思想的完整性，介绍了部分西方马克思主义的内容。

一、当代西方哲学思潮的背景

当代西方哲学思潮与近代西方哲学相衔接，它们既相互联系又有根本的区别。其产生，有着独特的社会背景和思想背景。

（一）当代西方哲学思潮产生的社会背景

就当代西方哲学思潮产生的社会历史背景来说，由于当代西方哲学思潮覆盖的时间跨度较大，很难做出比较完善的概括。但是，有些社会历史的变化对当代西方哲学思潮的影响是学者们公认的。

习近平在哲学社会科学工作座谈会上的讲话指出，"20世纪以来，社会矛盾不断激化，为缓和社会矛盾、修补制度弊端，西方各种各样的学说都在开药方，包括凯恩斯主义、新自由主义、新保守主义、民主社会主义、实用主义、存在主义、结构主义、后现代主义等，这些既是西方社会发展到一定阶段的产物，也深刻影响着西方社会"[①]。这就深刻揭示了当代西方哲学思潮与西方社会的本质联系。

---

① 习近平：《在哲学社会科学工作座谈会上的讲话》，人民出版社2016年版，第4页。

西方自近代以来的资本主义现代化，经历了主体性的崛起和个性的解放，但由于资本的逐利性，逐渐演变为一种总体上的物质主义现代化，即把现代化界定在劳动生产率的提高上。这种现代化运动逐渐普及到整个世界：在广大的后发展国家普遍兴起了以西方现代化为榜样的"追赶式"的现代化热潮。然而，这种现代化运动在其发展过程中，逐渐显示出固有的弊端，诸如，这种物质主义的现代化导致了人与自然关系的危机、人与人关系的危机以及人自身的危机等。这些自然、社会以及人的危机在思想观念上和文化上，导致西方知识分子对西方式的现代化及其文化意识形态——现代性问题进行了尖锐的批判，在实践上则导致现代化在内容、途径和目标上的多元化。当代西方哲学思潮作为这种现代性批判浪潮的主力军，对现代化及其文化意识形态进行了深入的反思和批判，从尼采的"上帝之死"到海德格尔对技术形而上学的反思，从法兰克福学派对发达工业社会的批判到后现代主义哲学家对理性、结构和宏大叙事的解构，无一不是对资本主义现代化和现代性的反思和批判。当代西方分析哲学对黑格尔哲学的批判也是现代性批判的一个特定维度。

与这一背景相联系，19 世纪中期前后，早期资本主义经济的活力已经逐渐消失，平均十年一次的周期性的经济危机不断爆发，社会不断发生动荡，特别是在 20 世纪上半叶不长的时间内，爆发了两次世界大战。这些都极大地冲击了人们对资本主义理性社会的信念，也打破了理性可以征服一切的幻想，使人们感到，社会的发展不是前进的，而是循环的，甚至是倒退的。因而，人们对"进步""发展"这些理性概念的信仰发生了动摇，甚至彻底破灭。由此，人们也必然深入到对社会发展进步的理论基础——理性主义哲学的反思批判，进而，深入到对理性主义产生的前提——主客体的二元对立的思维方式的反思批判。这是当代哲学思潮普遍存在的一种指向。

当代自然科学的发展对于当代西方哲学思潮的发展与演进也产生了复杂而深刻的影响。19 世纪末以来，数学基础的构建、经典物理学的发展与现代物理学的创生、复杂性科学的兴起、科学技术一体化四种发展趋向对于当代哲学的发展与演进产生了重要的影响。

数学的逻辑基础构建因 20 世纪初的"康托尔悖论"和"罗素悖论"引发了第三次数学危机。第三次数学危机的出现使数学基础的构建成为数学家和哲学家关注的焦点。在关于数学基础的探究中，形成了逻辑主义、直觉主义和形式主义三种理论，其中以逻辑主义为数学奠基的工作成为数学与哲学结合的主要论域。20 世纪著名哲学家弗雷格、罗素、维特根斯坦、庞加莱、哥德尔、塔斯基、卡尔纳普和蒯因都曾参与此项工作。在数学的逻辑基础的构建中，弗雷格和罗素完善了数理逻辑，罗素、维特根斯坦等人则将数理逻辑运用到哲学分析中，形成了分析哲学、语言哲学等哲学思潮。

19世纪末，以牛顿力学为代表的经典物理学已经表现出了统一科学的趋向。一方面，以力学方法为基础，人们统一了声学、热学、光学和电磁学，实现了物理学内部的统一。另一方面，以原子论为基础，以数学为基本方法的科学研究方法向化学和生物学等领域拓展，表现出了统一科学的趋势。经典物理学的统一科学的趋向对分析哲学的重要流派——维也纳学派产生了直接的影响，石里克、卡尔纳普等人将逻辑语言分析的方法与经验的证实相结合，将哲学活动纳入科学活动的范式。其后针对逻辑经验主义的内在与外在的批判，影响了20世纪的科学哲学走向，对哲学解释学、后现代主义等哲学思潮产生了深远的影响。

复杂性科学兴起于20世纪80年代，但是其理论奠基工作却可以追溯至20世纪40年代的系统论、信息论、控制论研究，并且通过六七十年代耗散结构理论、协同学、超循环理论和突变理论而丰富。及至80年代，又通过自组织理论、混沌理论和分型学而得到进一步完善。复杂性科学以系统的非线性、多样性、多层性、多变性、整体性、统计性、自相似性、非对称性（对称破缺）、不可逆性和自组织临界性作为研究对象，成为一种横跨自然科学、社会科学和人文科学的一般科学方法论。现代物理学和复杂性科学带来了世界观的变化，使人们的世界观由机械论、决定论和绝对主义转向有机论、非决定论、可能性和多视角性，造成了思维方式上非线性对线性、复杂性对简单性、不确定性对确定性的反动。解构主义和后现代哲学家大都将现代物理学和复杂性科学作为其理论内容或理论方法。

20世纪以来，科学与技术一体化的趋势日益明显。一方面，新的科学发现离不开高技术的支撑；另一方面，新科学的技术转化速度也越来越快。当代科学与技术的紧密结合形成了电子信息技术、新材料技术、新能源技术、生物技术、海洋技术、空间技术等。科学技术一体化产生的巨大生产力促进了社会的迅猛发展。但是，科学技术一体化在推动人类文明进步的同时，也产生了众多的负面效应，引发了对科学技术的社会批判和本体论思索，其中生命伦理、生态伦理、环境伦理乃至技术本质与技术理性问题是当代西方实践哲学和社会批判理论关注的焦点。

(二) 当代西方哲学思潮产生的思想背景

就思想背景来说，当代西方哲学思潮发端于19世纪中期，应当说，西方古代哲学、近代哲学和德国古典哲学都是当代西方哲学思潮产生的思想背景。一般认为，当代西方哲学思潮从总体上可大略分为以分析哲学、结构主义为代表的科学主义和以生命哲学、存在主义为代表的人本主义两大思潮,这两大思潮分别有自己产生的思想资源。

一般来说,以分析哲学和结构主义为代表的科学主义思潮是古代经验论、近代经验论和理性主义哲学的现代形态。分析哲学又称现代经验主义,一般以自古希腊一直到近代的经验主义哲学为理论资源,特别是17、18世纪以培根、洛克、贝克莱和休谟为代表的经验论哲学。但现代经验论不同于以往的经验论,一个显著的差异就是现代经验论剔除了以往经验论的形而上学因素,使经验论与语言分析结合起来。现代理性主义继承了从古希腊开始直到近代的理性主义哲学,但是现代理性主义思潮也改变了形态,它们把理性变成事物内在的深层结构,强调通过表层结构把握事物的深层结构。

以生命哲学和存在主义为代表的现代人本主义思潮则是西方哲学史上的传统人本主义哲学的现代形态。现代人本主义思潮一般以古希腊的非理性主义哲学、中世纪的宗教哲学以及近代的人本主义哲学为基本资源,如古希腊赫拉克利特的生成主义、苏格拉底和柏拉图的辩证法思想、亚里士多德的实践哲学理论,中世纪奥古斯丁和托马斯·阿奎那的基督教哲学、近代理性主义哲学以及德国古典哲学。

但是我们认为,当代西方哲学思潮主要是在对近代哲学,特别是德国古典哲学的批判中产生的。其中,康德和黑格尔对当代哲学的影响十分重要。

康德哲学对当代哲学的产生具有特别重要的意义,虽然当代哲学家各自在西方哲学史中寻找自己的思想资源,但是由于康德哲学是对以往哲学的集大成,可以说康德哲学对当代哲学思潮的影响是总体性的。这不仅体现为当代哲学思潮中的部分流派直接继承和发展了康德哲学,还在于大部分哲学流派都是在批判康德哲学的基础上产生的。

一方面,当代哲学思潮的早期流派新康德主义、现象学和唯意志主义继承了康德哲学,试图在康德哲学的基础上建立自己的理论。新康德主义既反对对自在之物做唯心主义的理解,也反对对自在之物进行唯物主义的解释。它强调和发挥康德对形而上学的批判和"哥白尼革命"所表现出来的主体的创造性,并把它同19世纪下半叶生理学、逻辑学和数学研究的新成果结合起来,创立了新康德主义的不同支派。康德哲学也通过胡塞尔影响了现象学运动以及强调内在性的意识哲学。虽然胡塞尔现象学的出发点与康德哲学不同,但胡塞尔同样接受了康德的先验主体概念,他将先验主体置于现象学的核心地位,一切真实的事物都是内在于意识之中的,这导致了先验的纯粹意识。而世界只是内在意识意向性作用的结果。

这种思想影响了当代西方声势浩大的整个现象学运动。另外，唯意志主义也深受康德哲学的影响，叔本华自认是康德哲学的继承人，他承接了康德实践理性高于理论理性的思想，把主要精力用于阐述悲观主义的实践哲学。同时，他把康德"善良意志"的伦理学进一步改造为以"生存意志"为核心的唯意志主义本体论。而唯意志主义和现象学与后起的存在主义又有着直接的继承关系。

另一方面，由于康德哲学是近代经验论和唯理论的综合，当代经验论和分析哲学思潮也深受康德哲学的影响，承接了康德哲学提出的问题。关于先天综合判断，当代经验论者和分析哲学家们断然否定它们的存在，甚至认为就连给关于实在的先天综合知识一个精确的定义也是不可能的。由此，他们索性回到近代经验论的立场，认为科学的命题只有两类，即分析命题和综合命题，除此之外，都是伪命题。可见，对先天综合判断问题，当代经验论和分析哲学思潮是以否定的立场承接的。

然而，在关于形而上学的分析方面，康德与当代经验论和分析哲学思潮却有着共同之处。康德认为，人的先天认识形式由于不能被理性用于超验领域，因而不能把握形而上学的实体；当代经验主义和分析哲学思潮则认为，形而上学既不能为科学语言所把握，也不能为经验所证实，因而，形而上学的命题是伪命题，它不过是以理论的形式表达情绪的内容。二者虽然从不同方面表述问题，但实质上都是在说，形而上学是科学语言、范畴所不能表述的，它不在科学的领域。因而，当代经验论和分析哲学思潮关于形而上学的分析受到康德哲学的影响。

德国古典哲学的集大成者黑格尔对当代西方哲学思潮同样有着重要影响。除了像新黑格尔主义等思潮直接继承和改造了黑格尔的思想外，其他哲学思潮都是在批判黑格尔思想的基础上，建立自己的思想体系的。

黑格尔的思想继承了两种思想传统，即古希腊以赫拉克利特为代表的强调变易的生成主义和以苏格拉底、柏拉图为代表的强调普遍性和确定性的概念主义。黑格尔把两者结合起来，通过把概念逻辑改造成辩证逻辑，使之与生成变易之流结合起来，构造了绝对精神的演化过程。

一般来说，当代西方哲学思潮中的生命哲学、存在主义都承继了黑格尔思想中的生成变易的思想，反对黑格尔哲学中的泛逻辑主义以及忽略个体和特殊性的整体主义。如生命哲学家柏格森强调生命的绵延性，反对用理性概念来把握这一生命的流动过程。意志主义的代表人物、存在主义的先驱克尔凯郭尔反对黑格尔普遍的逻辑体系，反对黑格尔对整体性、普遍性的偏爱，强调个体的真理性。海德格尔也反对黑格尔的理性主义、概念主义，主张以"存在"为基础，建立一种超越"在者"本体论的"基础存在论"。黑格尔哲学对现象学、哲学解释学思潮也有重要的影响。

当代西方哲学思潮中的实证主义、分析哲学,大都对黑格尔的哲学持整体否定态度,把黑格尔哲学当作"死狗"不予理睬。他们从共同的现代经验主义倾向出发,把黑格尔关于"绝对精神"的哲学归入形而上学而予以拒斥。而分析哲学强调的确定性精神也与黑格尔的辩证法和辩证逻辑背道而驰。

总之,在整个西方哲学史上,德国古典哲学特别是康德和黑格尔的思想与当代西方哲学思潮更切近一些,影响也更直接一些。

二、当代西方哲学思潮的演变

当代西方哲学思潮经历了百余年历程,演化出丰富多彩的各种哲学流派。对当代西方哲学思潮进行总体描述是一件很困难的事。这一方面在于当代西方哲学思潮呈现出多元化、多样化的特征,且演化线索比较复杂;另一方面,作为哲学发展史,当代西方哲学思潮在时间上距离我们较近,不易进行概括。因此,迄今尚没有对当代西方哲学思潮比较完善的总体描述和概括,现在流行的各种分类均存在弊端。在这种情况下,我们的描述主要侧重于如何让学生易于从总体上掌握复杂多样的当代西方哲学思潮的整体面貌。

(一)当代西方哲学思潮的演化过程

可以从两个维度对当代西方哲学思潮演化过程进行总体把握:其一是各哲学思潮之间的"亲缘"关系和逻辑演化关系;其二是时间上的阶段性划分。这体现了历史与逻辑的统一:单纯的历史是时间性的,杂乱无章的;单纯的逻辑又失去了历史的丰富性和基础。历史和逻辑的统一才能把握当代西方哲学思潮的总体性。

按照这一原则,可以对当代西方哲学思潮做多种划分,但是在总体上比较清晰而又被人们普遍认可的,是把当代西方哲学思潮分为以生命哲学、存在主义为代表的人本主义思潮和以分析哲学、结构主义为代表的科学主义思潮。这里所说的人本主义和科学主义两大思潮的划分是就当代西方哲学思潮的整体格局而言的,应当说是相当粗略的。就一些具体思潮而言,这种划分是不周延的。这两种思潮的演变发展按照时间划分,可以粗略地分为19世纪下半叶到20世纪初叶、20世纪上半叶、20世纪下半叶至今三个阶段。

1. 19世纪下半叶到20世纪初叶的西方哲学思潮

意志主义和实证主义是整个当代西方哲学思潮的起始性流派。意志主义思潮最早可以追溯到19世纪上半叶,到中叶以后逐渐引起人们的注意。意志主义赞赏康德将现象世界与本体世界对应于理论理性与实践理性，认为这标志着后者对前者的优先性。同时，意志主义者批判黑格尔主义将个体存在虚无化的倾向。他们将人的意志、情感等非理性活动作为人的本质并进而普泛化为整个世界的本质，把理性认识活动看作是意志的工具；强调个体存在的真理性和不可替代性。这些为存在主义的产生提供了理论资源。总体上看，意志主义虽然是当代哲学思潮的开端，但它仍然具有近代形而上学色彩，是近代哲学和当代哲学的过渡环节。

实证主义思想亦可追溯到19世纪上半叶，自40年代后开始盛行。实证主义继承和发展了近代经验主义思想，特别是休谟的经验论，反对传统的思辨哲学和超验形而上学，主张哲学、科学及一切知识都应局限于经验范围内，不应超越于经验之外；把科学特别是经验科学的方法普遍化，应用于社会科学和人文科学领域，这使它成为当代科学主义思潮的创始性流派。但是，实证主义反对传统形而上学，却又主张把经验科学的实证方法推及社会以及道德宗教等精神领域，把实证方法绝对化；同时，实证主义又主张一种整体主义，认为通过实证方法可以把人类的一切知识连接成一个统一的知识体系。这些都不可避免地走向形而上学。

19世纪70年代在欧洲大陆产生的马赫主义与实证主义有理论上的延续关系。马赫主义为了克服实证主义的形而上学的"不彻底性"，以超越主客、心物二元对立的中立要素代替实证主义的经验的现象主义，以认识论取代实证主义形而上学的知识体系。

新康德主义是19世纪中期在德国产生的、与德国古典哲学联系最为密切的哲学流派。新康德主义很难按照科学主义和人本主义的两分法进行分类，它实际上既有科学主义色彩，也有人本主义色彩。新康德主义分为"马堡学派"和"弗赖堡学派"。马堡学派发挥了康德的先验逻辑思想，把康德不可知的"物自体"归结为自我意识，把感性归结为理性，构造了"纯粹认识的逻辑"，这是其科学主义的方面。但从其对伦理学和人类文化的研究以及强调主体性的倾向来看，也有人本主义色彩。弗莱堡学派的人本主义性质更彻底一些。他们明确区分了"事实世界"和"价值世界"，关于"事实世界"的知识是与价值相关并受价值观念的支配和影响的，而历史文化科学即是关于历史的价值和意义的科学，这是理论问题向实践问题的过渡。

实用主义产生于19世纪70年代的美国，到20世纪前后，发展为在美国占主导地位的哲学派别。实用主义既具有科学主义性质又具有人本主义性质。从分析哲学家把实用主义创始人皮尔士作为分析哲学的先驱来看，它具有某些分析哲学的性质，如皮尔士对概念与效用之间关系的分析。另外，实用主义与进化论和生物科学的关系十分紧密，具有科学主义的某些特征。但是，从其强调要把真理置换为价值，强调实践的作用来看，实用主义又具有明显的人本主义色彩。正是这一理论特征，使实用主义具备了对科学主义和人本主义两大对立思潮的整合力。

2. 20 世纪上半叶的西方哲学思潮

如果说，19 世纪下半叶到 20 世纪初叶的西方哲学思潮尚处于发端阶段，在近代哲学包括德国古典哲学与当代哲学之间，具有过渡性质，那么，20 世纪上半叶的西方哲学思潮则具备了当代哲学思潮的典型特征。这一时期，科学主义思潮由实证主义、马赫主义发展为一场声势浩大的早期分析哲学思潮以及对分析哲学进行批判和改进的科学哲学流派。人本主义思潮则在意志主义和康德哲学的影响下，产生了影响广泛的现象学运动，由现象学生发出存在主义、解释学，并由存在主义启发了西方马克思主义的重要流派——法兰克福学派。

作为科学主义思潮的典型代表，早期分析哲学由实证主义和马赫主义发展而来。但是，早期分析哲学进一步清除了实证主义和马赫主义的形而上学残余，把科学主义思潮推进到语言分析阶段。早期分析哲学最初形成于 20 世纪初的英国。摩尔的"为常识辩护的哲学"与罗素和维特根斯坦的逻辑原子主义拉开了分析哲学思潮的序幕。摩尔首先对新黑格尔主义进行了批判，确立了由自明命题组成的"常识世界观"；在此基础上，他提出了对命题按照日常的自明之意进行语言分析的思想。这一思想对后期分析哲学的日常语言学派具有重要影响。与此同时，罗素反对新黑格尔主义的内在关系说，他与维特根斯坦（前期）分别提出的逻辑原子主义把实证主义的经验论与数理逻辑分析结合起来，主张以一套精确的人工语言来代替非科学、非精确的日常语言，结束由于语言和逻辑问题导致的包括形而上学在内的各种纷争。这一思想直接引起了分析哲学的人工语言学派的产生。摩尔、罗素和维特根斯坦（前期）共同将实证主义思潮推进到了一个新阶段，开启了声势浩大的分析哲学思潮。

20 世纪 20 年代产生的维也纳学派提出的逻辑实证主义又称逻辑经验主义，成为分析哲学前期的主要哲学流派。维也纳学派继承了罗素和前期维特根斯坦的思想，提出了"经验证实原则"作为命题的意义标准，认为一切陈述和命题只有被经验证实或证伪才是有意义的陈述和真正的命题，否则就是伪陈述或伪命题。这样，我们就能据此澄清形而上学等各种语言的混乱，熄灭无谓的语言纷争。

逻辑实证主义的产生同时意味着现代科学哲学的创立。科学哲学是以科学为研究对象的哲学，其重要任务就是给科学和非科学划界。这种哲学同时也具有重要的一般哲学意义。逻辑实证主义的理想是形成一套人工语言以代替混乱的日常语言，但是这一理想的实现遭遇重重困难。人们的批判主要集中在"经验证实原则"的意义标准上。证伪主义者波普尔从归纳法前提和结论的非对称性出发，提出一切科学命题都是普遍的全称命题，而全称命题是不能被经验证实的。因此，按照"经验证实原则"，一切科学命题就都成为无意义的所谓伪命题了，这就否定了科学本身。据此，他提出证伪主义以代替"经验证实原则"。科学历史主义者库恩则提出了科学"范式"理论，认为一种科学理论的形而上学预设、基本规则定律、基本方法等构成这种科学理论的"范式"，科学家往往通过调整理论的非基本部分而使"范式"不能被经验证实或证伪。科学史上"范式"的更替是由于历史条件的变化而引起的科学共同体心理、信念的变化所致。这种观点在科学历史主义的另一个代表人物费耶阿本德的思想中被推到了极端。他反对对科学进行理性的或经验的界定，反对科学有唯一的规范的方法论，认为科学和非科学没有界限。因此，他提出了"无政府主义认识论"，提倡"理论的增多原则"和"方法的增多原则"，并明确提出以人本主义代替科学沙文主义。

可见，科学主义者把科学孤立起来研究竟然走到了绝境，这种绝境使他们反过头来探寻科学与社会历史以及人的社会心理之间的联系。科学主义者开始向人本主义靠拢。

20世纪初，欧洲大陆出现了另一种哲学思潮，即由德国哲学家胡塞尔开创的现象学运动。现象学运动的初衷是通过现象学的方法使哲学最终成为一门严格的科学，但是，这一方法以及在现象学运动中几个代表人物如胡塞尔、舍勒、海德格尔等人的相互影响下产生的生活世界理论，引发了存在主义、哲学解释学、后现代主义等思潮，并影响到人文社科等很多领域。

胡塞尔的"意识现象学"提出现象学的还原，试图以此超越心与物、主体与客体的二元分立，超越相对主义，克服盛行的心理主义，达到绝对真实的直接材料即意识现象。由此出发，他建立"严密"的先验现象学体系。后期，胡塞尔提出了"生活世界"理论，认为欧洲科学危机的根本原因就在于科学忘记了它的生活世界的根源，因而，要克服这一危机，就要返回"生活世界"。胡塞尔的"生活世界"理论，启发了一条走出"意识哲学"的新路径，尽管这并不是他意识到的结果。

舍勒接受了胡塞尔现象学思想，并与其早年接受的生命哲学结合起来，应用于伦理学和宗教哲学研究。他拒绝胡塞尔的自我意识学说，使现象学转向客观的"普遍本质"研究。海德格尔拒斥胡塞尔的先验主体性理论，拓展了其"生活世界"理论和现象学方法，并把它们与一种存在学说结合起来，认为传统存在论把

"存在"与"存在者"混淆了，以"存在者"代替了"存在"。他要建立一种追究"存在"是怎样"存在起来的"有根的存在论。由此，他建立了"存在论的现象学"或"存在论的解释学"。法国哲学家梅洛-庞蒂则把现象学与独创的"知觉"理论结合起来，把胡塞尔的现象学发展为"知觉现象学"。

海德格尔的"存在论的现象学"或"存在论的解释学"一方面引发了20世纪影响最为广泛的存在主义思潮，另一方面也直接影响了伽达默尔的哲学解释学。

存在主义分为有神论的存在主义和无神论的存在主义。存在主义把现象学与尼采的意志哲学和克尔凯郭尔的存在学说结合起来，集中探讨了人的"存在"问题。有神论的存在主义以法国哲学家马塞尔和德国哲学家雅斯贝尔斯为代表。他们以人的本真的"存在"与"上帝"的关系为核心，思考"存在"与自己、与他人、与物、与神的直接关系，认为只有面对上帝，个体才能超越感性的特殊性和理性的普遍性，成为真正自由的"存在"。无神论的存在主义以法国哲学家、作家萨特为代表，他以"存在"与"自由"关系为核心，思考"存在"与物、与自己、与他人的关系，在这种思考中，个人处于"被抛"状态。无神论的存在主义有把自由绝对化的倾向。

由海德格尔倡导的"存在论的解释学"为伽达默尔所发扬。伽达默尔在"存在论的解释学"基础上，提出了"哲学解释学"。哲学解释学不把理解看作单纯的主观意识活动，而是看作人的存在的基本方式，因而，他反对把解释学局限于一般的解释理论和解释方法，主张哲学解释学通过探究理解的一般条件和特点，阐述此在与世界和人类的基本经验的存在论关系。法国哲学家利科则认为，海德格尔和伽达默尔的解释学理论忽略了解释学的方法论意义。在他看来，理解的存在论只有经过认识论和方法论的探讨才能达到，所以，理解的存在论与方法论、真理与方法是统一的。而要实现这一点，就必须走一条与海德格尔和伽达默尔相反的道路：从解释学的方法论入手，使认识论的反思进入到存在论的层面上。

法兰克福学派是西方马克思主义的主要流派。早期法兰克福学派以霍克海默、阿多尔诺、马尔库塞为代表。他们综合弗洛伊德主义、存在主义和马克思早期思想，对西方发达工业社会人的异化的现实状况、对科学技术意识形态化导致的工具理性的泛滥进行了尖锐的批判，提出了在当代资本主义条件下的"心理革命"或"意识革命"论，形成了针对发达工业社会的"批判的社会理论"。法兰克福学派第二代理论家哈贝马斯提出的社会批判理论与第一代相比，则稍显保守一些。他不赞同马尔库塞的革命理论，主张对资本主义进行改良。他提出"交往行为理论"，认为晚期资本主义的一切社会危机都是由交往行为的不合理化以及生活世界的殖民化造成的，所以应当通过实现交往行为的合理化来克服危机。

哈贝马斯在根植于亚里士多德实践哲学的"交往行为理论"中，提出了"普通语用学"理论，认为交往行为是通过语言的沟通来实现的，而语言的沟通不仅是一个解释学问题，而且是一个语言分析问题。一般认为，这表现了哈贝马斯力图综合解释学语言哲学与分析哲学语言哲学的倾向，这也是沟通当代人本主义和科学主义思潮的倾向。

3. 20 世纪下半叶至今的西方哲学思潮

20 世纪下半叶至今的西方哲学思潮更加明显地表现出克服人本主义和科学主义两大思潮的尖锐对立，进行沟通和融合的倾向。这一时期的主要代表性思潮是后期分析哲学、结构主义和后结构主义，以及作为当代哲学热点的政治哲学思潮：自由主义与共和主义。

后期分析哲学盛行于 20 世纪 50 年代后，仍然是当代西方哲学的主要思潮。在后期阶段，分析哲学出现了日常语言分析哲学和逻辑实用主义思潮。日常语言哲学主要受摩尔和维特根斯坦后期哲学思想的影响，有人甚至把维特根斯坦看作日常语言哲学的主要创始人。

维特根斯坦的后期思想批判了其前期思想，从对命题意义的逻辑分析转向对语言用法的动态分析。他放弃了对世界本质结构基本成分的逻辑分析，代之以"家族相似"思想；放弃了对语言意义的追求，代之以对语言用法的分析；提出哲学的任务就是描述日常语言的用法，治疗语言的疾病。这些思想对后期分析哲学产生了重要影响。

日常语言哲学学派与逻辑实证主义不同，在他们看来，日常语言本身是完善的，产生语言混乱的根源是人们违背了日常语言的正确用法。消除这些混乱不必像逻辑实证主义那样去构造一套人工语言，而只需要恢复日常语言的正确用法。这种正确的用法就是对语词与句子的分类以及把语词的含义同具体使用情境结合起来，确定语词的含义。

分析哲学在其发展的后期，出现了一种把分析哲学与实用主义结合起来的哲学思潮，称作新实用主义。它分为分析的实用主义和罗蒂的新实用主义。蒯因是分析的实用主义的创始人，他在逻辑实证主义的衰落和分析哲学的转向过程中起了重要作用。蒯因批判了经验论的两个教条，即分析判断与综合判断的区分和经验还原论，由此提出了"整体论"。他认为我们是以一个有组织的理论整体面对经验的"法庭"，所以，逻辑实证主义的"经验证实原则"是不成立的。他还提出了"本体论的承诺"的重要概念，认为任何一个命题都存在着"本体论的承诺"，否认这一点，就会陷入矛盾之中。在这里，本体论实际上是整理杂多经验的概念框架。

罗蒂早期曾是一个分析哲学家，在他的主要著作中，我们也能感受到他的分析哲学素养。但是，他又很快表现出超越分析哲学的倾向。他十分推崇实用主义，自称是杜威的学生，但是又将实用主义与分析哲学、欧陆哲学结合在一起，构建了新颖的实用主义理论体系。罗蒂以实用主义理论批判真理符合论。符合论是本质主义的真理观，在他看来，我们无法确定什么是实在，也无法说明什么是符合关系。真理如同实用主义所说，只是一个赞美词，各种真理没有共同的本质。因此，真理只是各种信念，信念的冲突要经过商谈以达到满意的结果。没有客观真理的结果反而会形成某种人为的"客观真理"，并辅之以暴政的支持。对此，罗蒂认为应以友爱取代客观性，所以商谈应当成为一种美德。罗蒂的新实用主义扬弃了英美分析哲学和欧陆存在哲学，反映出当代西方哲学发展的总趋势，即科学主义与人本主义融合汇流的趋势。

结构主义是人文科学内部的理性主义思潮。它发端于索绪尔的语言学结构主义。索绪尔区分了语言和言语，认为语言学就是研究不受个人意志支配的语言的客观共时态系统和结构。这种结构主义思想在列维-斯特劳斯的人类学研究中得到了广泛发挥，具备了普遍意义。斯特劳斯否定以社会功能来说明个别习俗或故事，而是把原始部族文化现象看作是一种深层结构的表现、一种概念体系，把个别的习俗、故事看作是类似"语言"结构的元素。他通过对原始部族的亲属关系、思维类型和神话系统的人类学研究，试图找到对人类的心智普遍有效的思维结构及构成原则，从而构建一种反主体性形而上学的"新人道主义"。

结构主义否定主体性对结构的作用，强调结构的客观性，这使它与强调主体性（subjectivity，又译"主观性"）的存在主义发生了尖锐的对立，并取代了存在主义成为兴盛一时的主导性思潮。结构主义作为一种方法，也出现在其他领域，如结构主义的马克思主义、结构主义的心理学等。

由于结构主义把结构绝对化，看作是超时间、超历史的，这也成为存在主义乃至后来的后结构主义批判的对象。后结构主义就致力于消解结构主义固定、僵化的深层"结构"，所以又称解构主义，它是结构主义逻辑发展的结果。但是，后结构主义对结构主义僵化的结构进行了"解构"，强调了结构的历史性和变化性。

在后结构主义者看来，把结构绝对化是一种在场的形而上学，应当消解这种固定不变的结构，从而消解一切以结构为中心的哲学体系。与结构主义力求寻找普遍性的思维原则不同，后结构主义则偏向了差异性和多元性的结构分析原则，并且为后现代主义思潮的出现奠定了理论基础。

英美哲学界长期以来一直为科学主义思潮（主要是现代经验主义和分析哲学）所占据，即使是像伦理学和政治哲学这种属于实践哲学的学科也陷入了琐碎的、技术化的语词分析之中，已经在事实上脱离了实践生活世界。从20世纪后半期开始，与科学主义和人本主义两大思潮的融合趋势相联系，英美哲学界也开始向人文哲学靠拢，这就是道德哲学与政治哲学的兴起。许多哲学家的目光投向了现实生活，开始关注与生活息息相关的自由与平等、权利与正义等问题。

当代西方政治哲学流派众多、意识形态复杂，目前不同理论也正处在不断争论与整合之中。从整体上把握，自由主义、社群主义和共和主义是当代西方政治哲学的基本架构。自由主义思潮的代表人物罗尔斯假定在"秩序良好的社会"里，存在着相对稳定和同质的基本道德信念。然而自由制度本身强化、鼓励着学说的多元化，并视之为自由社会的永恒原则。那么，自由而平等的公民如何能既保有各种互不相容的生活观与世界观，又拥有一种稳定而公正的社会生活呢？罗尔斯认为，这需要一个"秩序良好的社会"：它不再基于统一的道德信念，而是统一于政治上的正义概念。这种正义概念是各种合理的综合性学说之间重叠共识的焦点。这样的共识一旦达成，最终的结果即是现代自由权利得到充分的接受和理解。诺齐克比罗尔斯更加彻底，他只承认最低限度的国家，反对国家的许多积极功能，提倡自由至上主义。在国家的作用与个人的权利之间，个人的权利更为优先，居于根本地位。是个人的权利和自由决定国家的性质和职能，而不是国家自身的需要决定公民的权利和自由。国家必须在所有的个人之间保持中立，不能为了一部分人的利益去强行剥夺另一部分人的利益。所以，个人权利和自由是诺齐克政治哲学的全部出发点，也是其国家学说的核心。

自由主义思潮最先得以复兴，但在对自由主义的批评上，社群主义和共和主义倾向于形成同盟。阿伦特把人的基本活动分为三种：劳动、工作和行动。人的存在是有条件的，人只有在与他人的共同世界中才能经历自己的现实性。行动是人唯一具有的一种活动性，它是在没有物体等中介的情况下直接在人们中间发生的，它的基本条件是承认人的多样性这个事实。只有通过行动个体，人们才能相互联系起来，组成一个真正的共同世界，才能真正理解真理、行动目标、人的本质等问题。公共领域的实在性依赖于无数复数性的存在，而所有形式的专制政府的共同特征就是消解复数性和公共领域，把公民排除在政治参与之外。现代社会的许多大灾难都与消解复数性和公共领域有关。

当代西方政治哲学家把政治科学重新拉回到实践哲学传统，体现了向人本主义思潮的回归。

(二) 当代西方哲学思潮的一般特征

当代西方哲学思潮是西方古代和近代哲学思想的延续和发展，是当代思想文化的集中反映。总结当代西方哲学思潮，我们可以发现，历经百多年的当代西方哲学思潮尽管纷繁复杂，但并非杂乱无章，仍然有一些普遍的特征可以总结出来，使我们从总体上把握当代西方哲学思潮的发展规律和总体特征。当然，任何概括总会有所遗漏，会有一些特殊情况超越于普遍的概括之外，所以我们对当代西方哲学思潮的总体概括只是为了总体把握的方便。

当代西方哲学思潮除去一些早期的、与西方近代哲学和德国古典哲学联系比较直接的过渡性思潮外，总体上表现出一种明显的拒斥传统形而上学的倾向。

当代西方哲学思潮无论是广义的所谓科学主义思潮还是人本主义思潮，一般都表现出对由柏拉图和亚里士多德开创的形而上学传统的批判。这里比较典型的当属科学主义或实证主义思潮。该思潮总体趋向表现为越来越强烈的"拒斥形而上学"的倾向，这种倾向发展到逻辑实证主义阶段达到了高峰。逻辑实证主义以"经验证实性原则"作为衡量科学命题的标准，以之衡量传统形而上学，从而得出形而上学的概念、命题无意义的结论，由此明确提出"拒斥形而上学"的口号。后期分析哲学发展到蒯因，虽然提出了"本体论的承诺"，但是，这种对本体的"承诺"仅仅是一种使科学理论更为完整的概念结构，是一种"约定论"的结果，并不是传统哲学中关于世界本原和事物本性的理论体系。

当代人本主义、非理性主义思潮的肇始者尼采已经开始对以理性主义为基础的传统形而上学进行批判。他认为，传统形而上学从苏格拉底和柏拉图开始，就把理性看作是人的思想和行动的支配者，否定人的本能和直觉，从而开启了理性主义传统。海德格尔建立了"基础存在论"，这种"基础存在论"也是对传统形而上学的一种批判。他认为传统本体论以"存在者"代替了"存在"，而真正的问题是"存在"怎样"存在起来的"。由此，他建立了"存在论的现象学"。

可见，当代西方哲学思潮在主流上，都以批判传统形而上学为基础和前提，尽管他们又建立了一种本体论，但这种本体论与传统形而上学有着根本的区别。

当代西方哲学思潮总体上对自近代以来主客二元分立的认识论基础持批判和拒斥态度。主客二元分立源自德国古典哲学乃至整个近代哲学。近代的唯理论和经验论虽然在认识方式上存在分歧，但是它们都无法解决意识如何切中客体的问题。康德哲学的初衷是为了克服近代唯理论和经验论的对立，然而，他的哲学又在总体上割裂了现象与自在之物、理论理性与实践理性，在某种意义上，加剧了主客二元分立。康德之后的德国古典哲学都试图弥合这种分裂和对立，但是都没有成功。

当代西方哲学思潮的主要流派都致力于克服和解决近代以来的主客二元分立。整个实证主义思潮走了一条经验主义路线，它们继承了近代的经验论特别是休谟的经验论，把一切认识局限于经验，否定经验之外的物自体、本质、实体等概念。在其发展过程中，逐渐把哲学研究局限于语言分析（分析哲学），以此更为彻底地否定物自体、本质、实体等概念，超越主客、心物、思有等二元对立。

当代现象学思潮创始人胡塞尔的思想历程的初衷是克服主客体的二元对立，即意识如何超出自身而切中对象，存在主义思潮与现象学存在着千丝万缕的联系，甚至很多存在主义者都是现象学的继承人。他们强调，哲学不能从实体性的物质和精神、感性和理性出发，而应从超越主客、心物二分的"存在"本身出发，研究人和世界。这种思路在哲学解释学乃至后现代主义哲学中都有所体现，如罗蒂曾把后现代主义哲学总结为反基础主义、反本质主义、反表象主义，这就直接体现了对传统形而上学的认识论基础——主客、心物、思有二分的批判。

可见，当代西方哲学思潮无论出于何种动机、得出何种结论，对于传统哲学的主客、心物、思有二分的批判是共同的，这成为当代西方哲学思潮的一个显著特征。

当代西方哲学思潮总体上表现出人本主义思潮和科学主义思潮由共同批判古典哲学和近代哲学，到逐渐分裂、对立，又到融合的趋势。这种分裂和对立表现在诸多方面，诸如科学与人文、理性与非理性、确定性与自由，等等。施太格缪勒在《当代哲学主流》中，把当代哲学的分裂分为四个阶段。第一阶段仅局限于学术见解的分歧，但仍保持着讨论关系；第二阶段的分歧已经发展到出发点和思想方法，这一阶段双方只保持一种通信关系而不可能进行任何学术讨论；第三阶段是双方已经没有任何意义的贯通，通信关系也不存在，仅剩下一种意向关联；第四阶段双方连意向关联也不存在，甚至不理解对方使用"哲学"一词时，意味着什么。① 这种划分不无道理，但是这种描述只是说明了从实证主义发展到早期分析哲学（逻辑实证主义）与从生命哲学发展到存在主义的对立。这种对立逐渐发展，在其最尖锐时期，确实达到了根本无法理解对方的所谓"哲学"到底意味着什么的程度。

但是，施太格缪勒却悲观地认为，这种分裂和对立是不可逆转的。② 他没有料

---

① 参见［联邦德国］施太格缪勒：《当代哲学主流》上卷，王炳文等译，商务印书馆1986年版，第29—30页。
② 参见［联邦德国］施太格缪勒：《当代哲学主流》上卷，王炳文等译，商务印书馆1986年版，第30—31页。

到这种分裂、对立并不是绝对的，确实是可以"逆转"的。

后期分析哲学已经在语言与生活形式的关系中确定语言的含义，同时，分析哲学开始与实用主义以及库恩的科学历史理论等结合起来，这些都说明当代西方科学主义思潮已经开始向人本主义思潮靠拢。而现象学的生活世界理论以及由现象学存在主义演化出的哲学解释学等思潮，也有与科学主义思潮的客观主义相融合，即统一主客体二元对立的倾向。

可见，当代西方哲学思潮经历了科学主义和人本主义的分裂对峙后，已经呈现出一种相互融合的倾向。

三、研究当代西方哲学思潮的意义与方法

当代西方哲学思潮是对西方社会现实和历史变化的哲学反映。同时，当代西方哲学思潮与马克思主义又属同时代的哲学，因此，学习和研究当代西方哲学思潮具有特别重要的意义。习近平总书记指出，"文明因多样而交流，因交流而互鉴，因互鉴而发展"[①]。我们应当以正确的态度和方法对待当代西方哲学思潮。

（一）学习和研究当代西方哲学思潮的意义

学习和研究当代西方哲学思潮无论在理论上还是在现实中，都具有非常重要的意义。

在理论上，当代西方哲学思潮是西方哲学史的延续，是西方思想家对当代西方社会历史思考的集中体现。当代西方哲学思潮在西方哲学史的基础上，对西方哲学提出的问题在现时代的背景下进行了推进，给予了历史性的解答。对这部分思想精华，我们不能拒之门外，而要批判地继承过来，为我所用。对于当代西方哲学思潮错误的地方，我们也要有所借鉴，总结经验教训。同时，学习和研究当代西方哲学思潮对于反思和发展马克思主义哲学也具有重要的理论意义。马克思主义哲学是随时代的变化而与时俱进的，是时代精神的精华。学习和研究马克思主义哲学，一是要正确掌握马克思主义哲学的本质精神，二是要发展马克思主义哲学，用马克思主义哲学解决当代遇到的问题。马克思主义哲学的产生在西方哲学史上是一场革命，但这场革命并没有割断其与西方哲学传统的联系，我们只有把马克思主义哲学置于包括古代、近代和当代哲学在内的整个西方哲学传统中，才能更准确地理解马克思主义哲学，也才能在此基础上更好地把马克思主义哲学

[①] 习近平：《深化文明交流互鉴共建亚洲命运共同体：在亚洲文明对话大会开幕式上的主旨演讲》，人民出版社2019年版，第5页。

中国化。在此意义上，当代西方哲学思潮连同整个西方哲学史对理解马克思主义哲学具有重要的参照意义。同时，马克思主义哲学中国化是普遍性与特殊性的统一，是生成开放的。因此，马克思主义哲学中国化不但要和中国的实际相结合，解决中国的实际问题，也要汲取包括当代西方哲学思潮在内的世界各民族思想文化的优秀成果，坚持"不忘本来，吸收外来，面向未来""以我为主，为我所用"，以这些成果充实和丰富中国化的马克思主义哲学。

在实践上，当代西方哲学思潮是在当代资本主义，特别是发达资本主义工业社会背景下产生的，它们或者以肯定的方式或者以否定的方式反映着当代资本主义现实及其面临的问题，某些现实问题具有一定的普遍意义。例如，西方某些哲学思潮乃至文化思潮对现代化及其文化意识形态——现代性进行了深刻的分析批判，这些批判对我们是有很大的借鉴意义的。中国也在进行现代化建设，也会面临着或将要面临某些与西方发达工业社会同样的问题，中国特色社会主义理论是中国特色的现代性理论，是指导我们现代化建设的根本思想。中国特色社会主义理论是与时俱进的、开放的，它要充分汲取世界现代化建设的经验教训，构建适合我国国情，同时又具普遍性的现代化道路。这样说来，当代西方哲学思潮对西方现代化和现代性的分析批判，应当是我们不可多得的重要借鉴。而且，我们研究当代西方哲学思潮，不仅要向内看，以试图解决中国特色社会主义建设中遇到的问题，还要向外看，积极探索关系人类前途命运的重大问题。如前所述，20世纪以来，社会矛盾不断激化，为缓和社会矛盾、修补制度弊端，西方各种各样的学说都在开药方，包括凯恩斯主义、新自由主义、新保守主义、民主社会主义、实用主义、存在主义、结构主义、后现代主义等，这些既是西方社会发展到一定阶段的产物，又深刻影响着西方社会。然而，迄今尚未有一个包治百病的"药方"，对当代资本主义的认识还在探索中。特别是在当代全球化进程中，各种全球问题已经将世界各民族结为一体。研究当代西方哲学思潮对资本主义、现代性以及当代全球化开的各种"药方"，对于我们积极探索关系人类前途命运的重大问题，无疑具有重要意义。

（二）学习和研究当代西方哲学思潮的方法

学习和研究当代西方哲学思潮需要有正确的方法，否则就会迷失在思想的万花筒中，也会产生思想上的偏颇。

1. 学习和研究当代西方哲学思潮要坚持马克思主义的立场观点和方法

马克思主义是我们学习和研究当代西方哲学思潮的指导思想和基本立场。特别是马克思主义哲学，是我们的世界观和分析问题、解决问题的正确的方法论。

在学习和研究当代西方哲学思潮过程中，要始终坚持正确的立场、观点和方法，用马克思主义分析批判当代西方哲学思潮。当代西方哲学思潮尽管流派理论繁多，理论焦点不尽相同，但大致而言，仍可归结为科学主义和人本主义两大阵营。这两大阵营虽然都对传统本体论提出否定或质疑，但仍然摆脱不了思维与存在的关系问题。从这个角度来说，其理论内涵仍然没有超越马克思主义所说的思维与存在这个基本的哲学问题。但与马克思主义不同的是，科学主义试图通过自然科学的观念或方法改造哲学，把世界观问题、本体论问题归于"伪命题"，悬置或终结哲学基本问题；而人本主义与科学主义不同，它试图通过凸显人的存在论、主体性和自我意识性的方式，否定哲学的基本问题是思维与存在的关系问题，甚至否认哲学理论的世界观性质。相比之下，马克思主义从人的实践活动出发去理解思维与存在、人与世界之间的相互关系，用科学的世界观去解决全部的哲学问题，体现出了马克思主义理论所特有的现代唯物主义世界观。马克思主义理论具有明确的科学性、人民性、实践性和开放性的本质特征，而这就同包括当代西方哲学在内的其他思想理论形成了本质性的区别。因此，我们要在充分认识到这种本质区别的基础上，以马克思主义的立场、观点、方法对当代西方哲学思潮进行彻底的批判：一是要分析批判其错误立场、历史和时代局限，二是要分析批判其错误观点和思想，三是要分析批判其错误方法。当然，这种分析批判的前提是客观地理解当代西方哲学思潮。马克思主义的精髓是实事求是，实事求是就是按照哲学家思想的逻辑，客观地理解其思想，在此基础上，运用马克思主义的立场、观点和方法进行分析批判，以求"取其精华，去其糟粕"。这就要求对西方哲学家的思想作辩证的分析批判，切忌"形而上学"地把西方哲学家的思想任意分割，把丰富多样的当代西方哲学思潮作简单化的分析评价，变成支离破碎的各种"因素"的集合。这并不是对马克思主义的正确运用。

2. 学习和研究当代西方哲学思潮要与西方社会历史发展的现实和中国社会的现实实践相结合

如前所述，当代西方哲学思潮是西方社会历史发展和社会现实的产物，是当代西方思想家为解决西方现代化带来的种种社会危机和思想文化的现代性危机，为缓和社会矛盾、修补制度弊端而开出的各种"药方"，它们既是西方社会发展到一定阶段的产物，又深刻影响着西方社会。如此，我们学习和研究当代西方哲学思潮，就不应孤立地理解当代西方思想家的思想逻辑，而应当把思想的逻辑融入西方的社会现实中。在社会现实中，探寻各种"药方"（各种哲学思潮）的实践根源、社会效应及其局限性。例如，存在主义对"边缘境况"和人与人的关系的反思，科学哲学对科学结构和历史的思考，法兰克福学派对发达工业社会的批判，无不透露着当代西方思想家对西方"理性"社会、西方社会现实的回应。中国特色社会主义是中国的现代化道路，要充分认识中国社会发展的特殊性，运用辩证唯物主义和历史唯物主义思考中国道路的发展模式，回应以及解决我国重大理论和现实问题，吸取西方现代化的经验教训，避免其弊端，走出一条自己的路。而学习和研究这些思潮及其与西方社会现实的关系，对于中国特色社会主义建设无疑具有重要的借鉴作用，所以这种学习和研究要紧密结合西方社会的现实和中国社会的现实。

3. 学习和研究当代西方哲学思潮要注意对各种思潮进行总体性的把握

对当代西方哲学思潮进行总体性的把握，就是在时间维度上，要把握诸多哲学思潮的内在演变线索；在空间维度上，要把握诸多思潮之间的内在联系及其总体格局。首先，要把当代西方哲学思潮中每一个哲学家的思想置于整个思潮中来考察。在整个思潮中，考察各个哲学家思想的相互关系和影响，在一种思潮的整体中，把握一个哲学家思想的地位、价值和意义。切忌孤立地研究一个哲学家的思想。其次，要把握每一个当代哲学思潮的思想演变过程。每一个哲学思潮都有其产生、发展和逐渐衰落的过程。在学习和研究中，我们要把握这一演变过程，并把这一演变过程同当时的社会现实联系起来，以此来认识一种思潮的发展规律。同时，在此基础上，我们更要掌握一种思潮和其他思潮之间的渊源关系、相互影响和内在联系，这样才能从总体上认识和把握当代西方哲学思潮的性质，也才能在总体的格局中，更加深入地理解一种具体的哲学思潮。

4. 学习和研究当代西方哲学思潮要在课堂学习的基础上，大量阅读当代西方哲学原著

当代西方哲学思潮的教材只是提供了学习和研究的简要提纲，课堂讲授在有限的课程和时间里，也不可能对每个思潮、每个哲学家的思想进行深入、完整、详尽和系统的讲解。应当说，教材和课堂讲授只是我们学习和研究当代西方哲学思潮的一个"导论"，要想真正掌握当代西方哲学思潮，还必须大量阅读当代西方哲学家的原著，特别是他们的代表性著作。有条件的，还应当直接阅读外文原著。由于当代西方哲学思潮的话语体系与西方哲学史的话语体系有一定差别，与马克思主义哲学的话语体系差别更为明显，这就要求我们不能望文生义，而应当通过了解一种思潮产生的社会背景，特别是直接阅读原著，进入到当代西方哲学家提出问题、解决问题的文本语境当中去，在具体的文本语境中加深对当代西方哲学思潮的理解。所以，我们提倡学习和研究当代西方哲学思潮，要在教材和课堂教学指导下，学习直接阅读原著的方法。

第一章 意志主义

意志主义形成于19世纪的欧洲，其主要代表人物有德国哲学家叔本华和尼采。从一定意义上说，丹麦哲学家克尔凯郭尔的生存哲学也可以划入其中。他们的思想共同点是将"生存意志"或"权力意志"当作宇宙万物的内在本质，当作生命活动的根本法则，由此突显生命存在的个体性和主观性。针对黑格尔哲学所代表的传统形而上学及其理性至上论，意志主义及其生存哲学转向了被传统哲学遮蔽的生命本能活动，以此来对抗普遍理性主义对于生命个体的压制，从而开启了现代西方哲学的一个发展方向。这种以生存意志和个体自由为指向的哲学思潮，形成了当代西方哲学的一个基本思想脉络。后来在德国、法国流行起来的生命哲学和存在主义，如法国哲学家柏格森的生命哲学、海德格尔和萨特的存在主义哲学就继承并发挥了意志主义的思想观点。

第一节 叔本华的意志主义

阿图尔·叔本华（1788—1860），德国哲学家，出生在德国但泽（今属波兰而改称格但斯克）的一个富裕家庭。他于1809年进入哥廷根大学攻读医学，后来改读哲学。他于1811年到柏林大学学习，听过费希特和施莱尔马赫的课程，1813年以论文《充足理由律的四重根》在耶拿大学获得博士学位，1819年发表《作为意志和表象的世界》，1820年曾担任柏林大学哲学讲师，企图挑战黑格尔的权威，最后因听课学生寥寥而告失败。1833年，他定居法兰克福从事研究著述，并在此度过了余生。他最初遭到学术界的冷遇，后来逐渐受到关注并一度流行。著名音乐家瓦格纳和哲学家尼采都曾受其影响。除了上面提及的两部论著，其代表性著作还有《自然界中的意志》《伦理学的两个基本问题》等。在吸收并改造康德学说和柏拉图哲学的基础之上，在力求推翻黑格尔理性主义哲学的背景之下，叔本华提出了以生存意志为原则的意志主义，为后续的生命哲学和存在主义哲学开启了一条基本的思想路线。

一、意志与本体

叔本华的意志主义以追问"世界是什么？"为宗旨。在他看来，哲学的第一要务就是对于世界的本质进行考察。世界是什么？这是一个贯穿哲学始终的形而上学问题。为了解答这个基础性的理论问题，叔本华一方面吸取了柏拉图和康德的理论模式，即首先划分出现象世界与本质世界。无限繁多的现象世界只是表面的和短暂的，这个世界的千变万化往往使人感到世事的无常。哲学需要从无常的世事中找出世界的本质所在。哲学考察世界的方式就是使我们看清世界的本质，从而使我们得以超出现象世界的范围。另一方面，叔本华的意志主义直接从盲目的和非理性的生存意志出发，将世界的本质从理性变成了意志。他将生存意志解释为整个世界的基础和源头，大千世界无不受制于盲目的意志，从最低级的无机物到最高级的人类生命莫不如此。哪里有生命，哪里就有意志；或者反过来说，哪里有意志，哪里就有生命。生命与意志这种变化的存在，恰恰是被传统哲学遗忘和排斥的。

在叔本华看来，这种生存意志既不属于柏拉图的那个理念，也不同于康德的那个物自体，而是一种明明白白地求生存和求发展的盲目冲动。林林总总的大千世界不过是生存意志的客体化，不过是生存冲动的表象。叔本华认为，只有生存意志才是自在之物，才是世界的本质规定。与现象世界的一切可见之物相比，意志是内在化的和持久化的本质世界。换言之，意志是一切表象和一切客体的存在根据。无论是个别的事物还是整体的运动，其内核都是生存意志。这种意志显现于那些盲目地起作用的自然力中间。作为表象的世界，充满了各种各样的生命现象，它们如影随形地伴随意志。可见的现象世界就如同反映着生存意志的镜面。最典型的客体化意志就是身体的具体活动，"身体的各部分必须完全和意志所由宣泄的各主要欲望相契合，必须是欲望的可见的表出：牙齿、食道、肠的输送就是客体化了的饥饿；生殖器就是客体化了的性欲；至于攫取物的手和跑得快的腿所契合的已经是意志的比较间接的要求了，手和脚就是这些要求的表出"①。

根据叔本华的解释，生存意志乃是世界的根由和本质所在。即使是在最低级的无机自然界和一切原始的力量之中，意志也是作为一种盲目的冲动和无知的奋斗而显现出来的。石头为何要往下掉落？向日葵为何要朝向太阳？老虎为何要如此凶猛？这些无机物、植物、动物都被各自的生存意志支配，只是根据其不同的意志表现而构成了生命冲动的不同等级。在人的身上，生存意志的体现当然是最为强烈和充分的。不过，在动物身上更能看到赤裸裸的生存意志，因为人是用许

---

① ［德］叔本华：《作为意志和表象的世界》，石冲白译，杨一之校，商务印书馆1982年版，第163页。

许多多的知识和道德包裹起来的，而且还是被伪装的处世本领掩饰的，以至他的真正本质，往往只是间接地显露出来。动物则不然，其盲目求生存的冲动是完全赤裸裸的，不加任何修饰和掩盖。植物的生存意志尽管微弱了许多，表现也是直截了当的和非常简单的。总之，无论是石头的滚动还是植物的生长，无论是动物的抢夺还是人类的竞争，都是生存意志的不同表现而已。

叔本华将康德的"自在之物"变成了"生存意志"。他没有把"自在之物"仅仅当作是一种无法知晓的"物"，当作是一个躲在现象世界背后的神秘存在，而是将其解释为无处不在的"生存意志"。作为"自在之物"，这种"生存意志"是绝对自由的，它不服从于一切客体所遵循的时空因果法则。然而，它也不是高高在上的和孤芳自赏的"幽灵"，而是出现在所有现象中的欲求和冲动。一切客体的特性都是意志的显现，一切现象的形式都是意志的反映。人是意志的最完善体现。意志是第一性的，没有意志就没有世界。世界是意志派生出来的，整个世界就是意志的客体化和写照。如果说世界是变化无穷的，那么意志则是永恒不变的；如果说世界是复数的，那么意志则是单数；如果说世界是服从于必然性的，那么意志则是完全自由的；如果说世界是表面的和虚幻的，那么意志则是本质的和正确的。

在论及生存意志的客体化和等级化的过程中，叔本华还直接地借用了柏拉图的理念论模型。他需要一个可以将生存意志转化为客体形式的中介力量，而这个力量正是柏拉图所提出的"理念"。在柏拉图那里，"理念"是事物的本质存在，事物不过是理念的摹本。生存意志首先产生出各种抽象化程度不同的理念，由这些理念再外化成为时空中的具体存在。因此生存意志是通过理念来实现其客体化目标的。意志的客体化具有许多不同等级的表象，意志通过这些表象将自身外化为各种客体，而达成这些等级化表象则依赖于理念。理念在无数个别的存在物上表现自己，因此它与个别存在物的关系必然是原型与摹本的关系。由此可以推断，意志是世界的原型，表象只是意志的摹本。

柏拉图的理念是一个可以被认识的东西，是一个客体和表象，所以，理念又不同于自在之物。个别事物只是自在之物的一种间接的客体化，在事物和自在之物之间还有理念。针对传统哲学要么从客体要么从主体出发，叔本华强调从表象出发，即从个人的表象或者个人的感觉复合出发，因为这样才能认清整个世界不过是生存意志的现象。个人无法从整体上来认识生存意志，但是可以在它的个别活动中来认识它，也就是在时间中来认识它。我们之所以看到一个差别化和多样化的现象世界，是理念的差别化和等级化所造成的，即理念派生出意志客体化的各个级别。从无机界到植物界再到动物界,最后直达人类,形成了一个理念王国的金字塔。人类的各种欲望最为充分地体现了生存意志的本质与力量。

正是借助这种生存意志的本体论,叔本华向我们展示了一个环环相扣的现象世界:"人为了自己的生存就需要动物,动物又因而依次需要另一种动物,然后也需要植物;植物又需要土壤、水分、化学元素、元素的化合物等,需要行星、太阳、〔行星的〕自转和公转、黄道的倾斜度等等。归根结底,这都是由于意志必须以自身饱自己的馋吻而产生的,因为除了意志以外,再没有什么存在的东西了;而它呢,却是一个饥饿的意志。〔人世的〕追逐、焦虑和苦难都是从这里来的。"① 如果没有意志作为本体,就不会有这样一个竞相展开的世界。

二、直观与艺术

在意志本体论的思想基础之上,叔本华还构造了他的意志认识论。与康德不可知的"物自体"相反,作为"自在之物"的意志是可以被认识的。生命活动是因动机而起,而为了把握这些动机就必须有所认识。认识的出现是以大脑及其神经系统作为代表的,就如意志的体现总是以一个客体为代表一样。不管是哪种认识形式,都是从意志中产生出来的。认识总是为意志服务的,而且也是为这种服务而产生的。认识为服务意志而产生出来,就如同头部是为躯干而生长出来一样。作为意志客体化的一种辅助工具,认识和身体的任何器官其实都是维系个体存在和种族存在的工具。随着意志的客体化一级比一级明显,意志逐渐地从盲目和无知走向清醒和认识。如果说植物界和动物界的意志往往表现为盲目的冲动,那么意志在人的身上就如同点燃了一盏明灯。从经验认识到抽象认识,从感性直观到理念直观,人可以不再完全听命于盲目的意志冲动,可以通过运用多重的认识形式来照亮自己的生命旅途。

叔本华的意志认识论突出的是直观认识而非概念认识,因此他往往给人一种贬低理性认识的印象。其实并非如此。他认为存在着多种认识形式,最原初和最简单的认识形式就是感性的或者感官的认识(即那些非概念的经验认识),再往上就是抽象的和概念的理性认识(即那些系统化的科学认识),最高层次的认识形式当然就是哲学意识和审美直觉(即那些迈过概念认识的理念直观)。叔本华强调,认识最终来自经验直观。这是一个对于任何生物来说都是绝对有效的真理。世界

---

① 〔德〕叔本华:《作为意志和表象的世界》,石冲白译,杨一之校,商务印书馆1982年版,第222页。

就是我通过眼睛看到的世界。对于认识而存在着的一切，也就是全世界。世界即表象，也就是说，作为意志的世界是可以被认识的。

叔本华将表象区分为直观表象和抽象表象。直观表象只是一种感觉，它还不是一种知识，因为它无法凝结成为概念，甚至还处于朦胧的无意识状态。抽象表象则不然，它是以理性作为前提条件的。关键在于，它可以凝结成为概念而为人所专有。这种抽象认识的最大价值就是能够传达和保存经验的内容，比如人类的语言活动、科学活动、教育活动和哲学活动。这种认识将个别的感性认识加以普遍化，从而可以超越局部的认识，这就是人的意识不同于动物的意识的关键所在。动物只是生活在当下，而人可以生活在将来和过去。然而，作为一种概念认识，抽象表象又有它的局限性。概念认识如同月亮间接的反光，而直观认识好比在太阳直接的照耀之下。概念认识的自身问题就出在理性的抽象化上面，因为概念的抽象性很难抵达真实的世界。概念由于自身的硬性规定，由于自身的高度普遍化，自然不能达到直观的鲜活性和具体性。叔本华特别强调了直指理念本质的艺术直观。艺术不是概念化的认识形式，其中不仅有感性也有理性，不仅有具象的东西也有理想的对象。艺术的直观认识源自感性经验，但它并不停留在个别的现实之中，而是指向了理念的世界。当科学根据时空和因果律而对表象世界进行解释和分类的时候，它似乎永远都达不到本质的认识。相反，艺术在任何地方都可以认识理念。艺术家更接近疯子而不是科学家，原因在于真正的艺术家都是天才，他们能够通过非概念的直观形式去展现意志世界。

不同的艺术形式属于不同的意志客体化等级。从建筑艺术、绘画雕刻、小说诗歌、戏剧形式，一直到音乐这一纯粹的艺术，表达意志客体化有一个等级顺序。建筑艺术和造型艺术属于意志客体化的最低等级。意志的最原始的和最简单的本质通过建筑艺术和造型艺术得以显现出来，如重力和硬性、固体性和内聚力，等等。这类艺术形式不仅是数学的，而且是动力学的，因为它们体现了大自然的那些基本力量。再往上一个等级的艺术形式就是绘画雕刻。绘画和雕刻从描绘景色和静物到刻画动物行为，再到塑造人类的故事及其形象，其意志的表现力愈加突出。接着是文学戏剧形式，无论是小说诗歌还是悲剧喜剧，其宗旨都是让读者和观众能够直观地看到意志的作用。比如表现出人的理念是诗人的职责，而戏剧是最客观和最完美的艺术体裁。最高等级的艺术形式则是音乐。音乐是全部意志的直接客体化和写照。所以，音乐不同于其他艺术，绝不是理念的写照，而是意志自身的写照。音乐的效果比其他艺术的效果强烈得多。其他艺术表达的只是意志的阴影，音乐体现的却是意志的本质。

实际上，叔本华的意志认识论主要论及了概念的认识形式和非概念的认识形式。前者属于科学认识的范围，基本立足于理性的分析能力；后者属于艺术直觉的领域，主要立足于直观的想象能力。依据他的意志主义逻辑，他显然更加看重艺术的非概念认识形式，这从他对于音乐表达形式的推崇可见一斑。在他看来，旧有的各种哲学体系要么站在客体一边，要么站在主体一边，都没有找到抵达意志世界的路径。意志主义从艺术的直觉活动之中找到了认识意志的捷径，这就是各种艺术形式在直观与意志之间给我们架起的一座座桥梁。

三、悲剧与人生

在人性问题上面，叔本华遵循了这样一个论证逻辑：既然意志是世界的本质，那么人作为世界的一分子，他的本质也是由意志所决定的；既然意志是一种盲目的冲动和欲望，那么人也必然受制于盲目的冲动和欲望。我们在无知无识的自然界看到大自然的内在本质就是不断地欲求挣扎，在动物和人身上就更明显地表现出来。欲求和挣扎就是人的本质。从盲目的冲动出发，人的自然倾向就是要求满足自己的利益和欲望，这样人就变成了彻头彻尾的利己主义者。每个人一切为了自己，渴求占有和控制一切。在每一个人身上都蕴藏着一个利己主义的怪兽，总是跨越是非善恶的疆界。从本质上讲，人就是一个野兽，而且还是一个残忍恐怖的野兽。正是在这种极端利己主义的兽性的驱动之下，人性往往难有好的表现，而人生问题往往也难有令人满意的答案。当我们去正视人生的现实问题的时候，最终看到的都是那些令人悲观失望的结果。无论是个体还是群体，都无法摆脱悲剧性的命运。

叔本华的悲观主义思想显然受到印度哲学和佛教的影响，尤其是佛教学说。它直接将人生概括为一个字：苦。人有着太多无法填满的欲望。当欲望得不到满足的时候，人会因为缺乏和争夺而痛苦；当欲望得到了满足，人会因为无所事事或者无聊而痛苦；当欲望不断地催生欲望的时候，人会因为没有止境的欲望而痛苦。欲望与厌倦是生命活动的两极。人生就在痛苦和无聊之间像钟摆一样来回摆动。人不过是需要的凝聚体。人就是带着这些需要而活在这个世上的。对于人而言，最根本的需要无非两种：一是自我保存的需要，二是繁衍后代的需要。正是这样两种需要驱动着人类上演了各式各样的悲喜剧。

因为欲望的作用，一切生命在本质上都是痛苦的。然而，人的痛苦却要超过其他的生命无数倍，这是因为知识的缘故。伴随着本能冲动的减少，人成了一种理性的生物。人因为意识到人生的归宿而感到更加痛苦。昆虫的感觉能力都还有限，直到脊椎动物有了完备的神经系统，这些能力才以较高的程度出现。智力愈发达，痛苦的程度愈高。意识的加强意味着痛苦的增加，这是一个正比例关系。与动物相比，人的痛苦达到了最高的程度。一个人的智力愈高，认识愈明确，就愈痛苦。具有天才的人则最痛苦。与其他生命不同，人明明知道最后是死亡在等着他，依然想方设法地努力延长寿命，而且是愈长愈好。就如同吹肥皂泡，尽管明知最后一定破灭，但是依然要尽量吹下去，而且吹得越大越好。如果我们把人生比作灼热的圆形跑道，跑道上有着几处阴凉的地方，我们又必须不停留地跑过这跑道。那么被拘限于幻觉的人就以他眼前看得到的阴凉之处安慰自己而继续在跑道上往前跑。但是，认识到自在之物的本质从而认识到整体大全的人，就不再会感到这种安慰了。

在谈论悲剧人生的同时，叔本华也论及幸福的问题。他提到亚里士多德对于人生幸福的三个来源分类：一是来自外面的幸福，二是来自肉体的幸福，三是来自灵魂的幸福。他从根本上对于人生幸福持一种消极甚至否定的态度，因为常驻的幸福是完全不存在的。一切幸福只具有消极价值而没有什么积极价值。人生即使会遇上一些转瞬即逝的幸福，其原因也更多的是主观方面的而不是客观方面的。获得和享用的财富，对于人生幸福的影响甚微。其实再也没有什么比财富带来的快乐更少了，也没有什么比健康带来的快乐更多了。叔本华的人生哲学最后似乎走到了佛教的道路上面。他为世人也开出了一些治疗痛苦的药方，比如有最平常的"借酒消愁"，也有最极端的自杀，当然还有他所推崇的哲学思考和艺术创作，再就是大彻大悟的禁欲或者绝欲，进入佛教的"涅槃"境界，即没有意志，没有表象，就是一个"无"了。当人摆脱了贪得无厌的冲动和欲望，就达到高于一切理性的平和心境。

第二节　尼采的意志哲学

尼采（1844—1900），德国著名哲学家，生于普鲁士萨克森州洛肯镇一个乡村牧师之家。尼采是西方思想史上一位划时代的人物，海德格尔称其为"最后一位形而上学家"，施特劳斯称其为"现代性第三次浪潮"的奠基人，哈贝马斯称其为"后现代的鼻祖"。尼采年轻时深受叔本华意志哲学与瓦格纳音乐的影响。1869 年，尼采被导师利奇尔推荐到瑞士巴塞尔大学出任古典学教授。1872 年，他出版《悲剧的诞生》，一鸣惊人；1873 年出版《不合时宜的沉思》第一部，至 1876 年共出了四部；1879年因健康急剧恶化辞去巴塞尔大学教职。1879—1889年是尼采创作的高峰期，在长年剧烈病痛的折磨下，他先后写下了《人性的、太人性的》（1878）、《朝霞》（1881）、《快乐的科学》（1882）、《查拉图斯特拉如是说》（1883—1885）、《善恶的彼岸》（1886）、《道德的谱系》（1887）、《看哪这人》（1888）、《瓦格纳事件》（1888）、《偶像的黄昏》（1888）、《敌基督者》（1888）以及《权力意志：重估一切价值》的遗稿（1885—1889）等著作。1889年之后，他彻底陷入精神失常状态，直到1900年去世。

一、权力意志

尼采思想体系的核心是权力意志。那么，什么是权力意志呢？1885年尼采所写下的一段话被编辑在《权力意志》的最后一节，一度被作为权力意志学说的经典表述。尼采说："作为无处不在的力是忽而为一，忽而为众的力和力浪的嬉戏，此处聚积而彼此消减，像自身吞吐翻腾的大海，变幻不息，永恒轮回，以千万年为期的轮回。……这是权力意志的世界，此外一切皆无！你们自身也是权力意志，此外一切皆无！"（《权力意志》，第1067节）可见，尼采的权力意志至少包含了两重含义：首先，这个世界就是一个以权力意志为本体的世界，这一点尼采继承了叔本华的思想；其次，生命本身就是一种权力意志的本能，权力意志就是生命的本能，这一点代表了当时流行的生命哲学的观点。《查拉图斯特拉如是说》第二卷"论自我超越"一节写道："哪里有生命，哪里便有意志，但不是生命之意志，而就是权力意志！"尼采晚年更多地用"永恒轮回"来限定世界的本体论特征，而用"权力意志"来限定生命的生存论特征。就世界而言，以权力意志为本体的世界，是无目的、超善恶的，是生生不息、永恒轮回的。世界的力与力以及生命的意志与意志之间相互作用，有如潮涨潮落，有创造有毁灭，有死亡有新生。生命的自我肯定就是认识到生命是一种生生不息的生成，是生生不息的自然世界的一部分。生命的自我肯定意味着接纳并承受生命自身的"时间性"，即有限性、生成性、偶在性、无目的性、无意义的"时间性"，不再指向超越自身之外的目的和意义，不再指向永恒、存在、本质或至善，完全承认生命自身和此世的"正当"，并以强劲的权力意志肯定生命本身且提升生命的强度。

尼采的"权力意志"不仅解构了柏拉图的理念论及其"理念的世界"，而且解构了基督教的上帝观及其目的论的世界图景，甚至也修正了现代自然科学的机械论的宇宙论。在"上帝已死"的世界里，世界没有了人赖以生存的超越的目标与意义，只有重复地生成；一切不过是无限的能量涨落背景中的偶然性，是力的积聚与消散以及力与力的相互作用，是当下一切有限的存在永恒轮回的混沌与生成。究其根本，人必须在理智上诚实地认识到，人终究无法克服宇宙的混沌，人必须承受和热爱这个无意义的生生不息的世界，人必须接受和热爱这个命运，人必须栖居在尘世和大地之上，除此之外没有什么理念的超验的世界。大地才是生存的意义之所在，超越大地之外的理念世界必定是一个寓言或幻象。对于尼采来说，为了回归到自然的世界，首先必须以金发野兽的力量摧毁柏拉图主义和基督教传统的价值，实施一种"积极的虚无主义"，之后才有可能像天真的儿童一般复归于生命、自然、大地，复归于永恒轮回的世界游戏之中。

可以说，尼采的世界观是生命的权力意志的创造性自由与世界的永恒轮回的偶然性命运交织在一起的整体，在某种意义上，这是深受17世纪物理学革命和19世纪进化论革命影响的一种新世界观，尼采在哲学上为它增添了非理性的内在体验的因素。永恒轮回的偶然性的生成的世界，是力与力之间潮涨潮落的生成与混沌，是权力意志发挥的世界场景。生命本能，尤其是酒神狄奥尼索斯式的"艺术家—哲人"的生命本能，会从自身立场和视角出发，以更多更强的权力意志激发出生命本能的自我肯定，成为混沌与生成中的价值创造者和自我立法者。

二、重估一切价值

在一个生生灭灭的有限存在者永恒轮回的世界中，只有超人能够以其强大的权力意志自我立法并将其价值强加于混沌的世界之上，只有超人能重估一切旧有价值的价值，并创造出新的价值。为了创造出新的价值，超人要用权力意志"重估一切价值"，摧毁旧的西方文化传统，包括柏拉图主义的形而上学和平等博爱的基督教道德。

尼采重估一切价值的主要目标就是批判西方传统文化，尤其是基督教文化传统；再往上追溯，一个是犹太教，另一个就是柏拉图主义，基督教的道德与文化是二者的结合体。根据权力意志的基本原理，尼采提出一种区别强者与弱者的道德心理学，它把能凭借自身强大的权力意志超越善恶并创造新价值作为首要的价值。尼采把这种自我规定价值的道德称为"主人道德"，认为它优于那种建立在"深度自我"的灵魂观念、自我审查的"良心"机制以及对此世和生命本身的虚无主义之上的"奴隶道德"。尼采在《善恶的彼岸》中认为，在主人道德那里存在着"好"（gut）与"坏"（schlecht）、"高贵"与"卑贱"的对立；而奴隶道德的价值评价标准则是"善"（gut）与"恶"（böse），它体现的是弱者反抗强者的扭曲的充满怨恨的意志。尼采将"主人道德"归于古希腊罗马的道德习俗，而将犹太—基督教的宗教道德判定为"奴隶道德"。由此，尼采就颠覆了西方基督教文明的世界观念、道德观念和价值观念，从自己的道德习俗谱系学的视角重写了西方文明史，重新评判了基督教道德的价值。尼采将19世纪末西方文化的衰颓和虚无主义归咎于从犹太教而来的基督教，基督教道德否定强者价值的虚无主义本质是其"重估一切价值"的矛头所指。尼采对基督教的指控达到了西方近代以来宗教批判和无神论的一个顶点。

在《善恶的彼岸》里，尼采将柏拉图主义视为迄今为止危害深远的错误，因为柏拉图发明了"纯粹的灵魂"和"自在的善"，让西方人从此迷恋上了虚假的"理念世界"。欧洲精神已经被这种柏拉图主义毒化了两千多年。从柏拉图主义中孕育出两个更为有毒的继承者：其一，是作为"大众的柏拉图主义"的基督教；其二，是作为大众民主的启蒙运动。尼采将现代欧洲虚无主义归咎于基督教的"奴隶道德"及其平等主义的现代变种。于是，尼采召唤具有"自由精神"的欧洲人与柏拉图主义进行持久的斗争。在尼采的影响之下，20世纪西方哲学主流基本上都持有批判柏拉图主义的立场。

除了批判柏拉图主义和基督教之外，尼采向"上帝面前人人平等"的平等主义发动猛烈攻击。在《敌基督者》第43节中他说："'所有人的平等权利'这一学说，基督教对它做出了最彻底的表述；基督教来自低劣本能的最阴暗角落，由此对人与人之间的一切敬畏感和距离感，即是说对一切文化之上升、成长的前提，发动了一场殊死的战争。这一学说的毒害就是，基督教将大众的怨恨铸造成它的主要武器来反对我们，反对尘世间的一切高贵者、快乐者、心胸大度者，反对我们在尘世间的幸福。"尼采相信，基督教的奴隶道德中的平等主义造就了现代西方的民主政治和无政府主义，是欧洲政治灾难与欧洲文化衰颓的罪魁祸首。现代大众民主意识形态实际上是一种对强者德性充满怨恨的奴隶道德，它发明了一种功利主义追求最大多数人幸福的"幸福"文化，将大众作为"畜群"由国家豢养，从中根本无法孕育出更高类型和最高类型的人与文化。

尼采认为，为了克服欧洲文化的虚无主义，必须敢于摧毁基督教的"道德上的奴隶起义"，摒弃自然权利和平等主义以及人道主义的"人性的太人性的"道德情感，重建一种新的价值等级秩序。在《敌基督者》第57节中，尼采甚至提出了一个非常接近柏拉图《理想国》的方案的反民主的社会等级制，其中"艺术家—哲学家"是第一等级，战士是第二等级，而劳动者是第三等级。尼采赞美前基督教的古希腊罗马的异教文化，推崇马基雅维利主义式的"非道德主义"以及亚历山大、恺撒和拿破仑这些拥有政治本能的强人，极力提倡残酷斗争、竞争和战争对于激发生命本能与文化活力的功用,凡此种种都旨在医治由基督教的道德价值体系及其世俗化形态的人道主义与平等主义导致的欧洲虚无主义的时代痼疾。

可以说,尼采对整个西方文明从柏拉图主义形而上学和基督教道德到平等主义的批判,也就是对欧洲虚无主义的现代性的批判,开启了20世纪"后现代"批判现代性的基本模式。尼采对启蒙理性主义的批判通过海德格尔解构现代主体性以及整个西方的存在论神学的形而上学传统,开启了德里达的解构主义;而他的权力意志的思想,又通过巴塔耶的反理性主义的僭越体验之路,开启了福柯的谱系学的权力—知识批判。由此可见,尼采是一位划时代的思想家,对现代和当代西方哲学产生了深远影响。

三、超人与永恒轮回

在尼采的权力意志学说中,永恒轮回思想占据了一个核心的位置,因为对永恒轮回的世界的认同和回归,是权力意志能够自我肯定和自我克服的本体论条件。没有经过永恒轮回的考验来肯定生命本能的智慧,权力意志就极有可能沦为占有性、工具性、掠夺性的权力。对权力意志一词的诸多误解,都是由于将权力意志理解为追求外在于生命本能的权力,一种仅仅为了生命的自我保存而攫取掠夺、占有支配、凶猛好斗的权力。这完全违背了尼采的权力意志概念的本义。在《查拉图斯特拉如是说》中,超人必须经历骆驼(象征传统价值)、金发野兽(象征权力意志)和小孩(象征永恒轮回)的三种变形,而获得永恒轮回的智慧并克服权力意志,这才是超人的最终境界。因此,要想深入理解尼采的权力意志学说,就必须深入到永恒轮回的思想,才能克服对权力意志概念的种种误解。

尼采最早是在1881年顿悟到永恒轮回的思想,到了1883年他终于为这个思想找到了一个波斯先知查拉图斯特拉的意象。于是,尼采用整部《查拉图斯特拉如是说》的哲学戏剧来讲述他的永恒轮回思想,讲述超人是如何通过永恒轮回的智慧克服了权力意志的局限性的。《查拉图斯特拉如是说》一开始,查拉图斯特拉首先要传播的"未来的哲学"即"超人学说"。查拉图斯特拉发布了一个消息:上帝死了,而且诸神也死了。在这个暗夜的时代,"超人"必须应运而生,否则就是"末人"成堆。为了宣扬"超人学说",查拉图斯特拉在市场上找过群众,市场上的群众很快就离开了他。他又转向那些愿意追随他的门徒,但那些门徒只是亦步亦趋地模仿他,而不能成为他们自己。于是,他又重新回到孤独之中并生了一场大病。查拉图斯特拉最后的历练,也是"超人学说"最后的教诲,就是要治愈永恒轮回带来的对生命的虚无化的冲击,从而"超人"才能成为自我立法、自我创造、自我教育和自我超越的人,这是他的权力意志的最终体现。如果查拉图斯特拉或"超人"不能通过"永恒轮回"的考验和体验以完成自我超越和自我克服,他的权力意志就会沦为虚无的意志,而非生命的意志。

尼采在《查拉图斯特拉如是说》第三卷中讲道,上帝已死之后,吞噬万物的永恒轮回的"宇宙时间"就像是一条黑色巨蟒,它足以摧毁我们所有的意志:要么绝望地在能量守恒的宇宙混沌中与永恒轮回的时间性作斗争并热爱命运,要么转而追求不朽的生命和彼岸的世界。后者就是柏拉图主义与基督教给出的出路,它为人们建构了一个"寓言"世界;而现代科学声称,一切终归于宇宙寂灭的世界才是一个更为真实的世界。"超人"就要果敢,迎着使一切同归于虚无的宇宙时间和历史主义,咬断那条吞噬我们生命的巨蟒的头,从永恒轮回的无限的、虚空的、无意义的宇宙时间的维度,转向永恒轮回中有限性、生成性、偶然性的生命自身存在的时间性的维度的自我肯定。由此可见,"永恒轮回"具有双重含义:它既是虚无的力量直接对生命的否定与摧毁,也是那些拥有强大的权力意志的人对生命的一种彻底肯定性体验,因此,它成为"超人"与"末人"的试金石。"末人"在永恒轮回中只能看到它对生命的摧毁性力量而走向消极悲观的虚无主义,而"超人"则在永恒轮回中认识到世界、自然和生命并不依赖于上帝或理念而存在,而是要以生命本能的更强的权力意志去肯定它的存在。"末人"从摧毁一切存在、敉平一切存在并使一切终究同归于虚无的"宇宙时间"来看世界的生成与混沌,在他们那里不存在什么"超人"与"末人"之分,一切均单调地自我重复;而"超人"则转向生命本身的生生不息的时间性来看世界的生成与混沌,使其生命自身呈现出"永恒的瞬间"的存在。只有通过永恒轮回的考验从而根本性地转换视角,才能凸显生生不息永恒轮回的生成中生命存在的"永恒的瞬间",克服"末人"对永恒轮回的物理时间之维使一切同归于虚无的虚无主义和悲观主义。

尼采的"永恒轮回"学说,可以说是向"自然"的回归。这里的"自然"并非古希腊目的论或斯多亚学派意义上的"自然",也不全然是自然科学所要控制和征服的"自然",而是酒神狄奥尼索斯将生命本能艺术化了的自然。抵制柏拉图主义和基督教神学对自然的贬斥,拒斥"善的理念""存在的本质""终极目的""完美的本源""永恒真理"和"彼岸世界"等本体论的、神学的、形而上学的观念,抵挡基督教、现代主体性哲学以及实证知识对自然与生命本能的狂热的虚无化倾向,与欧洲现代性危机进行不懈的斗争。通过"超善恶"的"非道德主义"对一切传统价值的"去道德化",转而对生命本能、大地、世界、肉体的"重新自然化",这是尼采从早年的悲剧研究和文化批判一直到他成熟时期的《查拉图斯特拉如是说》和晚年遗稿一以贯之的哲学抱负。尼采的"永恒轮回"与"权力意志"学说创造出一整套全然反对柏拉图主义和基督教道德的新哲学体系，开启了20世纪欧洲大陆哲学一波又一波思想潮流，标志着西方哲学史上一个新的时代的来临。

第三节　克尔凯郭尔的生存哲学

克尔凯郭尔（1813—1855，又译基尔凯戈尔），19世纪丹麦哲学家、神学家、文学家，现代生存哲学的思想先驱，也被称为"存在主义之父"。他出生在哥本哈根一个信奉基督教的家庭，深受其父的宗教信仰及性格的影响。1830年进入哥本哈根大学攻读心理学、哲学、神学，其间也广泛阅读哲学和文学作品，偏爱戏剧和音乐。他1841年进入柏林大学继续学习，听过哲学家谢林的课程。1842年带着对思辨哲学的失望回到哥本哈根，以后靠着丰厚的遗产从事研究和写作。他一生著述颇丰，留下了体裁各异的哲学著作、宗教作品、小说、日记等。他的与众不同之处是采用假名进行写作，在其"假名写作时期"（1843—1846）发表《非此即彼》《恐惧与颤栗》《哲学片断》《人生道路诸阶段》《总结性的非科学的最后附言》等著作。在以后的"基督教写作时期"，他不再采用假名而是署上自己的真名发表了许多宗教作品，诸如《基督教训导文》和《爱的作为》等。克尔凯郭尔的生存哲学，严格说来是一种反思信仰问题的"基督教哲学"。正是因为他别具一格的主观化思考维度和对于个体化生存问题的探讨，使20世纪的哲学和神学在不同程度上打上了这种生存哲学的印记。

一、个体存在论

克尔凯郭尔的生存哲学是从个体存在出发的。他主张信仰的个人选择而极力反对教会的国家化倾向，同时强调信仰的主观体验而反对信仰的理性化证明。于是黑格尔的思辨哲学及其神学思想就成为他的批判对象。在他的许多著述里面，充斥着大量批驳思辨哲学（也称为教授哲学）的言辞。凡是维护整体存在而抹杀个体存在的思想论调，都被他看作是思辨哲学的体系化顽疾，看作是思辨哲学束缚并窒息鲜活个体的逻辑绳索。因此，他决意远离这些完全无视个体存在的思辨哲学。如果说思辨哲学面向的是已经过去的历史总体，那么他的生存哲学所面向的则是鲜活的生命个体。黑格尔的思辨哲学根本不能解答个体存在的矛盾问题，这正是他始终反对黑格尔哲学的根本理由。

克尔凯郭尔崇尚鲜活的生命而厌恶僵化的体系，始终排斥体系化的存在哲学论证。他认为自己不是一个哲学家，既不想编写任何体系，也不对构造任何体系做出承诺。因为在他看来，一个逻辑的体系是可能的，一个存在的体系是不可能的。作为一个始终关注生命体验的思想家，克尔凯郭尔所关注的对象并不是宇宙的客观性存在，也不是世界历史的总体性存在，而是处于生命旋涡之中的个体性存在。这种存在是不能用理性来证明的，因而是不能被纳入体系之中的。黑格尔的思辨哲学为了构建一个完全服从于逻辑必然性的总体存在，为了使局部服从于全体，从而将个体存在的印记完全抹杀。为此，克尔凯郭尔将个体性存在作为其生存哲学的核心概念，从主观性的生命体验及其自由选择出发，去探讨个体存在的生存矛盾问题，以及如何成为一个真正的基督徒的超越性问题。

生存问题是一个非常具体而又非常矛盾的问题。比如结婚还是不结婚，就是一个在生活中首先会遇到的人生选择。结婚，你将为之后悔。不结婚，你也将为之后悔。无论你结婚还是不结婚，你都将为之后悔。生存就是活着，活着就意味着要有所选择，而这个选择是直接压在个体头上的。什么是生存？生存就是无限与有限、永恒与瞬间所孕育出来的孩子，所以生存是一种不断的斗争。这种斗争既是悲剧的也是喜剧的：说它是悲剧的，是因为它永无止境，没有终结的那一天；说它是喜剧的，是因为它包含着一种自我矛盾。从悲剧的角度看，即使是一秒钟也有它的无限价值；从喜剧的角度看，即使是一万年也不过是过眼云烟，如同过去的昨天。生存就是这样地悲喜交集，就是这样地矛盾纠结：人是有限的，但又想追求无限；人是要死的，但又想追求永生。那些忘记了自己还是一个活生生的个体的思想家们，是无法解释这种充满矛盾的人生境况的。为了成为一本书或者一种客观的东西，他们不再是一些活生生的人，而是变成了一些僵死的思想幽灵。

在悲喜交集的生存斗争中，人的存在是被各种各样的情绪包围起来的。所谓存在就是要去面对各种可能性，在各种不确定性中进行选择，于是人就产生了焦虑、彷徨、恐惧、悲观乃至绝望等情绪。无论大事小事临头，每个人的反应都既不可能是完全本能的，也不可能是完全理智的，而更多的是一种主观化的情感反应。每个人的所作所为不仅要受制于外部环境和客观条件，而且还要牵涉自我的主观性诉求。事实上，从本能或者理智出发去判断人的信仰行为，都是片面的和错误的，因为人的信仰本身就是一种激情。信仰绝不是一种本能的条件反射，更不是一种理智的逻辑推论，而是一种自由意志的表达。从情绪出发并提出生存情绪的本体论，乃是克尔凯郭尔生存哲学的独特之处，也是他被后人看作"存在主义之父"的根本理由。

在黑格尔思辨哲学的"绝对精神"的序列中间，完全没有情绪反应的位置，当然也就完全没有主观性的存在。激情是时时刻刻都在发生的，也是主观性的最高表现形式。在克尔凯郭尔看来，情绪真正凸显了人的存在，而且是作为孤独个体的存在。所谓普遍性或者共同性的存在，所谓大众性或者群体性的存在，不过是一些虚幻的存在而已。我知道我就是一个人，我知道我无法理解什么体系。情绪是发自内心的，它只能是精神性的而不是外在性的，只能是主观性的而不是客观性的。从根本上讲，这种内在的和主观的情绪起因于生存中的种种悖论。活着的人就是一个矛盾的综合体，是一个有限与无限、暂时与永恒、自由与必然的综合。在处理有限与无限、自由与必然等关系的时候，需要一个第三者，自我就是这样一个第三者。人是精神。但什么是精神？精神是自我。但什么是自我？自我是一种自身与自身发生关联的关系，或者是在一个关系中，这关系自身与自身所发生的关联。这个自我如同一个关系中间的调停者，时时刻刻都面临着矛盾纠结的考验。自我或者完全忘记自己是一个存在着的个体，采取随大流的方式而放弃自己的立场，由此而获得一种心理上的暂时平静；或者竭尽全力地坚持自己的个体存在，决不受制于虚妄的大众存在，真正地成为一个孤独的个体，自己去面对上帝和承担死亡的恐惧。作为一种精神，自我是立足于生存关系之中的。自我就是一个形影不离的精神所在。

克尔凯郭尔认为，作为一个人，作为一个活着的人，只能是一个存在着的个体。存在，首先意味着自我选择和自我斗争。哈姆雷特的生存还是毁灭的问题，其实就是一个主观性的问题。做一个人意味着什么？做一个真正的基督徒意味着什么？这首先不是一个认知的问题，而是一个伦理的问题，或者说是一个自我决断的问题。存在的个体首先不是一个认识的主体，而是一个伦理的主体。正如当代法国哲学家列维纳斯所主张的那样，在人的存在问题面前，伦理关系是第一位的，认识关系是第二位的。伦理学才是真正的第一哲学。个体的选择并不受制于什么理性思维的逻辑，反而要牵涉各种各样的存在关系，尤其是要牵涉人与上帝的关系。只有在上帝的面前，人才能最终体验到自己的个体存在。因为在绝望中皈依上帝，这绝不是别人可以替代的事情。正是在上帝的面前，生存的个体性也就是主观性才能真正地显现出来。

二、主观真理论

克尔凯郭尔从个体存在及其主观性出发寻求信仰之路。在他看来，信仰完全是个人的选择，而且是发自内心的情感所为。只要消除了主观性，只要从主观性中消除了情感，只要从情感中消除了无限的欲求，人就无法做出任何一种决定。因为所有的决定，所有根本性的决定，都是植根于主观性之中的。与思辨哲学追求知识化的客观真理不同，他所偏重的则是信仰化的主观真理。在基督教的信仰选择中，真理不仅是个体的而且是主观的。当然，这种真理不是一种关于外部世界的客观认识，而只是与个体的主观体验及其内在情感发生联系。我的个人欲求及其内心变化，只有我自己最清楚。我相信什么和不相信什么，这完全是由我个人的内在情感所决定的，与寻求外部世界的客观知识没有什么关系。真理是精神性的，也只能是主观的，并不存在什么客观真理。因此，主观性和精神性才是真理。

克尔凯郭尔将真理看作是主观的，其认识论的前提在于认知者是一个活着的个人。置身于生命存在之中，个人的所思所想无不打上了主观的烙印。所谓普遍客观的理性认识是不存在的，所谓大众化的共同意志也是不存在的。既然认知者只是一个个体，那么认知的结论只能是主观的。在黑格尔的思辨哲学中，客观性的东西要优于主观性的东西，纯粹的主观性是与真理相违背的，原因在于黑格尔坚持外在的东西要高于内在的东西。而在克尔凯郭尔的生存哲学中，主观性，或者说内在的情感才是知识构成中的重要内容。一切存在问题都是情感问题，因为当反思贯穿存在中的时候就会产生情感。如果撇开情感来思考存在问题，就等于没有思考存在问题。人不可能离开情感来进行思考，认识必然包含着主观性的生存体验。一切本质性的认识都与存在有关，或者说那种与存在有着本质关系的认识才是本质性的认识。从根本上说，一切与存在没有内在关系的认识，一切缺乏精神性反思的认识，都是非本质性的认识。这种认识的程度和范围都是中立性的。换言之，认识与认知者直接相关，这个认知者从根本上讲是一个存在着的个体，因此可以说一切本质性的认识都与存在有关。既然人的存在受制于激情，那么在激情的驱动下，人关于自身存在的认识就是主观性的。信仰的选择无疑不是理性推论的结果，而只能是激情决断的跳跃。

在《总结性的非科学的最后附言》一书中，克尔凯郭尔为主观真理下了一个定义：真理是一种精神归属过程中所持有的客观不确定性，这是存在着的个体所能达到的最高真理。真理是一种不确定性，这个论点与传统的真理观大相径庭。真理怎么可能是不确定的呢？我们来看看克尔凯郭尔是如何解释的：我抱着寻找上帝的希望去沉思自然的秩序，我在其中看到了上帝的全能和智慧，但是我也看到了许多打扰我心灵的东西。因为我不能客观地抓住上帝，任何人都看不到上帝是什么样的，所以上帝是不确定的。经验知识往往具备了客观的确定性，而信仰选择正是一种客观的不确定性。正因为我们信仰的对象是不确定的，所以信仰就成了一种冒险行动。没有冒险,就没有信仰。信仰正是个体内在的激情与客观的不确定性之间的矛盾。如果我能够客观地抓住上帝,这样就与上帝的超越性发生了矛盾。正因为我不能客观地抓住上帝,我必须相信这个上帝。上帝当然不是一个具体的存在者,因而无法成为认识的对象。信仰之所以是艰难的和可贵的,正在于信仰对象的不确定性。正因为上帝是不确定的,才需要我去信仰。信仰与知识是不同的。如果说知识面对的是确定的经验事实,那么信仰面对的则是无法确定的超越存在。

说主观性和精神性就是真理的时候,其实真理就变成了一个悖论。真理的悖论性就在于它的客观的不确定性,这种不确定性是一种内在情感的表达。苏格拉底的无知就表达了真理的这种不确定性。认知者是一个存在着的个体,活生生的精神就是真理。相反,思辨哲学忘记了这一事实,于是否定主观性而一味地去追求客观真理。苏格拉底坚持的无知表达了这样一个原则,即永恒的真理是与存在着的个体联系在一起的,对于存在着的个体而言,这个真理始终是一个悖论。在苏格拉底的无知中所包含的真理成分,可能要比体系哲学主张的客观真理更多。真理的悖论就是对人类生存悖论的真实表达:人的存在一方面是时间性的,另一方面又渴望永恒性的存在;人的存在一方面是感性化的,另一方面又追求伦理的规范;人的存在一方面是个体性的,另一方面又梦想着大同王国。

在克尔凯郭尔看来,真理问题也是可以从两个方面考察的。作为一种客观反思,真理成了一个对象,成了一个客观的存在物,这样思维就离开了主体;作为一种主观反思,真理成了一种主观性和精神性的归属,这样思维就需要更加深入地去探索主体和主体性。客观的反思方式将主体当作附属的东西,从而将其存在变成了某种冷漠的东西,当作某种逐渐消散的东西。客观的反思方式要脱离主体并走向客观真理,于是主体和主体性就变成了一种冷漠的东西,真理也成了冷漠的东西。如果客观的反思方式会导致主体性的消失的话,那么主观的反思方式则将注意力转向了主体,并力图在精神的强化中去把握真理,这样主体的主观性成了最终的支撑,而客观性则是一个逐渐隐退的因素。围绕着对人如何存在的反思,克尔凯郭尔将真理问题引向了主观性的方向。人的情感是主观性的东西,于是存在的真理或者说信仰的真理,事实上就成为一种情感化的主观性真理。

三、生存境界论

生存意味着一种斗争。这种斗争就是时时刻刻都要面临着非此即彼的选择。生存方式或者生存境界的选择过程是从审美阶段到伦理阶段,从伦理阶段再到宗教阶段，大体遵循了一个从低到高的提升顺序，也可以说是一种否定之否定的三段论式。如果说审美的生存方式是一种感性生活的肯定，那么伦理的生存方式则是对这种感性生活的否定，而宗教的生存方式又是对伦理生活的否定，最终达到了最高的信仰生活阶段。克尔凯郭尔借用黑格尔的观念辩证法，将这个提升过程归结为个体存在的"生存辩证法"。从观念辩证法到生存辩证法，他看重黑格尔揭示出来的事物发展的过程性和矛盾性，但是摒弃了黑格尔的必然性范畴，坚持按照自由的范畴来审视生命的历程。因此，与黑格尔的观念辩证法不同，他的生存辩证法偏向个体存在及其主观精神，旨在揭示出主体性的自由生存境界。

生存辩证法源自非此即彼的选择。在克尔凯郭尔看来，选择是一种自由，而这种自由的背后站着一个自我意识。自我取决于主观精神或者主观意志。自我游走在有限与无限、暂时与永恒之间，自觉担负起调节人生矛盾的重负。在自我的综合作用之下，在自我力图成为自己的绝望之中，个体始终处于一个生成过程之中。个体最初从感性的享乐生活出发，然后经历伦理的责任生活，最终抵达宗教的信仰生活。这三种生存选择既代表了个体的三个生存阶段，也代表了个体的三种生存取向或者生存境界。尽管它们属于不同阶段，但事实上它们之间并没有完全割裂开来，而是常常纠缠和叠加在一起。因此，从生存取向或者生存境界去理解，也许更能把握住克尔凯郭尔的生存辩证法。

审美的生存境界处于生存辩证法的初始阶段，也就是生命的感性阶段。这个阶段的生存境界是直接性的，或者说是非反思性的。审美的生活信奉及时行乐和醉生梦死，使得个体的存在必须依赖于外部的诱惑之物。在克尔凯郭尔看来，西方传说人物唐璜所代表的浪荡子形象，就是这种审美境界的典型代表。唐璜的一生以追逐女性为快乐，他不断地寻找目标而沉浸在瞬间的快乐之中。唐璜式的爱美之心及其声色犬马的生活，总是处在不满足的渴求之中。即使感官得到满足，随即又会产生空虚甚至绝望的感觉。及时行乐看似很满足，其实是很短暂和空洞的。于是，感官满足所带来的不满足会使人寻求一种超越感性的生活。这种转变就是去选择过一种伦理的生活，从而找到个体存在的意义和价值。

伦理的生存境界处于生存辩证法的过渡阶段，也就是生命的理性阶段。这个阶段的生存方式是以善为目标，通过理性和道德来达成自我的完善。只有从伦理上思考生活时，它才具有了真理、意义、持续性；只有当一个人伦理地生活时，他才会具有真理、意义、安全感。在克尔凯郭尔看来，古希腊哲学家苏格拉底堪称这种生存境界的典型代表。苏格拉底一生不断地审视和检讨道德自律的可能性。克尔凯郭尔强调道德生活始终处于现实和理想的矛盾之中。这种道德矛盾往往导致内疚和有罪意识，这就促使个体存在向宗教信仰的飞跃，因为只有皈依上帝才能解决有罪的问题，才能摆脱绝望而得到拯救。

宗教的生存境界处于生存辩证法的最高阶段，也就是生命的信仰阶段。这个阶段的生存境界上升到了超越经验的层面，即自我意识产生了超越性的信仰飞跃。个体存在不仅摆脱了物质的和世俗的种种诱惑，而且不再受制于普遍性的道德约束。凭借信仰而不是通过思考使人成为直接面对上帝的自我。亚伯拉罕听从上帝之命献祭自己儿子的举动就是信仰境界的典型代表。在克尔凯郭尔看来，爱自己的人因为爱自己而变得伟大，爱他人的人有了忠诚之心而尽显伟大，爱上帝的人则是这些人中最伟大的；有的人的伟大出自力量，有的人的伟大出自智慧，有的人的伟大出自希望，而他们中最伟大的是亚伯拉罕。亚伯拉罕的举动超出了伦理范围（伦理的最高表现是父亲对于儿子的亲情），因其纯属个人的美德行为而表现出伟大。信仰是一种激情。它超出了理性思考的范围，也超出了伦理规定的范围，从而成就了一种生命的悖论：个体性高于普遍性，内在性高于外在性，或者说是个体成为高于普遍性的特殊性。

克尔凯郭尔将走向上帝的信仰境界视为最高的生存境界，这是因为信仰使人达到了一种纯粹的精神存在。这种存在完全属于个体的决断和选择，而不再受制于物质性和普遍性等外在之物的羁绊。信仰只具有个别性而没有普遍性，因而个体存在的孤独性在上帝面前得到了彻底的呈现。亚伯拉罕与上帝的关系就是纯粹的个人关系，所以他的行为是超出了伦理的范围的。信仰是绝对的，是因为信仰体现了个体存在的绝对自由。从审美的生存阶段走向伦理的生存阶段，最后抵达宗教的生存阶段，每一次转变或者提升都是一种非此即彼的选择。这种生存境界的选择并非一种量变式的结果，而是一种质变式的飞跃。按照他的生存境界论，个体存在的根本性矛盾只能在信仰的绝对性中找到其最后的归宿。

第四节　对意志主义与生存哲学的评析

意志主义与生存哲学开启了现代哲学的一个反思方向，即寻求摆脱客观主义和理性主义的固有思维模式，为生命个体及其主观意志辩护，为意志化的生活经验及其自我选择正名。从某种意义上说，它是对科学理性的有限性的反思，是对黑格尔哲学所代表的传统思辨哲学的反抗。从哲学史上来讲，它是在黑格尔哲学之后形成的一种哲学改造运动；从思想史上来讲，它是当时兴起的浪漫主义运动的哲学形态。事实上，叔本华、尼采、克尔凯郭尔这三位代表性人物，不仅属于浪漫主义一代，而且是浪漫主义思潮的主推手。哲学总是社会变化的思想折射，意志主义与生存哲学也不例外。自西方社会进入资本主义时代以来，伴随着工业化和商业化而来的现代化进程，也催生了各式各样的"浪漫主义的反资本主义"思潮。这种浪漫主义演变成了种种拒绝科学理性的主张，转而关注和强调生命体验或者主观感情。与这种主张相伴随的还有生物学和心理学等新兴理论，一时间主观意志和自我意识成为思想家的新宠。生物进化论和活力论将整个宇宙视为生命体，心理学进入无意识的研究领域，这些理论成就为意志主义与生存哲学提供了强大的思想基础。意志主义与生存哲学由此开辟了一条探索生存意志及其主观意识的哲学之路。

意志主义直面生命事实，将生存意志作为宇宙的本体。传统形而上学的基本问题被归结成生命存在问题，由此唯物主义与唯心主义之争似乎也得到了化解。在这种意志形而上学的普照之下，作为传统哲学根基的理性主义遭到否定，科学思维和道德规则与此连带也遭到了摒弃。从认识论层面看，意志主义始终贯穿了一种强烈的质疑理性主义的思想基调。既然生存意志是盲目的冲动，不可能服从于理性的逻辑，那么与此相应的认知方式就应该是非理性的直觉，或者说是主观性的体验。当然，不能说意志主义是在彻底地否定理性思维，只能说它是在检讨理性思维的局限性。

叔本华特别突出了审美活动中的直觉体验，区分了科学的概念性认识和艺术的非概念性认识；尼采则强化了认识活动的主观性维度，提出真理不过是一种解释，直陈人类知识化的自我欺骗的种种形式。作为一种鲜明的人生哲学，意志主义可以说是信奉了一种非道德主义的价值观。叔本华从无穷尽的欲望推断出人生的悲剧性，并由此对生命的意义采取了虚无主义的立场；尼采猛烈地抨击了所有压抑生命本能和权力意志的道德说教，甚至将基督教道德看成是"奴隶道德"，并且提出了他所谓的"主人道德"。他们不仅否定了传统理性主义的道德价值观，而且对基督教道德的生命观展开了批判。

对于意志主义，还必须注意到它所产生的一些政治影响。这里主要涉及尼采哲学与纳粹主义的关系。这是一个需要认真辨析的哲学政治化问题。在尼采的权力意志理论和超人学说里面，希特勒及其法西斯主义政权确实提取了为他们所用的思想观念。这也是尼采哲学不断遭到后人诟病的缘由所在。不过，从其大量激烈昂扬的思想语词中，可以看到尼采的超人思想是在为生存意志的强盛大唱赞歌，而不是在为纳粹的大屠杀提供什么理论依据。应该说，尼采哲学与纳粹主义之间不存在直接的因果关系。

与叔本华和尼采有所不同，克尔凯郭尔的生存哲学完全立足于个体存在的主观体验，并且将个别化的自我经验发挥到一种极致。如果说叔本华和尼采是在探讨一般性的生命存在，那么他则是在思索自我性的生命存在；如果说叔本华和尼采还多少有些客观唯心主义的偏向的话，那么他的生存哲学则是彻头彻尾的主观唯心主义。他始终拒斥那些追求普遍性和整体性的体系哲学，极力推崇面向单一性个体的片断哲学。从他别具一格的"激情""瞬间""悖论""飞跃"等关键词中，可以看出他对于个体存在的意义及其价值的坚守。他从来不认为自己是一个哲学家，反而一再重申他是一个基督教作家。显然，他的生存哲学不是为了构建什么深奥的形而上学体系，而只是以解决人生信仰问题为宗旨。叔本华和尼采的盲动生命不需要什么上帝的信仰，克尔凯郭尔的孤独个体却无法逃脱与上帝之间的个人关系。上帝没有什么直接性，上帝的存在也不需要什么本体论的证明，其实只要有激情就有希望，而有希望就会有信仰。从精神性的需要出发，个体存在的归宿只能是上帝的信仰。

作为浪漫主义思潮的承担者，意志主义与生存哲学除了展开其思辨理性批判之外，还有一个重要的理论任务，那就是质疑实证主义哲学的狭隘性。现代西方哲学从一开始就形成了两个相互对立的理论立场：一个是崇尚生命激情和主观意志的意志主义（可以称之为反科学主义思潮，以后则逐渐扩展为各种人本主义思潮），另一个是坚持科学精神和客观判断的实证主义（可以称之为科学主义思潮，以后则逐渐扩展为各种分析哲学思潮）。意志主义与生存哲学所开启的生命之思，持续地影响着后来的新康德主义、新黑格尔主义、生命哲学、现象学、存在主义、解释学、哲学人类学、人格主义、后现代主义等哲学流派。其中，值得一提的是以法国哲学家柏格森和德国哲学家狄尔泰和齐美尔为代表的生命哲学，进一步深化了意志主义与生存哲学，起到了一个承上启下的思想作用。

思考题：

1. 意志主义是如何解释世界的？
2. 阐述生存意志的基本特征。
3. 阐述尼采的价值重估理论。
4. 尼采的"永恒轮回"学说的基本内容是什么？
5. 如何评价克尔凯郭尔的主观性真理？

第二章 实证主义

实证主义是欧洲19世纪中后期兴起的哲学思潮，其核心概念是实证，主张知识仅限于正面的经验事实的描述，否认思辨和玄想能够提供真正的知识。孔德是实证主义哲学的首倡者，密尔和斯宾塞发展了孔德的实证主义，但他们的功利主义的政治哲学与孔德完全不同，作为英国哲学家，他们的思想来源还有边沁的功利主义、英国经验主义和政治自由主义。因此，他们的实证主义有更浓厚的经验主义色彩，而他们的功利主义是基于自由主义的功利主义。

实证主义在西方各国产生了广泛的影响，在西欧各国和一些南美国家都形成了实证主义学派，1891年巴西的里约热内卢还建起一座人道教的寺庙。此后兴起的马赫主义和逻辑实证主义是实证主义的继承者。

第一节 孔德的实证哲学

孔德（1798—1857）出生于法国蒙彼利埃，1914年进入著名的巴黎综合技术学校，1816年转入蒙彼利埃医学院继续学习。1817—1824年担任空想社会主义者圣西门的秘书。孔德的实证哲学来源于他对西方自然科学史的研究，他称之为人类思想史。孔德所说的科学，主要是天文学、物理学、化学和生物学。孔德的主要著作有《实证哲学教程》（1830—1842，6卷）、《实证政治体系》（1851—1854，4卷）。

一、实证哲学的特点

科学史使孔德相信，自然是有秩序的，人类认识是进步的，只要我们在一切领域运用实证方法，我们就可以逐步接近完满知识的理想。孔德的根本理想是社会改造，社会改造以社会科学为前提，而社会科学又以其他一切科学和哲学为前提。近代法国自然科学的迅速发展表明，科学发展的关键在于遵守科学方法。科学的目的就是发现自然规律或事实之间的持久联系，这只有靠观察和经验才能做到。而只有这样获得的知识，才能应用到人类实践的各个领域。

实证精神或实证主义是一种总体的思想态度，一种重视经验证据的态度。这就是观察事物之间的恒久的关系，建立科学定律，而科学定律不过是现象之间的恒久联系。因此，它否定自然具有某种终极的目的，否定科学的目的是发现事物的"本质"或内在的、神秘的原因。任何命题，只有可以还原为关于现象和现象之间的关系的描述，才是有意义的。知识仅仅是关于现象的知识，我们只知道一些事实与另一些事实之间的关系，只知道事实的前后相继和相似。这些关系是恒久的，即在同样的条件下总是相同的。恒久的相似把现象联结在一起，恒久的伴随把现象统一成前因后果，这就是我们所说的规律。现象的规律是我们能够知道的一切，而终极原因是我们不可认识的。我们不知道事实的本质，我们也不知道事实产生的实在方式。

孔德说，实证一词的意思是真实的、有用的、确实的、不容置疑的、准确的。实证的本义是肯定的、正面的，与否定相对，单纯的否定或批判并不提供知识。

伽利略、牛顿、居维叶、开普勒等科学家建立了实证科学。他们并不追究事物的本质，他们的成功在于发现了事物之间的恒久的联系。他们所问的问题不是为什么，而是如何。牛顿描述了物体运动的定律，开普勒描述了行星运动的定律，他们并不追问事物的本质，而只关心那些支配现象的基本规律。

实证哲学隐含着一个基本的观点：科学的统一性不在于科学所发现的定律的统一性，即不可能把世界运动归结为一个单一的定律，而在于方法的统一性，这就是实证方法。

二、三阶段定律

孔德发展了圣西门三阶段说，提出了三阶段定律。孔德认为，人类思想史可以明确地分为三个发展阶段，每个阶段都代表一种发现真理的专门方式。这三个阶段分别叫做神学阶段、形而上学阶段、科学阶段。每一阶段都有其相应的社会制度。

神学阶段是人类的童年，人们以拟人的方式把神力看作一切现象的原因。这一阶段经过从实物崇拜经多神教到一神教的演化。这一阶段的社会制度是君主极权制，祭司是社会的领导者。形而上学阶段是人类的青年时期，抽象的力量或实体取代了人格存在，人们认为这样的力量或本质是事物内部固有的并且是现象的必然原因，从关于原因的知识就可以推导出关于结果的知识。这一阶段也经历了从多种不同力量到首要的单一力量的演化。这个时期的社会结构是民族主义和民主，社会的领导者是律师和法官。神学和形而上学都相信绝对知识和内在本质。而在科学阶段，事物内在本质的想法被抛弃，人们致力于发现现象之间存在的恒常联系。

孔德之所以把这三个阶段称为"三阶段定律",是因为他相信这是人类社会和人类思想发展的普遍规律,不仅每一门学科共有这个规律,而且人类社会也是如此。在神学阶段,社会制度是出于神或上帝的意志。在形而上学阶段,人们把人和事物的原因归结为抽象的存在或必然的存在,同样没有克服无用的教条主义。政治学中与之相应的是"人权""人民主权"等抽象的原则。孔德认为,科学事实应该取代"人人平等"之类的教条。科学的事实是,人是不平等的,人的能力各不相同,因此不同的人在社会中应有不同的作用或位置。与这样的政治秩序适应的科学还没有建立起来,孔德着手建立这样一门科学,并称之为社会学。而孔德之前,相关的研究称为社会心理学和社会物理学。

孔德主张,人类思想的发展是一个由抽象到具体的过程,是一个普遍性不断降低而复杂性不断增加的过程。他认为,以前主要有五种科学,它们出现的历史顺序是:数学、天文学、物理学、化学、生物学。数学处理一般的数量关系;天文学增加了质量、力、吸引几个因素;而物理学在描述引力、光、热的时候,把不同的力区分开来;化学对物质既做量的分析也做质的分析;生物学则在物质次序上又增加了有机结构和动物生命。接下来就应该是第六门科学,即社会学,它描述人与人的社会关系,它是科学发展的前几个阶段的必然结果。社会学是科学之王,是科学知识的顶峰,因为它使用了以前的全部知识,并把它们综合起来,用以建立一个和平有序的社会。

三、社会学与新宗教

孔德的社会学有两个分支,一个叫做社会静力学,一个叫做社会动力学,这是因为社会存在有两种构成:一种是静力学构成,如家庭、私有财产、语言、宗教等稳定的社会成分。另一种是动力学构成,它是社会进步的力量。社会静力学研究与一定的文明程度相应的社会政治体系,而动力学研究社会的三个发展阶段。

孔德还区分了秩序和进步。秩序是指基本原则稳定不变、多数社会成员持有相似的观点。进步是从宗教改革到法国革命的历史阶段。而法国革命后所需要的是把秩序与进步综合起来,形成更高级的科学形式。一旦社会学建立起来,人们的意见将会再次取得一致,社会就会稳定。只要有了真正的社会知识,人们就不会因为政治和宗教观点的分歧而发生冲突。社会思想和物理学一样,在那里思想自由没有地位,真正的自由在于理性地服从科学定律。法国革命之后,进步就是对科学规律的逐步理解和认识。

孔德的实证政治学的目的不是建立一个富裕的社会,他所追求的是道德秩序。

实证宗教要求每个人都"为别人而生活"。孔德也看到了阶级冲突的存在，看到了资本家的自私性，但他不赞成通过一个阶级消灭另一个阶级来消除冲突。孔德的未来理想社会是建立在他的新宗教或实证宗教之上的。而旧制度是建立在过时的神学知识上的，这种神学知识再也不能为社会成员的共同意见提供基础，因此旧社会必须通过革命来打破。但是，革命是否定的，它只破坏而不创造，它不能为社会的重组提供依据。因此，法国革命之后，首要的任务就是要提供一种新的宗教和新的信仰。孔德建立的实证宗教是无神论的宗教，是人类和社会的宗教。

新宗教和新信仰需要新牧师。新牧师不再是天主教的神职人员，而是科技精英。科技精英揭示新社会秩序的不变规律。旧体制和法国革命对旧体制的破坏必须由一批新精英来总结、综合和阐明。只有这样，旧体制的崩溃和新工业社会的建立所产生的问题才能得到解决。社会进步的动力学经历了从军事基础到工业基础的过程。在军事阶段，军事手段使分散的人力和物力凝聚起来，从而发展了工业能力和现代国家组织。但是，在工业阶段，工业和纪律必须为和平、秩序和文明服务。人类的核心目标是改良自然秩序，科学帮助我们理解自然，从而使我们能够改变自然，因此我们的社会应该由科技精英来领导、组织和管理。

孔德认为，科学、信仰、社会体制应该是一个整体，中世纪的社会就是这样一个社会。但是，中世纪的神学已经不可能成为法国革命后社会成员的共同信仰。而启蒙运动的精神是每个人都崇尚自己的观点和意见，这是不可能带来统一性的。宗教与科学的争端导致了理智与情感、心灵与情绪的分裂。孔德试图把它们统一起来。他说，爱是原则，秩序是基础，进步是目标。

在新宗教中，孔德用爱的原则来取代神学和形而上学的教条。在孔德看来，虽然神学阶段已经过去，但形而上学所造就的许多教条仍在持续，这些教条必须被清除。这样的教条有人人平等、人民主权。孔德认为，实证科学的目的是创立一门严格的哲学，从而为真实的宗教提供基础。这个基础就是爱，因为爱是人性中最重要的因素，是一个普遍原则；利他本能是一个科学事实。孔德拿德国医生和颅相学的建立者加尔的话作为证据。加尔说，大脑中有一个专门的仁慈器官。实证哲学的功能就是建立一个综合的体系，使感情、理性和活动达成永久的和谐。爱是最高的道德原则，所有的思想和理智活动都必须从属于爱，这样科学家就成为哲学家，哲学家就成为牧师，对人性的崇拜取代了对上帝的崇拜，"为了别人生活"成为真正的人类道德标准。科学家组织和统治社会，哲学家—牧师则组织公共崇拜和支配教育，从而影响社会。

孔德用人类的努力来取代神学的恩典，主张严酷的命运只有凭不懈的努力得到的恩典来缓和。这种靠努力得来的恩典有四个方面。女人是道德恩典，代表同情。社会秩序要求家庭的稳定和由家庭来灌输利他主义与爱的精神。女人在家庭里完成其创造性的功能，为情感服务。在孔德的实证主义的旗帜上，人性的象征就是一位年轻的母亲和她的年幼的儿子。这是与基督教的圣母和圣子类比。传道是理智恩典，哲学家代表理智。资本家是物质恩典，食品掌握在少数人手里可发挥更大的效力，但资本家必须受到道德的约束。而无产者是总体的恩典。总之，每个人都要留在最适合他的能力的位置上，以充分实现其专门的功能。而知识精英必须有最高的地位，因为只有专家才懂得如何管理一个复杂的社会。因此，关于社会管理和政治治理，不能允许自由研究和讨论，就如不能允许没有专门知识的群众讨论化学问题一样。

第二节　密尔的实验推理方法

密尔（1806—1873，又译穆勒）出生于伦敦郊区，父亲詹姆斯·密尔与边沁交往甚密，他从小即受父亲和边沁的思想影响，年轻时阅读和整理边沁的法学著作。1829 年他访问法国，长期研究法国思想和历史，后来又阅读了孔德的著作，接受了孔德的许多思想。主要著作有《逻辑体系》（1843）、《政治经济学原理》（1848）、《论自由》（1859）、《功利主义》（1861）、《孔德与实证主义》（1865）、《宗教三论》（1874）等。

一、语言与逻辑

密尔认为，专名（专有名词）只有指称没有涵义，所有的推理都是从个别到个别的推理。这两个论断引起众多的争议和研究。

在《逻辑体系》中，密尔接受了传统的逻辑学说。命题用于描述世界，分成主词与谓词，它们由系词联系起来，表达肯定或否定。主词与谓词都是名词，名词分为单名和通名。通名的涵义是一个属性，通名指称的是所有具有该属性的事物。如"红"是通名，其涵义是红色这个属性，指称所有红色的事物。单名中有专名，如人名、地名，也有指称单个事物的词组。有些单名只有指称没有涵义，如"恺撒"。有的单名有指称也有涵义，如"高卢的征服者"，它与"恺撒"有相同的指称，它的涵义是高卢的征服者这个属性。

命题的意义是由它的成分的涵义决定的。但有些命题含有专名，它们的意义是由指称决定的。命题的真假也是由指称决定的。一个肯定命题的主词所指称的事物属于谓词所指称的事物的类时,这个肯定命题是真的,否则为假。同样,一个否定命题的主词所指称的事物不属于谓词所指称的事物的类时,这个否定命题是真的。事物和属性使每一个命题要么为真,要么为假。每一事物或属性在逻辑上和本体论上都独立于其他事物或属性。这些意义原则不是凭空而来的,它们的基础是事物和事物属性的系统本性。所以,这些原则是真理,是关于世界和世界中的事物的事实,也是一切形而上学事实中最深刻的事实。

逻辑工具使我们可以定义空名词或没有指称的谓词,如"独角兽"。这类谓词所表达的属性并不是感觉经验中的事物所具有的,这样的谓词没有指称。因此,任何像"这是独角兽"这种形式的命题都是假的。但是,如果一个单名没有指称而又是命题的主词,就会产生密尔的理论无法克服的逻辑上的困难。如果"独角兽是猫科动物"和"独角兽不是猫科动物"都是假的,就违背了排中律。罗素的指称理论就是为了解决这样的问题而提出来的。

密尔认为,语言的目的是陈述关于世界的事实。语言中有逻辑词和非逻辑词。逻辑词如"是""并非""并且",非逻辑词是命题的主词和谓词。有些主词和谓词是这个语言的初始词,其他的非逻辑词都是由这些初始词来定义的。

命题谈论的世界是我们在日常经验和内部意识中认识的世界。语言和逻辑所反映的本体论是关于我们认识的世界的本体论。认识词语和命题的意义就是认识它们所指称或表达的事物和属性。在日常经验中,这些个体和属性是逻辑上相互独立的。唯理论者和亚里士多德主义者主张我们在感觉经验之外还有理性的直观,这种直观使我们能够认识超出经验之外的本体论的联系。经验主义否认这种直观的存在,否认感觉经验之外的本体。在经验主义的世界里,个体和属性之间没有必然联系,这个事实是矛盾律和排中律的形而上学基础。

经验世界里不存在必然性,理性的直观不是达到必然性的方法,所以也不存在形而上学的必然性。所有的必然性都是语言上的,都是命题的意义问题。如果两个名字的涵义按照约定是完全相同的,那么相应命题必然是真的,如"单身汉是未婚男人"。由于涵义相同,主词指称的个体的集合与谓词指称的个体的集合完全相同。这样的命题单纯由于语言的约定而成为真理。专名没有涵义,相应的命题如"西塞罗是西塞罗",两个词的指称完全相同,所以它的真理性也是语言上的。

密尔的专名理论所遇到的一个困难,是"西塞罗是图留斯"和"西塞罗是西塞罗"这两个命题的差别。按密尔的理论,这两个命题是完全相同的。但这两个命题不论从常识上说还是从逻辑上说都有明显的区别。专名的涵义和指称成为语言哲学和逻辑学的一个重要问题，这个问题的研究取得了许多重大成果。

密尔主张所有的必然性都是语言上的，这个经验主义的论题与他的逻辑学说密切相关。三段论推理的一个经典事例，如：

> 所有的人是固有一死的
> 苏格拉底是人
> 所以，苏格拉底是固有一死的

亚里士多德主义和唯理论的逻辑学家认为逻辑是关于必然联系的科学，以大前提为中介，小前提与结论之间就有着必然的联系，这就表明词项所表达的属性之间有必然联系。然而，密尔断定所有的属性都是逻辑上相互独立的，大前提的真理性并没有给特称命题"这个人是固有一死的""那个人是固有一死的"等增加任何东西，因为大前提只是记录了这些特称命题的合取。认定大前提为真只不过是接受已知的个别事物都共有某种属性，而且认定未经考察的个别事物也有这种属性。

按照密尔的语义学，三段论的大前提"人是固有一死的"在语义上等值于一个展开的合取：

> 彼得是人并且彼得是固有一死的 & 该隐是人并且该隐是固有一死的 & 西塞罗是人并且西塞罗是固有一死的……

这就是说，大前提实际上是一个无限长的合取。

> 彼得是人并且彼得是固有一死的 & 该隐是人并且该隐是固有一死的 & 西塞罗是人并且西塞罗是固有一死的……
> 所以，彼得是人并且彼得是固有一死的

而具有上述形式的推理并不是一个真正的推理，即它对前提毫无扩充，不增加任何知识。因此，由"所有的人都是固有一死的"推出"苏格拉底是固有一死的"，这个推理只是一个表面上的推理。因此演绎逻辑或三段论并不增加知识。三段论规则只是反映了我们决定采用与过去的推理一样的方式进行推理，因此只不过是一致性的规则而已。

而放大型推理是扩充知识的逻辑,从大前提或全称前提过渡到新事例。三段论的大前提所提供的知识仅限于对已知的个别事物的概括。普通的归纳推理是最常见的放大型推理,其基本形式是:已观察到一个类的部分元素 $A_{1\ldots n}$ 是 B,因此同一个类的元素 A_{n+1} 是 B。这个推理的前提显然是对一些个别事例的概括,而结论断定一个新事例具有同样的属性。因此放大型推理是从个别到个别的推理。

二、知识与方法

由于属性之间没有客观的必然联系,因此,我们从样本到总体的推理或从过去到未来的推理唯有根据我们现在的经验或记忆来进行:所有的放大型推理都是归纳推理。这样的推理达不到必然的确实性。但这并不意味着由归纳得出的判断是没有根据的或不合理的,而只意味着我们关于根据和辩护的概念必须适合这个事实。

人类的生存依赖于归纳能够获得关于世界的真理,这只有通过归纳才能做到,不论是自发的归纳还是科学的归纳。由归纳得出的真理不是必然、确实的,而是可误的或可错的。演绎逻辑使我们在追求事实真理时保持一致性;归纳是科学的逻辑,它提供一组规则,指导我们发现新的真理。虽然我们由归纳发现的真理是可误的,但这却是我们能够得到的发现新真理的最好的方法。归纳和演绎规则的目的都是寻求真理,它们是规范的规则,规定我们如何进行推理或应该如何推理。所有的推理都是心理事实。由于这个断言,胡塞尔等人批评密尔在逻辑问题上犯了心理主义的错误。

密尔论证,意义是主词和谓词与事物和属性的钩连。与语言的初始词语相钩连的事物和属性呈现在感觉经验之中。因此我们的知识是相对于我们的意识的。但知识并不限于感觉经验。我们关于超出直接经验的事物的知识是由直接经验推理得来的,但这样的知识仍然相对于认识者而言。这就是说,我们只有把它们看作与出现在感觉经验中的事物相似的事物或属性,才能思考它们。一方面,密尔反对贝克莱式的唯心主义,他指出,事物没有一种属性在本体论上决定了它只有被感觉才能存在。另一方面,密尔也否定康德式的自在之物。康德所说的原因概念是一个先验的概念,自在之物是现象的原因而又不能被认识。密尔认为原因并不是一个先验概念。实际事情的规律性出现在我们的经验中,我们因而获得了原因概念。原因概念把一些现象同另一些现象联系起来而不是把现象同本体联系起来。知识的相对性也包括我们关于因果关系的知识的相对性。

在《逻辑体系》第三部分，密尔建立了经验科学的基本原则。他论证说，科学方法的规则是从自发的归纳进化得来的。作为一种生物，我们要找到最好的手段来满足我们的自然需要和目的。有些推理的方式能够长久地起作用，有些则不行。前者指导我们预测自然和制定计划，使我们能够推导在某些条件下或当我们做某事时将会发生什么。我们把这些推理模式用作指南，并把它们看作规律。我们用它们做预测和进行反事实的推理，由此产生了我们说明世界的方式：说明一个事实就是确定一个规律并把该事实置于规律之下。

随着我们进一步努力理解和说明我们所处的世界，我们所接受的概括逐渐积累起来并相互交织。我们发现，不仅存在着概括，而且这些概括还有着更普遍的模式。我们发现，当我们搜寻这些模式时，常常成功地找到它们。这本身是一个模式，是模式的模式，用密尔的话说，是规律的规律。这个规律的内容是：各类事件都有可发现的规律。这是一个总括的规律：每一种事件都跟另一种事件有着规律性的联系。这是一个普遍因果律。于是，我们知道，世界中的每一类事件都有规律，只要我们努力，我们就能够发现它们。

在这个原则的指导下，我们发现，有些推理规则比另一些更有效地产生可接受的因果信念。当然这些发现是可误的。在具体的层次上，对于任何一类事件，都有很多种属性可能是决定性的，我们要在其中做出选择。我们做出关于可能原因的可修改的假定，通过排除法确定实际的原因。在《逻辑体系》的"实验推理的方法"一章中，密尔详细探讨了多种排除法的推理规则。

在具体事件的层次上，枚举归纳规则，即从已观察的所有 A 是 B 推出所有 A 是 B，是不可靠的，由这个规则得出的概括后来常常被证明是假的。按这样的规则所做的推理往往忽略了一些相关因素，而真正的原因可能就在那些被忽略的因素之中。这样的规则也可能导致我们把必要条件当作充分条件。由于在具体层次上有多种可能因素，排除法导出的判断比枚举法更可靠。由于我们在具体层次上寻找原因时总是能够获得成功，这就使我们有根据接受一个总体论断：所有的事件都可以找到原因。

然后，当我们进入新的具体领域时，事出有因这个总论断就为低层论断提供了归纳支持：在较低的层次上，排除法实际上能够使我们找到原因。枚举法和排除法是相互支持的。在具体层次上的推理为总体层次上的推理提供支持，总体层次上的推理反过来又支持具体层次上的推理。这样，证据支持方式就形成一个层级系统，从具体规律到规律的规律，再从规律的规律到具体规律。在平级的领域，各个推理由于联合支持普遍因果性规律而相互支持。普遍因果律为归纳推理提供最基本的原则。

在《归纳科学的历史》（1837）中，休厄尔（曾译惠威尔）指出，由于科学涉及太远或太小的物体，因此科学理论必须采取假说的形式。如果一个科学假说能说明已观察的现象，而且还能说明几个不同领域的现象，那么就可以接受假说为真。休厄尔提出有两个层次的假说，其中一种是统括性的假说，另一种是下面的具体假说。统括假说含有一些总体概念，它们把下属假说中的具体概念统括起来。真正的科学进步主要在于发明新的统括性的概念，而不在于对观察材料做简单概括。随着科学史上出现新的统括性概念，它们所从属的原理就成为必然的。这些原理中的概念，如"原因""力"是先天的，科学研究就在于逐步把这些概念纳入原理之下，其必然性也就越来越明确地显示出不可知的造物主构造了世界，造物主构造的世界有着必然的形式结构，这就保证了那些把科学理论组织起来的基本原理是真的，并使归纳具有普遍有效性。

密尔接受归纳的普遍有效性，也承认假说在科学认识中的重要作用，但否认一个假说说明了事实就是真的。只要证据没有确定唯一的假说，这样的假说就不能被接受为新真理。一个假说即使能够说明事实，也还要通过排除法排除其他可能的竞争假说，这样才能接受那个假说为真。因此，一个假说含有统括性概念本身并不是真理的检验标准。而且密尔也不承认先天概念。基本原理不容置疑，只不过是说其反对命题不可设想，这只是一个心理学事实。基本原理的真理性只是表明它们与现象世界的方式相符，心理上不容置疑并不表明它们是不可误的。

不仅经验假说是可误的，几何和数学命题也不是必然的。几何学命题是经验的，因为定理是从前提推导出来的，而前提是经验地确定的。这些前提是对物理空间中的对象的不精确描述。如果说它们是精确描述，那也是把物质属性置于极限状态，比如绝对直线。算术命题是后天综合的而不是先天的。但算术命题似乎有比语言必然性更多的东西，也有比物理学和植物学等经验科学中的归纳真理更多的东西。几何和算术是物理、化学等科学的基本公理，就其真理性来说，它们是归纳概括。但是，从思想者的观点看，它们有心理必然性。密尔用联想原理来解释这种必然性。几何和算术命题陈述的是处于我们的经验深处的不变的事实。我们对这些事实的重复的经验在心灵中造成了不变的联想，这就使我们觉得这些命题是必然的。但这种必然性是思想的必然性而不是事物的本体论结构的必然性。

科学说明的基本模式是把现象归入规律性之下，这也适合人文社会科学。人类社会现象的说明并不存在原则上的问题，而只有细节上的问题。方法论的普遍性隐含着决定论的主张，但是如何解释道德责任呢？密尔认为，行动的动机有两种：一种是不可抗拒的，对此人是没有责任的；一种是可抗拒的，是我们可以决定的。

三、功利主义与自由

功利主义在英国有深远的思想根源。第一个建立功利主义理论体系的是边沁（1748—1832）。他在《道德和立法原理引论》（1789）中提出了功利原则，即最大多数人的最大幸福的原则。每个人都力求获得快乐并减少痛苦。趋于增加快乐的行动受到赞成，趋于减少快乐的行动受到反对。赞成就是好，就是对，不赞成就是坏，就是错。边沁还试图建立快乐和痛苦的精确算法。为此，他试图确立快乐和痛苦的单位，他叫做份。如果我们能够确定一种行动可能产生多少份快乐，多少份痛苦，我们当然就可以做出计算。决定快乐和痛苦的分量值的因素有强度、持久性、确实性、接近度。此外，还有丰度，即其后有更多的快乐跟随而来的机会；净度，即其后跟随快乐而非痛苦的机会；广度，即受其影响的人数。这样，如果两个行动产生同样多的快乐量，那么它们就是同样的好。对于每一次行动，如果把相关的快乐总量和痛苦总量算出来，就可以明确知道这个行动好不好。

密尔接受了功利原则，即最大多数人的最大幸福的原则。人的行为的道德评价要依据行动的后果而不是道德直觉来进行。道德直觉只是赞成或不赞成的任意感觉。直觉之间是相互冲突的，我们需要有一些标准来判定其中哪些直觉是正确的。直觉本身不能提供这样的标准。而宇宙的道德秩序、本体的或先验的道德要求或道德本质等说法在密尔看来同上帝的命令一样貌似客观，其实只是个人主观的道德情感，只是表达了个人的喜欢或不喜欢的情绪。

边沁认为快乐只是量的不同，不同的行动方式产生数量不同的快乐。这样，如果几种不同的行动方式产生同样数量的快乐，那么这些行动就是同样的好。边沁只注意到快乐在量上的差别而没有注意质的差别。边沁说"图钉与诗歌一样好"，而密尔则说，他宁愿做一个不快乐的苏格拉底而不愿做一只快乐的傻瓜，或者，宁愿做一个不快乐的人而不愿做一只快乐的猪。不同的快乐不仅量不同，而且质也不同。密尔同伊壁鸠鲁派站在一起。伊壁鸠鲁派强调快乐是一切行为的目的，这历来被指责为"堕落的"。伊壁鸠鲁派反击说，他们的对手关于人性的概念才是堕落的，因为那些批评者设定了人所能享有的快乐同猪所能享有的快乐是一样的。密尔说，这个设定显然是错误的，人所具有的能力显然高于动物的品位。人只有在那些能力得到满足的情况下才真正感到幸福。理智、情感、想象力、道德情操方面的快乐比单纯的感觉上的快乐有更高的价值。因此，密尔虽然继承边沁的功利主义思路，但同时也批判边沁学说的根本基础。他指出，以为快乐的估算仅仅依赖于快乐的量，那是完全错误的。在密尔看来，在快乐之间做选择时，行动所产生的快乐的量只是第二位的。如果一个人面对两种不同的快乐，而他的喜好顺序把一个远远置于另一个之前，那么，即使居前的一种快乐伴随着更多的不满意，即使后一个在快乐的量上远远高于前一个，他还有是理由优先选择前一个。

不同快乐存在质的差别是一个经验事实，这种质的差别在人性的结构中有其根据。人类有一些高级功能，只有这些功能的充分使用才是真正幸福的标准，才是好与不好的标准。没有人为了最完满的动物快乐而愿意变成低等的动物；没有聪明的人愿意变成蠢人，没有受过教育的人愿意变成无知的人。有感情和良心的人不会是自私而卑劣的，即使有人对他说蠢人、白痴和无赖得到更大的满足。因此，快乐是按质而不是按量来分高下的。

由于少量的高级快乐优于大量的低级快乐，所以快乐或幸福是不能计算的。密尔进一步认为，快乐的质和量都是无法测量的。当然，当我们在两种快乐之间做选择时，如果我们对两种快乐都有过体验，我们可以明智地表达喜好的顺序。边沁的计算方式行不通，是因为快乐和痛苦都是不同质的。我们所能做的是表达我们的喜好顺序。当然，现代决策论提供了较好的方法，把我们的喜好顺序数字化。

边沁认为我们应该选择那些产生最多快乐的行动，他还认为我们也应该帮助别人取得幸福，只有这样我们自己的幸福才有保证。这就是边沁的最大幸福原则。密尔在这个基础上进了一步。他指出，幸福构成功利主义的行为对错标准，但幸福并不是行动者自己的幸福，而是一切相关的人的幸福。功利主义要求行动者在自己的幸福和别人的幸福之间采取完全无偏的态度，做一个仁慈的、中立的旁观者。因此，密尔对功利主义的最大幸福原则的解释是最多人的最大幸福。密尔说，耶稣的黄金规则体现了最完善的功利伦理学精神。爱邻居，想要别人怎样待自己，就那样去待别人，构成功利主义的完美理想。密尔反对对功利主义作利己主义的解释。他提出了两个原则。第一，法律和社会安排必须使每个个人的幸福或利益与整个社会的利益和谐相容；第二，教育和舆论对个人的性情有重大影响力，应运用这种影响力在个人心中确立个人幸福和全体利益之间的牢不可破的联系，这样，在每一个人心中增进全体利益就成为习惯性的行为动机。

密尔认为，幸福是道德生活的核心，是人类行为的最可求的目的。说幸福是可求的，就是说，追求幸福是我们的道德责任。对（right）和好（good）这两个概念也与可求概念相联系。按照功利原则，如果一个行动产生幸福，那么它就是好的或对的。进一步问：我们为什么应该追求幸福呢？密尔的回答是：我们事实上追求幸福。他所面临的问题是如何从事实推导出价值来。

密尔认为，这个问题对于功利主义至关重要，因为要回答这个问题，就必须证明功利原则是正确的，或者说幸福的确是人类行为的最终目的。密尔的证明方式是类比式的：说一个物体是可见的，唯一的证明是人们看见了它；说一种声音是可听见的，唯一的证明是人们听见了它。因此，说某种东西是可求的，唯一的证明是人们追求了它。但是，密尔的论证并不严密。的确，人们看见一个物体就证明了该物体是可见的。但可求与此不同，人们追求某种东西并不证明它是值得追求的或应该追求的。为了避开这个困难，密尔求助于良心，认为指导我们的道德思维的不仅有幸福，还有义务感。这种内在的义务裁决是我们的内心的一种情感，违背义务会伴随一种痛苦的感觉。这种感觉与纯责任概念相结合，就是良心的本质。这样，密尔就离开边沁的好与善的外在标准，而转向内心。他得出结论说，道德的基础是强有力的自然情感、内心的主观感觉、人类的良知。

在社会政治问题上，密尔不赞成政治纯属自然权利或社会契约问题。他认为，人是进步的存在，人的长久利益和最大功利才是判断政体的依据，这就是说，对一种政体的评价，要看它有多大能力使每个人获得高级幸福的能力得到实现和发展。这种发展是每个人的目的，也是整个社会发展和使生活更幸福的手段。在以自我发展为核心的前提下，自由是人的根本权利。密尔在《论自由》中提出，个人或集体只有出于自我保护才能干预他人的自由。这就使每个人都能追求自己的最大利益，使各种各样的兴趣喜好不受阻碍，从而有利于个人和全体。这也有利于培养道德自由和合理性，进而激发创造力、促进社会进步和知识进步。

一方面，密尔认为民主制是最好的政府形式，另一方面，他又看到民主政体所包含的危险。他警告说，人民的意志往往就是多数人的意志，多数压迫少数是完全有可能的。而且，民主存在着舆论的专制，这同压迫一样危险。因此，即使在民主制下，也有必要建立保护措施，防止一些不良势力破坏人的自由与充分的自我发展。因此，密尔特别关注由限制政府行为来维护自由。

密尔论证说，个人和集体只有在自我保护时才能干预他人自由。违背社会成员的意志去行使正当权力的唯一目的是阻止他损害别人。这就是说，政府的主要职能是保护个人自由不受损害。政府在以下条件下不应干预其国民的行动。第一，由个人去行动能产生更好的结果；第二，有些事情政府可能比个人做得更好，但个人为了自我发展和教育去做那些事情的行为是可求的；第三，存在着政府增加不必要的过度权力的危险。因此，密尔的自由理论是一种个人主义：让每个个人以自己的方式追求自己的幸福。在思想领域，人们应该能够自由地表达他们的思想和信念，因为发现真理的最有效的途径是提供反驳错误的机会。如果一个意见经过充分的辩论而没有被反驳，就可以推测它是真理。密尔把自由看作充分发展人性的可能性的前提。

密尔坚决反对极权国家。他设立政府不能跨越的界线并论证，除了免受伤害，人不应屈服于政府的权力。任何个人的利益，不论是物质的还是道德的，都不是屈从政府的根据。不过，在后期，密尔离个人主义越来越远，并倾向于集体主义，认为由于质的快乐高于量的快乐，由于人性的充分发展是最高级的快乐，所以那些体验并认识到高级快乐的人可以要求别人也有高级的快乐；如果别人不能认识到高级的快乐，就采取强制性的教育措施。

第三节　斯宾塞的社会进化论

斯宾塞（1820—1903）出生于英国一个教师之家，深受拉马克（1744—1829）的生物进化学说的影响。斯宾塞的《社会静力学》于1851年出版，在出版商的沙龙里，斯宾塞结识密尔和赫胥黎等名人，并得知了孔德的实证主义。他的其他著作还有《心理学原理》（1855）、《综合哲学体系》（1862—1893）、《新哲学体系的基本原理》、《生物学原理》（1864—1867）、《社会学原理》（1874—1875）、《人与国家》（1884）、《伦理学原理》（1897）等。

一、综合哲学

斯宾塞的综合哲学的科学基础是进化论，但他的进化论是拉马克的进化论，而不是达尔文的进化论。拉马克的进化论有两个基本法则：用进废退与获得性遗传。斯宾塞的综合哲学贯穿着实证主义的精神。他主张，自然律是普遍的，宇宙中的一切，包括文化、语言和道德，都可以由普遍有效的定律来说明；人类心灵也受自然律的支配，支配人类心灵的自然律是可以由生物学发现的。他甚至相信存在着一个普遍适用的单一定律，而这个定律就是向高级发展即进化原理。斯宾塞企图用进化原理将一切人类知识统一起来。

斯宾塞的《综合哲学体系》旨在阐明，在生物学、心理学、社会学、伦理学等具体的领域里都存在着自然律。例如，他认为有可能发现道德"定律"，这些定律既具有规范内容，又具有自然律的地位。科学知识的统一性不仅仅在于所有的领域都存在着自然律，而且在于所有的自然最终都可以还原为一个基本定律，这就是进化定律。

发现科学定律的方法就是实证主义的方法："按照宇宙向我们显示出来的样子来研究它，通过耐心的观察来确定现象的秩序，进而发现那些现象在时间和空间中以有规律的方式相互联系着。"① 这意味着抛弃关于自然和社会的神学说明和原始人将社会发展的原因归结为几个大人物的想法。尽管社会现象极其复杂，但是，将科学方法运用到人类和社会，就可以建立起社会学，即关于社会的科学。社会的发展是有规律的，自然的因果联系贯穿着有组织的人类行为，否则行政和立法就是荒谬的，议会的立法活动就可以像抽彩或掷硬币那样进行。由于存在着自然的因果联系，力的组合是按照力的定律产生结果的组合，因此我们应竭尽所能确定这些力是什么，力的定律是什么，各种力以什么方式相结合。这样我们就能建立起从物理学到社会学的统一的、综合的科学。

二、社会有机体及其进化

1857 年斯宾塞发表论文《进步：其规律和原因》，1858 年他构想了他的综合哲学体系的基本纲领。1859 年，达尔文出版《物种起源》。读过达尔文的著作后，斯宾塞把达尔文的思想总结为"适者生存"。从这些事件的时间顺序看，斯宾塞的进化观念并不是来自达尔文，而是来自拉马克和当时已经存在的一些进化思想。斯宾塞主张，人和社会的发展也可以用这种进化机制来说明。在生物进化过程中，生命从低级生命形式进化到高级生命形式。同样，社会也经历从低级形态到高级形态的演化，人类心灵则是从动物的简单自发反应进化到以推理的方式进行的思维。

斯宾塞认为，整个宇宙是一个进化过程，从简单的、无差异的同质体发展到复杂的、分化的异质体。在这个发展过程中，各个有差异的部分之间的内在联系日益加强。进化定律是普遍的，不仅适用于日月星辰和生物，也适用于人类心灵和社会有机体。进化定律与其他具体定律一样都是科学定律，不同之处在于进化定律更加普遍，其他科学定律都是进化定律的具体体现。

斯宾塞认为，物种演变的首要机制是拉马克主义的用进废退和获得性遗传。机体器官常用会发展，不用则会退化，由用与不用产生的变化可以遗传给下一代。

---

① Herbert Spencer, *The Study of Sociology*, New York: D. Appleton, 1896, p.26.

达尔文的进化是没有方向和终点的，而斯宾塞的进化是有目标的，即达到最终的平衡状态。

整体由单位或个体构成，个体的性质决定了整体的性质。对部落和民族、过去和现在的细致考察所获得的事实表明，这一点不仅适用于自然，也适用于社会。斯宾塞认为，人类社会从简单的小群体到高度复杂的有机大社会的进化，都可以从两个方面加以说明。一方面是构成社会的个人的特性，另一方面是环境因素。首先，个人的性状决定社会的性状。开始，为数不多的人形成小型的社会集合体，如果环境条件、个人的智力和情感属性不发生变化，这个集合体也不会发生变化。但是，随着生活条件的变化，人类个体的本性也跟着发生了变化，这就有可能产生更大的集合体。在一定的集合体中，个人形成各种各样的社会关系，这些社会关系具有更有力、更持久的社会影响，进一步改变个体的特性，产生更复杂的社会结构。所有的社会，从最小、最原始的社会到最大、最文明的社会，都有一些共有的性状，这是由所有个人所共有的性状决定的；也有一个社会区别于另一个社会的性状，这是由特定社会的个人所具有的特定性状决定的。个人之间的互动和交往方式产生了社会集合体的结构、功能和发展。个人的特性一部分是所有的社会个体所共有的，一部分是特定社会成员所共有的，一部分是个人所特有的。其次，社会进化也要由一个社会所面临的条件来说明，这些条件就是这个社会所处的地点及其与相邻社会的关系。

社会有机体同生物有机体一样，可以划分为各种类型和下属类型，虽然不能说每个类型具有确定的规定，但属于同一类型的社会相互之间具有明显的相似性，而且与另一类型的社会相比具有明显的差异。同一类型的社会又可以划分更小的类型。生物学致力于发现生物体的性状，有些性状是所有的生命有机体所共有的，有些是一个生物类所共有的，还有一些则是子类所共有的。同样，社会学致力于发现关于社会有机体的结构、功能和发展的真理，其中一些是普遍的，一些是部分社会共有的，一些是某个社会所特有的。

与一定时期的人类性格相适应，存在着一定的社会制度和与这些社会制度相容的思想和情感。高度发展的社会状态下公民所拥有的思想观念在一个较低级的社会中是不会得到普遍接受的。求变的思想和情感与维持稳定的思想和情感应该在一定的程度上和谐共存。思想进步引起社会变化，与之相伴随的是维护现有格局、信条和情感的思想和行动，一些正在衰落的生活方式和信念因此而得以复兴。斯宾塞赞成杰出的政治家增进健康的社会条件，因此他赞成当时的英国首相在改善个人自由、促进贸易、减少税率、提高劳工收入方面所做的一系列改革。但是他认为，政府首脑的想法即使是完全科学的，却与当时的社会状态不和谐，结果也可能是有害的，甚至是灾难性的。新社会状态从旧状态生长出来，与旧社会状态相适合而与新社会状态相违背的思想和制度，只有在新社会状态确立了新的思想和制度之后才会消失。因此，旧思想、旧制度在其生存过程中必然与新思想和新制度相冲突，这就造成了人的思想和行动中的矛盾因素。同有机个体的进化一样，正常的社会发展必然伴随着这种新旧调和。生物体从旧形体到新形体的进化有一个过渡阶段，动物在演化出肺的过程中，有一个时期仍然是用腮呼吸的。在肺功能发展健全之前去掉两栖动物的腮，这对它是有害的；同样，在新制度充分发挥作用之前毁灭旧制度的行为也是有害的。

因此，斯宾塞认为他的社会科学既是激进的又是保守的。社会是进化的结果。一方面，一种社会制度和安排不论多么令人愤怒，也曾经是适应相应的社会条件的产物；另一方面，导致事情发展到当前状态的过程仍在继续，并将产生巨大的转变。因此我们可以相信，在遥远的将来，社会生活的形式将更加高级，远远超出任何激进分子的想象。缓慢地变化积累成巨大的转变，而一个短时期内的变化是微小的。社会结构和社会行动是由社会单位的属性决定的，只有社会单位的属性发生剧烈的、实质的变化，社会结构才会发生剧烈的、实质的变化。进步势力与保守势力双方只要认识到社会变化的深层根源，就会减弱对对方的攻击。一方面，社会的进化不会停止；另一个方面，进化是一个缓慢的过程，巨变不是一夜形成的，而是由一系列小变化积聚而成的。

三、理性的功利主义

斯宾塞死后受到许多严酷的批判。摩尔在《伦理学原理》(1903)中说，斯宾塞犯了自然主义的推理错误，因为他从自然性质（生存能力）推导出非自然性质（好坏评价）来。霍夫斯塔在《美国思想中的社会达尔文主义》(1955)中指责斯宾塞把穷人看作不适应环境的瓦砾，其社会哲学与反动势力沆瀣一气。但是，从总体上说，斯宾塞是一个社会进化论者，而不是一个社会达尔文主义者。

斯宾塞宣称他的功利主义是真正的自由主义，并力图用进化论来说明自由主义的功利主义所理解的社会正义是如何产生的。他同密尔一样认为自由和正义是同等重要的。斯宾塞把正义等同于平等的自由。所谓平等的自由，就是说，每个人都有同等的自由，同时这种自由受到一切人的相同自由的限制。自由权是不可侵犯的，平等的自由是社会组织所必须服从的规则。不可废除的自由权与功利是完全可以共存的。在《伦理学原理》中，这种共存是建立在一种综合的进化论的道德心理学上的，这种心理学把联想主义、拉马克理论、制度学派和功利结合起来。产生快乐的活动趋于导致某些活动之间、快乐感觉和赞成感觉之间的生物学上可遗传的联想。功利主义逐渐变成一种直觉。每当功利直觉活跃的时候，社会趋于既稳定又有活力的状态。受同等自由原则约束、保持在一定限制内的行为不会引起抵触情绪，有利于和谐的合作，给群体带来利益，因而平均来说也会给个人带来利益。因此，这种适应型成员组成的群体趋于生存和发展。只要总功利增长，社会就活跃。总功利与文化活力是联结在一起的。只要个人在同等自由原则规定的范围内实现和发展他们的能力，总功利就是增长的。简单地说，一个把同等自由原则内在化并自觉地遵守这个原则的社会将得到发展。只要一个社会把平等的自由权当作最高的正义原则，福利就会增长，功利自由主义就会广为传播。

斯宾塞同样重视道德权利，因为崇尚平等的自由权带来承认和推崇基本的道德权利，基本的道德权利可以从平等的自由权推导出来。道德权利使平等自由权明细化，使它的规范要求更清晰。道德权利激发最基本的幸福源，即生命和自由。生命和自由权是总体幸福的条件。它们保证每个个人有机会按他自己的见解发挥他的能力，这是真正的幸福之源。道德权利本身并不使人们幸福，而只给人们提供获得最大可能幸福的机会，因此道德权利间接地增进总幸福。由于道德权利是从平等自由权推导出来的，因此同平等自由权一样不可废除。于是，基本道德权利也成为直觉。这样，自觉地把平等自由权的直觉意识内在化、精致化，把它转换成实践推理的原则，就会把我们关于生命和自由神圣不可侵犯的直觉转变成严格的司法原则。这就意味着，只要严格遵循自由原则，功利总量就会增长。合乎道德的社会是更加幸福的社会，也是更有活力、更成功的社会。

斯宾塞有时把基本的道德权利叫做"自然权利"。他指出，说基本的道德权利是自然的，是指基本道德权利维护"习俗"和"习惯"，而"习俗"和"习惯"是为了缓和社会冲突而自然地产生的。

不可否认，在有些著作中，如《人与国家》，斯宾塞写了一些社会达尔文主义的话，在《伦理学原理》和《社会学原理》中也有个别社会达尔文主义的言论。斯宾塞思想的主流是自由主义和功利主义。但斯宾塞赞成的功利主义并非急功近利主义。他反对把功利看作"近期"目的。他指出，道德是关于正确行为的科学，其目的是确定有利的和有害的行动方式及其依据。这些有利和有害的结果绝不是偶然的，而必定是事物构成方式的后果。道德科学的任务就是从生活的定律和生存的条件推演出哪些行动必然趋于产生幸福，哪些产生悲哀。这样做，这些推断就会被认作行为的定律并必须被遵循，不管对幸福或不幸的直接估计如何。

简单地说，某些行动方式从长远的观点看必定最大地增进总功利，虽然短期来说不一定如此。也就是说，虽然不一定增进近期功利，但必定最终地或间接地增进功利。这些行动方式构成坚固的、规范的"行为定律"。因此，它们具体地指明了同等自由的关键因素，这就是说，它们构成我们的基本的道德权利。我们拥有道德权利，首先就是拥有采取这些行为方式的权利。与密尔一样，斯宾塞主张人有牢固的道德权利，功利主义最大限度地增进总幸福量，因为如果个人发展他们的身心能力，以合适的方式实现那些能力，他们就能使自己最幸福。而发展和实现个人能力要求有广泛的自由。由于我们生活在社会之中，所以，我们要求有同等的自由，这种同等的自由要由道德权利来体现。生命权和自由权保证个人有获得最大幸福的最重要的机会。

斯宾塞企图从平等的自由权利推导出道德权利，再从道德权利推演出道德原则和行为准则，这样就建立起一个演绎的功利主义理论体系。正是在这个意义上，斯宾塞宣称他的功利主义是理性的功利主义，而边沁的功利主义是有缺陷的"经验的"功利主义。同等自由原则和理性的功利主义是斯宾塞伦理政治思想的主流。斯宾塞也力图避免边沁和密尔的从事实（适者生存）推导出价值（好坏评价）的观念。"最适应"与"最好"并不是一回事。虽然进化论可以用来解释伦理学，但是人类社会不同于生物。在人类社会里，伦理学使生物界的生存竞争的性质发生了转变，因为人类对进化进行"伦理审查"。理性功利主义构成最先进的"伦理审查"形式，因为理性的功利主义给个人的行动规定了一视同仁的限制，每个人在同别人交往时都必须遵守这些限制。我们运用同等自由的原则以及从中导出的道德权利原则来系统地调整我们的原始的功利直觉，以前所未有的技巧来细致地审查进化的生存斗争。我们把功利主义与严格的自由主义原则自觉地结合起来，以前所未有的效力增进我们的福利。

斯宾塞在伦理学中贯彻拉马克主义，认为道德能力的实践磨炼每个人的道德直觉。这些直觉不仅在文化上而且在生物学上是可遗传的，因此在以后各代会变得越来越有权威，在其他条件相同的情况下，具有更坚固的道德常识的文化处于更有利的地位。那些处于有利地位的社会成员自觉认识到并提升他们由遗传得来的道德直觉及其产生功利的潜力，理性的、科学的功利主义逐渐取代经验的功利主义。

斯宾塞的理性的功利主义受到西季威克的批评。首先，斯宾塞的功利主义只在表面上是演绎的。我们不可能建立一些普遍的、牢不可破的道德原则并用它们来增进人类的幸福。按斯宾塞的想法，以假想的完全合道德的人为范本，可以建立一些牢不可破的规则。但是，我们不可能想象完全合道德的人是什么样子，我们不可能为他们推演出一个"绝对"伦理学的理想道德法典。即使我们构想出这样一部法典，它还是不能成为个人行动的规范指导，因为现实的人总是有各种各样的欲望、情绪和不合理的癖好。我们拥有的不过是功利常识，我们可以根据多变的环境的要求对这种常识进行提炼和系统处理。因此，斯宾塞只不过提供了另一种经验的功利主义。

第四节　对实证主义的评析

实证主义哲学产生的时代，正是西方经济快速发展和社会动荡的时代。英国工业和贸易领先世界，大批富人和中产阶级安于现状。同时，西方社会局势正在发生重大变化。工人运动方兴未艾，俄国宣布解放农奴，德国和意大利建立了统一的民族国家。法国第三共和国取代了第二帝国，英国工人阶级获得了选举权，美国进行了南北战争。而最突出的时代特征则是马克思主义的诞生和共产主义运动的蓬勃发展。马克思和恩格斯同样高度评价达尔文的进化论和当时的其他自然科学成就，并以科学的精神来批判社会现实和创建共产主义理论，而不是将一门科学的结论照搬到另一门科学上。实证主义者对科学方法的理解总体上是片面的，即只看到科学定律与实证的事实之间的逻辑联系，而没有看到自然科学的精神实质是通过理论与实验的结合揭示自然现象背后的物质实在的结构和规律。实证主义者远离工人生活的实际，他们的社会哲学是西方古典自由主义政治哲学的延续，虽然追求"最大多数人的最大幸福"，却不能认识到现实社会中最大多数人都处于痛苦状态的根本原因是现存的社会制度，他们看不到也不愿看到，只有实行根本的社会变革，才有可能实现所有人的最大幸福。第一次世界大战的爆发，正是这个时期社会矛盾积累的结果。

早期实证主义和功利主义的结合虽然不是逻辑上必然的，却有着思想的根源。实证主义兴起于自然科学取得巨大成就的 19 世纪。当时，经典物理学已趋于完善，借助于数学的发展，自然界中的一切现象和变化，几乎都可以用力学定律来说明。同时，科学发展为实验科学，拉瓦锡实验所提供的证据摧毁了燃素说，建立了氧化说的化学范式。许多科学家和哲学家形成了一种共识：人类知识即关于自然律的知识，任何关于自然律的理论，都必须建立在可由感官获得的实验证据之上。这是实证主义哲学的思想背景。但是，在人类社会领域，得到社会学者认可的科学定律还很少。把实证主义哲学运用到社会历史领域，功利主义虽然不是唯一的思想途径，却是一条可行的思想路线。关于人和社会的科学，孔德和斯宾塞叫做"社会学"，而密尔循着英国传统称之为人文科学或人的科学。如果要建立关于人和社会的科学，就必须能够分离出一些可测量可计算的社会因素或变量，这些因素或变量相互联系的定律能够说明人类社会的各个方面。边沁把这样的变量叫做幸福或快乐，并试图确定幸福和快乐的单位，如一份快乐。然后，每一种社会行动或道德行动、每一种行动规则、每一种社会制度所产生的快乐的量，在边沁看来都是可计算的。用快乐量的大小来说明和衡量社会事实或制度，是功利主义的基本思路。这样，在某种意义上，密尔和斯宾塞的功利主义是实证主义在社会文化领域里的推广。

实证主义作为一种方法论，在当代社会科学领域也产生了广泛而长久的影响。其主要特征是避开形而上学的争论，以事实而不是抽象观念作为出发点，重视社会事实的观察，通过引入统计分析技术来突出定量分析。在社会科学各个领域，实证研究都是不可缺少的甚至是最主要的研究方法。

实证主义哲学推崇科学和科学方法，有其可取的一面。但是，实证主义哲学不论是在对科学知识和科学方法的理解上，还是在对人类社会的理解上，都存在着严重的错误。

首先，实证主义者忽视了理论的作用，即使有时候给予承认，也没有给予足够的重视。我们知道，所有的科学实验都必须是在一定的理论指导下、按照一定的理论思想来设计和执行的。科学研究中不存在没有理论指导的盲目的或随意的实验。面对大量的、异质的、复杂的感觉经验的事实，科学家往往先提出理论假说，然后才通过有控制的实验来检验或证实假说。建立概念、进行抽象、设想现象或经验背后存在的实体或支配现象变化的定律，是科学思维中不可缺少的思想活动。因此，将科学知识限制在经验现象的范围内，以为科学仅仅是描述现象之间的联系，是对科学实践的严重歪曲。现代科学的发展表明，实证主义的科学知识观是错误的。物理学关于基本粒子和包括引力在内的各种作用力的研究，天文学关于宇宙起源和星系的研究，生物学关于基因与遗传的研究，都有力地驳斥了实证主义的科学模型。

其次，自然科学的方法在社会历史领域的应用既有积极的成果，也有其局限性。在经济学、现代社会学、社会心理学等领域，科学方法的应用确实取得了大量的重要成就，但这并不证明科学方法可以应用到一切领域。科学方法并不等于测量和计算，测量和计算的方法在一些自然科学领域也并不完全适用，如心理学、精神病学的某些区域。实证主义者并没有对科学方法做出全面的、明确的论述，而只是简单地断定社会历史领域与自然领域一样受同样的自然律支配。这显然缺乏说服力。一般认为，自然科学的目的是说明与预测，即从理论前提推导出被说明的现象，按照科学定律对未来事件做出预测；而人文学科的目的是解释与理解，通过对文本和历史事件的解释，理解人的行动和社会事件。如果这样，社会历史研究的目的就有一部分与自然科学根本不同，因此也不必完全采用自然科学的方法。当然，这并不表明不存在社会历史规律，而只表明社会历史规律与自然律有着性质上的区别。

最后，实证主义哲学家的自由主义和功利主义的深层动机是维护当时的社会制度。自由主义的政治哲学强调个人的自由和权利，与封建主义思想相比是一种进步，却是进一步的社会变革的阻力。当时，资本主义部分消除了历史上的不平等，却不断产生着新的不平等，这些新的不平等导致了欧洲蓬勃发展的工人运动和社会主义思想。广大工人阶级和底层民众所遭受的是失业、贫困、失学、过劳，他们供养着一大批富裕的、悠闲的资产阶级。言论自由、选举权等徒有虚名的权利根本不能改变人民群众的悲惨生活状态。但是，密尔的自由主义、斯宾塞的社会进化论以及他们共有的功利主义，根本否定社会革命的必要性，反而从理论上论证现存制度的合理性。假定社会幸福的总量不变，是让少数人享受大量的幸福而多数人只享有少量的幸福，还是让更多的人享有更大的幸福？这个问题是功利主义者无法回答的。而且，功利主义的政治哲学是基于西欧的文化和历史传统，完全忽略了其他地区的历史文化和社会现实，因此，他们所谓的普遍的社会科学规律只是出于他们有限经验的狭隘想象。

思考题：

1. 根据自然科学与社会科学的实际，谈谈实证方法的主要优点和缺点。
2. 把人道主义树立为宗教是否与实证哲学的精神相矛盾？
3. 功利主义如何与自由主义相结合？
4. 生物进化论是否能够直接用来说明人类社会的进步？
5. 从哲学史发展的趋势，对实证主义做出总体评价。

第三章 新康德主义

新康德主义是19世纪50—60年代在德国兴起的重要哲学流派，在"一战"之前的欧洲广泛流行，其早期代表人物有李普曼、朗格、黎尔等人，中坚人物有柯亨、文德尔班、李凯尔特和卡西尔等。新康德主义学派内部分支众多、观点迥异，其理论共同点是在"回到康德去"的大旗之下，从不同角度和立场继承、诠释和复兴康德哲学。新康德主义主要分成两个分支，即马堡学派和西南学派（也称为弗莱堡学派或巴登学派），前者以柯亨、卡西尔、那托普等人为代表，后者以文德尔班、李凯尔特等人为代表。新康德主义关于"文化""价值""效用""伦理社会主义"以及人文科学与自然科学方法论等问题的探究，与社会现实直接相关，因而在欧洲各国的思想界产生很大影响，甚至影响到了第二国际的理论家伯恩斯坦、考茨基等人，因此和马克思主义也产生了理论上的交锋。新康德主义也影响了现代西方哲学的发展走向，是现象学存在主义、解释学等许多哲学流派产生的思想来源之一。本章主要介绍和评析柯亨、文德尔班、李凯尔特和卡西尔的主要思想。

第一节 柯亨的纯粹哲学

赫尔曼·柯亨（1842—1918）是新康德主义马堡学派的创始人，是有犹太血统的德国哲学家，出生于德国安哈尔特州柯斯维希一个教师家庭。先后在布勒斯劳大学、柏林大学学习，1865年获得哈雷大学哲学博士学位。此后，他继续在柏林大学学习数学和其他自然科学，并开始研究康德哲学。1875年朗格逝世以后，柯亨成为马堡大学哲学教授的领导者。柯亨的代表作有《康德的经验学说》(1871)、《康德伦理学的根据》(1877)、《康德美学的根据》(1889)、《纯粹认识的逻辑》(1902)、《纯粹意志的伦理学》(1904)、《纯粹感受的美学》(1912)。下面分两个方面介绍柯亨的主要哲学贡献。

一、纯粹认识的逻辑

柯亨和当时很多流派的哲学家一样，都试图"超越"唯物主义和唯心主义的对立，但实质上是用唯心主义来反对唯物主义。他要重新界定"经验"这一概念，试图在此基础上完成他的"超越"。他认为,经验中既包含对外部世界的感觉,也包含思维。在这样的经验概念中,没有物质和精神、主观与客观的对立。经验是第一性的东西,是万事万物的基础,经验的特点就是"存在"。柯亨按照这个思路梳理哲学史,经常批评哲学家的唯物论和经验论的倾向。因而,他的经验概念不能等同于唯物主义,也不能等同于洛克式的经验主义,而是一种实质上的唯心主义。

柯亨对康德的态度也是类似的,即承认其先验唯心主义的部分,而反对其唯物主义成分。他认为康德的"物自体"只是一个观念,并非客观实在。柯亨认为,物自体作为无条件者,本身就是理念。康德把认识对象(质料)看作是后天的,来自外界事物的,而在柯亨看来,思维形式和思维的质料都是先验的,思维除了它自身以外,不能有任何别的来源,所以康德承认感性材料的杂多性、直观与思维的区别,等等,都是错误的。"思维才创造出统一的词。感觉只意味着一种模糊的意向,它指向何处?这首先由思维来说明,思维才给这种意向指出目标和方向。"① 通过把思维放在第一位,柯亨拓展了康德的先验唯心主义。

柯亨认为,认识是通过"纯粹思维"实现的,纯粹思维通过先验的逻辑范畴而创造一切科学认识,它不仅创造科学认识的形式,而且创造科学认识的内容,即对象世界。在他看来,物体的实际存在,是以人的思维规则为条件的,因此,不仅关于事物的知识依赖于思维,而且对象本身的存在也是依赖于主体的思维活动。那托普在评价柯亨时指出:"凡是在思维以外的东西,凡是异于思维的规定的东西,都是根本没有意义的。"② 柯亨彻底否定了外在于思维的感性因素,认为只有纯粹思维才是真实的存在。

至于认识从何处开始,柯亨梳理哲学史后认为,认识始于"存在判断"或"起源判断"。他追随笛卡儿、莱布尼茨,认为"起源判断"始于"无限小"这个数学函数。在他看来,无限是一切纯粹思维的原因,也是有限事物的原因。有限事物的实在性是无限小值的创造性活动的结果。他不仅把"起源判断"视为思维的必然开端,而且也把它视为推动世界建构的一个原则。柯亨把思维提高到了知识唯一来源的地位。思维借助范畴、判断等逻辑概念创造自然、构造世界,这就是柯亨以及马堡学派的一个主要特征。

从此出发,柯亨反对当时流行一时的心理主义,主张建构一种先验逻辑。心

---

① [德] 柯亨:《纯粹认识的逻辑》,1912 年德文版,第 469 页。
② [德] 那托普:《康德与马堡学派》,洪谦主编《西方现代资产阶级哲学论著选辑》,商务印书馆 1964 年版,第 81 页。

理主义认为人的知识依赖于相同的心理意识结构。早期新康德主义者朗格就是受心理主义影响，主张从"先验感性论"出发，以生理结构解释康德的认识论，柯亨不同意朗格的做法，主张以"先验逻辑"作为起点，以逻辑结构来解释，提出所谓"纯粹认识的逻辑"。柯亨对康德的解读是逻辑分析性的，他认为，康德的先验综合命题的功能是对科学的经验进行把握。而心理学使用的各种概念，如意识、物质、感受、刺激等，均未得到认识论说明，认识论的任务恰恰是要对上述各种概念做出准确说明。所以，认识论不能以心理学为基础，哲学反思必须另找出路。柯亨认为，不受心理支配的事物可以被"数学在教材中不依赖于主体而存在"这一简单的事实而证明。

柯亨强调，哲学的根本任务不是考察认识的心理基础，而是首先阐明数学和自然科学的可能性，考察人类对自然界和人类世界本身的认识，揭示这些认识的前提和逻辑结构，确认其有效依据，并评估其价值。因此，柯亨非常重视自然科学，尤其是数学与哲学的关系。柯亨继承近代哲学倾向，认为哲学的形态和数学最接近，数学是物理学的方法论。他提出，成体系的思想系统结构是数学物理方法论在哲学中的延伸，在知识中居于优先地位。

柯亨明确提出，经验存在于数学和纯粹自然科学中，数学和纯粹自然科学是使现有经验得以可能的条件。所以，关于经验的理论研究就应该是研究数学和自然科学之可能的条件。在柯亨看来，数学化的自然科学是一种先验知识的体系，经验形式就是经验本身。经验本身成为被寻找的物自身，成为思想的对象。理性批判就是对"科学中客观化了的理性的批判"。经验等于自然的知识，也就等于作为科学的自然。作为科学的自然，首先存在于由牛顿奠基的数学自然科学之中。在这里，数学、形而上学及经验观察相互影响，经验最终成为全部现代科学知识的事实与方法的表达。

柯亨强调先验逻辑的客观性，反对康德的主观唯心主义倾向，为了克服康德的时空概念的主观化倾向问题，他提出，应该保留康德的先验性，把它和客观性联系在一起加以思考。柯亨明确提出，时间、空间并不是直观的形式，而是思想的形式，时间、空间也是范畴。他认为数学本身的存在就已经证明，科学知识是先验性的知识，不可能完全还原为感性数据。客观性无非就是主观的感性的形式性成分（特性），我们只认识到我们加诸事物之上的东西。只有先验主体性制造的东西是客观的。当然，这种客观性并非唯物主义的客观性，而只是客观唯心主义的客观性。柯亨认为哲学理论就是对意识构造活动的各种方式之间的相关联系的系统性的研究。哲学体系的统一性在于，知识的不同对象域在形式上是统一的。

意识感受到这种统一性，按统一的规则造就了它们。这种意识统一性还是继承了康德的主观唯心论的先验统觉理论，并将其发扬光大。

二、纯粹意志的伦理学

柯亨纯粹意志的伦理学是新康德主义伦理学社会主义理论的重要组成部分。伦理学社会主义是新康德主义者用来反对科学社会主义的一种主要理论，它的基本观点是：社会主义的理论基础不是马克思主义的历史唯物主义，而是康德的伦理学。社会主义的真正奠基人不是马克思，而是康德。新康德主义者舒尔采-格弗尼茨说，如果谁要搞社会主义，那就应该绕过马克思的思想，从作为德国社会主义之父的康德那里找寻思想根基。从狭义的层面上来说，系统地论证伦理学社会主义的是沃伦德尔、伏尔特曼、施陶丁格尔、施密特等较后期的新康德主义者。但伦理学社会主义的基本论点和理论前提，最早是由马堡学派和弗莱堡学派的哲学家提出的。两派都反对传统唯物史观，试图从伦理道德观念出发来解释社会历史，把历史的进步归结为道德观念的进步。

柯亨"伦理学社会主义"理论体系的基础是纯粹意志的伦理学。柯亨是一位社会主义者，但是他主张的不是传统意义上的马克思式的社会主义，即以阶级斗争为前提的社会主义，而是主张一种道德的社会主义，即所谓的社会主义的民主主义。他试图从康德道德律令出发，即"人生的目的就是行善"这一思想出发，引出社会主义。但是康德的道德律令是以上帝为基础的，因此，柯亨认为，社会主义是与唯物主义不相容的。社会主义不能缺少上帝的理念，社会主义必须以上帝为理论基础。社会主义是对善的期望，而善事则蕴涵在上帝的理念之中，所以，他的这种关于上帝的思想也可以叫道德宗教。

在柯亨看来，马克思主义的社会历史观具有片面性，只注意了经济形态的社会，只注意了吃饭、穿衣等基本经济问题，忽视了伦理的社会，忽视了道德原则对社会的影响。柯亨认为唯有道德原则才是社会发展的真正的原则。不同社会的区别实际上不过是社会的道德观念的差别。就社会主义来说，他认为它的基础不是传统理解中的"经济的唯物主义"，而是"道德的唯心主义"，应当"取消唯物主义作为社会主义的基础"，而给它以另外的基础，即伦理学的基础。

柯亨纯粹意志的伦理学，指的正是康德式的伦理学唯心主义。他认为社会主义是一种理想社会，其特点就是康德的"绝对命令"的道德原则成了人们的普遍的行为准则，社会主义只有建立在伦理学唯心主义基础上，才具有合法性。因此，柯亨在他的《纯粹意志的伦理学》中论证了康德的伦理学就是一种社会主义理论。

他赞同康德关于自由意志的论述：无论在什么时候，主体的行动都要把"人"当作目的，而绝不是把"人"看成是实现目的的手段。柯亨认为，康德的这种思想就是社会主义思想，因为它包含了近代和"全部""将来历史"的道德纲领，而这种道德纲领正是社会主义的纲领。

柯亨通过《纯粹意志的伦理学》宣称康德是社会主义理论的奠基人。他提出，康德的"绝对命令"这一伦理学的最高原则的深刻意义，表现在"人是目的"这个原则之中。这个原则包含了未来人类的崇高理想，即社会主义的道德理想。因此，康德的伦理学是一种社会主义的理论。为了实现伦理社会主义的理论，柯亨提出，首先需要的不是改造经济关系，消灭私有制，而是提高人们的道德修养，使康德的"绝对命令"成为人们的普遍的行为准则。这些观点对后来伯恩斯坦等第二国际的修正主义者有重大影响。

柯亨这种将康德的伦理学当作社会主义的理论根据的观点，后来被沃伦德尔、伏尔特曼等人发挥。沃伦德尔认为，应当把绝对命令的表述当作建立社会主义的基础，社会主义和康德批判唯心主义的真正现实的联系以"纯粹道德的东西"为基础。从伦理学方面来说，应当把康德看作是德国社会主义的真正的和现实的奠基者。他在《现代社会主义与哲学伦理学》中一再重申，现代社会主义或者民主主义在其政治活动中运用了伦理学的手段、目的和口号，都是遵照新康德主义者的观点，现代科学社会主义必须在康德那里找到自己的曾祖父，康德伦理学的道德原则可以证明改良主义思想的合理性。

柯亨的伦理社会主义在当时就遭到列宁的批判，他认为这种社会主义理论是站不住脚的。柯亨提出以"道德存在者的共同体"作为社会主义的基础，这显然是一种非常空泛的理想，它在实质上排除了现实存在的一切社会问题，其伦理目标也充满着康德主义的先验的、不食人间烟火的色彩。柯亨在晚年更是进一步地走向了宗教性的"弥赛亚主义"，用彼岸世界的神来维护此岸世界的世俗目标。他说："弥赛亚主义的道德价值就在于它的政治意义。"[①] 这就是伦理社会主义的理论归宿。

第二节　弗莱堡学派的价值哲学

弗莱堡学派的代表人物是文德尔班和李凯尔特。文德尔班（1848—1915，又

---

① ［德］柯亨：《纯粹意志的伦理学》，柏林1904年版，第184页，谢地坤主编《西方哲学史（学术版）》第七卷，凤凰出版社2005年版，第232页。

译为文德斑),德国哲学家,新康德主义弗莱堡学派的创始人。他生于波茨坦,早年在耶拿大学、柏林大学和哥廷根大学学习,师从费舍和洛采,曾先后在苏黎世大学、弗莱堡大学、斯特拉斯堡大学、海德堡大学担任教授,其主要哲学著作有《哲学史教程》(1892)、《历史和自然科学》(1894)、《论自由意志》(1904)、《哲学导论》(1914)。文德尔班的思想深受康德哲学影响,他把哲学问题归结为价值问题。因此,他的思想被很多学者解读为价值哲学。李凯尔特(1863—1936)是文德尔班的学生,弗莱堡学派后期的主要代表。1888年他在斯特拉斯堡大学获得博士学位,先后任教于弗莱堡大学和海德堡大学,主要著作有《文化科学与自然科学》(1899)、《认识的对象》(1892)、《自然科学概念形成的界限》(1902)。

一、价值学说

弗莱堡学派的哲学家给自己提出的一个根本任务就是对以往哲学进行彻底的改造。他们既反对把哲学当作包容一切的知识总体,也反对用专门科学取消哲学,认为哲学有其特有的研究领域,即研究有关宇宙和人生的一般问题。在他们看来,哲学与自然科学研究的问题是完全不同的,自然科学要回答"对象是什么"的问题,而哲学则要回答"对象应是什么"的问题,前者是判断问题,而后者则是评价问题。价值和评价问题才是真正需要哲学研究的根本问题。因此,弗莱堡学派也常常把哲学作为一种价值理论来研究。

文德尔班和李凯尔特认为,价值问题是哲学的核心问题和新的理论基础。据此,文德尔班在《哲学史教程》中把哲学研究对象界定为两个部分:一个是宇宙哲学问题,一个是实践哲学问题。前者主要研究现实世界知识,展现主体的认识过程,因此是一种形而上学体系;后者则是要解决人类活动产生的问题,以人是目的为宗旨,研究伦理学、社会学、美学、宗教等与人的活动相关的领域。文德尔班在谈到19世纪哲学走向的时候指出:"哲学只有作为普遍有效的价值的科学才能继续存在。哲学不能再跻身于特殊科学的活动中。哲学既没有雄心根据自己的观点对特殊科学进行再认识,也没有编纂的兴趣去修补从特殊学科的'普遍成果'中得出的最一般的结构。哲学有自己的领域,有自己关于永恒的、本身有效的那些价值问题,那些价值是一切文化职能和一切特殊生活价值的组织原则。"[①]"价值"指的是客体的存在、作用以及它们的变化对于一定主体需要及其发展的某种适合、接近或一致。因此,它直接表现在主体与客体之间发生关系的领域,趋

[①] [德]文德尔班:《哲学史教程》下卷,罗达仁译,商务印书馆1993年版,第927页。

向于主体的客体主体化的内容。因此，价值是一个关系范畴，不是实体范畴。在价值关系发生的地方，这种关系的实际效果就是价值事实，不过这是一种主体性的事实，是一种发生在主客体之间的关系事实，而不是作为一种实体存在的客观事实。

哲学的任务就是从价值的角度出发对知识进行评价，在事实世界与价值世界之间建立联系。在文德尔班看来，整个周围世界可以分为"事实世界"和"价值世界"。事实世界是表象（现象）世界，是以客体性事实为标志的世界；价值世界是本体（自在之物）世界、实践世界，是以主体性事实为标志的世界。在所有事实世界中，主导的存在原因在于其严格遵循因果性，即逻各斯。与此相应，价值世界则以"好不好""应不应该"为内核。这两个世界都不是实在的、客观的世界，其中一个属于存在性的领域，一个属于有效性的领域。在存在性的领域（事实世界）中，人们研究的是关于现实知识的条件问题。而在有效性的领域（价值世界）中，研究的是知识的有效性的条件问题。他认为，知识的条件问题是最基本的，有效性理论是以实在论、本体论为基础的，所以是一切意义内容的基础，是一切认知内容的基础。但是，研究知识的条件问题的任务是自然科学的工作。哲学的任务只是对知识有效性条件的研究。

与事实世界和价值世界相对应，弗莱堡学派把知识分为"事实知识"和"价值知识"。前者的命题属于普通的逻辑判断，它们表述的是表象与表象之间的关系，所涉及的只是表象世界中的经验事实，丝毫不掺杂主观因素；后者的命题不属于普通的逻辑判断，它们表述的是评价主体与被评价对象之间的关系，所涉及的是主体对于对象的评价和态度，完全取决于主体的意志和情感以及对象是否符合主体的目的，而与事物（或事实）的特性本身无关。"这朵花是美的""这本书是有用的"就是这种命题，美和有用分别是主体对于这朵花和这本书的估价，它们完全决定于主体的情感和意志，决定于主体对它们所抱的"赞成或不赞成"的态度，只有伦理学和美学的意义。

值得注意的是，弗莱堡学派认为事实知识与价值知识也不是截然对立的，事实命题归根到底从属于价值命题，它以价值观念为根据，也包含价值的因素。任何知识形成都离不开价值，任何知识的评价标准都是价值，而价值又由主体的情感意志决定。为了回避价值论和知识论的主观主义和相对主义，文德尔班提出了他的普遍价值学说。他认为，除了作为特殊的估价主体的特殊意识以及与之相应的"特殊价值"外，还存在着作为一般估价主体的普遍意识以及与之相应的"普遍价值"。特殊价值是心理学研究的对象，而普遍价值是哲学的研究对象。文德尔班认为,存在历史科学,原因在于人不仅有个人意识和特殊价值,而且具有先验的普遍意识和普遍价值。这种普遍价值是人们评价的绝对标准——也就是价值的"普遍效用性",哲学只有作为具有普遍价值的价值科学才有生命力。文德尔班的普遍价值的理论主要是依据康德关于实践理性的学说,他的普遍价值不过是康德称为最高道德原则的"绝对命令",依然无法摆脱康德"绝对命令"软弱无力的毛病。

二、自然科学与社会历史科学的区分

弗莱堡学派关于自然科学和社会历史科学(李凯尔特称之为"文化科学")区分的理论同价值学说有着密切的联系。他们把价值论作为重要的方法论基础来解释社会历史事件,从而把历史科学同自然科学区分开来。他们认为只有社会历史科学才能达到实在,因为社会历史科学排除了用普遍化的方法去寻求规律、齐一性,而采用个别化的方法去描述具体的、特殊的历史事件。而事物的真实存在正是其作为具体的、特殊的事件的存在。

在1894年斯特拉斯堡大学校长就职演说中,文德尔班曾深刻批判学界一直流行的"自然科学"与"精神科学"的二分法,并重新把价值和意义问题引入哲学当中,明确阐释了自然科学与历史科学的分类及其各自的特点和研究方式。弗莱堡学派的哲学家们所强调的不是这两类科学研究对象的区别,而是其研究方法和目的的区别。从研究对象上说,无论自然科学还是社会历史科学,都是从感觉经验出发的,以经验材料为对象。同一对象可以同时既是自然科学研究的对象,又是历史科学研究的对象,但是从研究的方法和目的来说,二者之间有着原则的区别。简单来说,自然科学所利用的是从特殊到一般的方法,或者说普遍化的方法,它的目的在于寻找自然界中的"规律""齐一性""共相""不变的形式",因此,文德尔班把自然科学称为"制定规律的"科学。社会历史科学所利用的是对特殊的、具体的事件进行描述的方法,或者说个别化的方法。社会历史科学的目的在于把某一过去的事件栩栩如生地再现于当前的观念中,因此,文德尔班把它称为"描述特征的"科学。

文德尔班认为,自然科学研究一般规律,历史科学致力于描述已发生的事实,再现过去的人生。自然科学与历史科学的区别,表现在利用事实来构成知识的目的上的差异。自然科学追求的是规律,而历史科学追求的是形态。文德尔班指出:"在自然研究中,思维是从确认特殊关系进而掌握一般关系,在历史中,思维则始终是对特殊事物进行亲切的摹写。对于自然科学家来说,他所观察的个别特定对象本身根本就没有什么科学价值；他之所以利用它，只是因为他认为自己可以把它看成一个类概念的典型和特例，并且可以从它推演出这个类概念；它在特定对象中只是对一些特征进行思考，以便洞察到一种合乎规律的普遍性。对于历史学家来说，任务则在于使某一过去事象丝毫不走样地重新复活于当前的观念中。"①

从中可以看出，文德尔班所坚持的历史科学与自然科学的区分主要是在方法论意义上而言的，即二者的区分是体现重复性、常规性的法则科学与个体性、独特性之间的个体科学之间的区分。他认为："哲学并不是不识不知的东西，它并不存在于自己向壁虚构的世界中，而存在于与一切活生生的现实知识、与现实精神生活的全部宝贵内容的丰富无比的交流中；过去是如此，现在也是如此。如果说哲学的历史曾经是人类各种错误的历史，其原因就在于它老老实实地从各种特殊科学的理论中把那种至多只能看作尚在生成变化中的真理的成分当成完备确定的东西加以接受了。"②

因此，历史科学与自然科学之间在研究对象上并没有绝对的界限，同样以人作为研究对象，对人体结构的普遍规律的研究，应该属于自然科学，而如果对其社会性（独特的个人成长经历）和个性特征的描述，则属于历史科学的研究范围。这也正是文德尔班一直反对把心理学作为历史科学研究领域的原因。事实上，心理的东西作为直接给予的现实，也是用自然科学的一般化方法加以研究的，以此来克服狄尔泰历史理论中的心理主义倾向，因此，科学分类不应从对象出发，而是应该以主体为中心，从主体的规范出发，从方法论出发。

李凯尔特同样强调自然科学和文化科学之间区别的方法论性质，他认为二者均以经验的实在为对象。如果我们在考察这些对象时注意的是一般的东西，那就是自然；如果在考察它们时注意的是特殊和个别的东西，那就是历史。同文德尔班一样，李凯尔特也倡导从主体的研究方法和观点来进行科学分类，认为这样可以克服"精神科学"不能把"历史文化科学"与心理学区别开来的缺陷。但是，他并不完全排斥按内容材料分类的可能性。他认为，应该从质料分类原则出发，说明自然和文化的对立。他在《自然和文化》一文中认为："自然产物是自然而然地由土地里生长出来的东西。文化产物是人们播种之后从土地里生长出来的。根据这一点，自然是那些从自身中成长起来的，'诞生出来的'和任其自生自长的东

---

① ［德］文德尔班：《历史与自然科学》，洪谦主编《西方现代资产阶级哲学论著选辑》，商务印书馆1964年版，第59页。
② ［德］文德尔班：《历史与自然科学》，洪谦主编《西方现代资产阶级哲学论著选辑》，商务印书馆1964年版，第50—51页。

西的总和。与自然相对立，文化或者是人们按照所估计的目的直接生产出来的，或者是虽然已经是现存的，但至少是由于它们所固有的价值而为人们特意地保存着的。"① 李凯尔特认为，正是价值概念使历史学家得以把历史文化过程与自然过程区分开来。在此基础上，李凯尔特从形式上指出了自然科学与文化科学的对立，即它们各自形成自己的科学概念时所采用的方法的对立——自然科学的普遍化方法与文化科学的个别化方法的对立。

李凯尔特认为，现实的特殊性是自然科学的界限，在自然科学终止之处，便是"文化科学"的开始，与自然科学方法对立的就是历史的个别化方法。这种方法在把所研究的对象作为一个整体来看时，力图揭示现实中个别的、特殊的、一次性的东西，从而形成个别化概念，它试图从现实的个别性方面去说明现实。但是这并不否认文化科学也会采用一些普遍概念，其目的也只是为了把那些在任何地方都不重复的、一次性的、特殊的事件纳入叙述中，其最终目的在于形成历史的个别化概念。

李凯尔特认为，"文化科学"选择材料的原则虽不能从"个别化方法"中直接得到，却可以由"文化"概念得到，即通过文化所固有的价值以及通过个别与价值的联系，得到可叙述的、历史的个别性概念。同时，也只有通过个别"与价值联系"的原则，才能把"有意义的个别"与"纯粹异质性的个别"（对文化科学无意义的个别）区别开来。与价值相联系的个别事物才是文化科学的对象，"历史的个别化方法"也就是"与价值联系的方法"，这样，就可以把个别的"文化概念"的内容与自然科学的普遍概念的内容区别开来。

需要强调的是，两类科学在研究方法、思维方式上的不同，原因在于现实中存在着自然界和历史事件之间的区别，对象本身就是一种多样性的存在。因此，对不同的研究对象应该采取不同的研究方法。同时，对象本身中存在着不同方面的内容，总结规律和描述个体特征的两种方法也并不是完全排斥的。弗莱堡学派哲学家们不完全否定在社会历史科学的研究中也要运用一般概念，因为社会历史科学要对社会历史事件做出判断，判断的要素是概念，而概念总是一般的东西。没有概念这种一般的东西，社会历史科学是无法描绘社会历史事件的。但是他们认为一般概念只是作为社会历史研究的手段，而不是作为其目的。社会历史研究的目的只可能是描述特殊的、具体的历史事件。因此，对社会历史的研究不会像

---

① ［德］亨里希·李凯尔特：《李凯尔特的历史哲学》，徐纪亮译，北京大学出版社2007年版，第29页。

自然科学那样离开现实,而是达到现实。

弗莱堡学派重视价值哲学,重视历史和文化的特殊性,试图把自然科学和社会历史科学在原则上分离开来。这具有一定的合理性,也符合20世纪西方哲学告别黑格尔式的"绝对真理""宏大叙事"的精神。但是他们最终走向了否认历史规律、否认历史决定论的逻辑结局。他们也最终无法脱离康德的先验唯心主义,因而在文化观和历史观上,他们最终还是历史唯心主义者。

第三节 卡西尔的符号形式哲学

恩斯特·卡西尔(1874—1945,又译为卡西勒),德国哲学家、新康德主义马堡学派的重要代表人物之一,早年受业于柯亨,被誉为马堡学派思想的集大成者。卡西尔先后就学于柏林大学、莱比锡大学和海德堡大学。1919年担任汉堡大学教授,1933年迫于德国反犹运动离开德国,相继在英国牛津大学、瑞典哥德堡大学、美国耶鲁大学和哥伦比亚大学任教,病逝于纽约。卡西尔著述颇丰,所涉猎的课题几乎遍及西方文化的一切领域,包括科学史、哲学史、道德哲学、政治哲学、心理学、语言学、神话、艺术以及科学哲学等。代表作有《实体概念和功能概念》(1910)、《符号形式的哲学》(三卷集,1923—1929)、《人文科学的逻辑》(1924)、《人论》(1944)。卡西尔的理论后来被美国哲学家、美学家苏珊·朗格发挥,从而形成了20世纪较有影响的一个美学流派——象征符号美学。

一、人是符号的动物

卡西尔完全赞同康德哲学的基本立场。他认为,哲学的任务不在于研究存在或者客体,而在于研究我们认识客体的方式,研究理性的构造能力和作用。这种哲学观的最大贡献是揭示了主体、思维的能动性。但是,卡西尔认为康德哲学仅仅局限于自然科学和形而上学,把人类经验更为丰富、更为广阔的内容从哲学中排斥出去。不仅仅是科学,人类精神生活的一切形式,诸如语言、神话、宗教、艺术,等等,都是理性批判的应用范围。卡西尔把康德静态的理性批判改造为动态的文化批判,提出了"扩大的认识论"。卡西尔在他的三卷本《符号形式的哲学》中系统回答了"人是什么"这样一个哲学史上的千古之谜,作为《符号形式的哲学》的简写本,《人论》则从哲学研究的根本目的入手深化了对这一问题的理解。

关于"人是什么"的问题，哲学家们的分歧与冲突从未停止过。对人的自我认识并不是一件比存在统一性认识更简单、轻松的任务，它成了人类不断求解而难得其解的斯芬克斯之谜。卡西尔认为，以往哲学家们对"人是什么"的认识往往都是片面的、武断的，其根本原因在于他们把人当作既定的实体性的存在，从人类经验中提取出某一方面的存在属性，例如理性、社会性、经济本能、性本能、权力意志，等等，然后把这一存在属性作为支配人的其他各属性的本质方面，从而同样陷入传统哲学对存在统一性研究的实体形而上学的困境之中。这是人在自我认识上的四分五裂、思想混乱的方法论根源。卡西尔认为，在对人的自我认识上，问题的关键不在于哲学需不需要寻求统一性，而在于以什么方式寻求统一性。为了避免传统的实体形而上学方法所导致的片面化、绝对化的错误，就必须从整体上对人加以思考，必须寻求新的理智中心以统辖人的各方面属性和特征。

在《人论》中，卡西尔向我们表明这样一个观点：人与其说是"理性的动物"，不如说是"符号的动物"。人的特点正在于他是一种能创造、使用符号的动物。科学、语言、神话等人类文化的形式，都是人类创造的不同符号系统，是人类据以把握世界的方式。这种定义是从人特有的功能的角度而不是人的实体存在及其属性的角度去寻找人的统一性的基础。因此，符号就成为人类意识的基本功能，凭借它，我们不仅能够理解科学的结构，而且同样能够理解语言、神话、艺术、历史的结构，简言之，理解人类文化的一切成就。人永远生活在主体自己构造的世界中，这个世界是非物质的世界，是以人的活动、人的符号化而编织成的一个关系系统。作为主体的人的意义、价值和可能性都在这个空间里展开。

哲学研究的使命问题是哲学逻辑的生长点。卡西尔认为，哲学应该关注、寻求、解答人的本性、人与自然的交往关系，以此为人的存在提供意义价值基础。卡西尔从"人是什么"出发对哲学史上关于人的概念界定进行了梳理，认为人类对于自我的认识大致经历了四个阶段：古典形而上学时期、中世纪神学时期、近代科学精神时期、现代无政府主义时期。在《符号形式的哲学》中，卡西尔关于"人是什么"这个定义的出发点是："人是什么"只能被理解为一种功能性的定义，而不能是一种实体性的定义。在《人论》当中，他对这一定义进行了具体的阐释："我们不能以任何构成人的形而上学本质的内在原则来给人下定义；我们也不能用可以靠经验的观察来确定的天生能力或本能来给人下定义。人的突出特征，人与众不同的标志，既不是他的形而上学本性也不是他的物理本性，而是人的劳作（work）。正是这种劳作，正是这种人类活动的体系，规定和划定了'人性'的圆周。语言、神话、宗教、艺术、科学、历史，都是这个圆的组成部分和各个扇面。

因此，一种'人的哲学'一定是这样一种哲学：它能使我们洞见这些人类活动各自的基本结构，同时又能使我们把这些活动理解为一个有机整体。"①

从中我们可以看出，在给人下定义时，卡西尔突破了传统的本体论局限。无论是亚里士多德的"人是政治的动物"，还是近代传统"人是理性的动物"，都把人的本质看成是先验的、给定的东西，是人的一种永恒的实体。卡西尔认为，人的劳作（work）创造了不同符号，形成了与物质自然界相对的文化世界。通过劳动创造出的文化"产品"，是人的本质与面貌的最好显现。因此，真正的人性就是人的无限的创造性活动所体现出来的人的自由。

对劳作（work）概念的分析是卡西尔文化哲学的核心。这里，可以把劳作解释成"人的生活"，亦即人活动的中心是以生命价值为轴心的获取。劳作本身积淀着文化的各种形式，文化形式在其基础上不断获得完满性和范围的扩展。因此，劳作本身是文化对象化的舞台，它反映着生活的本真。从这个意义上可以说，对人的本质的研究可以被看成对作为发明和运用符号形式的人的特点的探讨。

卡西尔认为，"符号"作为人的独特功能和生命标志，是其人学理论最基础和最重要的范畴。在他看来，所有在某种形式上或在其他方面能为知觉所揭示出意义的一切现象都是符号，尤其是当知觉作为对某种事物的描绘或作为意义的体现，并对意义做出揭示之时，更是如此。"符号"主要源自对康德"图式"范畴的继承、扩展和改造。符号的发生、形成是人类的符号化活动的结果。符号具有指称性，即一定的符号代表一定的对象，在丰富多样的对象世界之中，人在主客体之间的关系上，要通过符号指称一定的对象。

作为对象的一种观念性的存在，符号与信号的不同之处在于，前者与人的生存方式相联系，后者与人的物理存在和物理事物相联系。人通过符号指称对象，以自己的观念能动地改造对象世界。人通过符号展现文化世界的这个过程，其实是人通过符号改变了人与世界的关系；符号的不同，说明人与世界的关系不是一成不变的。没有符号系统，人就把握不了对象，也就无法实现理性的自由，因为符号的理性功能生成并塑造了文化，符号的抽象性、开放性、多变性展现了人存在的具体多样性。人的符号化活动一方面区别于动物，另一方面在人的历史活动中发展出人的各种文化形式，从而使人性得以生成和发展。所以，人的本质不是像传统哲学规定的那样是先天存在的，而是在人的现实活动中生成的。

卡西尔的"符号"同时包含着感觉材料和精神形式，是沟通与区分二者的中

---

① ［德］恩斯特·卡西尔：《人论》，甘阳译，上海译文出版社 2004 年版，第 96—97 页。

介；体现了人类精神的一种先验能力，即将感觉材料与精神形式结合起来的符号思维和符号活动的能力。正是由于精神形式的组织、整理作用，感觉材料一开始就不是完全混乱的杂多，而是有一定秩序和意义的，成为人类认识的对象，成为人类经验知识的内容。符号功能作为人的先验能力并不脱离经验，而是呈现在人类经验中，构成人类经验世界的前提条件。这种先验能力意味着人的主体能动创造性，意味着人类构造自己的经验世界的能力。

卡西尔的"符号"不仅适用于科学和艺术，而且适用于语言、神话等任何一种文化形式，不仅存在科学符号、艺术符号，而且存在语言符号、神话符号、宗教符号，等等。几乎所有基本的符号形式都来源于人类精神的不同力量，不仅有理智的精神力量，而且有情感、直觉等非理智的精神力量。这些不同的精神力量表明，内在于各种符号形式之中、起主导作用的是不同符号功能，各种符号形式具有不同的结构、规则和发展规律。它们都是人类精神力量组织整理感觉材料，从而迈向实在与构造人类经验世界的途径、方式和中介工具。因此，人类的一切活动都离不开符号，都是符号活动。符号活动是人类精神的客观化，也是人类先验符号功能的客观化、外化、对象化活动。正是这些符号活动共同构造了人的经验世界。

通过对符号文化哲学的阐述，卡西尔向我们明确了哲学的真正作用："哲学不再是位于自然科学、法和政治等学科的原理一旁或之上的特殊的知识领域，而是一个贯通一切的媒介，用这个媒介便可以归纳、发展和建立这些原理。哲学不仅不能与科学、历史、法学和政治学相分离，反而应当成为这些学科得以存在和起作用的氛围。哲学不再是孤立的理智力量。它的真正功能，它的研究和探讨的特殊性质，它的方法和基本认识过程，把全部理智的面目披露无遗。因此，18 世纪从以往原封不动地承袭过来的所有哲学概念和哲学问题，便具有了新的地位，经历了独特的意义变化。它们本是固定了的、完成了形式和一目了然的结果，而今则转变为能动的力量和律令。"① 这样，卡西尔打破了纯粹思维王国对哲学的局限，他要去探寻那些产生全部理智活动如思维本身的更深层的事物。

卡西尔把符号当成先验能力，暴露了他的符号哲学其实还是基于一种先验的方法，而不是社会历史的方法。他把"劳作"当成人的标志性的能力，看起来似乎和马克思对人类实践的重视异曲同工，但是其思想远不及马克思的深广。可以说，卡西尔把丰富的人类实践简化为符号，进一步暴露了其历史唯心主义的

---

① ［德］卡西尔：《启蒙哲学》，顾伟铭译，山东人民出版社 1998 年版，第 3 页。

实质。

二、符号的形式及其功能

"人是符号的动物"揭示了人类的独特功能和生命标志，解答了人是什么的问题。但是在卡西尔看来，对待人的定义，不仅应该将人与动物从根本上区别开来，而且应该揭示人是怎样成为人的。他通过符号的形式及其功能的论述将关于人的存在的研究和关于人的发生的研究结合起来。

人通过符号功能，在超越现实、追求可能的世界结构里改造现实。这种改造活动创造出包括语言、神话、宗教、艺术、科学、历史等六种形式的文化世界。卡西尔在《符号形式哲学》中，从符号体系的四个不同层次分别考察了这六种文化形式。

符号体系的第一个层次是语言和神话。语言是最古老也是最典型的符号形式，一直伴随着其他文化形式，它赋予主观的、流动不居的世界以确定性的意义，使之成为客观的稳定世界。神话是用情感将世界生命化，表现为图腾是生命一体化的空间形式，祖先则是生命一体化的时间形式。

符号体系的第二个层次是宗教。产生于神话的宗教，将之前生命一体化的祖先引向个体意识，用明确的个体性来确定神话语言所具有的模糊性与游离性。

符号体系的第三个层次是艺术和科学。艺术和科学都是对感觉世界深层结构的发现。二者的不同之处在于：艺术发现的是变幻莫测的动态世界结构，科学则试图揭示普遍稳定的世界结构；艺术以审美性来超越现实，科学知识则以系统性和和谐性来追求可能的自由活动。

符号体系的第四个层次是历史对人本身的反思。历史通过语言、神话、宗教、艺术和科学等文化形式识别和解释过去，给予过去事实面向未来的理想性。在《人论》一书中，卡西尔进一步解答了"人怎样成为人？"的问题，对人类文化活动的基本功能形式及其整体结构进行了剖析，展现了人的本质的自为生成和人类生命的实现途径，强调了人所特有的创造性。于是，卡西尔分别从神话（宗教）、语言、艺术、科学等具体的文化形式所蕴含的人的创造力量，阐明人类文化的整体结构与人性的结构特征。

在卡西尔的文化谱系中，神话具有重要作用，它是人类精神客观化、迈向实在的最低级阶段。人从生命的实体到精神的主体是一个不断派生、转化与升华的文化历程。神话是这个过程中最原始的文化形式。它不仅体现了原始人类的文化现象，而且在现代人类的文化、社会生活及其历史中持久存在，产生巨大的影响，体现了人的本质中根深蒂固的非理性因素。卡西尔强调:"事实上,神话不仅是人类文化中的一种过渡性因素,而且还是永恒性的因素。人并不完全是理性的动物,他现在是而且将来仍会是一种神话的动物。神话是人类本性的组成部分。"① 因此,神话成为卡西尔揭示人类最初认识实在的方式、人类精神的起源以及研究人的本质的基本工具和思维形式。

人类在最初阶段是如何认识对象与自我的?人类又如何从前理性认识发展为理性认识的?这两个问题使卡西尔将人类最原始的、非理性的文化形式——神话当作比语言更迫切地需要重新加以研究和强调的文化形式。他认为,"逻各斯精神"与"神话精神"的对立与冲突贯穿整个西方哲学史,以往的哲学家们往往只重视科学的结构和精神的理性要素,以知性知识或理性真理的科学理论范式去审视和批评神话现象,导致神话丧失其独立地位和存在意义。

卡西尔认为,神话同语言、艺术等其他文化形式一样,也是人类精神客观化的一种方式、迈向实在的一个台阶、构造人类经验世界的一种活动、主客结合与区分的一种形式,同时它具有自己的结构、规则,因而也是一种真理形式。神话的真理是一种情感的、想象的真理,神话的真理性和其他形式的真理性既存在对立的一面,也存在互补的一面。卡西尔在《神话思维》中,详细分析了神话的思维形式、直观形式、生命形式以及神话意识的辩证法,揭示了神话的基本功能、内在结构和发展历程。神话中创造性的类型、层次和水平是截然不同于科学等文化形式的。这是因为,神话作为文化历程的第一个阶段,在其中起主导作用的是人的生命情感。神话(宗教)的功能统一性是情感统一性,情感渗透并贯穿神话的各个方面,决定了神话的产生和发展。在神话中,自然的人与文化的人、生命与精神、主体与客体、自我与实在尚无明显的区分,这表明神话主要是人的生命的创造形式。人在神话中的生命创造区别于人在其他文化形式中的创造的根本特征是:"这种创造尚未具备自由精神活动的特征:它带有自然必然性、心理'机械论'的特征。"②

值得一提的是,卡西尔在晚年从他的神话哲学出发,批判了德国的法西斯主义。他认为纳粹德国的实践是一种"国家的神话",一旦文明社会的维系因素失去作用,神话就会卷土重来。卡西尔提醒人们,要警惕某些现代政治神话,不论它

---

① [德]恩斯特·卡西尔:《符号·神话·文化》,李小兵译,东方出版社1988年版,第193页。
② [德]恩斯特·卡西尔:《神话思维》,黄龙保、周振选译,柯礼文校,中国社会科学出版社1992年版,第26页。

有多么复杂精巧，本质都是"人格化的集体愿望"。如果失去了理性分析和道德自觉，人就会被纳粹这样的"现代神话"所俘虏。这种思想的积极意义是毋庸置疑的。

对于语言这种文化形式，卡西尔认为它是人的认识从感性到理智发展的基本工具，与神话相比，语言是人类精神客观化、迈向实在的一个新台阶。卡西尔反对语言哲学研究当中存在的独断实在论、感觉经验主义、实证主义的语言观，而是主张将语言置于由康德的理性批判发展而来的文化批判的总体构架之下加以考察。在理论方法、观点方面，他深受洪堡和赫尔德等古典语言哲学家、历史哲学家的影响。卡西尔将语言当作一种基本的知识形式和文化形式，强调了语言中不可或缺的符号意义，着力于对语言内在形式的整体结构、规则及其发展阶段的分析。他认为，语言和其他文化形式一样，不是单纯的对外在对象或内在情感的模仿，而是人类精神认识实在、构造人类经验世界的工具和途径，是主客结合与区分的一种方式。语言是具有功能统一性的符号形式，具有特殊的结构与规则。尽管以命题语言指称、陈述对象是人类语言的典型功能，但是，人类语言并不是单纯指称和陈述对象，而是具有更加丰富的精神意义，内在地蕴含着人类精神的创造本性，是人的情感、愿望和思想的自我表达。因而，语言是人的认识从感性到理智发展的基本工具。

这就显示出语言具有区别于神话、宗教、艺术、科学等其他一切文化形式的独特价值和地位：它不仅是一种具有自身独特结构和规则的符号形式，而且是其他一切文化形式所必需的表达手段和意义载体，是人类文化的核心形式。语言内在地渗透于其他各种文化形式之中；只有通过语言，其他一切文化形式的生成和发展才有可能。

语言在卡西尔的人学中具有狭义和广义两层含义及概念的区分。从狭义上说，语言是指具有自身独特结构和规则的日常语言；从广义上说，语言则是指人类文化，每一种文化形式如神话、宗教、艺术、科学等都是一种语言。"不仅存在着由声音、词汇、词语、句子构成的语言，而且还存在着由艺术、宗教、科学符号建构起来的更为广博的语言。这类语言的每一种都有其相应的用法和相应的规则；每一种都具有其自身的语法。"[①]卡西尔在《符号形式的哲学》第一卷《语言》中，把语言当作一种相对独立的知识形式和基本的表达方式，阐明了感觉表达、直觉表达、概念表达三个阶段的语言的内在形式及其结构、规则。在第三卷《知

[①] ［德］恩斯特·卡西尔：《符号·神话·文化》，李小兵译，东方出版社1988年版，第26页。

识现象学》中，他从知识整体性的角度，将语言作为科学认识的前提条件、概念酝酿阶段之一，强调了语言的表象、陈述功能，以语言作为一个阶段去说明人类认识从神话表达、语言陈述到科学的发展过程。这突出地体现了他所倡导的从特殊中认知一般、从一般中思维特殊的认识的基本原理。在卡西尔看来，从感觉、直觉、概念的发展过程，就是语言从实体到功能、从直接到间接、从个别到一般、从具体到抽象的不断发展过程，象征着人的文化创造性的不断成长。

艺术是认识人类本质的最重要的工具之一。在卡西尔的符号思想体系中，艺术是主体直觉具体化与客观化的过程。卡西尔主要吸收并结合、改造了康德、黑格尔以及歌德、席勒等人的艺术理论，将艺术作为一种基本的知识形式、文化形式，强调了其特殊的功能和价值，强调了主观与客观、表现与再现的结合；将艺术的功能本质归结为纯形式的直观的创造而不是单纯的情感的创造。对纯形式的直观的创造性的强调是卡西尔艺术哲学的基本原则。

卡西尔批判了艺术自主性的丧失，认为传统美学思想对待艺术非此即彼的形而上学思维是最为深刻的方法论根源：要么以独断的客观存在，要么以主观的情感为绝对标准。前者导致将艺术看作对外部世界（周围）的模仿，后者导致将艺术看作对内在情感的模仿。卡西尔认为，艺术最大的特点和魅力之一，就在于展现无限的可能性。艺术是主观情感与客观构型的结合，是表现与再现的结合，是人类精神客观化、认识实在与自我的一种方式，因而也是一种真理形式。艺术是直觉或观照的具体化过程的客观化。它的独特的功能本质就在于纯形式的直观创造性：艺术的纯形式是指"形状与图案，旋律与节奏"等事物的外观而不是事物本身，艺术的直观就是以这些形式观照事物；这些形式不是先于直观之前并给定直观的纯粹外在的、表达技巧的手段，而是艺术直观本身的基本组成部分；对纯形式的直观是艺术自主性、特殊性的功能标志，将艺术与其他文化形式区别开来。

基于此，卡西尔认为，艺术的功能本质体现在教育价值上。艺术不是仅仅指完成了的静态的呈现，而是持续不断的活动过程，是艺术家与其艺术作品的欣赏者、接受者之间的互动创造过程。人们对艺术作品的欣赏和接受的过程不是机械的、被动的，而是主动参与到艺术家的内在生命运动中并创造自己的内在生命，否则不能真正领会艺术。在这种互动的过程中，艺术主要体现了重要的、科学所不能及的三方面独特教育价值：升华人的情感，重构对象世界，开拓生活的新维度。卡西尔认为，人类心智解放是一切教育的真正的、终极的目标，艺术在实现这一目标的过程中起着不可替代的独特作用。

在卡西尔的文化谱系中，科学是人类精神客观化、迈向实在的最后台阶，是人类从生命实体到精神主体的不断派生、转化与升华过程中最高、最独特的成就，代表了主体与客体相互结合与区分的最高水平。卡西尔对科学的研究占用了他一生很大的精力。"在我们现代世界中，再没有第二种力量可以与科学思想的力量相匹敌。它被看成是我们全部人类活动的顶点和极致，被看成是人类历史的最后篇章和人的哲学的最重要主题。"① 他认为，就科学的形成和发展而言，情感表达和对象再现逐渐被纯粹意味取代而独立出一个纯粹理智的世界。为建构这样一个世界，科学家的创造性是必不可少的。

卡西尔指出，科学的一般功能在于，构造一个普遍规律和系统秩序的世界，为变动不居的宇宙确立坚不可摧的支柱，使人类知觉和思想世界获得稳定性并不断巩固，从而为人类提供一种统治自然、驾驭宇宙的顽强信念和有力工具。和其他文化形式相比，科学的独特性体现在：人类理智从感觉材料的异质性、变化性、多样性中摆脱出来，而发展了概念形式的纯粹抽象的方面，从而独立出纯粹意味的概念。科学用纯粹意味的概念去组织、规定感觉材料，赋予其普遍规律和系统秩序，从而形成严格意义上的理论知识。科学像其他任何文化形式一样先后经历了表达（感觉）、表象（直观）和意味（概念、思维）三个阶段，蕴含着符号功能的三分法结构。科学作为人类理智的最后一步，是人类文化晚近分离和发展出来的成果，它超越了具体、直接的事物及其纯粹感性形式的领域而进入纯粹理智形式的领域，用纯粹意味的概念为自然现象界制定普遍的、系统的秩序和规律。每一个纯粹意味的概念都是一个功能中心，即对感觉、知觉和直观中的多样性、差异性的材料进行理智综合的功能中心。科学的概念思维的本质就在于这种理智的综合，以建构具有决定性的普遍真理。

卡西尔通过剖析各种文化形式的结合、区分、转化关系，揭示了人类文化的内在的普遍结构，从而深刻地展示了人性的结构特征。表达、表象、意味所组成的符号功能三分法结构不仅规定了各种具体文化形式的结构、规则，而且决定了各种文化形式之间的相互结合、区分和转化，从而将各种文化形式整合为有机的整体。正是这种结构特征体现了人的本质，并推动着人的本质的自我创造，使人不断通过自己的创造活动得以成为其自身。卡西尔通过对人类精神文化活动的各种向度、立体结构的剖析以及对其整体性的强调，实质上阐明了人性的多向度、立体结构，高扬了理性与非理性既结合又区分、动态转化的特征。从神话（宗教）、语言、艺术到科学的过程就是从人类的生命情感的创造到人类理智创造的发

---

① ［德］恩斯特·卡西尔：《人论》，甘阳译，上海译文出版社2004年版，第326页。

展过程，也就是人类不断从生命的实体到精神的主体的发展过程。

卡西尔通过符号形式分析对文化哲学的建构进行了系统的阐释。卡西尔在康德"哥白尼式革命"的基础上，试图用符号形式哲学的思路，去展现人性的生成与发展，完成"人是什么"的文化解答。"……我们应当把人定义为符号的动物（animal symbolicum）来取代把人定义为理性的动物。只有这样，我们才能指明人的独特之处，也才能理解对人开放的新路——通向文化之路。"① 他把整个人性的生成与发展看作是符号形式功能的结果，认为人类正是通过符号功能创造了各种各样的文化形式，同时，他确定了哲学研究的主要内容应该是各种符号形式——神话、语言、艺术、科学等。由此，卡西尔把康德对人类的纯粹理性批判扩大到整个文化形式批判，反对科学世界对生活世界的侵蚀，弥补了康德哲学中主体意识的无根基缺陷，从而完成了哲学从理性批判到文化批判的转向。

卡西尔的符号文化哲学从科学认识扩展到其他文化形式领域，强调了科学之外的其他文化形式的自主性和独立性。卡西尔认为，每一种文化形式都是人构造经验世界的一种方式和样式。这些文化形式都是主体的成就，应该被看成是人之本质的实现。同时，卡西尔也认识到作为主体成就的这些文化形式如各种文明制度和精神形式不断地压抑和否定主体本身。文化不断成为消解主体自我的否定力量，个体性在文化现实中不断地表现出脆弱和低能。但是，卡西尔认为，这种文化的否定性可以通过主体自身文化批判进行自我修正，不断地以崭新的方式进行再创造，从而实现文化更新，这也进一步印证了主体在历史当中的创造性和能动性本质。文化正是通过各种各样的文化形式及其更新被世世代代传承和发展。由此看来，卡西尔的符号文化哲学也在一定意义上具有文化批判的倾向。

卡西尔的符号哲学体系，从文化的角度研究了人类精神现象的特殊本质，强调人的生活和实践在哲学中的决定意义。卡西尔的符号哲学是一种显明的文化哲学进路，从某种意义上说，这种哲学超越了马堡学派把数学和自然科学作为哲学主要研究对象的认识论倾向。然而，他把符号主体化、抽象化，用符号活动来解释一切人类实践，是一种以偏概全的方法，没有达到马克思主义的历史唯物主义立场。

第四节　对新康德主义的评析

新康德主义出现在 19 世纪末 20 世纪初，这个时期被称为哲学史上产生思想流

---

① [德] 恩斯特·卡西尔：《人论》，甘阳译，上海译文出版社 2004 年版，第 37 页。

派最多、思想内涵最为丰富的时代。新康德主义对"文化""价值""效用"等领域的关注，使其研究对象、思想内容和价值意义已经超出纯粹的哲学领域。哲学家们从"价值"问题入手，重构了哲学的合法性基础，重新规定了哲学的研究对象，消解了使哲学自然科学化的方法倾向，力图对社会历史进行重新解释。新康德主义的产生和流传与马克思主义哲学的传播时间几乎相同，如何看待二者之间的关系，也是马克思主义哲学家们关注的重要问题。通过对柯亨、文德尔班、李凯尔特、卡西尔等新康德主义代表人物的思想介绍，可以看出，新康德主义流派在超越传统形而上学、开创文化哲学、强调人的价值和尊严等方面，具有一定的积极意义，但也存在着严重的理论缺陷。

新康德主义的一个重要的理论贡献在于深刻地探讨了哲学的研究对象，把价值世界纳入人的认知范围，在某种意义上进一步拓宽了主体的认识视域。无论是文德尔班和李凯尔特的价值论，还是卡西尔的文化符号学，都是对哲学研究对象的重新界定。他们克服哲学的自然科学化倾向，把哲学的研究思路从思辨意识哲学的理解范式中解放出来，把价值和意义问题作为哲学研究主题，从而否定了逻辑理性的实证科学方法在人文科学解释上的有效性。为此，他们明确反对用哲学史代替哲学，用自然科学代替哲学的做法。

新康德主义的另一个理论贡献是对人文科学方法论的哲学探索。新康德主义认为，传统的思辨的意识哲学范式是一种排斥特殊性和个别性的、追求普遍化的方法，而自然科学在方法论上也遵循普遍性和规律性的认识方法。这两种方法都不适合研究意义和价值问题。文化（历史）科学应该采用个别化的、描述的研究方法。西方传统的本体论和认识论都把追寻普遍规律和绝对真理作为目标，而新康德主义则反其道而行之，把人的历史领域的特殊性和个别性的描述引入哲学研究当中。对历史事件的个体性、个别性和不可还原性的强调，是人文科学的重要特点。

个别化的研究方法关注社会和历史的特殊性和真实性，成为19世纪末以后人文科学研究的重要方法论原则。例如，维科的"人类形而上学"主题的设想，赫尔德的"移情"理论，狄尔泰精神结构分析和情感意志"理解"方法，包括后来的伽达默尔、利科的解释学，都是从个别化方法论原则出发对人之存在价值独特性的解读。新康德主义特别是弗莱堡学派通过对自然与文化、自然科学与文化科学的区分，深化了对人文历史科学的认识，推动了认识论和方法论问题的理论思考。

新康德主义从人类哲学理性的内在分化中自觉地推动了哲学范式的重大转变。

他们通过对文化现象和文化科学的关注和研究开启了一种文化哲学的新视域。文化哲学是 20 世纪新兴的哲学范式，这种范式试图突破传统哲学的研究思路，强调对人的存在和生活世界的探讨，主张把生活世界当作人的生存的意义结构和价值根基。文化哲学不再强调知识的普遍逻辑，主张把生活世界从自然科学的压制下解放出来，赋予它特殊的地位和作用。新康德主义在哲学上的重要的启发性意义在于深化了哲学与生活世界、文化世界内在统一性的认识。哲学与我们生活于其中的生活世界息息相关。哲学的这种理解范式打破了传统哲学单纯寻求超越本体的冲动和对知识基础的认识论痴迷，从而在西方哲学的现代转变中开启了从思辨哲学向生活世界、从意识哲学向文化哲学转向的思想进程。

尽管新康德主义在哲学史上具有进步意义，但是，从马克思主义的立场、观点和方法来看，其思想和理论依然存在着严重的缺陷：

第一，新康德主义无法离开先验唯心主义的立场。列宁曾经说："非常欣赏新物理学的唯心主义精神的赫尔曼·柯亨，竟鼓吹在中学教授高等数学，以便把我们的唯物主义时代正在排除的唯心主义精神灌输给中学生"①，"柯亨竭力把著名的物理学家亨利希·赫兹拉来当自己的同盟者。柯亨说：赫兹属于我们，他是康德主义者，他承认先验！"② 新康德主义者之所以打出"回到康德去"的旗帜，虽然理由各异，但是题目的共同点都是维持康德的先验主义方法。我们对新康德主义上述优点进行肯定之时，不能忘记这个共性。

第二，新康德主义依然是一种历史唯心论。这一点，从他们对第二国际理论家的影响就可以看出。他们公开反对马克思的唯物史观，认为唯物史观使得道德变成了一种空想，试图用康德的伦理学说来"修正"唯物史观。第二国际的理论代表之一伯恩斯坦也主张类似的观点。列宁深刻地批判了第二国际理论家及其理论来源之一的新康德主义。他说："教授们'回到康德那里去'，修正主义就跟在新康德主义者后面蹒跚而行。"③ 新康德主义者虽然也有人认同社会主义，但是他们否认社会主义的理论基础是历史唯物主义，这是对马克思主义与科学社会主义的歪曲，应予以坚决抵制。

第三，绝对的"个别化方法"必然导致相对主义。文德尔班、李凯尔特等人主张用个别化方法去研究历史科学和文化科学，有一定的道理，但是他们又把这

---

① 《列宁专题文集　论辩证唯物主义和历史唯物主义》，人民出版社 2009 年版，第 100—101 页。
② 《列宁全集》第 18 卷，人民出版社 2017 年版，第 297 页。
③ 《列宁专题文集　论马克思主义》，人民出版社 2009 年版，第 150 页。

个方法极端化和绝对化了。要知道,没有对历史规律的宏观研究和宏观把握,个别化方法只能使历史研究变成琐碎的、片断的研究,"只见树木不见森林"。因此,片面强调人文历史领域的"个别化方法"就会走向相对主义的理论困境,最终否定唯物主义的历史规律。这个深刻教训是我们必须汲取的。

思考题:

1. 新康德主义的主要历史贡献是什么?
2. 新康德主义的缺陷表现在哪里?
3. 怎样理解卡西尔"人是符号的动物"?

第四章 经典实用主义

19世纪末20世纪初，美国出现了一个影响至今的哲学思潮。这就是以皮尔士、詹姆斯和杜威为核心代表的实用主义——美国第一个本土哲学。在很长一段时间里，欧洲学界对实用主义并不认可，甚至充满了不屑和鄙视，认为它是美国物欲精神的最突出代表，是功利主义的变种。但是，实用主义理论本身却体现出独特的理论原创性。自20世纪后期开始，实用主义在经历了短暂的沉寂之后开始复兴，其影响已然超出了美国本土而延伸到欧亚大陆哲学界。就其理论本身来说，它不仅催生了美国新实用主义，而且成为当代很多著名哲学家的理论资源。所以，从哲学史的角度来说，实用主义已经成为当代哲学发展的一个重要参考路向。

第一节 皮尔士的实效主义

查尔斯·桑德斯·皮尔士（又译"皮尔斯"，1839—1914）生于马萨诸塞州的坎布里奇镇。其父为本杰明·皮尔士，是美国哈佛大学著名的数学家，哈佛大学数学系的主要建设者。皮尔士自幼受父亲影响很大，幼时在父亲的指导下，先后接受了数学、化学和哲学等方面的教育。本杰明·皮尔士的教育方法主要是通过设计一些有趣的问题让孩子们来独立解决，从而建构一种富有挑战性的学习氛围。这种研究性的学习方式在皮尔士的身上体现明显，也养成了他保持一生的独立思维习惯。1859年他从哈佛大学毕业，后来又在哈佛大学获得了文学硕士学位和化学学士学位。1861年，皮尔士进入他父亲主持的美国海岸和大地勘测中心，工作了大约30年的时间，并成为美国令人瞩目的科学家之一。其间，他开始研究逻辑学和哲学。1879年他在约翰·霍普金斯大学获得讲师席位，讲授逻辑学等课程。1894年他先后从霍普金斯大学、美国海岸和大地勘测中心辞职。之后，他在宾夕法尼亚州的米尔福特镇购置了一块约2000英亩的地产，计划建成一个哲学学院，但是计划没有实现，这也使他在经济上破产。后来，他靠威廉·詹姆斯的接济生活，晚年生活凄惨。他一生著述颇丰，但是生前绝大部分成果都没有发表，据估计大约遗留了10万张手稿。直到他去世20年后，哈佛大学出版社才开始出版他的文集，到20世纪50年代末才出了8卷本，70年代又出版了一部4卷本的著作文集，包括了他大部分的数学著述。然而，时至今日，皮尔士的手稿仍没有出完，很多还留在微缩胶卷里。这也是他和其他两位实用主义代表人物詹姆斯和杜威相比，在很长时间内都没有被哲学界重视的一个重要原因。

一、对笛卡儿主义的批判

笛卡儿主义是皮尔士对传统哲学进行批判的一个重要入手点。我们知道，笛卡儿（又译为笛卡尔）被称为"近代哲学之父"，他在从中世纪的经院哲学到近代认识论哲学的转向中起到了极为重要的作用。他以普遍怀疑的方法向经院哲学发起了挑战，认为哲学对于知识的寻求应该从普遍怀疑而不是信仰开始，应该从人的理性心灵中而不是神学教条中寻找确定性的根据，可靠的知识体系必须在确定的基础上得以证明。进而他通过普遍怀疑的方法提出"我思故我在"这个对西方哲学影响深远的命题。在他看来，内在的心灵是与外在的世界相对应的，而知识则是对那个外在世界的精准表达，由此，就引出了我们是否能够确切地认识外在的实在，我们如何确定我们准确地认识了外在的客观世界，如何判定我们所获得的知识是可靠的一类问题。为了解决这些问题，笛卡儿一方面用上帝作为理性认知能够可靠的保障，另一方面提出知识的基础主义原则：知识必须有一个极为清楚、明白的认知基础。如此，笛卡儿就为我们建构了一个建立在直接性和绝对性基础之上的知识图景。由此，西方哲学从中世纪的经院哲学传统转向了近代认识论。

对于笛卡儿的这种形而上学认知观点，皮尔士首先肯定了其相对于中世纪经院哲学的进步和超越，同时也看到了其中的问题和弊端，而这些问题和弊端在某种程度上同样阻碍了科学知识的发展。总括起来，皮尔士对笛卡儿的批判大致可以分为两点。

第一点是对笛卡儿"普遍怀疑方法"的批判。皮尔士认为，追求真理获得知识应该有一个切实有效的出发点，出发点的有效性直接决定了所获得的知识本身的有效性。但由笛卡儿开创的近代认识论哲学传统在这点上却不尽如人意。皮尔士把近代唯理论和经验论追求真理的出发点概括为"普遍怀疑"的方法和观察最初感觉的方法，显然这两者都是有问题的。前者把怀疑看作是像撒谎那么容易，后者则忘了知觉本身恰恰就是复杂的认知过程的结果。事实上，无论我们怎样进行追溯和怀疑，都无法屏蔽掉我们当下所处的思想状态，更无法绝对地抛弃我们已经拥有的"前见"，而这些恰恰就是进行认知的出发点。也就是说，当我们要进行哲学思维的时候，我们已拥有一大堆现成的知识，无论愿意与否都不能摆脱这些知识。事实上，如果真的能够摆脱一切既定的知识，那么我们也就丧失了获得任何知识的可能性，所以，皮尔士认为笛卡儿把"普遍怀疑"作为思想的起点是一种自我欺骗、毫无意义的做法，不是真正的怀疑。

第二点是对笛卡儿确定真观念的法则所进行的批判。我们知道，笛卡儿通过普遍怀疑的方法得出了"我思故我在"的命题。而既然怀疑到最后，"我思"是确定无疑的了，那么我思中的"自我"就是一个自明的、无法怀疑的标准，也即像"自我"那样明确的观念就都是真观念。由此，笛卡儿就得出了一条普遍的法则：凡是我们清楚明白地设想到的东西，就都是真的。然而这条法则在皮尔士看来却充满问题。皮尔士从科学经验的角度出发对笛卡儿展开了较为深入的批判。在皮尔士看来，笛卡儿通过对"我思"所得到的这个法则，实际上是把绝对的可靠性和确定性的权力交给了个体意识的直观性，然而这是错误的。尽管我们都认为我们拥有直观的能力，但是我们却无法把这种直观性的认知与其他间接性的认知（比如通过教育或之前的经验所获得的认知）区别开。由此，就造成了不同的人会把不同的观念看作是直观性的结果，而这显然会产生冲突和矛盾。而且，我们也不具有独立于外在世界的内省能力和直观能力。皮尔士以儿童的自我意识为例进行了说明。通过观察，皮尔士认为，儿童的自我意识并不是先天直观到的，而是建立在与外在世界相互作用的基础之上的。在与外界交往的过程中，自己所想象的和事实本身之间的差异才引起了对自我的关注，通过对自我的反思遂而建立起了关于自我意识的概念。因此，所有的内省知识或直观知识都是建立在与外在世界相关的、大量的前提背景之上的。而所谓的内省和直观知识只不过是我们把这些前提性的材料隐去之后的假象而已。

此外，皮尔士强调，我们的认知并不是孤立的，而总是要与其他的认知相关联，是在不断消除质疑的过程中获得认可的。这就像自然科学理论的提出要通过试行阶段逐渐被大家认可并达成一致看法一样。所以，皮尔士认为，哲学所信赖的并不是其论据的独断性，而是论据的众多性和多样性。

二、信念理论

皮尔士的信念理论和其所提出的实用主义这个概念是直接相关的。对于实用主义这个概念，我们在这里需要进行一下说明。就"实用主义"（pragmatism）本身来说，其最早的提出者无疑是皮尔士。然而由于皮尔士从文字上公开使用这个概念的时间相对比较晚，所以在很长一段时间内，人们一般所了解的"实用主义"概念大都是詹姆斯意义上的，而不是皮尔士意义上的。事实上，皮尔士也忘记了是不是自己首先使用这个概念，而且就这个问题，他曾写信向同为实用主义代表人物的詹姆斯询问过。詹姆斯的回信比较明确，是皮尔士在参加"形而上学俱乐部"的讨论时首次使用了这个概念。后来，詹姆斯1898年在加利福尼亚大学做演讲时也明确地把这个概念的发明权归功于皮尔士，并且对"实用主义"这个概念进行了较为明确的阐释。由此，实用主义作为一种哲学学说被广泛传播开来。所以，实用主义概念的提出与实用主义的闻名于世并不是一回事。

虽然詹姆斯使实用主义为世人所熟知，但这并没有让皮尔士感到欣慰，因为皮尔士创造实用主义这个概念的初衷及其原有的内涵与詹姆斯的理解有所不同，更不要说人们一般所理解的意义了。按照皮尔士自己的说法，实用主义这个词是他从康德的哲学术语"实效的"（pragmatic）这个概念演化来的。用它来表示"一个概念，即一个词或其他表达式的理性意义，完全在于它对生活行为产生一种可以想像的影响"①。然而，随着实用主义的广泛传播和使用，人们却对此产生了各种歪曲和误解。就像皮尔士在《实用主义的要素》一文中所说的那样，当它被普遍应用于"诸文学报刊"时，遭到在文字游戏中那种无可幸免的恣意歪曲。英国人对这个词竭尽挖苦之能事，拿这个词来开美国哲学的玩笑，这已成为英国人的一种时尚。鉴于这种情况，皮尔士为了使自己原有的实用主义内涵不被误解，又创造了"实效主义"（pragmaticism）这个词，以示区别于后来詹姆斯和一般人们所理解的那种含义，并且于1878年1月在《大众科学月刊》所发表的题为《如何使我们的观念清晰》的文章中，进一步阐释其实用主义的内涵。

皮尔士通过对传统哲学尤其是逻辑学的批判和反思，认为在认识论的问题上传统哲学虽然一直以使概念"清晰"为目的，但这一目的在事实上却并没有达成。而那种认为只要能够用抽象的词语给出一个观念的准确定义，这个观念就能够被明晰地理解的看法，只能存在于早已消亡的哲学中。因此，皮尔士为了推动科学的进一步发展，认为自己应该重新提出一种能够被赞美的使思想清晰的方法。

对于这个任务，皮尔士认为应该首先弄明白思维、信念和行为之间的关系问题。对于思维的问题，皮尔士并没有像康德的批判哲学那样通过抽象的纯粹理性来理解，而是认为思维的唯一功能并不是提供概念，而是解决疑惑，进而产生信念。对于这种观念，皮尔士用付马车费的例子进行了说明。当我们坐完车拿出钱包要付费的时候，我们就会产生某种犹豫或怀疑——是用一个5分的镍币还是用5个1分的铜板——进而引起"焦虑"。为了平息这种焦虑，就要进行思考，最终做出决定。当做出了决定的时候，这也就意味着我们形成了某种"信念"（belief）。

---

① 《皮尔斯文选》，涂纪亮、周兆平译，社会科学文献出版社2006年版，第4页。

在这个意义上，皮尔士认为：思维的"灵魂和意义却只能是把它自身引向产生信念，绝不是引向别的目的。处于行动中的思维把使思维安宁作为它的唯一可能的动机；任何与信念无关的东西都不属于思维本身"，所以，他这里的思维就是获得某种信念的一种精神活动。而皮尔士哲学中的"信念"也并不是传统意义上的、固定不变的标准或法则，而是一种相对固定的行为指引，其本质在于建立一种流畅的行为习惯。在这里，皮尔士总结了信念的三个重要特点："第一，它是我们意识到的某种东西；第二，它平息了怀疑引起的焦虑；第三，它导致在我们的本性中建立起一种行动规则，或者简单地说，是一种习惯。"① 当思维形成某种信念进而产生某种行为结果的时候，并不意味着思维可以一劳永逸，而只是瞬间的安宁。因为信念本身就是思维施加于我们的一种行为效果，而对于信念的进一步使用又会再次引起怀疑和焦虑。所以，皮尔士认为信念是精神活动的一个阶段，既是思维的终点，又是它的起点。

这里我们需要注意的是，皮尔士所说的"怀疑"并不是笛卡儿的"普遍怀疑"，而是有阈限的真正的怀疑。这种怀疑只有在某种确定的刺激下才会出现，并且总是和信念相对应。按照皮尔士的说法，生活的经历总是会把新的信念强加给你，从而形成一种对旧的信念进行怀疑的力量。所以，这种意义上的怀疑是有目的和指向的怀疑，也就是说，它一方面是对既有信念的重新考察，另一方面是对新信念的再次确认。我们可以将这种刺激总结为一种在新旧信念交替过程中形成的一种过渡性的焦虑，因此它是"事发有因"的，而不是随意的、装模作样的普遍性的怀疑。皮尔士把这种事发有因的怀疑，看作是人们为获得信念而进行拼搏的唯一直接动机。由怀疑所推动并进而确定信念的"拼搏"过程，就是皮尔士所谓的"探究"（inquiry）。它唯一的目的就是使意见确定下来，进入信念的状态。这里需要说明的是，皮尔士的"信念"并不是宗教意义上的信仰，而是一种与怀疑相对应的指引行动的思想习惯。皮尔士认为信念的本质就是一种具有持久性的思想习惯。这种思想习惯的最重要的作用就是使我们进入一种流畅的、无意识的行为状态。当然，这种状态并不是永久性的，而是总会面临着来自生活经验所施加的质疑。因此，在皮尔士看来，追求真理的过程实际上就是通过获得信念、怀疑信念、再获得新的信念的连续性过程。在生活过程中，原有的信念和现实之间的冲突引起了怀疑，而为了重新获得信念，人们不得不进行探究，以重新进入信念状态。这个过程有黑格尔正反合理论的痕迹，但其活动本身是实践性的而不是

---

① 《皮尔斯文选》，涂纪亮、周兆平译，社会科学文献出版社2006年版，第92页。

精神性的。皮尔士的这个理论对后来杜威的探究理论具有很深的影响。

如果说探究的目的是确定意见、摆脱怀疑、重新获得信念，那么如何确定意见就是一种衡量探究活动成功与否的标准，是进行这项活动至关重要的一环。因此皮尔士对于这个环节进行了较为细致的阐述。通过对传统理论的严密考察，皮尔士给出了使意见确定，进而获得信念的四种方法。

第一种方法是固执方法（the method of tenacity）。这种方法的最大特点就是固执己见。其核心主张就是认为人们应该顽固地坚持自己已经采纳的观念或见解。对于一切不利于自己信念的批判和证据都给予回避，不予理睬。显然，这种方法是不稳定的。因为当他人与自己的观点或意见相冲突时，若是头脑清醒、进行换位思考的话，很可能想到他人的意见会与自己的意见一样正确，由此自己的信心很容易发生动摇，而原有的信念也会随之发生摇摆。而且，这种方法除了像鸵鸟一样躲避冲突之外，没有任何调停争端或者解决不一致意见的效用，因此最终仍然会陷入怀疑之中。

第二种方法是权威方法（the method of authority）。权威方法的实施主体主要是社团或者共同体。为了达到某种内部信念的一致性，权力机构通过外在的力量和手段强行予以接受，并且通过自己的权力阻止与一致信念相左的各种主张。因此，在这种方法中发挥作用的往往是国家或教会的意志，而非个人意志。这种方法相较于固执方法来说，在精神和道德方面来说都较有优越性，而且在某种限度内也确实能够取得比较大的成果，但是仍然面临着失败的结局，因为没有一个社会机构能够控制所有的不同意见，也不可能成功地为每一件事设定好意见或者观点。

第三种方法是先验方法（the apriori method）。先验方法的本质在于人们具有思考的倾向。在皮尔士看来，这种方法相较于前两种方法来说，更加明智也更加值得尊重。因为它要求必须放弃对信念的固执信奉，同时也不能把自己的信念强加于人，而是推崇一种自然的优先选择活动，让人们在这种自然的优先选择活动的影响下相互交往，让人们从不同的观点出发去观察事物，最终形成与自然相协调的信念。这种方法把人的理性思维看作是一种自然的倾向和标准，相信在不断的交流、冲突和论争中可以逐步达到与自然原因相协调的信念。但是这种思考的基础并不是经验，也基本不依赖于观察事实，而依赖于抽象且思辨的理性。这是形而上学家们所普遍采用的一种方法，所以其问题也在形而上学家那里明显地表现出来。形而上学家们虽然总是力图达成一种统一的观点或信念，但是长久以来却没有获得任何固定的意见，尤其是在唯物论和唯心论之间，总是来回摇摆，所以这种方法本质上和权威方法没什么区别。

第四种方法是科学方法（the scientific method）。皮尔士认为真正的外在事物并不是像形而上学家所认为的那样仅对个人产生影响，而是对每个人都会产生影响。虽然这种影响会随着个别情况的不同而产生差异，但是我们每个人根据科学方法对其进行研究所产生的最终结论将是相同的。"用比较熟悉的语言加以表述，它的基本假设就是：存在着一些真实之物，它们的性质完全不依赖于我们对它们的看法；这些真实之物按照固定不变的规律影响我们的感官，尽管我们的感觉随我们与对象的关系的不同而不同。"① 其本质是从已知的或者已观察到的事实出发，经过逻辑推理，最后达到未知的事物。皮尔士认为这种方法是所有方法中唯一能够显示出正确道路和错误道路之间区别的方法。

对于这四种方法，皮尔士并不认为前三种方法相对于科学方法来说是必须抛弃的。相反，他认为每种方法都有自己特有的适宜之处。因此，人们应该根据不同的情况而采取相应的方法。

三、皮尔士的意义理论

皮尔士的意义理论是和我们前面所提到的对笛卡儿主义的批判以及他的信念理论直接相关的。在否定笛卡儿直观知识的观点之后，皮尔士提出，思考必须借助于指号（sign）进行，也即意识内外的交往所形成的观念或概念是通过指号表现出来的，由此就涉及概念或符号的意义问题。与笛卡儿或康德把概念的意义归属到个体的直观或纯粹的理性不同，皮尔士认为概念的意义在于它所引起的包含有实践性关系的行为结果。皮尔士认为，既然信念的本质在于建立一种行为习惯，那么不同的信念就应该通过它所引起的不同活动形式予以区分，就像不同的曲子可以通过同一架钢琴演奏出来，但是在同一架钢琴上的不同弹奏方式却能弹出不同的曲子，而这恰恰是人们产生混乱的关键点。人们往往针对同一命题的不同表述方式做出一种想象性的区别，因而总会在原本是同一信念的不同表述方式之间形成不同的含义，进而形成人为的冲突和争执。对此，皮尔士总结了两种迷误，一种是"把由于我们思想不清楚而产生的感觉误认为是我们的思维对象的特性"，一种是"把两个词语仅仅在语法构造上的差别，错误地看作是它们所表达的观念之间的差别"。② 这两种迷误产生的根本原因在于人们没有认识到，"思维的全部功能在于产生行动的习惯"③。也就是说，同一种行为，虽然引起它的信念的表述方

---

① 《皮尔斯文选》，涂纪亮、周兆平译，社会科学文献出版社 2006 年版，第 81—82 页。
② 《皮尔斯文选》，涂纪亮、周兆平译，社会科学文献出版社 2006 年版，第 93 页。
③ 《皮尔斯文选》，涂纪亮、周兆平译，社会科学文献出版社 2006 年版，第 93 页。

式不同，但是它们在本质上却是一致的。因此，信念在意义上的区别并不在于其本身，而在于所引起实践的可能性差异。在此基础上，皮尔士提出了如何使观念清晰的标准："考虑一下我们认为我们概念的对象具有一些什么样的效果，这些效果具有一些可以想像的实际意义。这样一来，我们关于这些效果的概念就是我们关于这个对象的概念的全部。"① 这个标准就是我们一般所说的实用主义准则。而这一准则实际上也是皮尔士哲学的方法论原则。

为了说明实用主义准则的内涵，皮尔士举了钻石的例子。当我们说钻石很硬的时候，我们一般的解释是它不能够被其他很多东西划破。但是，当我们对其进行作用之前，我们说"钻石是软的"在逻辑上依然有意义，因为在语法上，硬和软只是排列使用的差异，并不代表事物本身。它们只是在可能境况下的一种表述，是在所设想的全部效果中表述其全部概念而已。但是，无论如何设想其效果，最终都会把结论引向设定的中心——实在。实在虽然是一个核心性的不变实体，但这并不是问题的核心所在，因为它只是所有表述的指向对象。问题的本身还在于表述本身，也即语言表述的清晰性问题。由此，皮尔士就转向了对指号学的研究。

皮尔士指号学的理论渊源要追溯到康德。皮尔士像他这个时代的很多哲学家一样，把康德哲学作为自己哲学之路的起点。他花了多年的时间去研读康德的《纯粹理性批判》，达到烂熟于心的程度。尽管如此，他对康德的很多观点并不认同，尤其是关于形式逻辑方面的问题。在他看来，康德对于形式逻辑的理解比较肤浅，由此才产生了像物自体这样的问题，进而力图从根本上来弥补康德的缺点。

在逻辑问题上，皮尔士延续了经验主义的思维路线，尤其是斯图亚特·密尔的问题走向。我们知道，近代经验论的代表人物休谟曾把知识分为两种，即分析性的和综合性的。前者属于观念演绎性的真理，如逻辑、数学等；后者则是感觉印象的范围，如各种经验性认知。密尔在休谟的基础上力图连接这两者，即逻辑和数学是与经验相统一的。而皮尔士则极力论证这一思想的合法性。这显然是其实用主义原则的进一步展现和应用。与后来逻辑原子主义或逻辑实证主义不一样的是，在皮尔士这里，逻辑是归属于指号学的，而非相反。就像他说的，在其一般的意义上，逻辑只是指号学的另一个名称，是关于指号的准必然的或形式的学说。

指号按照皮尔士的解释，就是对于某人来说在某方面或某种资格上代表某物

---

① 《皮尔斯文选》，涂纪亮、周兆平译，社会科学文献出版社2006年版，第95页。

的事物。因此，在他看来，指号就是带有一种精神性解释项的表现形体。它蕴含着相互关联的三个方面，即指号、对象和解释项。这三个方面是共同存在、共同发挥作用的，任何一方都不会与其他两方形成单独的二元性的存在关系，或者说，这三个方面的关系不能归结为任何两者之间的关系。这里较为突出的是皮尔士所提出的解释项，它决定着指号或概念自身所蕴含的意义。指号、对象和解释项共同催生了指号的实在性和意义。没有解释者所给出的解释项，指号与对象之间就无法关联在一起，同样，没有指号或对象，解释项也就无从谈起，指号也无法获得其实在性，更不用说意义了。由此出发，皮尔士批判了康德的物自体概念。物自体作为一种指号，既然无法被理性认识，也就是说无法用任何谓词对其进行限定和解释，进而也就没有解释项，更不要说对其进行真假式的判定了，所以这个概念显然是无意义的多余物，应该从哲学中剔除掉。

皮尔士的指号学影响深远，不仅比弗雷格的符号逻辑早很多年，而且比索绪尔的符号学丰富复杂得多。但是，由于过于复杂晦涩，他的指号学一直没有被世人熟悉，甚至没有多少人去系统展开研究，直到 20 世纪中后期，才真正为人们所研究和重视。

第二节　詹姆斯的实用主义

威廉·詹姆斯（又译威廉·詹姆士，1842—1910）生于美国纽约，其父是一位有相当学术素养的神学家，而且和当时美国学术领域的很多代表人物交往甚密，其中包括爱默生、梭罗、本杰明·皮尔士等非常著名的学者。父亲这种崇尚学术的行为对詹姆斯影响很大。1869 年詹姆斯从哈佛大学获得医学博士学位，并于 1872 年被聘为哈佛大学心理学教师。同年，詹姆斯参加了"形而上学俱乐部"并成为核心人物，也是在这里，他与皮尔士成为好友。后来，詹姆斯又从医学转到了心理学和哲学，自 1878 年开始，詹姆斯开始发表有关哲学和心理学方面的著述，并逐渐闻名学术界。其最为世人所熟知的著作是《心理学原理》（1880）和《实用主义》（1907）。除这两本外，还有《宗教经验种种》（1902）、《多元的宇宙》（1909）、《彻底的经验主义》（1912）等。

一、彻底经验与意识流

詹姆斯的实用主义哲学和皮尔士比较起来，具有明显的不同。原因在于他把实用主义只是作为一种方法来使用，而非看作一种理论。在这种方法的指引下，詹姆斯把自己力图建构的哲学理论称为彻底的经验主义。尽管他在《实用主义》的序言里强调："实用主义，就我对它的理解来说，和我最近提出的理论——'彻底经验主义'，并没有任何逻辑性的关联。后者是自成一体的。一个人尽可以完全不接受它而仍旧是个实用主义者。"①但是，经验论实际上是其全部实用主义的思想基础。

在其彻底的经验主义理论中，"纯粹经验"是一个核心性的概念，也是詹姆斯反对传统形而上学的重要武器。按照他的说法，各哲学流派总是喜欢寻找像实体、超越的自我、绝对等形而上学的"基底"，进而把各个认识部分在其上黏结起来。然而这个基底显然是多余的，因为纯粹经验之内的事物并不像传统经验论或唯理论所认为的那样是松散分离的，而是持续的、连续的。詹姆斯认为纯粹经验是动态的"生活之流"，是认知的唯一原始素材。而认知只是纯粹经验的各个组成部分相互之间可以发生的一种特殊关系。这种关系本身就是纯粹经验的一部分；它的一端变成知识的主体或担负者、知者，另一端就变成了所知的客体。对此观点，詹姆斯以油彩为例进行了说明。当油彩在油彩店里时，纯粹是作为可售之物被认识的。然而，当把油彩涂到画布上、不同的油彩相互作用时，它就不再是"物"，而是有了精神状态的角色，表现为思想。这样，油彩既是主观的，又是客观的，但是油彩还是油彩。詹姆斯以此来说明彻底的经验，认为"在自在的经验里并没有什么被表现和表现的二元性。经验在其纯净的状态中，换言之，当它被单独拿来看时，并不存在把它自己一分为二——即一个是意识，另一个是意识'所属'的东西——这种情况"②。因此，彻底的经验主义要求把经验按照其"票面价值"进行把握，把票面价值看作是实在本身，而没有所谓表现与被表现的抽象性区分。而且，理性主义和经验主义一直所关心的连接性和分离性在詹姆斯这里都表现为经验之完全对等的部分。也即在詹姆斯看来，它们都是经验本身的变化和过渡，都处于经验之流内部，或者本身就是经验之流。因此，詹姆斯明确地宣称反对理性主义的那种把经验划分成彼此不相连续的一些静止对象的做法。

然而总体来说，詹姆斯的彻底的经验主义理论比较具有原创性，也是其哲学理论中比较深刻的部分，遗憾的是他并没有继续深入下去，只是围绕这一主题发表了一系列论述，也就是后来的《彻底的经验主义》。尽管如此，其影响依然比较

---

① ［美］威廉·詹姆士：《实用主义》，陈羽纶、孙瑞禾译，商务印书馆1997年版，第4页。
② ［美］威廉·詹姆士：《彻底的经验主义》，庞景仁译，上海人民出版社1987年版，第12页。

深远，杜威的经验理论显然受惠于此。

詹姆斯的意识流概念与其彻底的经验主义概念密切相关。在拒斥二元论传统的意义上，詹姆斯反对把意识本原化、实体化、神秘化，而是在彻底经验的基础上，把意识活动看作大脑进行认知的一种机能。在詹姆斯的心理学中，意识流问题是和思想关联在一起进行解释的，因为在他这里，意识流、思想流或主观生活之流指的都是同一个意思。在《心理学原理》中，詹姆斯从五个方面对意识流进行了解释。

第一，"思想总是趋向于是个人意识的一部分"。詹姆斯认为思想总是人的思想，独立于个人之外而存在的思想无法证明。每个人的思想都不是相互独立的，而是和这个人的其他思想关联着。

第二，"在每一个个人意识中，思想都始终在变化着"。人的意识、思想总是处于流动变化的状态之中，对所经验的事物也总是随着时间、地点等因素的变化而不同。这有点像赫拉克利特的箴言：人不能两次踏入同一条河流。当然，詹姆斯并不是说人的所有心理状态没有任何时间持续性，而是强调我们所经验的每一件事都是独特的，我们的每一种思想也都是独一无二的，即使遇到同一事实再现，我们也一定按新样子去考虑它。

第三，"在每一个个人意识中，思想都是可感知地连续的"。活着的人，他的意识、思想总是处于无间隙、无裂痕、无分离的状态，也即永远是连续的。用詹姆斯的话说："'河'或者'流'的比喻可以使它得到最自然的描述。"① 而人们平时所说的意识的间断只是时间上的间断（例如昏迷之后又苏醒过来）和性质及内容上的间断（两段思想的无关联性）。事实上，这种间断在这个人的意识感觉上仍然是连续的。在时间上，"其后的意识也感觉到好像它与这之前的意识同处一处，它是同一个自我的另一部分"。在性质上，变化"从来都不是完全突然的"②。

第四，人的思想是认知性的，总有不以思想为转移的对象存在。每一个思想都需要通过其他思想来进行说明，而不同的思想对同一个对象的反复性判断就说明思想可以对对象进行沉思或认识，但是无法引起或者拥有它。

第五，人的意识始终在感兴趣与不感兴趣的部分间进行选择。人的选择总是与人的利益、兴趣相关，总是根据自己的兴趣点来选择自己所关注的对象。按照

---

① ［美］詹姆斯：《心理学原理》，田平译，中国城市出版社2010年版，第335页。
② ［美］詹姆斯：《心理学原理》，田平译，中国城市出版社2010年版，第332页。

詹姆斯的说法，人的心灵就像含有各种可能性的剧场，而意识就是对这些可能性的比较。通过注意力的不同分配，或者强化或者抑制，从而达到对不同可能性的关注或忽视。

从以上的表述可以看出，詹姆斯的意识流理论事实上已经不单单是一种心理学的概念，而更具有批判传统认识论的哲学意义。

二、方法论与真理观

实用主义这个词虽然是皮尔士最先提出来的，但是这个概念的推广则要归功于詹姆斯。詹姆斯对于实用主义这个概念的使用与皮尔士并不完全相同，按照他自己的说法，他认为它应该比皮尔士所表述的更广泛。相比于皮尔士来说，詹姆斯赋予实用主义这个概念更多的行为性、实践性和方法论的维度。詹姆斯在《实用主义》这本书中明确地对这个概念进行了解释和说明。

在詹姆斯看来，实用主义不应该是一种理论系统，而只是一种经验性的态度，是处理争论的一种实践性的方法。对此，他借用意大利哲学家巴比尼的"走廊说"来表达这种观点。他说，实用主义在各种理论中就像旅馆里的走廊一样，许多房间都和它相通，而每一个房间里的人都在做着不同的事：有人在写无神论著作，有人在跪着祈求信仰和力量，有人在考察物体的特征，有人在思索唯心主义形而上学体系，有人在证明形而上学的不可能性，等等。这些房间之间虽然互不相干，但都可以通过这条走廊自由出入。实用主义也是如此，它不是什么特别的结果，而只是一种确定实效性方向的态度。这个态度下的理论不是以最先的规范、原则或假设为最终的结果，而是要看其最后所得的收获、效果和事实。简言之，作为一种方法的实用主义，就是试图用探索实际效果来解释每一个概念。显然，对于詹姆斯来说，任何理论的价值并不在于语言的内在一致性，而是解决实际问题的能力。

詹姆斯以实用主义为方法论，首先确定了哲学的生活世界基础，认为哲学的全部的功用就是要找出那种关于世界的解释或者公式是真实的，而且要明白这种解释或公式在一定的时刻会对我们的生活产生什么特定的影响。他接着又对传统的真理观，尤其是符合论的真理观进行了批判和改造。

在他看来，理性主义所设定的那种符合论的真理，其意义主要表现的是一种惰性的静止性关系。也就是说，这种意义上的真理被得到之后就完结了，并没有什么特殊的后续效果了。然而，实用主义者还必须追问它所能引起的实际生活中的差别或结果，需要对真理的可利用性、真理的满意程度、所起到的作用等进行讨论，也即他所说的理论要兑现其价值。"你必须说出每个词语实际的兑现价值，使它在变化的经验内起作用。因此，它与其说是一种问题的解决，不如说是进一步工作的方案，特别是它指出了现存的实在可能被改变的途径。"①

他举例说，一个人在森林里迷了路，正经历着饥饿。忽然他发现了有牛走过留下痕迹的小路，此时他就会想到这条小路的尽头一定有住家，顺着这条小路走就会得救。如果以这个想法为指导，沿着这个条路行进，最后果然看到了人家，得救了，那就可以说，通过有牛蹄印的小路推出小路尽头一定有住家的判断就是真的，因为在现实中其效用实现了。反之，则不能说想法是真的。由此詹姆斯认为真实观念之真并不仅在于其逻辑上的合理性，更在于其实际的价值，在于其对象对于我们的实际问题所产生的实际重要性。詹姆斯甚至在《实用主义》中把真理简化为："它是有用的，因为它是真的"，"它是真的，因为它是有用的"，这也就是后来人们常说的"真理即有用"的命题。总的来说，詹姆斯的真理具有以下几个特征：

（1）真理之真是由事件造成的。詹姆斯认为，真理是对观念而发生的，也即真理本身的真实性在于其对这种真实性的证实过程。一方面，真理通过其经验性的实际后果或效用而获得证实；另一方面，这种效用的证实还表现在通过引起相应的行为及其观念而把我们引导到其他经验中，从而使经验之间发生有利的联系。在这个意义上，詹姆斯说，真理是行动的工具，是满足行为效用的手段。

（2）真理依赖于一种信用制度而存在。人们可以通过相互接受经过证实的信念而形成真理结构。这除了时间、经济上的原因外，还在于事物相互之间的联系性，及其类的存在模式。只要证实了一类中的一个典型观念，那么这种观念就可以直接应用到同类领域中的其他事例上去。

（3）真理生长于有限的经验，因而是变化的、多元的。詹姆斯认为，真理的法则完全由经验的特质所决定，是由各项经验结合起来所形成的最方便的思考方式。但这种方便并非只关注眼前利益而不考虑其他，而是有一个长远的和总的方面的把握和考量。

詹姆斯把真理观简化为"有用即真理"这种表述十分容易引起人们的误解，也总为人们所诟病，甚至被不加考察地等同为粗俗的功利主义变种。但从他关于真理的上述几个特点的论述来理解，其所谓的"有效"或"价值的兑换"主要是

---

① 《詹姆斯集》，万俊人、陈亚军编选，上海远东出版社2004年版，第7页。

强调真理理论的经验性维度和其对生活世界的意义,而不是功利性的权宜,其"真"和"用"之间的关系,尤其是"用"的内涵,不能做日常功利主义的理解,而应从经验性的实践维度上来把握。

三、信仰意志与道德

1896年,詹姆斯在耶鲁大学和布朗大学哲学协会上进行了一次题为"信仰的意志"的讲演。在这篇演讲稿中,詹姆斯提出了信仰是一种情感选择的观点。"我们情感的本性不仅仅可能合法地,而且是必然地,决定了命题之间的选择,无论何时真正的选择按其本性都不可能建立在理智的基础上;因为在这种情势下说'不作决定而让问题搁在那里',这本身就是一种情感的决定——正像决定是或否一样——并同样要冒失去真理的风险。"[①] 在这个意义上,詹姆斯对当时科学家们所提倡的信仰的不可知论以及绝对的怀疑主义问题进行了反驳。他认为,当我们因从理性上无法完全确定某些命题的真理性而放弃进行选择、置之不理的时候,事实上,这并不是回避选择,而是选择了特殊的冒险,即宁可冒险失去真理,也不愿冒险去犯错误。由此,詹姆斯认为,当理性在这种情况下采取一种中立性的态度的时候,我们有权根据自己的情感或感觉来选择信仰。事实上,詹姆斯认为应该相信上帝的存在,但与传统有神论不同的是,他不同意把上帝等同于绝对的精神力量或者实体性的造物主的说法,而是进行了一种实用主义的改造。在他看来,如果真的像旧神学家们所鼓吹的上帝创造了世界,那么世界被创造完成之后,上帝就没有什么存在的价值了。詹姆斯认为上帝应该是某种给人以希望、能够把人们引向未来的力量。换句话说,上帝在詹姆斯这里不是造物主,而是可以给人以希望和精神寄托的上帝,其价值和意义并不在于是否真的存在,而在于对其信仰所能够带来的实际效果。他把自己的这种有神论的观点称为实用主义或改善主义形式的有神论。

詹姆斯同样把实用主义这一方法应用于道德领域。在他看来,道德系统并不是形而上学的,也不是先天就有的,而是属人的,各种真正的伦理关系存在于纯粹的人类世界。人内在的心理活动是道德情感产生的源泉,人的意向决定着善恶、义务等道德价值的判断。同他对上帝的理解一样,道德上的善也不能是绝对形而上学的,没有完全绝对的、普遍的道德规范,人在不同的环境条件下会有不同的欲求,因而也会使用各种不同的道德标准来满足需求。因此,在詹姆斯看来,善

[①] 《詹姆斯集》,万俊人、陈亚军编选,上海远东出版社2004年版,第357页。

的本质就是满足需求。

第三节 杜威的经验自然主义

约翰·杜威（1859—1952），生于美国佛蒙特州柏林顿镇的一个杂货商家庭。显然，和实用主义另两位代表人物皮尔士、詹姆斯比起来，杜威的出身是比较寒微的，而他早期的经历同样不如这两位那样富有传奇性，尽管如此，其实用主义代表人物的地位仍无法被撼动。杜威 1887 年发表的《心理学》一书使他初露头角。也正是由于这本书的影响，1894 年杜威应邀到芝加哥大学担任首席哲学教授。在这里，杜威开始展露才华，不仅以他为中心形成了"芝加哥学派"，而且出版了他与同事、学生合著的论文集《逻辑理论研究》（1903），这标志着他的实用主义理论开始走向成熟。另外，这个时期他对教育理论进行了研究，出版了至今仍被看作是经典的两本著作——《学校与社会》（1899）、《儿童与课程》（1902），并把理论付诸实践，开办了广为人知的"杜威学校"。1904 年他到哥伦比亚大学任教直至去世。在哥伦比亚大学，杜威开始系统整理自己的实用主义思想，并先后出版了《哲学的改造》（1920）、《经验与自然》（1925）、《确定性的寻求》（1929）、《逻辑：探究的理论》（1938）等著作。

一、对哲学的改造

通过前面对皮尔士和詹姆斯的实用主义哲学的介绍，我们可以很清楚地看到，无论是皮尔士还是詹姆斯，都把实用主义看作是一种哲学思维的方法，都希望在此基础上对传统哲学进行深入的批判，从而建立一种新的哲学理论。而杜威更是如此。他认为，传统哲学把纯粹理性化的思想世界和经验性的事实世界先天地对立起来，把纯粹知性材料看作是哲学的发源地，进而成为高于经验世界的旁观者，哲学也就成为获得绝对真理的唯一途径和保障。然而，这种结果在杜威看来是不幸的。因为这种结果一方面表示哲学的题材越来越多地是由于哲学本身过去的历史上的问题和结论所产生的，另一方面说明哲学离开哲学家所生活着的文化问题已经很远了。在杜威看来，哲学并非是远离人类社会孤立存在的，而是处于人类文明发展进程之中的，因此，不能对哲学进行封闭的、纯粹概念推演式的研究，而是应该将其作为文明和文化史的一章去研究，如此，哲学的任务就不再是寻求绝对的确定性，而是"在于阐明人们关于他们自己时代的社会的和道德的斗争的诸见解",哲学也就成为"尽人力所能及以处置这些斗争的一个机关"①。杜威以这种哲学观念为目标,力图进行一种彻底的哲学改造。而他进行哲学改造的方法就是实用主义方法,在他看来,实用主义第一次把哲学和人类的命运联系起来,把知识和探索、修正乃至和最终的应用结合起来,即便是已经确认的知识也不过是先前探索和检验的总结。因此,应该按照进一步探索的要求来对其进行修正。所以,实用主义理论本身所代表的是一种具有改革精神的科学方法。

二、原经验理论

"经验"概念在杜威哲学中具有举足轻重的地位。它不仅是杜威反对传统二元论的关键性范畴,也是他建立自己的实用主义哲学的基础。但是,杜威的经验并不是传统认识论意义上的、与感觉相等同的、作为认识的低级阶段的经验,也不是和理性相对的一个概念,而是含有做与经历双重含义的一种实践性范式。

近代以来的经验概念基本上都延续了洛克的看法,也即认为它是和感官相关联的感性活动。从笛卡儿到康德、黑格尔基本上都秉承经验的这种内涵。然而,感性世界显然是变动不居的,充满着各种虚假的幻象,因此受这种传统哲学影响的人们总是把经验和动荡、零散、假象等关联起来,把它看作是外在于自然的障碍物。因此,为了能够真实地认识世界,必须要用理性等方式穿越隔在人与自然之间的这层帐幕,以达到真实的本质。这种观念的直接后果就是使哲学越来越远离人们的生活世界。然而,这种经验内涵在杜威看来是有问题的,它不仅具有浓重的传统形而上学色彩,更是二元论思维方式产生的源头。因此,在杜威看来,要改造传统哲学,首先要对经验进行改造。

在杜威看来,感觉是一种生理现象或本能,而不是近代认识论中所说的"知识门户"。从心理学的意义上来说,感觉在认识活动中只是转移我们注意力的一种刺激或诱导,换言之,感觉的意义首先是生理学或心理学上的,而不是认识论上的。他举了一个记笔记者的例子来说明这个问题。当记笔记的人流畅地书写的时候,其脑海里所想的或下意识关注的是自己要记录的内容,他所看到的是不断呈现在纸张上的词语或句子,而他手中的笔与纸的关系并不在他所关注的范围之内,或者说他根本感觉不到手中的铅笔存在。但是,当笔尖突然坏了或被磨秃了,以致书写活动不能正常进行的时候,他原本流畅的意识就被阻断了,继而产生了情绪的变化,觉察到事件发生了变化,需要注意力和行为的改变。这时书写用的笔

---

① [美]杜威:《哲学的改造》,许崇清译,商务印书馆2009年版,第15页。

才会进入他的视线，刺激记笔记者进行下一个动作，或者换一只新笔，或者用刀重新削尖。而在这个过程中，感觉所充当的角色只是一种刺激性的作用，一个阻断意识正常运行的中介点。所以，感觉无论对错、好坏、完整与否都不是知识，更不能等同于经验。

既然经验不能等同于感觉，那么对它应该如何进行了解呢？杜威认为应该从生活世界的角度以及人与自然之间的关系上重新进行阐释。作为一种活的生物（the living creature），人的首要目的是存活。而为了这一最为基本的目的，人类必须根据自己的周围环境去做，去采取行为，去和周围世界打交道，从而在这种行为实践中经历各种变化，并把这种变化的结果与自己的生存目的联系起来以满足自己的需要。当然，并不是说所有的活动都是经验。例如，一个小孩不小心碰到了火，而火烧到他了，使他感觉到了疼痛。于是，这个小孩就长了记性，下次再看到火时为了不重蹈覆辙，就非常小心地避开了。对此，我们可以说小孩拥有了经验。换个角度说，小孩对这次经历并没有什么反应，也没有对以后的行为产生什么影响，那么这种经历就不能成为经验。因此，经验不仅包含着行为性的"做"，也包含着反应性的"经历"。在这个意义上，杜威认为这种做与经受或经历之间的密切关联才真正形成了我们所谓的经验。这从另外一个角度也说明了，经验不仅是和自然相关的，而且是发生在自然之内的，进而是一切思想的起点和归宿。为了说明这个问题，杜威借用了詹姆斯关于经验的双重意义的说法："好像它的同类语生活和历史一样，它不仅包括人们做些什么和遭遇些什么，他们追求些什么，爱些什么，相信和坚持些什么，而且也包括人们是怎样活动和怎样受到反响的，他们怎样操作和遭遇，他们怎样渴望和享受，以及他们观看、信仰和想像的方式——简言之，能经验的过程。'经验'指开垦过的土地，种下的种子，收获的成果以及日夜、春秋、干湿、冷热等等变化，这些为人们所观察、畏惧、渴望的东西；它也指这个种植和收割、工作和欣快、希望、畏惧、计划、求助于魔术或化学、垂头丧气或欢欣鼓舞的人。"[①] 从杜威的这种表述中我们可以看出，经验在杜威这里是一个内涵十分广泛的概念，它不仅要统一主观和客观，而且要统一动作和材料、有机体和环境。所以，与其说它是一种理论观念，不如说它是一种实践性的思维范式。

杜威针对传统经验概念和自己的经验概念之间的差别，在《哲学复归的需要》中从五个方面进行了区分。（1）经验不是一种知识性的事件，而是作为人与他的

[①] ［美］杜威：《经验与自然》，傅统先译，商务印书馆1960年版，第10页。

自然环境以及社会环境进行相互作用的交往性事件。(2) 经验并不是一种主观的心理性事件，而是一个真正的客观世界，在实践过程中不断被修正。(3) 经验不是像传统哲学认为的那样仅仅为我们的行为或认识提供一种用以重复的模式，其本质是实验性的，是我们在未来建构更新、更好的行为经验的基础和前提。(4) 联系和连续性并非外在于经验，真实的经验是孕育着各种联系的。(5) 现实的经验与推理性的思考不可分离，它们之间有着一种剪不断的关联。

这里我们需要注意的是，杜威对经验的改造是以彻底批判传统形而上学的思维基础——二元论为目的指向的，因此，它本身就具有一种融合二元思维模式下主观与客观、心灵与身体相对立的目的和功能。然而，由于经验本身内涵及其使用的复杂性，其统一性的意义往往会被忽视，在这种情况下，杜威提出了"原经验"（primitive experience）的概念。按照杜威的说法，原经验的内容是粗糙的、宏观的、未加提炼的，却包含着各种可能性的指向。与它相对的是第二级的、反省性的、经过提炼的内容或对象。而我们哲学上所谓的"事物和思想"仅指反省从原始经验中鉴别出来的产物。它们都是第二级的。科学和哲学所面对的系统化的对象都属于第二级的对象。在真实的认识中，首先是原经验的题材产生了问题，进而为第二级对象的反省提供第一手的材料。所以经过反省提炼之后的结果必须要返回到或还原于粗糙的经验中的事物以验证其合法性和真实性。而这就涉及杜威的另一个概念：经验方法。

杜威把自己的经验方法看作是对于传统理性主义认识论方法的一种颠覆，是恢复哲学思维的经验性根源，进而是其走出二元论困境的唯一通道。"经验方法的全部意义与重要性，就在于要从事物本身出发来研究它们，以求发现当事物被经验时所揭露出来的是什么。"① 杜威通过对哲学史的考察，发现哲学思维由于受重理论轻实践的形而上学观念影响，总是以反省性的结果为起点来看待事物，把经验世界中的存在看作是具有蒙蔽性的表象，进而予以贬低和排斥。这种行为的结果就是把心理学上探讨的结果理解为一个分隔而孤立的心灵世界。而这个世界是自根自本、自给自足的。显然，笛卡儿的身心二元论就是最好的例证。与此相应，原经验则被完全理解为被动的感觉、印象或者其他心理因素所构成的混杂体，是一种并非真正存在的、可有可无的幻象，从而被排斥于认识的合法性之外。但事实恰恰与此相反，真正的原始经验所经验到的自然事物才是产生一切变化的决定因素，是自然世界存在的真实状态。无论我们承认与否，无可改变的事实是：自

---

① [美] 杜威：《经验与自然》，傅统先译，商务印书馆1960年版，第5页。

然事物的原始存在因素要远远大于我们经过精炼、抽象之后所得到的第二级的事物。杜威举了椅子的例子来说明这个问题。当我们看到一把椅子，并认为经验着它的时候，我们所看到的是椅子的各个组成部分，以及它向我们提供的形状和颜色。但是如果我们把这把椅子放在不同的地方、不同的光线下来重新审视时，我们会发现这种改变在为我们提供着与刚才不同的有关椅子的因素，换句话说，刚才那种条件下的各种经验内容已经隐退，取而代之的是在当时当下的条件给予我们的那个存在物。而这个存在物是我们从与这把椅子相关的所有因素中挑选出来的部分因素所构成的对象物。所以"它仅仅是一个以直接'所与'的感觉性质为核心，加上周围的一群在想像中所回想起来的所谓'观念'的其他性质所组成的一个复合体而已"①，并不是那把椅子的整体性的存在。而我们总是会对同一种事物得出不同的阐述和界定，只是为了我们手头的认知或研究的方便起见，而有意地隐去了其他不相干的因素。这一事例就明确告诉我们，传统哲学家们把精炼的、抽象的二级经验作为认知的最终评判标准是一种头脚倒置式的错误，人为地把所经验的对象和能经验的活动与状态分裂为二，从而把不能独立自足存在的、抽象的、主观的、反思的结果作为优越于其他经验样式的真实存在。这就造成了这样一个假象，即反省是基本的、原始的，是原来所给予的，所以反省的对象就被认为是真实的，而且是至高无上地真实的。由此，在自然的存在和反思的结果之间就造成了一种决然的对立，进而就引出了主体与客体、身体与心灵、思维与存在的分裂和对立。如此一系列的认识论难题也随之出现："一个外部世界怎样能够影响一个内部心灵的；心灵的活动怎样能够伸张出来而把握到客体，而客体按界说是和心灵的活动处于对立的地位的。"② 而这也是传统哲学一直以来争论不休的关键所在。

杜威认为自己所提出来的这个经验方法就是要扭转传统哲学的这种头脚倒置的错误，也即他要从人与世界之间的原始关系的角度来审视所有哲学问题，换句话说，经验方法不是以反省的结果，而是以原始经验为起始参照点。"真正的经验法是从原始经验的现实题材出发，承认反省从中区别出来一个新的因素，即视觉动作，把它变成了一个对象，然后利用那个新对象，即对光线的有机反应，在必要时去调节对业已包括在原始经验中的题材的进一步的经验。"③ 从这种经验法出发，我们就不能把生存实践过程中的各种因素看作是线性的链条，而要将其作为

---

① [美] 杜威：《经验与自然》，傅统先译，商务印书馆1960年版，第17页。
② [美] 杜威：《经验与自然》，傅统先译，商务印书馆1960年版，第11页。
③ [美] 杜威：《经验与自然》，傅统先译，商务印书馆1960年版，第18页。

网状的关联来予以重视。这样，在自然界和精神领域之间就不存在孰假孰真、孰高孰低的问题，而是要探究在我们的生存实践进程中，它们如何能够相互协作共同推进人类美好生活的实现的问题。

三、实验主义

杜威喜欢把自己的实用主义理论称为工具主义或者实验主义，认为理论性的东西就是一种工具，或者是行动的一种预先的实验。所以概念或观念的本质并不在于其理性化的抽象性，而是其深刻的经验性根源。"观念就是所实行的行动，就是去做一些事情，而不是去接受从外面强加在我们身上的感觉。"① 所以，概念或观念的价值并不在于其理性的必然性，而在于它相对于行为来说的有效性。从这个角度出发，杜威对笛卡儿以来的传统认识论进行了批判。

在杜威看来，近代认识论的最大问题就是一开始就以二元论的认知模式为出发点来看待这个世界。在这种观点之下，精神的、理性的世界和经验的、行为的、实践的世界就成为相对立的两个极端。而出于人们对确定性和安全性的偏爱，理性的世界在哲学上便具有了优先的地位，成为处于经验世界之上的旁观者。虽然近代以来的自然科学获得了巨大的发展，但是这种发展在哲学上却并没有引起根本性的变化，近代哲学的那些偏见仍然顽固。对此，杜威总结了近代哲学的三个主要偏见：第一个偏见是对永恒性的坚守，即认为确定性和安全性只有在固定不变的事物中才能找到。第二个偏见是知识本体性的看法，即知识是达到这种确定性和安全性的唯一通道。第三个偏见是理性的优先性，即认为实践活动相较于理性活动来说是低级的，其合法性只在于它是人的生存本能所必需的。杜威认为，正是在这三种偏见的影响下，近代哲学虽然经历了自然科学的发展，但是仍然无法跳出古典传统的旋涡，无法把自然科学的合理成果贯彻始终。换句话说，一方面，接受科学成果在人们的日常生活中所带来的巨大变化，但是另一方面，在道德和知识的本质上却仍然固守形而上学的本质。这就造成了既要把自然与精神对立起来，同时又必须把它们联系起来这样一种紧张的状态。杜威认为，这种紧张的状态是近代哲学不断出现各种问题和困境的主要根源。在这种意义上，杜威认为应该对近代认识论进行一次彻底的实验性改造。

杜威通过对哲学史的追溯，认为关于认知问题，大致可以分为三个派别：感

---

① ［美］约翰·杜威：《确定性的寻求——关于知行关系的研究》，傅统先译，上海人民出版社2004年版，第111页。

觉经验主义、理性主义和康德主义。而这三个派别，要么过于强调感性的作用，要么过于强调理性的作用，只有康德哲学看到了思想和经验的密切关联。然而，在杜威看来，康德哲学虽然看到了经验主义和理性主义各自的问题和矛盾，看到了知觉与概念之间关联的重要性，并且积极地对这二者进行了调和，但是他的这种调和仍具有抽象性和神秘性。康德对于感觉和思想进行综合的基础并不是普遍的经验世界，而是心灵深处某种隐秘的操作，进而这种综合只是自觉的、一劳永逸性的、经验世界之外的事情，而没有看到这种综合本身就是认知活动的一个部分。由此，杜威认为，康德的说法是错误的，"因为他把感觉和概念之间真正和必然的区别从它们在实际探究中的地位和功能中抽象了出来"，"忽视了这种区别在获得那些经过验证，保证安全的信仰时所具有的特殊作用"①。进而，杜威从实验经验的角度出发，重新对认知问题进行了解释。在杜威看来，认知问题并不能从先验的角度来理解，而应该从认识活动本身来研究，应该看到"实验"在知识形成过程中的关键作用。如此，杜威认为认知有两个典型的特征："第一，知识的对象是事后形成的；这就是说，它是有指导的实验操作所产生的后果而不是充足存在于认知以前的东西。第二，由于这种变化的结果，可感觉的因素和理性的因素不再争夺等级的高低。"② 这里，杜威并不是说实验造成了事物的存在，而是认为认知的对象并不是像所谓的实体那样先天地存在着，等待着被认知，知与知的对象之间的关系是通过实验行为才建立起来的。所以，感性的材料和理性的材料之间的区分和关联并不是绝对的，而是根据实验是否能够顺利地达到确切的验证性结论而联合在一起的，所以在实验所建立的这种关系之下，感觉的和理性的材料都是作为知识的元素而存在的，并没有高低贵贱之分，它们之间相互关联，互相协作，推动知识的形成。

杜威在对近代认识论尤其是康德哲学的批判中，对自己的实验主义认知进行了总结，认为实验性认知包含着三个典型的特征。第一个特征，实验是行为性的。一切实验都包含着对环境的改变，或者对人与环境之间关系的改变。第二个特征，实验活动具有观念的指导。实验活动所遵循的观念是和引起探究活动的问题密切相关的，要符合这些问题所提出的条件，进而对问题的解决指明大致的方向。第三个特征，实验通过观念的指导而产生的结果成为新的实验情境，在这个新的情

---

① ［美］约翰·杜威：《确定性的寻求——关于知行关系的研究》，傅统先译，上海人民出版社2004年版，第174页。
② ［美］约翰·杜威：《确定性的寻求——关于知行关系的研究》，傅统先译，上海人民出版社2004年版，第170页。

境中，对象从不同的方面相互关联，进而通过被指导的操作所形成的结果就成了含有被认知特性的对象。第三个特征实际上是前两个特征得以有意义的关键性基础，决定着认知活动是否有效。

杜威反对二元论思维模式下的传统认识论，因而力图用实验主义的一元论来对其进行改造。这在当时仍然受欧洲理性主义影响的西方哲学家们看来，显然无法理解。

四、民主与教育

杜威从来不是一位书斋里的哲学家，他总是把各种各样的社会问题当作自己哲学思考的起点，同时也把自己的哲学理论应用到社会问题中去，以期解决现实社会里的各种问题。这方面最为突出的表现就是其民主理论和教育理论。

在杜威的政治哲学思想中，民主并不仅仅是一种政治形式，他更倾向于把它看作一种生活方式，一种关于社会和个人的生活方式，其最大目的或希望就在于"利用科学给我们的巨大资料，去开创一个不仅是物质丰裕和物质安全的时代，而且是文化的机会平等的时代，是每人有充分发展其能力的平等机会之时代"①。但是，这种生活方式并不是固定不变的，而是要根据人们的利益和需求进行改造，不断地对其观念、意义，甚至形式进行发掘，对其中的政治的、经济的、社会的制度形式进行不断的改造或改组，以适应和满足人们的需要。在这一过程中，每个成熟的个体都是不可或缺的一个因素，都要参与进来，也即，每个人都有权利发表意见、提出要求、参与社会事务。由此就涉及自由和平等这两个重要的民主概念。在杜威这里，平等、自由是民主概念的两个延伸。需要强调的是，这里的平等并不是机械的、绝对意义上的，而是从个体发展的角度来说的个体存在的现实性、不可替代性和发展机会的均等。在这个意义上，民主性的自由也并不是喜欢做什么就做什么的任意妄为，而是确保个体发展的自由性。杜威对于平等、自由的这种限定主要是为了反对传统的精英主义理论和从上而下的领导观念。在杜威看来，重集体轻个人或重个人轻集体的做法都是错误的，在个人与集体或社群之间应该是辩证性的连续整体。所有人都应该有回报社会的义务，同时每个人也都应当享有发展自己独特潜能的机会。从这里也可以看出，杜威的民主观念具有道德性和理想性双重含义，他希望通过把民主自由思想转化为融有个人尊严与价值的道德问题，从而达到个体发展与社会发展的高度统一。那么，这种转化如何

---

① ［美］约翰·杜威：《人的问题》，傅统先、邱椿译，上海人民出版社2006年版，第40页。

进行呢？杜威的回答是教育活动。

对于教育的问题，杜威仍然贯彻着其实验主义的精神。他把教育同社会活动、民主活动直接关联起来，认为教育即是生活，学校即是社会。人们的日常活动看似和教育无关，实际上，我们在生活中的任何生存能力和知识都来源于教育。为了生存，我们必须和其他人联合，不但从物质方面需要帮助，在精神方面也需要得到培养和教导。而且，为了文明和文化的延续，我们同样需要通过教育来进行传承。在这种意义上，杜威认为教育即是人的成长。这里涉及的教育有两层含义：一个是狭义的教育，即通过学校来完成的；另一个是广义的教育，即通过社会而获得。而教育的这两个方面又是相通的。一方面，学校教育是连接儿童和社会的桥梁和通道，其所教内容是与社会生活相关的；另一方面，社会教育又是学校教育的延伸，为学校教育的应用提供场地。这里，杜威认为理想的学校就是有生机的、融实用和兴趣为一体的学校。后来杜威把这种想法付诸实践，开办了著名的"实验学校"。而当杜威把教育生活化、社会化的时候，其内在的想法就是教育是与民主密切相关的，二者相互交织、相互依存。杜威认为，一切制度都是有教育作用的，它们影响着具体人格的态度、性情和才能。同样，民主本身也是一个教育原则，应该把这一原则应用到学校教育中去，推动教育的发展；反过来，教育也是民主得以维持的首要工具。通过教育这种工具，民主主义所推崇的价值和目标才能提供给个人，成为其思考、观察、判断、选择的对象。从这个角度来讲，杜威认为教育的最大问题是如何使教育制度适应民主社会和民主生活方式的需要。

第四节　对经典实用主义的评析

美国实用主义是19世纪晚期所形成的第一个美国本土哲学流派，也是现代西方哲学的主要流派之一。从皮尔士在康德那里借来"实效性"这个概念，并初步提出其基本理论准则开始，到詹姆斯通过一系列的演讲和相关文章对其进一步传播和推广，再到杜威在理论上的深化和系统化，实用主义作为一个成熟的思想流派已然为哲学的事业做出了具有原创性的贡献，其对美国的影响已然不再局限于思想界，而是深入到社会制度等日常生活领域，并且也获得了欧洲学者的认可。经典实用主义哲学之所以能够取得如此的成绩，除了新实用主义在理论上的继承之外，其理论自身也确实顺应了当时欧洲哲学界对形而上学传统进行批判的潮流，并且也确实体现出了相对于欧洲思想界来说的关联性和创新性。总的来说，其理论大致体现出了三个比较明显的特征。

第一个特征就是其理论渊源上与欧洲哲学的密切关联性。美国经典实用主义哲学理论的形成与德国古典哲学密不可分。且不说实用主义这个词本身就是皮尔士从康德哲学中引申过来的，单就皮尔士、杜威的哲学理论本身而言，也有着较为明显的德国古典哲学的痕迹。只不过这种影响并不是肯定性的理论拥护和直接借鉴，而更多地是在其基础上所进行的问题承接、转换和批判。例如皮尔士就明确说自己的理论是脱胎于康德哲学的，只不过是要把康德所摈弃的经验世界重新衔接起来而已。而杜威则一开始就是一位新黑格尔主义者，直到中后期才开始摆脱黑格尔的绝对唯心主义的影响，而转向实践哲学，而且其伦理学也一直是以康德的道德哲学为批判靶心的。即使是近些年来逐渐兴起的新实用主义哲学，其理论也都和德国古典哲学理论有着极为密切的深刻关联。因此，从这个角度来看，德国古典哲学对美国经典实用主义影响深远。

第二个是对达尔文的生物进化论思想的推崇和借鉴。经典实用主义形成的时期正是生物进化论在美国广泛传播的时期，受这一思潮的影响，经典实用主义的代表人物几乎无一例外地都接受了进化论思想。尤其是杜威，他不仅把进化论看作是自然科学的巨大进步，甚至认为它开启了一种不同于传统哲学的新的思维模式，而这种思维模式最终一定会改造知识的逻辑。在进化论的影响下，詹姆斯、杜威都把人与自然之间的连续性看作是理解各种哲学问题的原则和前提，进而主张把认识问题、道德问题、社会问题等都放置于历史性的经验世界之内来把握，即使一直致力于建构一种新的形而上学的皮尔士，也明确主张形而上学不能和经验世界割裂开，而是要连接起来。也正是在这种意义上，他们重新理解哲学，重新制定科学的认识论和方法论原则，极力摆脱传统理性主义及二元论的束缚，建构一种新的哲学思维理路，以使哲学适应科学时代发展的要求。从这个角度来说，经典实用主义哲学理论确实独树一帜，影响深远。但同时，出于对科学精神，尤其是对达尔文生物进化论的过度推崇，经典实用主义者几乎都有一种把生物进化论移植到社会领域的倾向，这种倾向过分强调人与自然的连续性，而忽视人超越自然的方面，其理论内部也存在着某种科学主义的色彩。

第三个特征是对真理理论的实效性改造，也即不再从形而上学的角度讨论真理的定义、真理的实在性本质等这些带有理性主义色彩的问题，而是从实效价值的角度来把握真理，甚至认为哲学理论必须对日常生活产生影响，否则就没有意义。最具代表性的就是詹姆斯关于真理的"兑现价值""有用即真理"的说法。尽管这种真理观是在批判改造传统符合主义真理观的意义上提出来的，但是这种不严谨的表述方式极容易被曲解，甚至面临着滑向庸俗功利主义的危险。事实上，这种被曲解的情况在实用主义运动进行之初就已经发生了，许多英国学者甚至把它看作是"庸俗的功利主义的变种"。面对这种被误解、被庸俗化的境况，詹姆斯不得不花费大量的精力去辩解，而皮尔士甚至重新创造一个新词"实效主义"以区别于被庸俗化的实用主义。但正如列宁说的，这只是试图凌驾于唯物主义和唯心主义之上，超越它们之间陈旧的对立的"奢望"。

经典实用主义理论内部尽管存在着这样或那样的问题，例如对真理、价值问题的看法都有一定的历史局限性，但它作为一种学说，仍然包含有许多原创性的理论洞见。虽然20世纪中期开始分析哲学占据美国哲学主流，但在20世纪后期，由于分析哲学自身的一些问题，奎因、普特南、罗蒂等一些哲学家开始或积极汲取经典实用主义的一些理论观来解决分析哲学所面临的问题，或干脆转向实用主义，继而发展出了实用主义分析哲学，或称为新实用主义。而且，由于以罗蒂、普特南、蒯因、苏珊·哈克、布兰顿等为代表的新实用主义者的进一步发展和传播，其核心性的理论内容及其创新之处也开始为欧洲学界所熟知和接受。这也决定了欧洲学界对它的态度经历了从一开始的鄙视和不屑到后来的认可和借鉴的转变。

事实上，经典实用主义理论不仅在西方产生了重要的影响，在东方的中国也引起了较大的反响。被称为实用主义家长的杜威就曾到中国讲学两年，其思想在弟子胡适、陶行知、蒋梦麟等人的大力推动下，对当时的中国思想界产生了重要的影响，甚至可以说是五四运动发生的重要的思想准备之一。即使在分析哲学横行英美哲学界的时候，经典实用主义哲学思想也没有被完全遮蔽掉，而是依然发挥着不可忽视的影响。对于这一点，无论是从形成上来说，还是从当前所谓的分析哲学的实用主义转向上来说，都提供了较为明显的印证。从这个意义上来说，经典实用主义在整个哲学发展的历史上确实应该拥有一席之地。

思考题：

1. 比较皮尔士、詹姆斯、杜威三者对于实用主义概念的理解。
2. 分析经典实用主义对于近代哲学的批判和继承。
3. 分析经验概念在三位经典实用主义代表人物的哲学理论中的地位和作用。
4. 比较詹姆斯和杜威的经验概念与近代经验论经验概念的异同。
5. 分析"纯粹经验""原经验"理论与经典实用主义理论的关系。

第五章　前期分析哲学

分析哲学作为一种哲学方法，盛行于 20 世纪初的欧洲，并逐渐风行英语国家乃至全世界。它发端于罗素与摩尔对新黑格尔主义者布拉德雷绝对唯心主义的批评，从某种程度上说，它是弗雷格和罗素的逻辑学与英国经验主义相结合的产物。在这种哲学的一些主要创始人眼中，哲学问题产生于语言表层语法对人的误导，因此，重要的不是回答这些问题，而是消除它们。大体上，前期分析哲学是消除哲学的哲学。消除哲学的主要手段，便是语言分析，于是哲学的主题就有了所谓的"语言的转向"。由于这一转向，分析哲学就不仅仅是作为某个具体学派或个别观点的反对声音而出现，而且具有哲学史的意义，与整个传统哲学都有所不同。这一转向既有方法和思想的创新的一面，也有片面狭隘的一面。20 世纪 70 年代之前的分析哲学大致可以分为人工语言（理想语言）和日常语言两大派，这两派在时间上是交叉的，本章主要介绍人工语言思潮，日常语言思潮则放到后期分析哲学中论述。

第一节　弗雷格和罗素的逻辑分析方法

许多分析哲学家消除哲学问题的基本工具是逻辑。跟他们的前辈甚至跟他们同时代的人相比，分析哲学家的逻辑工具明显要锐利得多。因为，在 19 世纪末 20 世纪初，逻辑学取得了自亚里士多德以来最为重要的突破。这一突破，主要由弗雷格开创，并由罗素等人加以发展。

一、弗雷格与现代逻辑的诞生

戈特洛布·弗雷格（1848—1925），德国人，现代数理逻辑和语言哲学的创始人之一。他出生于维斯玛的一个中学教师家庭，先后在耶拿大学和哥廷根大学读书。1873 年在哥廷根大学以一篇几何学论文取得博士学位。1874 年，他开始执教于耶拿大学数学系，五年后被聘为副教授。生前发表的著作有《概念文字》（1879）、《算术基础》（1884）、《算术原理》（第一卷，1893；第二卷，1903）等。他的重要论文包括《论概念与对象》（1891）、《函数与概念》（1892）、《论涵义与指称》（1892）等。他毕生致力于把数学还原为逻辑，但以失败告终。

(一) 概念文字

为了实现莱布尼茨普遍语言的理想，弗雷格模仿算术语言使用字母的方式，构造出了一套表意的形式记号系统，用以记录纯粹思维。这就是概念文字。《概念文字》一书首次完整记录了这套系统，《算术原理》则给出了这套系统最为成熟的表达。弗雷格的形式记号系统跟今天通行的记号系统不太相同，但一般数理逻辑教科书所讲的否定、蕴含、等值、存在量词、全称量词等都已经具备。他的逻辑系统是一个公理系统。弗雷格的谓词演算是高阶的，允许对谓词使用量词。值得注意的是他对断定号的使用。我们通常的句子，在弗雷格系统中，必须置于断定号"⊢"后，才表达相应的命题；如果置于内容线"——"之后，则只表达命题的内容，并未做断定，即尚未承认内容为真。

在弗雷格以前，逻辑总是过分紧密地跟日常语言和普通语文意义上的语法结合在一起，以至于亚里士多德以来的逻辑，主要呈现为主谓词逻辑。主谓词逻辑切合了表层语法：在语法表层，句子由主谓词构成。弗雷格认为，在深层语法上，句子是由主目即数学中所说的"自变量"和函数构成的。大体上，如果我们把一个完整陈述句的一个或几个起指称作用的名词或表达式抹去，就得到了表达一个函数的不完全记号。主目是句子描述刻画的对象，语言学中称作"论元"；相应的函数表达式则是对对象的刻画。这为逻辑带来了革命性的变化。以"李白比李商隐更有名"为例。占据主目位置的是"李白"和"李商隐"这两个名字，表示函数的不完全记号的是"（）比（）更有名"。把"李白"和"李商隐"填入相应的主目位置，就得到句子"李白比李商隐更有名"。就像占据主目位置的名字或复合表达式指称对象一样，句子也有指称功能，弗雷格认为，句子指称它的真值（真和假），或者换句话说，句子的指称就是相应函数的空位被填入主目后的函数值。

《概念文字》被认为"实际上是形式逻辑的第一个真正广博的系统"[①]。亚里士多德没有系统考察命题逻辑，后来的逻辑学家也没有成功地说明命题逻辑跟一般逻辑的关系。但弗雷格完成了这一任务，其中具有重要意义的是弗雷格对量词的使用。前面我们讲过，弗雷格把句子分析成主目与函数，函数既可以通过在其主目位置填入指称对象的表达式来变成句子，也可以通过对其主目位置填入变项并用量词进行约束来变成句子。用量词来约束变项，这被认为是"现代逻辑的符

[①] [英] 威廉·涅尔、玛莎·涅尔:《逻辑学的发展》，张家龙、洪汉鼎译，商务印书馆1995年版，第638页。

号体系和方法的主要特点"①。

弗雷格的逻辑系统跟之前的逻辑相比,表达力大大增强。它能够处理先前逻辑技术难以处理的问题。比如,弗雷格的系统可以很好地处理单称命题。传统逻辑实际上都不能把单称命题和普遍命题(存在命题和全称命题)有效地区别开来。又如,弗雷格的系统可以刻画传统逻辑谓词位置上的量词,它能清晰表达以下两个句子的不同:

每个人都持有某种信念∀x(x是人→∃y(y是信念,并且x持有y))
某种信念被每个人持有∃y(y是信念,并且,∀x(x是人→x持有y))。

它可以刻画以下推理的正确性:

马是动物,所以,马头是动物头。∀x(x是马→x是动物)→∀x(∃y(y是马,并且,x是y的头)→∃y(y是动物,并且x是y的头))

此外,它还能更准确刻画关系命题。当传统逻辑把"3大于2"刻画成"3拥有'大于2'这个性质"时,弗雷格的逻辑则将其刻画成:二元函数"()大于()"将有序对"<3,2>"映射到真上面。

(二)算术判断的性质与数学基础

作为数学教授的弗雷格,发明概念文字,初衷是要解决数学问题,尤其是要回答算术判断到底是分析判断还是综合判断的问题。他希望弄清楚,如果只依靠思维规律的推理,不管具体内容,算术可以进展到哪一步。如果能用纯粹逻辑概念来定义所有的数学概念,并且用逻辑规律来推导出所有的数学原理,那么,数学就成了逻辑的一部分。弗雷格抛弃了从经验概念引入数的做法,转而从"不同于自身"这个概念出发,来定义0:

0是这样一个数,它属于"不同于自身"这个概念。
1是这样一个数,它属于"同于0"这个概念。
2是这样一个数,它属于"同于0或同于1"这个概念。
……

---

① [英]威廉·涅尔、玛莎·涅尔:《逻辑学的发展》,张家龙、洪汉鼎译,商务印书馆1985年版,第638页。

弗雷格关于自然数的定义是现代自然数定义的基础。现代集合论中的自然数定义由冯·诺依曼给出：0 被定义为空集，1 被定义为以 0 为元素的集合，2 被定义为以 0 和 1 为元素的集合……

弗雷格认为，算术判断可以在逻辑上得到证明，因此是分析判断。我们先来定义"n 的直接后继"，它是这样一个数，它属于"同于 0 或同于 1……或同于 n"这个概念。由此容易知道，0 的直接后继是 1，1 的直接后继是 2。而加法的递归定义如下：

$$\forall x\ (x+0=x)\quad *$$
$$\forall x \forall y\ (x+y \text{ 的直接后继} = (x+y) \text{ 的直接后继})\quad **$$

现在，我们就可以证明 1+1=2 了。

1+1 = 1+0 的直接后继（定义）
 = (1+0) 的直接后继（根据 **）
 = 1 的直接后继（根据 *）
 = 2（定义）

类此可得，所有的算术判断都是分析判断。这一结论具有重要的哲学史意义：一方面，它承认算术命题是先天的，反对了以密尔为代表的经验主义者的后天说；另一方面，它又承认算术是分析的，也就反对了康德的算术判断综合说。康德认为，算术判断有其直观内容，跟时间相关，是先天综合判断，无法分析得到。但是，弗雷格至少是在表面上，单从定义和逻辑规则就分析出了 1+1=2，当然他也就可以分析地得出 7+5=12，康德曾经用后一个等式表明，算术命题是综合判断。

《概念文字》的内容极其形式化，在其后的《算术基础》中，弗雷格更多地把自己的思想跟以前的哲学家联系在了一起。他承认几何学建立在直观之上，但算术不是，康德部分地错了。接下来在《算术原理》中，他勾勒出了完美的形式化方案，想把算术从逻辑中推导出来。但弗雷格的逻辑主义构想很快就破产了。在《算术原理》第二卷出版之前，弗雷格收到罗素的信。后者在信中告诉他，弗雷格体系的一个公理会引发悖论。问题跟《算术原理》第一卷的第五公理相关。这个公理使用到了"概念""外延"等概念，借此我们谈到概念的外延——类。在对象、外延、类与概念间的关系上，弗雷格相信，某物属于一个类，即某物处于以这个类为外延的概念之下。但这个朴素的想法出了问题。当罗素去考察一个类属不属于自身时，他发现，一些类属于自身，是自身的一个元素，比如，类这个类就是属于自身的，因为，类本身也是类。也有一些类不属于自身，比如人类这个类，没有人会说，人类这个类是人类。问题恰好出现在不属于自身的类上。针对这样的类，如果我们假定它属于自身，那么，它就不是属于自身的类，矛盾；如果我们假定它不属于自身，那么，它恰好应该属于自身，因为它正好是不属于自身的类，矛盾。这一悖论被称为"罗素悖论"。它有一个通俗版本叫做"理发师悖论"：一个立下规矩给且只给那些不给自己理发的人理发的理发师，该不该给自己理发呢？答案是：既该又不该。

（三）弗雷格的语言哲学

弗雷格在研究数学时，发展了逻辑。在发展逻辑时，同时奠定了现代语言哲学的基础。我们很难在弗雷格的数学、逻辑思想和他的哲学思想间划出一条清晰的分界线。他的逻辑主义纲领虽然失败了，但他发展出来的逻辑及相应的哲学深刻地改变了哲学的发展方向，使得20世纪哲学发生了"语言的转向"。

在《算术基础》的开头，弗雷格提出了他从事研究的三条基本原则："要把心理学的东西和逻辑的东西，主观的东西和客观的东西明确区别开来；必须在句子联系中研究语词的意谓，而不是个别地研究语词的意谓；要时刻看到概念和对象的区别。"[①]

第一条原则表明了他的反心理主义立场。例如：

珠穆朗玛峰是最高的山峰。
珠穆朗玛峰是最高的山峰吗？
珠穆朗玛峰是最高的山峰啊！

这三个句子在弗雷格眼里表达的是同一个内容：珠穆朗玛峰是最高的山峰。只不过这同一个内容，伴随着不同的心理活动：断定、疑问和感叹。于是，弗雷格就在陈述句中区分出句子的内容和对内容的断定，以强调陈述句跟其他种类句子所具有的共同内容。这也就解释了他的概念文字为什么要区分出断定号（⊢）和内容线（——）。对句子内容的明确表达，是在这个句子前面加上内容线。如"——珠穆朗玛峰是最高的山峰"。句子的内容是句子的涵义，弗雷格称之为思想

[①] ［德］弗雷格：《算术基础》，王路译，王炳文校，商务印书馆2017年版，第8—9页。

（后来的哲学家一般称之为命题）。思想或句子的内容是客观的。弗雷格主张，科学的目标是求真，科学关注的应该是句子的内容或思想，而不是说话者在说出句子内容时伴随的断定、疑问或者别的心理活动。

第二条原则有一个更响亮的名字：意义的语境原则。人类用语言来交流，完整的交流唯有通过句子才能实现。设想一个人对着天空喊"月亮"，听者并不知道他在表达什么，除非他说出完整的句子，如"月亮真圆"或者"月亮代表我的心"。句子是意义的最小完整单位。这表明，像霍布斯、笛卡儿这些近代哲学家，他们从一个孤立的词语开始去解释意义，这样做是错的。只有在句子中讨论一个词语的意义，才算恰当。这就相当于说，要理解一个词语的意义，就要弄明白它对整个句子的意义作了什么贡献。因此，意义的语境原则的另一面，就是意义的合成性原则：句子的意义由构成这个句子的词语的意义合成。

第三条原则涉及概念与对象的区分。按照弗雷格的分析，句子（陈述句）由两种成分构成：一种是占主目位置的名字或复合表达式，另一种是命题函数表达式。主目位置上的表达式代表对象，命题函数表达式代表概念。跟对象一样，概念是客观的，它不是语言的一部分，也不是说话者心理的一部分。表示概念的概念词是不完全记号，带有空位；而表示对象的名字或复合表达式是完全记号，没有空位。对象处于或不处于一个概念之下。当说一个对象（李白）处于一个概念（（）是诗人）之下，就是说：拿这个对象的名字或专名（"李白"）去占据相应概念词的空位，得到的陈述句（"李白是诗人"）为真，或者说，这个对象（李白）是这个概念（是诗人）的一个实例。没有空位的名字无法成为一个句子的谓词。像"鲁迅是周树人"，"周树人"并不是谓词，真正的谓词是"（）跟（）是相等同的"。概念词也无法成为主词。像"人是动物"，"人"并不是主词，这个句子说的是：如果一个东西是人，那个东西就是动物。例句中语法上的主词其实是全称量词约束下的一个变项。如果一个概念的主目位置上只能填入对象表达式，这样的概念叫一阶概念；如果不能填入对象表达式，只能填入概念，那么这样的概念就叫二阶概念。"动物"不是二阶概念，虽然它的主目位置上可以填入"人"这个概念，但也可以填入"周树人"这个对象的名字。弗雷格认为，"存在"是二阶概念，它的意思是"（）有实例"。有实例的只能是概念，而不能是对象。可见，说"上帝存在"毫无意义，本体论证明不知所云。

从语言哲学来看，我们可以把弗雷格的研究分成两类：关于真的研究和关于意义的研究。逻辑研究是关于真的研究，它试图给出句子为真的一些条件。要知道句子是否为真，还需要知道句子的意义到底是什么。对后者的研究就是意义理论。而"意义"本身就有着各种意义。在《论涵义与指称》这篇经典论文里,弗雷格首次阐述了涵义与指称的种种不同。

在这篇论文的一开头,弗雷格就提出相等难题。相等关系到底是存在于对象间,还是存在于代表对象的名字或符号间呢?如果存在于对象间,那就是对象的自我等同,是一种本体论关系,实质上与 a=a 一样,是分析命题,先天可知。如果存在于指称对象的名字或符号间,那就是指号间的一种关系;两个物理特征不同的指号,如 a 跟 b 在墨迹形状上是不同的,它们代表了同一个对象,所以 a=b。这种解释似乎假定:指号跟对象毫不相干,不带给我们任何跟对象相关的信息,一个指号指称哪个对象,由定义决定。所以,形如 a=b 的相等陈述,其真假是通过定义得到的。

以上两种解释,都无法说明以下陈述的某些性质:昨天的太阳=今天的太阳。这个陈述不是先天可知的,也无法通过定义得到,相反,它是天文学的一大发现。很明显,"昨天的太阳"和"今天的太阳"这两个指号的确为我们带来了关于所指对象的信息。它们至少告诉我们对象在什么时间出现过。指号或者名字携带着关于对象的信息,这是前人没有注意到的,弗雷格把这样的信息叫做指号的涵义。

一个指号,指称一个对象,这个对象是这个指号的所指,指号跟这个对象处于指称关系之中。指号能指称这个对象,是因为它所携带关于对象的信息即涵义,我们可以通过涵义去找到相应的所指,涵义是所指的呈现方式。总结成一句话:指号的涵义决定它的所指。以数学为例来理解这句话最为贴切:

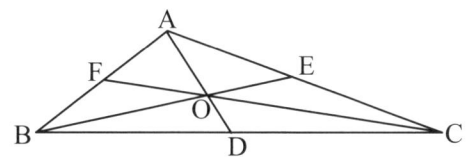

三角形 ABC 各边中点分别为 D、E、F。现有指号"线段 AD 与 BE 的交点"和"线段 BE 与 CF 的交点",都带着关于对象的信息,即涵义。通过涵义去找所指,结果发现,它们的所指是同一个:O 点。由此可见,同一个所指,可以有不同的指号指向它。

弗雷格所说的指号,首先是指代表对象的名字或表达式。他所谓的对象,都是单独对象。所指为单独对象的指号叫做专名。并非所有的指号都有一个所指,如"离地球最远的天体""最小的收敛级数"就不一定有一个所指,当然,它们是有涵义的。

一个指号，有涵义，有所指，它们一起构成一个指号的意义。日常生活中，我们说到一个指号的意义，可能还有心理上联想到的观念和种种情绪，正如"一千个读者就有一千个哈姆莱特"，依据反心理主义原则，弗雷格已经清除了这样的联想意义。意义有时也专指涵义，我们理解一个表达式的意义，就是在理解它的涵义。

弗雷格推广了涵义与指称的区分。如果说我们理解语言就是在理解涵义的话，那么，语言中的所有合式表达式都有涵义。一个句子的涵义就是它所表达的思想（命题），其所指是真值。一个概念词的涵义就是它所表达的概念，其所指是处于这个概念下的对象所构成的类。

根据意义的语境原则及合成性原则，构成句子的各部分的涵义与所指决定了整个句子的涵义与所指。就复合句的所指来说，如果复合句是由逻辑联结词将子句联结在一起形成的，那么复合句就是子句的真值函数，即根据逻辑联结词的定义，可以由子句的真假推导出复合句的真假。复合句中的任一子句，如果用一个所指相同（即真值相同）的子句替换，复合句的所指（真值）不变。这是同指替换真值不变原则。但是，如果子句是语法上说的从句，情况就非常复杂。比如，弗雷格是一位哲学家，并且哲学专业的学生张三相信这一点，于是有：

张三相信弗雷格是一位哲学家。

这个复合句是真的。同时，弗雷格以几何学论文获得哥廷根大学博士学位，这也是事实，相应的句子所指为真。根据同指替换真值不变原则，用"弗雷格以几何学论文获得哥廷根大学博士学位"来替换"弗雷格是一位哲学家"，则：

张三相信弗雷格以几何学论文获得哥廷根大学博士学位。

这个句子也应该是真的。但是，张三可能没有听说过弗雷格以几何学论文获得哥廷根大学博士学位，因此没有这个信念。这样一来，这个句子就是假的。这就是说，在这类句子中，同指替换导致了句子指称的变化。

同指替换导致整句指称变化的情形，弗雷格叫做间接语境。在间接语境中，同指专名和同指句子的相互替换都可能改变原句子的所指或真值。弗雷格认为，这是因为在间接语境中，专名和句子的涵义和指称不同于它们在直接语境中的涵义和指称。在间接语境里，专名和句子都指称它在直接语境中的涵义。弗雷格对常见的从句做了细致的分析,如名词从句、定语从句、状语从句等。总之,在间接语境中,同指替换真值不变原则要求涵义相同的表达式相互替换。后来,相关问题被归结成"命题态度"(主语+相信、反对、怀疑、希望等态度词+名词从句)问题和引用语问题等,得到了广泛讨论。

二、罗素的逻辑原子主义与摹状词理论

罗素(1872—1970),生于英国,兼哲学家、数学家(逻辑学家)、社会活动家、诺贝尔文学奖得主(1950)于一身,是理性主义、人道主义、世界和平和言论自由的鼓吹者。其作品涉猎极广,哲学方面包括:《数学原则》(The Principles of Mathematics,1903)、《数学原理》(Principia Mathematica,与 A. N. 怀特海合著,3 卷,1910,1912,1913)、《哲学问题》(1912)、《我们对外部世界的知识》(1914)、《数理哲学导论》(1919)、《心的分析》(1921)、《物的分析》(1927)、《人类的知识——其范围与界限》(1948)、《我的哲学的发展》(1959)等;重要的哲学论文包括:《论指称》(1905)、《亲知的知识与摹状的知识》(1911)、《逻辑原子主义哲学》(1918)、《逻辑原子论》(1924)等。在数学上,罗素是一个逻辑主义者,提出类型论并用来解决罗素悖论,重建弗雷格的逻辑主义数学纲领。在哲学上,罗素是英国经验主义的继承者,哲学观点常有改变,对后世影响较大的是他的逻辑原子主义哲学和摹状词理论。

(一)逻辑原子主义

罗素不但相信数学的本质是逻辑,还把哲学的本质也归为逻辑。在他看来,哲学家的工作就是要去找到一种逻辑上完善的语言,这种语言会展现世界的本质;而自然语言的表面语法掩盖和歪曲它的真实逻辑结构,产生思想的混乱。逻辑上完善的语言,其特征至少包括:(1)出现在命题中的词语要么是逻辑常项(如"或者""并非""如果……那么……"等),要么与对象相对应。(2)每一个简单对象,只能有一个简单词与之相对应;复合对象通过简单词的复合来表示。完全分析的语言同时满足这两个要求。

逻辑完善的语言跟世界存在着一一对应关系:非逻辑常项的简单词对应逻辑原子;逻辑上的简单句(原子命题)对应原子事实,逻辑原子拥有某种性质或者与其他逻辑原子处在某种关系之中;逻辑上的复合句(复合命题)对应世界的复合事实。分析这种语言,就是在分析世界。罗素的逻辑学是原子主义的,因为在本体上,他相信,"存在许多分散的事物";又由于逻辑分析的最终剩余物不是物质原子而是逻辑原子,所以,罗素把自己的学说称为"逻辑原子主义"。

如果说逻辑主义的哲学假想敌之一是康德的话，那么，逻辑原子主义所攻击的对象之一则是黑格尔及其追随者。黑格尔主义认为，世界是精神性的存在，是一元的，这种观点因此被称为绝对唯心论。19 世纪末，黑格尔主义在英国流行。但这种思潮受到摩尔和罗素的挑战。摩尔"最关心的是否定唯心论"，他肯定实在独立于心灵；而罗素"最感兴趣的是否定一元论"①。罗素的工作通过否定内在关系说完成。内在关系说是英国的新黑格尔主义者布拉德雷从黑格尔学说中提炼出来的绝对唯心主义的核心学说：任何关系都是关系项所构成的总体的内在属性。例如，梁山伯爱祝英台，"（ ）爱（ ）"这种关系是梁山伯和祝英台构成的总体的一个属性：这两个人的总体具有爱这种性质。罗素发现，这种关系特别不适用于非对称关系。像甲先于乙，就不能同时说乙先于甲，因此，"（ ）先于（ ）"这种关系，就并不存在于甲和乙的整体里。否则，这种整体就会又存在着"（ ）后于（ ）"这种属性。应该说，对甲、乙构成的整体来说，次序并不存在。可见，有益的做法是不承认内在关系说。由此，关系就是外在的。外在关系表明，关系项各不相同，彼此外在，世界是多元的。

　　逻辑原子主义承认有许多逻辑原子。罗素说，这些所谓的逻辑原子，包括很小的颜色片断、具体的声音和瞬间的事物这样的殊相，以及"红""大于"这样的谓词或关系。这一回答显示出罗素的折中色彩：就殊相方面而言，他是经验主义的，要求用类似于休谟"印象"的感觉材料来充当；就谓词或关系而言，他是柏拉图主义的，要求存在着某种是共相的抽象实体。崇尚"奥卡姆剃刀"原则的罗素相信，逻辑原子越少越好，这就要求一门语言的词汇量要尽可能少。罗素把殊相构成的世界叫做"存在的世界"（the world of existence），而把共相的世界叫做"实在的世界"（the world of being）：前者变动不居，模糊不清，存在于时间之中，包含着所有的思想和感情；后者永恒不变，严格准确，超越了时间；热爱生活的人热爱前者，追求完美的人追求后者。虽然前者很可能是后者的一个淡淡的影子，但罗素说，这两个世界都是实在的（real），因此我们要同等地加以注意。至于通常所谓的物质与心灵，至少在 1921 年前后，罗素相信，它们并非是分离的二元，而是同一类中立材料的逻辑构造物（中立一元论）。

　　在方法上，逻辑原子主义要求把复合句分析（分解）成简单句，这样同时也就把复合事实分析（分解）成了简单事实。就像德谟克利特的原子论试图用原子来解释一切，罗素也把他的逻辑原子当成解释一切的基础。含糊不是世界的特征，

---

① ［英］伯特兰·罗素：《我的哲学的发展》，温锡增译，商务印书馆 2017 年版，第 49 页。

而是语言的特征。只要语言在逻辑上足够完善,我们就可以通过逻辑分析到达不可再分析的逻辑原子,澄清所有问题。就语言层面来说,逻辑常项的意义是清晰而确定的。因此,如果我们理解了非逻辑常项的逻辑原子的意义,我们就能理解语言的所有表达。

如前所述,语言中的非逻辑常项包括殊相与共相的表达式。罗素要求明确区分这两类表达式。前一类包括专名(如"伯兰特·罗素")、指示词(如"这""那"等)和代表个别对象(殊相)的其他表达式(如"罗素悖论的提出者"等),后一类包括动词、形容词、通名(如"人""革命领袖""声音""著作"等)和其他代表一般对象(共相)的表达式。后一类表达式其实就是命题函数。逻辑原子主义对意义的分析,主要是分析这两类表达式。

需要注意,语言中的非逻辑常项,并不见得就是逻辑原子表达式。因此,我们要获得这些表达式的意义,就有两个任务要完成:第一,把非逻辑原子表达式分析成由逻辑原子复合而成的表达式;第二,获知逻辑原子表达式的意义。弗雷格把名字的意义区分成涵义和所指,罗素则认为,名字的意义就是它的所指。在罗素看来,我们要获知名字的意义,就是要知道它的所指。

在罗素看来,我们有两种知道(获取知识)的途径:亲知与摹状。在《哲学问题》一书中,罗素举例说,当我们站在一张桌子前面,就认识到了这张桌子的颜色、形状、硬度、平滑性……这是看桌子或摸桌子时所直接意识到的东西,不需要任何推论过程,不需要任何真理作为中介。此为亲知。亲知获得的是直接知识,亲知的知识除了感觉材料这些外在殊相外,还包括由回忆和内省所提供的关于过去的和关于当下的内在殊相的知识。此外,亲知也可以提供关于共相的知识,像白色、多样性、兄弟关系等。对共相的察觉过程是形成概念的过程。而我们所察觉到的共相,就是概念。

与之相对照,桌子这个物体,我们却无法直接认知,只能形成如下间接知识:桌子就是造成了我如此这般感觉材料的东西。这样形成的知识,叫摹状的知识。摹状的知识除了提供像桌子那样的物理客体的知识外,还提供关于别人的心灵的知识。至于自我的知识,罗素认为可能靠亲知获得,但他对此并不十分肯定。

逻辑原子主义对命题加以分析的基本原则是:"我们所能了解的每一个命题都必须完全由我们所认识的成分组成。"① 这就是说,所有摹状的知识都要通过分析

---

① [英]罗素:《哲学问题》,《罗素文集》第 2 卷,何兆武译,商务印书馆 2012 年版,第 45 页。

最终转化为亲知的知识。通过亲知，我们最终与世界接触。

（二）摹状词理论

罗素在写于1905年的论文《论指称》中系统提出了摹状词理论，后来进一步发展了它。

能起摹状作用的表达式有两类：一类形如"一个什么什么"（在英语中以不定冠词为特征），例如，"一个球状的飞行物"；一类形如"那个什么什么"（在英语中以定冠词为特征），例如"那个发现了相对论的科学家"。前者叫不定摹状词（indefinite description），后者叫确定摹状词（definite description）。确定摹状词指称一个单独的特定对象。其所指对象可以是具体的，例如，那个发现了相对论的科学家；也可以是抽象的，例如，最小的自然数。摹状词和名字都可以指称对象，但摹状词由部分复合而成，而名字没有部分。名字作为一个整体起指称作用，一个名叫"高富帅"的人，可能既不高，又没有钱，也不好看。而摹状词的指称，则跟它的部分有关。"那个白富美"，它的所指是白的，也是富的，还是美的。

在《论指称》一文中，罗素提到他要用摹状词理论解决以下三个难题：

难题一：同指替换不保真。"司格特"和"那个写了《威佛利》的人"指称同一个人，但是在句子"乔治四世想知道司格特是不是那个写了《威佛利》的人"中，用"司格特"替换"那个写了《威佛利》的人"，得到"乔治四世想知道司格特是不是司格特"，很可能前者是真的而后者是假的。

难题二：空名导致排中律失效。某人1905年说"那个当今的法国国王是秃子"和"那个当今的法国国王不是秃子"，这两个句子都是假的，因为1905年法国没有国王，而按照排中律，两个相互矛盾的命题必有一真。

难题三：空名存在句难题。主谓句预设了主词所指对象的存在。以"那座金山存在"为例，如果那座金山真的存在，说那座金山存在是同语反复，说那座金山不存在是自相矛盾。如果那座金山不存在，由于我们不能对一个不存在的东西加以断言，这个句子就毫无意义。

罗素认为，一个名字的意义就是它的所指，因此真正的名字必有指称。如果一个指称型短语（摹状词）没有指称，似乎就没有意义。但是，像"那个当今的法国国王是秃子"这句话明显是假的，既然为假，可见它不是毫无意义的。这表明，虽然摹状词本身并没有独立意义，但含有摹状词的语句是有意义的。于是，罗素的解决方案就是将含有摹状词的句子分析为不含有摹状词的句子。按照罗素的分析，在"那个写了《威佛利》的人是苏格兰人"中，"那个写了《威佛利》的人"是摹状词，相应的句子所表达的命题是以下三个命题的合取：

（1）存在一个对象 x，x 写了《威佛利》。

（2）对于所有的 y，如果 y 写了《威佛利》，那么 y=x。

（3）x 是苏格兰人。

前两个命题合并起来就等于说：不多不少正好有一个 x 写了《威佛利》。

以上三个命题都不含有摹状词"那个写了《威佛利》的人"。随着摹状词的消除，有关摹状词的难题自然也就消除了。首先，由于摹状词只是在语法形式上是指称型的短语或词组，它的功能并不指称对象，因此，按照相关句子的真实的逻辑形式，它不能与同指称的名字相互替换。其次，为了解决排中律问题，罗素区分了摹状词的主出现（primary occurrence）和次出现（secondary occurrence），这可以理解为作为主句的成分出现和作为从句的成分出现。如果摹状词没有指称，则摹状词在其中为主出现的句子都是假的。因此，在"那个当今的法国国王是秃子"和"那个当今的法国国王不是秃子"两个句子中，如果"当今的法国国王"都是主出现，则这两个语句都是假的。它们不是相互矛盾的而是相互反对的。而后一句可以理解为"并非那个当今的法国国王是秃子"（It is not the case that the present king of France is bald），这时摹状词是次出现，这个句子所表达的命题是真的，并与"那个当今的法国国王是秃子"相互矛盾，排中律仍然成立。最后，空名存在句难题也可以类似地得到消除。"那个如此这般的东西存在"的真实逻辑形式是："有且只有一个东西 x，x 是如此这般的。"后者只含有逻辑量词、变项和谓词。"那座金山存在"，其逻辑形式就是，"有且只有一个东西 x，x 是金山"。如果有东西是金山，这里并没有同语反复；如果没有对象是金山，我们说"那座金山存在"，也并没有对不存在的东西加以断言。

普通的专名也可能没有指称，因此，有关摹状词的难题也适用于普通专名。而解决的方案是把普通专名看作缩写的摹状词。然后，含有普通专名的语句就可以用同样的方式来分析并消除其中出现的普通专名。罗素认为，真正的逻辑专名只有"这个"等极少几个，我们指着一个东西说"这个"，"这个"必定有指称。这样，罗素的摹状词理论就与他的认识论相呼应：我们所有的知识都基于亲知的知识并能够还原为亲知的知识。

罗素认为他的摹状词理论具有重要的哲学意义。首先，它表明自然语言的表面语法并不反映它的真实的逻辑形式，摹状词虽然经常用作语法主语，但它并不是语句的逻辑主语。因此自然语言并不完善，很多哲学混乱就是由于我们误解我们语言的逻辑而产生的，这些混乱只有通过逻辑分析才能消除。其次，由于摹状词和普通专名是可消除的，这同时也消除了多余的本体论对象。比如，梅农为了解释没有指称的词语做语法主语的现象，就认定有不存在的对象，如金山、1905年的法国国王、圆的方之类，它们是虚存的。摹状词理论使这些不存在的东西没有存在的必要。这种方法罗素称之为"奥卡姆剃刀"，即剃除多余的存在物。"奥卡姆剃刀"要求对象尽可能少，同时，英国经验论又要求有健全的实在感——动物学等科学不承认独角兽，那么逻辑和哲学也应该同样地不予承认，于是梅农的虚存对象，就被删除了。

罗素的摹状词理论对分析哲学产生了巨大的影响，曾被称作分析哲学的一个典范。

第二节　前期维特根斯坦的语言哲学

罗素多次谈到，他的逻辑原子主义学说受到维特根斯坦的影响。维特根斯坦（1889—1951）出生于奥地利犹太富商之家，早年修习航空工程，阅读弗雷格和罗素的著作后，投到剑桥大学罗素的门下。第一次世界大战中他在奥匈军队服役，作战勇敢，战争快结束时，被意大利俘虏。在狱中，他写成《逻辑哲学论》，该书德文版于1921年出版，一年后有了英文版。这是他生前出版的唯一一部哲学著作。"一战"结束后，他做过园丁、教师和建筑师，1929年重返剑桥大学，以《逻辑哲学论》获得哲学博士学位，随后成为剑桥大学三一学院的教师。他后期的主要著作是《哲学研究》（1953）。与癌症搏斗的维特根斯坦留下的最后一句话是这样的："告诉他们，我度过了幸福的一生。"

《逻辑哲学论》和《哲学研究》分别代表了维特根斯坦前后期哲学，差别非常大，关于他哲学连续性的争论长期存在。《逻辑哲学论》以一种极为精致的写作结构对内容进行了分级：第一级内容是他的基本论题，第二级内容展开和论证第一级内容，第三级内容展开和论证第二级内容，以此类推。第一级内容用一位数1到7表示；第二级内容由相应第一级标号带上十分位小数表示，如1.1；第三级内容由相应第二级标号带上百分位小数表示，如1.11……最低级别的内容到了第六级，如2.01231。全部第一级内容分为七个命题，这是维特根斯坦早期哲学的基本思想：①

---

① ［奥］维特根斯坦：《逻辑哲学论》，贺绍甲译，商务印书馆2017年版。本节该书译文均出自此译本。若译法不同，经改之，并在［　］中标注贺译。依据惯例，只标注维特根斯坦著作的编号。

1. 世界是一切发生的事情。
2. 发生的事情，即事实，就是诸事态的存在。
3. 事实的逻辑图像是思想。
4. 思想是有意义的命题。
5. 命题是基本命题的真值函数［项］。
6. 真值函项的一般形式是：$[\bar{p}, \bar{\xi}, N(\bar{\xi})]$。这也是命题的一般形式。
7. 对于不可说的东西我们必须保持沉默。

他谈到了世界、思想、命题，还有一点神秘主义。

一、世界的基本结构

《逻辑哲学论》正文的第一句就是"世界是一切发生的事情"。事情发生了，那就是事实。所以，世界被分解成许多事实。离开世界，不再有事实。事实是存在的事态。事态则由对象（事物）结合而成。对象或事物不可再分，它们是简单的。这是一幅原子论的世界观：简单对象（事物）结合成事态，存在的事态就是事实，事实总和成世界。

（一）事态比事物更基本

但是，维特根斯坦并不认为世界由原子意义上的事物或对象构成，他明确说，世界是事实的总体，而非事物的总体。他的理由是：规定世界的，是全部事实，而非全部事物，因为前者规定了发生的和未发生的所有事情。

在维特根斯坦的世界里，没有孤立的对象，这跟传统原子论中原子的独立性形成鲜明对比。事物的本质就在于它能够跟其他事物相结合，能够成为事态的组成部分。正如马克思主义认为，人是一种关系的存在者，维特根斯坦认为，事物是一种关系的存在者；正如马克思主义认为，人的社会关系构成一个人的本质，维特根斯坦认为，一个事物跟其他事物的关系，构成这个事物的本质。事物的所谓独立性，仅仅体现在它能出现在它可以出现的事态中，因而这种独立性的形式其实是依赖的形式。既然事物的本质是关系性的，对一个事物的认识，就是要认识到它的所有关系："它出现于诸事态中的所有可能性。"（2.0123）离开这种可能性，我们就无法去思考一个对象。

既然这样，又为什么一定要有原子对象（事物）呢？维特根斯坦的思路是这样的：暂且假定世界上没有什么不可分解的对象。我们知道，我们是用命题来描绘世界的。我们要理解一个命题，并判定它是不是真的，就需要拿这个命题跟世界对照。在这个对照过程中，由于世界是可分的，我们就不得不一再地用描绘更微观内容的命题来解释之前的命题。又因为世界的可分是无限的，所以，我们用来解释待理解命题的命题也就层出不穷。换句话说，我们的命题也就可以无限分解下去。这样一来，根本不可能理解任何命题，从而也就不可能对世界给出任何描绘。这显然荒谬，我们已经对世界给出了许多描绘。所以，世界上必定存在着不可分解的对象。

（二）事物与实体、事态与事实、世界与实在

维特根斯坦把这样的不可分解的对象叫做"世界的实体"。实体独立于事情或事态的发生和不发生，它们是不变者。发生的事情，就是事实。没有发生的事情不是事实，而是否定的事实，或者说是不存在的事态。不存在的事态，不是指事态本身不存在，而是说，这样的事态没有获得现实性。一个事态是诸对象相结合的一种可能性。这种可能性没有变成现实，并不等于说这种可能性不存在。如果连可能性都不存在，那就是逻辑上的不可能。

不可再分的对象（事物）是世界的实体。它们在本质上是关系性的存在，这种关系特指它们相互结合在一起的可能性。这样的可能性，就是各种事态。有的事态现实化了，有的没有。获得现实化的事态就是事实。所有事实凑在一起，构成世界。所有事态凑在一起，构成实在。实在跟世界的区分是：实在是所有可能性，而世界是所有实现出来的可能性（狭义的世界或现实的世界）。有时候，维特根斯坦也在实在的意义上使用世界这个词（广义的世界），这部分是因为实在跟世界共有所有对象。值得注意的是，尽管就总体事态来说，存在的事态规定了不存在的事态，但就单个事态而言，这样的规定性并不存在："事态相互间是独立的。"（2.061）我们不能从一个事态的存在与否去推出另一个事态的存在与否。这意味着，事态具有本体上的简单性：任何事态都不以其他事态作为自己的一个部分，事态在存在上是自因的。

（三）维特根斯坦的逻辑原子主义

要理解《逻辑哲学论》中的世界，一个很好的办法是，把它看成弗雷格、罗素所发展出来的数理逻辑（特别是命题逻辑）思想的哲学基础。例如，弗雷格的语境原则要求，句子是意义的最小完整单位，词语只有在句子中才有意义。对应到《逻辑哲学论》的本体上，事态是最小的完整单位，对象无法离开事态而存在。一句话可真可假，所以，事态可以存在，也可以不存在。假句子是有意义的，所以，不存在的事态在某个意义上依然是存在的：作为一种可能性存在，假句子描绘了这种可能性。弗雷格又确立起了意义的合成性原则：复合句的意义由简单句的意义决定。对应到《逻辑哲学论》的本体上，实在由可能的事态构成。在命题

逻辑中，对各简单句的真值指派是相互独立的，所以，在《逻辑哲学论》的世界里，事态之间相互独立。

跟罗素一样，维特根斯坦也被视为逻辑原子论者。不过，他们对原子的理解有所不同。罗素的原子是认识论上的原子，是一些亲知对象。维特根斯坦的原子是本体论上的原子，是构成世界的对象。

二、命题的意义

世界是事实的总和。我们用来说事实的，是语言。语言由全部命题（Satz, proposition）构成。所谓思想，则是有意义的命题。我们为什么可以用语言去描绘事实呢？维特根斯坦给出了一个真理符合论式的简要回答：真命题才是事实的图像。

图像作为一个东西 X，如何才能成为另一个东西 Y 的图像呢？维特根斯坦认为，这要同时满足两个要求：X 跟 Y 相关，并且，X 跟 Y 相似。相关性即是图示关系，图像由图像的要素构成，事物由事物的要素构成，这两者的要素是相关的。经由图示关系，图像直接与实在接触。相似性即图示形式，图示形式指图像要素间的内部关系与事物要素间的内部关系相同。图示形式是被图示者和图示者共有的东西。以你的自拍照为例。它为什么是你的照片？这一方面是因为，它跟你相关，你拍的时候，你对准的是自己；另一方面是因为，照出来的照片真的跟你很像，你的自拍照上的像素点之间的拓扑关系，跟你身体各处的拓扑关系，是同一个关系。

从表面上看，命题不是图像。之所以这样，维特根斯坦认为，这是因为人们受到了这些图像外在因素的误导，语言掩盖了思想。"留声机唱片、音乐思想、乐谱、声波，彼此之间都处在一种图示的内在关系之中，这就是语言和世界之间具有的关系"，换句话说，"它们的逻辑结构都是共同的"（4.014）。这相当于说，语言与世界共有图示关系。如果我们对命题的结构加以分解，最后将到达不能再分解的记号所构成的基本命题。这些记号是名字，它们代表对象。而相应的基本命题，则代表事态。对象由记号来代表，这是命题得以可能的基础性原则。这一原则表明，命题跟实在相关。维特根斯坦指出，这跟象形文字代表相应对象没有什么不同，字母文字的本质，依然是图示性的。名字在命题中的相互关系，跟对象在情况中的相互关系一一对应。不同的名字代表不同的事物，当这些名字以某种方式结合起来时，它们就像一幅画一样描绘了一个事态。如果相应事态是事实，这些名字组合而成的命题就是真的，反之就是假的。在世界中，事态间相互独立。

相应地，基本命题也相互独立：对任一个基本命题，都"不可能有基本命题同它相矛盾。"（4.211）事实上，找不到刻画基本事态的基本命题，是导致维特根斯坦前期哲学危机的一个原因。

一个有趣的问题是：我们怎么描绘一个事态的不存在呢？答案是，给断言这个事态存在的基本命题添上否定号。可见，基本命题及其否定对应着同一个事态。相应地，命题 p 及其否定 ¬p 也对应着同一个实在。我们能不能描绘根本不可能的情况呢？不能。不可能的情况意味着对象之间有不可能的联结，这本身就是不可能的："我们不能思想非逻辑的东西，否则我们就必须非逻辑地思想。"（3.03）

名字的意义是它所代表的对象。命题的意义是作为图像跟实在所共有的图示形式，即"当它为真时事情是怎样的"（4.022），大致相当于它的真值条件。理解一个命题，也就是去知道它表达了怎样一种情况。

所有为真的基本命题描绘了整个世界。所有基本命题一起描绘了整个实在。至于基本命题之外的复合命题，则是由基本命题复合而成的。《逻辑哲学论》通过合舍算子 N（ξ）（表示对命题变项 ξ 所有的值的否定），将所有命题表示成基本命题的真值函数。而真值函数或命题的一般形式则是 $[\bar{p}, \bar{\xi}, N(\bar{\xi})]$。其中，$\bar{p}$ 表示所有的基本命题。

在维特根斯坦看来，语言乃是命题的总和。真命题的总和就是全部自然科学。

三、哲学问题

《逻辑哲学论》在哲学上的主张，以命题的图像论为基础。

（一）逻辑命题缺乏意义

命题是对事态存在的断定，其意义即其真值条件。凡是命题，可真可假。有两类命题：一类总为真，一类总为假。前一类是重言式，后一类是矛盾式。维特根斯坦认为，所有逻辑命题都是重言式。逻辑命题的真单从符号可以判定，这是它们的特有标志。矛盾命题的假，借助它们否定了逻辑命题而被认出，其实也是单从符号就可以判定的。可见，这两类命题不是任何事态的图像。

那么，逻辑命题表达的到底是什么呢？表达的是记号的本性："逻辑领域不是我们借助记号来自由表达的地方，而是绝对必要的记号自身表现其本性的地方。"（6.124）在这个意义上，逻辑命题缺少意义（sinnlos, without sense, senseless）。关于对象它们什么也没有说，所以，经验无法证实也无法驳倒逻辑命题。我们要描述世界，就必须使用记号。记号是描述世界的脚手架。描述世界的脚手架不是世界的一部分，就像为了修建高楼而搭起来的脚手架不是高楼的一部分一样。逻辑常项（如否定、蕴含、析取、合取等）虽然被用来构造非基本命题，但它们并不像名字一样代表某个对象，逻辑命题也不代表任何事实。维特根斯坦说，这是他的"基本的思想"（4.0312）。

（二）哲学命题没有意义

逻辑命题缺乏意义，不等于没有意义。说一个句子没有意义（unsinn，nonsense），乃是在说，它说了不可说的东西。在《逻辑哲学论》中，可以说的东西是全部事实和事态，也就是自然科学的命题，它们跟哲学无关。哲学，或者形而上学，所要说的东西在全部事实或事态之外。到底有没有不可说的东西呢？"确实有不可说的东西。它们显示自己，它们是神秘的东西。"（6.522）维特根斯坦严格区分说与显示："能显示（zeigen，show）出来的东西，不能说（sagen，say）出来。"（4.1212）这些神秘的东西，既有非哲学方面的内容，也有哲学方面的内容。

非哲学方面的内容，主要指命题的逻辑形式。命题虽然能够表述全部实在，却无法表述它跟实在共有的逻辑形式。因为，要表述逻辑形式，必须造出它的图像。一个图像并不是它所图示的东西。因此，逻辑形式的图像就不是逻辑形式。这样，为了说出逻辑形式，"我们必须能够和命题一起置身于逻辑之外，也就是说，置身于世界之外"（4.12）。这明显不可能。

传统哲学命题也超出了世界或者逻辑。"哲学家们的大多数命题和问题，都是因为我们不懂得我们语言的逻辑而产生的。"（4.003）传统的本体论表面上为我们提供了关于世界的描述。这样的命题没有涵义，根本就不是命题，其中充斥着对逻辑句法的混淆。只要对这样的命题加以完全的分析，就会发现，命题中的某些记号没有所指。能够说出来的，是世界中具体对象之间的关系，也就是说，我们可以说出世界是怎样的。"世界是怎样的这一点并不神秘，而世界存在着，这一点是神秘的。"（6.44）要说出整个世界，就要把世界当成一个有限的整体，而"把世界作为一个有限整体的感觉是神秘的"（6.45）。

除了本体论，伦理学、人生的意义还有美学，也不可说。这里涉及价值。价值应当是某种必然者，世界中的一切都是偶然的，因此价值不在世界之中。世界就是全部事实。对全部事实的描绘构成科学。"即使一切可能的科学问题都已得到解答，也还完全没有触及人生问题"（6.52），甚至连人生问题的那个关注者也没有触及。"如果我写一本书叫做《我所发现的世界》"，在这本书中，"唯独不能谈到的就是主体"（5.631）。这就像在视野中"看不见眼睛"（5.633）。"主体不属于世界"，它是世界的"界限"（5.632，5.641）。

(三) 正确的哲学观

有人批评,《逻辑哲学论》说的尽是些它认为不能说的内容。为了逃避自相矛盾的指责,维特根斯坦提醒读者,《逻辑哲学论》中的命题就像是梯子,当读者依靠梯子的梯级登上高处,就会认识到它们没有意义;这个时候,得把梯子扔掉,超越这些命题,才能"正确地看待世界"(6.54)。这样就到了整本书的结尾:"对于不可说的东西我们必须保持沉默。"(7)

就此而言,真正的哲学,不过是一种"澄清":"哲学应该使思想清晰,并且为思想划定明确的界限。"(4.112)这种作为活动的哲学跟从前作为学说的哲学划清了界限。除了可说的,就不再说别的什么。如果有人说了不可说的东西,要马上指出他命题中的某些记号没有所指,这是"唯一严格正确"的哲学方法(6.53)。"全部哲学都是一种'语言批判'。"(4.0031)虽然如此,维特根斯坦又认为,未经分析的日常语言"在逻辑上是完全有条理的"(5.5563),只是太"复杂",人没办法"直接从日常语言中懂得语言逻辑"(4.002)。

《逻辑哲学论》全书的目的,就是要为思想,更准确地说,是为思想的表达即语言,划一个界限。划界只能在语言中进行。通常的划界要跨界,是外部划界。而对语言的划界是内部划界:界限之内,凡是可以说的东西都可以说得清楚;界限之外,纯粹是无意义的东西,对于不能谈论的东西必须保持沉默。①

重提这句话是重要的:"确实有不可说的东西。它们显示自己,它们是神秘的东西。"(6.522)在《伦理学演讲》里,维特根斯坦说,想去说神秘的东西,是想超越世界、冲击语言的界限,这毫无指望,但他认为,这一行动是人类心灵倾向的一个记录,对此他深怀敬意,决不嘲笑。

第三节 维也纳学派与逻辑经验主义

维也纳学派的哲学深受维特根斯坦的影响。1922年石里克担任维也纳大学自然哲学教授。在他身边聚集起一个由数学家、科学家和哲学家组成的讨论小组,其成员包括卡尔纳普、魏斯曼、哈恩、纽拉特、哥德尔、费格尔等。1927年到1928年间,维特根斯坦与石里克定期讨论。1929年,这个讨论小组发布了他们的宣言——《科学的世界观:维也纳学派》,标志着一场哲学运动的兴起。这场运动

---

① 参见[奥]维特根斯坦:《逻辑哲学论》,贺绍甲译,商务印书馆2017年版,第23页。

所秉持的原则被称为"逻辑实证主义",后来又被称为"逻辑经验主义"。在19世纪末20世纪初逻辑学、数学和物理学革命的鼓舞下,这些逻辑经验主义者们致力于发动一场哲学上的革命,以消除形而上学领域无休止的论战。在基本的哲学观点上,逻辑经验主义是经验主义和逻辑分析方法的继承者。

逻辑经验主义作为一场运动,除维也纳学派(小组)之外,还包括以汉斯·赖欣巴哈为代表的柏林小组、以卡尔纳普为代表的布拉格小组等成员。这场运动影响广泛。在美国,它通过与皮尔士的实用主义相结合,得到了传播。在英国,艾耶尔是这一学说的代表人物。1936年石里克遇刺身亡,维也纳学派失去了精神领袖;又因纳粹迫害等因素,学派的成员纷纷移居世界各地,学派因此瓦解。以维也纳学派为中心掀起的逻辑经验主义运动,一直持续到20世纪60年代,然后开始衰落。

一、意义标准

石里克在《哲学的转变》中重复着康德在《纯粹理性批判》序言里的感叹和梦想:以往的哲学混乱不堪,而现在,"我确信我们正处在哲学上彻底的最后转变之中,我们确实有理由把哲学体系间的无结果的争论看成结束了"。他这么自信,是因为"现代已经掌握了一些方法",应用这些办法就会使从前的争论"在原则上成为不必要的"。① 这些方法从逻辑开始,以莱布尼茨为先驱,由弗雷格、罗素开路,再由维特根斯坦造成决定性的转变。

(一)哲学的转变

伟大的转变不在于逻辑方法本身,而在于借由这一方法,把逻辑自身的本质看清楚。任何认识都表现为对事实的某种陈述。陈述可以由不同的符号系统实现。逻辑形式是所有可能的陈述方式共有的东西。可以说,离开逻辑形式,一切知识不复存在。

这样一来,对陈述或者说每一种可能语言的本质的考察,就取代了传统哲学对人的认识能力的研究。认识有效还是无效,是否有界限,这样的问题转变成了语言哲学的问题:对相应认识的表达和陈述是否合乎形式。有些问题,人们无法回答、不能解决,究其实质,它们根本不是真正的问题,而是伪冒的问题,是无意义的语词组合。这些组合在表面上符合语法,实际上却是一些空洞无物的声音,违背了逻辑句法规则,这些规则由新的分析方法所发现。这就显示出"当代的伟

---

① 洪谦主编:《逻辑经验主义》上卷,商务印书馆1982年版,第6页。

大转变的特征":"哲学就是那种确定或发现命题意义的活动。"①

可见,哲学的工作不仅是要提出命题,而且要通过语言分析,来确定命题的意义,这种澄清意义的活动是一切科学知识的开端和归宿。当一门科学的主要工作还放在澄清基本概念和命题的意义时,它们就还是哲学的分支;在石里克时代,伦理学、美学和心理学就是这样的。一旦获致澄清,科学就成熟地从哲学母体分娩而出。成熟的科学有时也会重新思考基本概念的意义,从而带来更深刻的澄清,如爱因斯坦对时空的研究,这既是伟大的科学成就,也是卓越的哲学成就。

意义分析活动把通常所谓的陈述分成两种:陈述有意义,我们就知道它在说什么,这样的陈述是真正的陈述;陈述没有意义,我们就不知道它在说什么,这时陈述也就算不上陈述,而是伪冒的陈述（Pseudo-Statement）。石里克相信,这样就能让体系间的争执停下来,哲学争执在原则上已经结束了,余下的只是一些扫尾工作。

（二）意义标准与证实原则

哲学分析活动的核心是把有意义的句子（或陈述）与无意义的句子区分开来,这就要有一个标准或一种方法,使我们能够做出这种区分。一般来说,这种区分从两个方面进行。一个方面是语法规则。句子由一组词语按语法规则构成,不合语法的句子没有意义,比如,"他很好饭吃呢个"。另一个方面是语义学规则。合语法的句子,如果其中的词汇没有所指,也没有意义,"啊哈很努力","啊哈"处于名字的位置上,但不指任何东西,因此这句话没有任何意义。

逻辑经验主义者认同语境原则,认为一个词只有在一个句子中才有意义。所以,一个句子有意义,其中出现的词语才有意义。这样,词语有意义的标准也就转化为句子有意义的标准。追问一个句子 S 的意义,就是在追问:"（1）S 可从什么句子推出来,从 S 又可推出些什么句子？（2）在什么条件下 S 被假定为真的,又在什么条件下 S 被假定为假的？（3）S 应如何证实？（4）S 的意义是什么？"②

这些问题其实是同一个问题,即 S 的意义是什么。（1）是元逻辑表述,说的是,S 的意义是蕴含它的所有逻辑前提和它所蕴含的所有逻辑后承的集合。（2）是真值条件表述,规定 S 的意义是它的真值条件。（3）是认识论的表述。逻辑经验主义者把有意义的句子分为两种:一种是直接报告可观察事实的句子,即观察句;第二种是理论句。与古典实证主义不同的是,理论句并不等于一些观察句的组合。

---

① 洪谦主编:《逻辑经验主义》上卷,商务印书馆1982年版,第9页。
② 洪谦主编:《逻辑经验主义》上卷,商务印书馆1982年版,第15页。

理论句中的名词指称不可观察的事物，或者其谓词是不可观察的属性或关系。观察句是直接可证实的。理论句虽然不能直接证实，但是从中可以合逻辑地推导出一系列观察句。这是对第一个问题的回答。如果从 S 推导出来的所有观察句都是真的，那么 S 是真的。这是对第二个和第三个问题的回答。回答了前三个问题，就等于回答了第四个问题，即 S 的意义是什么。

有了句子的意义标准，词语的意义标准不难确定。令 a 为任意一个词语，S（a）为含有这个词语的句子，卡尔纳普说，"a"有意义的标准是以下四个条件的析取："1. 已知 a 的经验标准。2. 已知规定了'S（a）'可以从一些什么记录句子推出来。3.'S（a）'的真值条件确定了。4. 已知'S（a）'的证实方法。"[①]

在这里，第一个条件里的经验标准是指我们知道 a 所指称的事物或对象，这些对象必须可以由经验方法认识。第二个条件里所说的记录句子是观察句的另一种说法，即记录我们直接观察报告的句子。后面三个条件其实也是句子有意义的标准。

这样，逻辑经验主义的核心主张，即意义标准和证实原则可以总结如下。意义标准即区分有意义的句子与无意义的句子的标准，意义标准归结为可证实性：一个语句是有意义的，充分必要条件是，它是可证实的。这里所说的可证实性，是指证实的可能性，而不是实际上的证实。例如，"开普勒 22 恒星系的一个行星存在生命"，这个恒星远离太阳系 600 光年，我们现在还没有技术手段来证实这个语句，但这种证实在逻辑上是可能的，即我们知道在出现什么可观察事实的情况下这个语句是真的，在什么情况下是假的。意义标准回答一个句子有意义或无意义的条件是什么，证实原则回答一个句子的意义到底是什么：一个句子的意义就是它的证实方法，也就是它的证实条件。一个句子的证实条件的总和构成它的真值条件。这样，真值条件就被解释成了可以通过经验方法掌握的证实条件。

二、理论语言的意义

逻辑经验主义者接受了休谟分叉，认为有意义的句子有两类：一类是分析句（逻辑和数学命题）及其否定，它们陈述的不是事实，而是事实的陈述方式，其真假只跟形式相关；另一类是单凭形式无法判定其真假的经验句子，这类句子真假的判定最终要取决于记录经验的基本句子。不难看出，在逻辑经验主义者这里，可真可假是句子有意义的一个先决条件。无意义的句子，都是些不可能为真，也

[①] 洪谦主编：《逻辑经验主义》上卷，商务印书馆 1982 年版，第 18 页。

不可能为假的句子。

（一）理论语言的意义难题与逻辑经验主义者的解题策略

观察陈述（观察句）与理论陈述（理论句）的区分是证实原则的一个理论后果。观察陈述如"这块草地是红的"，所含词汇直接跟经验相关，应用逻辑经验主义的意义标准毫无困难。理论陈述如"力的作用是相互的""加速度等于作用力除以质量"，其中含有像"力"这样的理论词汇，无法直接观察到相应的事物。这类句子无法直接通过经验来加以检验。它们的意义该如何确定呢？

逻辑经验主义者解决这个问题的基本策略是，设法把这些理论句子归结为基本的经验记录句子。这一归结过程是逻辑的，而归结的终点则是实证或经验的。

（二）卡尔纳普的解决

以卡尔纳普为例，在他看来，一个（科学）理论就是一个语言系统，这个系统包括观察语言和理论语言。系统的常项包括逻辑常项和描述常项。逻辑常项包括逻辑和数学算子；描述常项包括观察词项和理论语言的常项。观察语言的常项是指称直接可观察对象、过程等的词汇；理论语言的常项指那些不能用直接观察词汇来下定义的理论词汇，如"力""质量"等。一个理论通过理论公设引入理论词汇，理论公设不含观察词汇，它表述了一个理论的基本定律。例如，对牛顿力学来说，"物体运动的加速度＝作用力÷物体的质量"就是一个基本定律，其中，"＝""÷"是逻辑常项，"加速度""作用力"和"物体的质量"属于理论词汇。一个理论又通过对应公设把理论词汇跟观察词汇对应起来。比如，我们可以通过规定测量作用力的实验操作方法来跟"作用力"相对应。

"令'M'为 V_T 的一个理论名词；它可以标示一个物理量 M。说'M'是经验地有意义的，是什么意思呢？粗略地说，它的意思就是：某个涉及物理量 M 的假定在一个可观察事件的预测方面是有关系的。较明确细致一点说，就是：必须有一关于 M 的句子 S_M，使得我们能由它推出一个 L_O 中的句子 S_O。"①

在这里，V_T 是一个理论系统中的理论词项的集合，L_O 是这个系统的观察语言，S_O 是其中的一个观察陈述。这就相当于说，一个理论词汇有意义，当且仅当，包含这个理论词汇的句子是推出某个观察句子的必要条件。如果一个理论句子所有的理论词汇都有意义，那么，这个理论句子就是有意义的（不合逻辑句法的理论句子已事先排除）。

如果理论句子是观察句子的必要条件，那么，在其他条件不变的情况下，观

---

① 洪谦主编：《逻辑经验主义》上卷，商务印书馆1982年版，第151页。

察句子就可以推出理论句子。卡尔纳普的这套说辞在一定程度上避免了逻辑经验主义者的致命困难：证实原则本身既不是逻辑真理，也不是有经验意义的陈述，它本身是否有意义呢？卡尔纳普把一个理论看成是一套语言，其中句子的证实问题是这套语言中各个句子在句法上的一致性问题，尤其是理论句子跟观察句子的一致性问题。这是逻辑句法中的问题。这样，诚如艾耶尔所言：事实上，逻辑经验主义者把"证实原则当成一个约定加以接受"，他们在提出"一个关于意义的定义"。①

（三）实证能否最终完成？

卡尔纳普的解释细节并不为逻辑经验主义者所一致认同，但其中体现出来的基本策略——通过逻辑构造，将理论语言还原为观察语言——基本上为逻辑经验主义者所共享。值得注意的是：这一还原无法最终完成，因为理论句子无法完全还原为观察句子。

而且，关于理论语言的基础——单个经验本身是否可以完全证实，逻辑经验主义者内部还存在争议。卡尔纳普和纽拉特等人持有一种弱意义上的证实观：记录经验的基本句子本身具有假说性质，可以推翻。如果把追求知识的确定性看成是修船，纽拉特认为，我们只能在海上航行时修船，而非在船坞里修船。他认为，我们根本不可能把纯粹记录句子当成科学的出发点。而石里克则持有一种强意义上的证实观，确证（confirmation）构成一个绝对的终点。"我现在观察到这是蓝色的"，跟"这是蓝色的"并不相同。前者是记录句子，后者是确证。纽拉特等人认为，没有办法从前一个句子中消除观察者及其所处时空，石里克却相信，科学陈述的体系，就是要在事实中找到实现确证的手段。

三、形而上学不是科学

逻辑经验主义者以其意义标准，反观传统形而上学，他们发现，要么形而上学句子中的词汇没有意义，要么形而上学句子本身不符合逻辑句法。

（一）形而上学词汇没有意义

以"水是万物的本原"为例。这是西方哲学的第一个命题。要理解这个命题，不免会问：本原是什么意思（意义）？在逻辑经验主义者看来，这就相当于问："x 是 y 的本原"的真值条件。形而上学家常见的回答是：y 依赖于 x 而存在。可是，

---

① A. J. Ayer, "Editor's Introduction", in A. J. Ayer ed., *Logical Positivism*, Westport, Connecticut: Greenwood Press, 1959, p.15.

其中的依赖关系，并不被解释成可以凭经验就能观察到的关系；本原最初的涵义是时间在先，但形而上学主张另一种在先：形而上学在先。而对于什么是形而上学在先，又没有一个经验标准。因此，就这个词的形而上学使用而言，它没有意义。同理可知，"神""理念""绝对""无限""物自体""自我""非我"等形而上学的专门术语也没有意义。

（二）形而上学句子不合逻辑句法

卡尔纳普特别以海德格尔《形而上学是什么》为例，说明形而上学的句子不符合逻辑句法。海德格尔说了以下一些句子："这个无怎么样？"（Wie steht es um dieses Nichts?）"这个无存在只是因为这个不，也即是否定的存在吗？"（Gibt es das Nichts nur, weil es das Nicht, d. h. die Verneinung gibt?）"这个无先于这个不和这个否定。"（Das Nichts ist ursprünglicher als das Nicht und die Verneinung.）"无本身无着。"（Das Nichts selbst nichtet.）卡尔纳普发现，这些句子都不符合逻辑句法的要求。我们可以问：外面有什么；回答说：外面有雨，或者没有什么（无）在外面。我们可以问，这雨怎么样，却不能说，这无怎么样。我们可以说，雨雨着，却不能说无无着。海德格尔之所以说出这些句子，是因为他上了普通语法的当，以为无（Das Nichts）是一个普通名词，所以，凡在像"雨"这样的普通名词可以占据的句法位置，"无"也可以占据。其实不然。无虽然是一个普通名词，却不是一个名字，它是某种逻辑形式，是对句子或其部分的否定。①

（三）全部形而上学都没有意义

同情形而上学的人也许会说：人的认识是有限的，形而上学可能是在猜测一个认识能力比人类更高的实体会对我们的问题作出什么样的回答，是在说不可说的东西。卡尔纳普断然否定了这种可能性，认为说不可说的东西，会带来以下后果：要么词汇没有意义，要么词汇的排列组合不合逻辑句法。因此，试图说不可说的形而上学句子，就相当于说"这桌子呔吗？""数字 7 高大上吗？""偶数更黑还是奇数更黑呢？"比我们强大的实体，根本不能让我们理解这些无意义的句子。否则，我们就可能增加本质上不同的知识。然而，卡尔纳普坚信，知识只能在量上增加。

卡尔纳普对海德格尔文本的分析，也适用于其他一切形而上学文本。他指出，常见的形而上学伪陈述之所以形成，第一个原因是系动词（sein, to be）多义造成的混淆：它既可作为系动词，又有"存在"的意思。然而，存在不是性质，"存

---

① 参见洪谦主编：《逻辑经验主义》上卷，商务印书馆 1982 年版，第 22—26 页。

在"也不是谓词,而是量词。所以,说什么"上帝存在""我思故我在",在逻辑句法上都是错的。第二个原因是混淆了概念的逻辑类型。"李世民这个人是质数",就混淆了人的名称与数的名称,这是两个不同的逻辑类型。海德格尔的上述混淆,源出于此。

形而上学给自己提出的任务是,去发现经验科学发现不了的知识,并把这种知识表达出来。如果我们坚持证实原则,一个陈述的意义就是它的证实方法,那么我们就只能断定一些经验命题。我们会发现,形而上学根本就不存在了。形而上学从其本性上说是非科学的、无意义的,因此也就没有办法获得理解。

这样的形而上学,不真,也不假,只是无意义。可是,为什么它还能获得一些伟大人物的热爱呢?因为它作为艺术的替代物,表达了"一个人对人生的总态度"。卡尔纳普极为赞赏《查拉图斯特拉如是说》,这部作品用艺术(诗)的方式表达了别人用形而上学或伦理学表达的东西,不至于误导他人。他认为,尼采也许是具有最高的艺术天才的形而上学家。[①]

四、理论评价的逻辑

逻辑经验主义严格区分了科学发现与科学辩护,他们接受了赫歇尔(1792—1871)关于发现的环节(the context of discovery)与辩护的环节(the context of justification)的区分。发现的环节是一个新科学理论提出来的过程,而辩护的环节是一个科学理论受到检验和评价的过程。过去的哲学家致力于建立科学发现的方法,即提出新科学理论的方法。但逻辑经验主义者认为,科学发现是没有逻辑的,即不存在获得一个新的科学理论的严格的方法。但是,科学的辩护是一个严格的逻辑运算过程。逻辑经验主义者只关心科学辩护的逻辑。

根据意义标准,一个陈述有意义的标准是可证实性。观察陈述是直接可证实的,是科学中的基本陈述。其他句子的证实则依赖于它们与基本陈述的逻辑关系。理论句与背景陈述一起推导出观察陈述,这些观察陈述通过与实验和观察的结果对比,可以确定真假。在假定背景陈述为真的前提下,如果由理论陈述推导出的观察陈述是假的,则理论陈述被反驳或证伪;如果推导出来的观察陈述是真的,则理论陈述得到验证。这就是理论陈述的检验。这样,有意义的标准就演变为一个区分科学陈述与非科学陈述的标准:一个陈述是科学的,充分必要条件是,它是可检验的,即可证的或可反驳的。形而上学陈述由于不可检验,因而不是科学

[①] 参见洪谦主编:《逻辑经验主义》上卷,商务印书馆1982年版,第33—36页。

陈述。可检验性标准是区分科学与非科学的标准，而不是一个价值的标准。例如，艺术不是科学，但具有高价值。

区分科学与非科学的标准也不是一个真理标准。科学陈述并不等于真陈述。逻辑经验主义者否认我们能够得到必然为真的科学知识。科学的理论陈述都是假说，总是可错的。只有逻辑真理是必然的真理。

这样，科学理论检验或评价的基本目标是确定科学假说接近真理的程度，这是逻辑经验主义的科学方法论的核心问题。逻辑经验主义关注的焦点是理论命题的证实方法。不同理论命题推导出来的观察命题的数量各不相同。这样一来，相互竞争的理论命题，由于都只能部分证实，就有一个证实程度的问题。这个证实程度，被称为验证度，它由一个理论命题所能推出的真经验命题的多少来衡量。

评价一个理论，就是去测算它的验证度，或者说概率。逻辑经验主义者发展了归纳逻辑。他们把概率论加以改造，借助于数学的精致的演算技巧，建立起形式化的归纳逻辑体系。逻辑经验主义的归纳逻辑有两个显著的特点。第一，与古典归纳逻辑不同，它不再企图找到科学发现的方法。这种新归纳逻辑只有一个功能，就是科学理论的评价，即计算理论假说的验证度或概率。一旦我们知道了假说的概率，竞争的假说之间的选择就成为一个形式化的事情。第二，它将概率中的事件的概率改造为命题或陈述的概率，从而借鉴数理逻辑技术将归纳逻辑形式化。

大体上说，假说的评价是一个纯逻辑过程。首先，从理论假说与背景陈述和合取推导出一系列观察陈述，从假说推导出来的观察陈述又叫做预测。这个过程是一个演绎的过程。然后，通过实验和观察确定每一个预测的真假，这样就可以根据成功预测和失败预测的数量以及归纳逻辑的规则，计算假说的概率了。归纳逻辑就是要从理论做出的预测的真，推出做出预测的理论为真的概率来。逻辑经验主义者们试图找到其中推导的精确规则。在这一过程中，逻辑经验主义者在归纳逻辑的发展上做出了巨大贡献。

通过概率或验证度来评价理论命题，也存在着一些困难。第一，是概率的解释问题：概率的本质是什么？主要有客观频率、逻辑关系、主观相信度三种解释。逻辑经验主义者如卡尔纳普，认为概率是一种逻辑关系，是经验证据（即成功和失败的预测）对理论假说的逻辑支持度。但这种解释很难应用到具体的科学理论的评价上。第二，典型理论陈述，如物理学定律，一般采取全称陈述的形式。而一个全称陈述要么真要么假，但是我们得出的理论陈述的概率似乎只是理论的可信程度。第三，以概率作为衡量理论优劣的指标，忽视了实际的科学活动的很多重要因素。例如，爱因斯坦的广义相对论只有很少的预测，而牛顿物理学却有大量得到证实的预测。因此，不同的预测有不同的权重，明天太阳升起的预测并不给牛顿力学增添多少力量，而"光线弯曲"的预测却是对广义相对论的强有力的支持。科学理论的评价有深刻性、统一性、发展潜力等多种考虑，而归纳概率的考虑显得单一而死板。

第四节　对前期分析哲学的评析

前期分析哲学，从弗雷格、罗素到维特根斯坦和逻辑经验主义，无不体现出现代数理逻辑的影响。这些哲学家有一个共同的信念：不相信表面的日常语法，转而相信深层的逻辑句法。他们都致力于建立完善的形式语言。日常语法的误导带来的传统哲学问题，将通过在逻辑句法层次上做出的逻辑分析消除。几乎可以说，现代数理逻辑的基本精神是早期分析哲学的研究纲领。在20世纪哲学的"语言转向"中，数理逻辑语言首先成为榜样。弗雷格第一次建立起现代逻辑的一阶谓词演算系统，在形式上完全摆脱了传统逻辑对自然语言的依赖，对象与概念（函数）的区分，"存在"量词化等，这些工作给哲学带来了根本性的影响。罗素进一步推广逻辑分析方法，他的摹状词理论被视为哲学的范例。罗素和维特根斯坦的部分尝试将全部语言的特征归结为逻辑语言的特征。维特根斯坦还为这种语言设想出了一套对应的本体论结构。根据这一结构，世界、思想和语言应当相互对应；思想和语言中跟世界无法对应的部分，被当成缺乏意义的或无意义的。维特根斯坦甚至以为，他一劳永逸地解决了所有哲学问题。

与20世纪初自然科学的发展相适应，逻辑经验主义者发展了《逻辑哲学论》的基本思想，并特别用它来分析科学语言，确立起"逻辑+经验"的原则，第一次建立起了科学哲学学科，希望以物理学为基础促成科学的统一。而且，他们强调，他们并不提供最后的真理，而只提供某种清晰和精确的语言和方法，其结论应随着研究的深入而改变，甚至可以放弃。这样就带来一个明确的结果，施太格缪勒称赞说："哲学研究第一次明确地服从于科学进步的特有的连续性。"[①] 这些哲学家并不把自己的哲学当成是某种不能被撼动的、作为信仰的世界观，他们认为理论

---

① ［联邦德国］施太格缪勒：《当代哲学主流》上卷，王炳文等译，商务印书馆2000年版，第432页。

的与时俱进是一种优点，他们一生的哲学观点大多变化甚巨。这一特征不只是逻辑经验主义者具有，维特根斯坦、罗素也是这样的。

然而，如果不掌握相对真理与绝对真理的辩证关系，不能明确相对真理中的绝对真理要素的话，这些哲学家所具有的以上优点就有可能转化成缺点，陷入某种逻辑上的不自洽或相对主义之中。尤其是逻辑经验主义者，一方面，他们说自己并不提供最后的真理；另一方面，他们又主张科学评价的目标是确定科学假说接近真理的程度。如果他们真的不提供且不知道最后的真理，他们靠什么去确定科学假说接近真理的程度呢？就好像一个人，如果他真的不知道武汉究竟在哪里，他又怎么能知道自己离武汉到底有多远呢？被逻辑和科学的成就震撼的人，很可能会比较同情这样的哲学家，尤其是逻辑经验主义者。他们中的绝大多数人本身就是科学家，具有深厚的科学素养，而且深知科学的进步似乎总是对前人成果的修改或校正。可是，我们之所以能够说"进步"，是因为我们对未来的方向有某种在先的把握。如果没有这种把握，便没有进步可言。

为了回应以上困难，石里克主张确证构成绝对终点，可是对绝对终点的坚信有很大的独断论色彩。纽拉特主张记录句子无法删除认知者及其所处时空，这样虽然有可能回避了独断论的指责，但由于记录句子具有假说的性质，尚未被推翻的假说总有被推翻的危险，于是乎，一切都变得相对起来。如果"经验"仅仅指我们的认知经验，无法得到离开我们认知经验之外的内容，那么，逻辑经验主义者（甚至也包括罗素）的"经验"其实不过是近代经验论的翻版。虽然经由现代逻辑语言和科学语言的装点，这种新的经验论变得更加精巧了，但究其实质，还是一种唯心主义。如果经验就此被个人化，还会有"私人性经验"之弊，难以逃脱唯我论的圈套。为了回避这些难题，石里克把经验区分为形式和内容，他认为，虽然某个人经验的内容是私人性的，他经验的形式却是公共的、可交流的。也许石里克说出了大多数人的直觉，但维特根斯坦并不满意这种解释。在后期，他展开了对私人性的著名批判。

逻辑经验主义者宣称，形而上学没有意义，这对于坚持传统哲学观点的人而言是一次巨大的打击。但是这一打击并不那么成功，并且很可能是自我摧毁的。因为，形而上学没有意义，也是一个带有形而上学特征的观点：它既没有经验意义，也不能从逻辑上证明为真。再者说，形而上学的词汇是否确无所指，形而上学的句子是否确实违背了逻辑句法，并没有定论。后来波普的观点要公允得多，波普不谈意义标准，而谈划界标准。逻辑和经验科学在一边，形而上学在另一边。这是站队的不同，而非意义的有无。

从方法论上看，这些哲学家和哲学流派存在着片面、孤立地看问题的倾向。他们把自己最熟悉的现代逻辑和现代科学的思维模式当成分析和解决一切问题的手段，不能从普遍联系的观点出发，看不到语言的丰富性，看不到非语言因素对语言的影响，无视历史和文化传统的重要性。因此，他们的哲学图画是简单而片面的。在语言哲学中，由于日常语言的丰富性和生动性，用逻辑技术来刻画日常语言的纲领是失败的。事实上，我们是在用日常语言为逻辑语言做解释，而不是相反。这促使了日常语言学派和后期维特根斯坦哲学的产生。在科学哲学中，逻辑经验主义受到了后来科学哲学家的激烈批评，它的基本主张几乎都被推翻了。逻辑经验主义哲学既不符合人类语言交流的实践，也不符合科学实践的实际。

思考题：

1. 简述弗雷格涵义与指称的区分。
2. 简述罗素摹状词理论。
3. 试比较罗素与维特根斯坦在逻辑原子主义思想方面的异同。
4. 维特根斯坦为什么说：凡可说的，都可以说得清楚；凡不可说的，就得沉默？
5. 逻辑经验主义者是否成功地论证了"全部形而上学没有意义"？为什么？

第六章 科学哲学

科学哲学是20世纪产生的一门哲学分支学科，主要研究自然科学的哲学问题，如划分科学与非科学的标准、科学理论的检验与评价的方法、科学合理性、科学理论对象的实在性、科学说明的模式、科学发展与知识增长的方式、科学与人类文化其他领域的关系等问题。

当代科学哲学始于逻辑经验主义。在证实原则的指引下，逻辑经验主义者细致而深入地探讨了科学理论检验和评价的逻辑，尤其是理论证实的逻辑。而波普则注重证伪的一面，把科学逻辑看作证伪的逻辑。这两个学派都是科学哲学中的逻辑主义者。

20世纪50年代后，经验主义的科学哲学受到激烈的批判，产生了历史主义的科学哲学。历史主义的科学哲学家用观察渗透理论的原则取代了逻辑经验主义的观察陈述的中立性原则，认为单纯的逻辑分析完全脱离科学史的实际。库恩和费耶阿本德主张科学方法论必须接受科学史事实的检验。拉卡托斯则努力修改波普的证伪主义，从而把逻辑与历史协调起来。由于方法论原则的普遍性、科学知识的真理性或客观性都受到怀疑，在70年代之后，科学实在论与反实在论的争论成为科学哲学的主要问题。

第一节 波普学派的证伪主义

卡尔·波普（又译卡尔·波普尔，1902—1994）出生于维也纳，1918年进入维也纳大学，对马克思主义有过短暂的信仰，也曾迷恋弗洛伊德的精神分析，在听了爱因斯坦关于相对论的学术报告后，认为科学精神在于证伪而不是证实。1946年至1969年任教于伦敦经济学院。他的《研究的逻辑》德文版于1934年出版，他自己把它译成英文，取名《科学发现的逻辑》（1959）。其他著作和论文集有《开放的社会及其敌人》（1945）、《历史主义的贫困》（1957）、《猜想与反驳：知识的增长》（1963）、《客观知识：进化论立场》（1972）。波普的科学哲学主要有三个方面：证伪主义的方法论、客观知识理论、科学知识进化论。

一、证伪与科学划界

波普的科学哲学是科学辩护的逻辑，或者说是科学理论的评价与检验的逻辑。

波普与逻辑经验主义者一样，都把科学哲学看作科学逻辑，即科学辩护或科学理论检验的逻辑。但《科学发现的逻辑》是一个容易让人误会的书名，误以为波普关注的是科学发现而不是科学辩护。波普在书中说："科学家的工作就在于提出和检验理论。第一个阶段，即构想或发明一个理论的阶段，在我看来既不需要也不能够做逻辑分析。某人如何得到一个新想法——不管是一段乐曲、一段剧情，还是一个科学理论——也许对于经验心理学家非常重要，但它与科学知识的逻辑分析无关。后者不关心事实问题，而只关心辩护或有效性问题。……因此，我将做出一个严格的区分，一边是构想一个新理论的过程，另一边是对它进行逻辑考察的方法和结果。关于知识逻辑的任务——与知识心理学相对照——我将从以下假定入手：每个新观念如果要受到认真对待，就必须受到某些系统的检验，知识的逻辑仅仅在于研究那些系统检验所运用的方法。"① 波普本人的论述表明，他把一个通过了证伪的考验而没有被反驳的假说叫做"科学发现"，因此，他所说的科学发现的逻辑，其实是科学辩护的逻辑。

波普对科学精神的看法来自他对重大科学发现的总结。逻辑经验主义者的意义标准同时也是他们区分科学与非科学的划界标准。波普声称他对意义问题不感兴趣，并以伟大科学家的革命发现为范例，提出证伪主义的划界标准。伽利略、开普勒、牛顿、爱因斯坦、玻尔等是波普认为的科学英雄，他们提出大胆的猜测去回答他们面对的科学问题，同时对自己的猜测持严厉的批评态度，以检验自己的猜测。由此，波普推定，大胆的猜测和严厉的反驳是科学的根本精神。

说一个假说是大胆的，就是说它冒着极大的被证伪的风险，它与公认的观点相冲突，与明显的经验证据相冲突。大胆假说的典范是爱因斯坦的引力理论。第一，它在根本观点上与当时看来牢不可破的牛顿理论相背离。第二，根据爱因斯坦理论，牛顿理论是一个很好的近似，不过是假的。因此，一个理论的科学性不在于它的真理性。第三，爱因斯坦从他的引力理论中推导出三个重要的可观察预测，其中两个从来没有人想到过。这三个预测都与牛顿理论相矛盾。第四，爱因斯坦宣布这些预测是判决性的：如果实际观测结果与他的精确理论计算不一致，那就等于他的理论被驳倒了。第五，即使观测结果同预测一样，爱因斯坦还是断言他的理论是假的。爱因斯坦说，虽然他的理论比牛顿理论更接近真理，但他有理由相信他的理论还不是最后的真理。如果一个理论做出前所未有的精确预测，并在预测失败时反驳该理论，那么这种反驳就是严厉的。

---

① K. Popper, *The Logic of Scientific Discovery*, New York: Harper & Row, 1959, p. 31.

可证伪性是区分科学与非科学的划界标准。波普从爱因斯坦的科学观点中引出他的哲学观点：在现象世界后面有一个实在世界，可能是多层次的，现象只是它的最外层。伟大科学家的工作就是大胆猜测现象后面的实在是什么样子。猜想的实在与现象世界之间的距离越大，预测越新奇，则假说越是大胆。正是大胆的猜测，尤其是预测前所未见的现象，意味着风险：被反驳、被证伪、与实在相冲突的风险。或者说，科学理论都是有关现象背后的实在世界的猜测，这样的理论没有先天的正确性，必须以观察和实验的证据为依据加以检验，而检验的结果总有可能是否定的。于是，波普提出了以下划界标准：一个理论或假说是科学的，当且仅当它是可证伪的。可证伪的就是可反驳的或可检验的。波普说："如果一个系统能够受到经验的检验，我就一定承认它是经验的或科学的。一个经验的科学系统必须有可能被经验所反驳。"①

划界标准是波普的科学哲学的核心，他的其他哲学思想大多与此有密切的关系。他在《没有终点的探索：学术自传》中说，他最初的想法是建立科学与伪科学的划界标准，后来又把划界标准扩大到形而上学上面。早在1919年他就在考虑一个理论在什么情况下是错的，什么样的可设想的事实是对理论的反驳或证伪。他感到震惊的是，他曾经迷恋的精神分析是无法证伪的，精神分析者把任何可设想的事件解释为他的理论的证实。由这一点加上划界标准，波普得出他关于"证实"的解释：寻求反驳并且经受住反驳，才应该算作证实。波普长期坚持他的划界标准，直到1971年，由于面对许多问题和批评，波普放弃了可证伪性标准而转向可批评性标准。其实，可批评性标准只是可证伪性标准的弱化，它们的精神实质是相同的。

受检验或反驳的是一个理论系统和陈述系统，这是波普反复强调的观点。如果我们把划界标准应用到一个陈述系统，就很难辨别受到实验检验的是系统的哪个陈述或哪个子系统。因此，我们只能说一个理论系统是不是科学的，不能说某个单一陈述是不是科学的。拿牛顿的引力理论来说，它是一个系统。如果我们证伪了它，我们就是证伪了整个系统。我们可以指认其中这个或那个定律错了，但这仅仅意味着我们猜测该系统中的某些改动可以使它免于被证伪。这就是说，我们猜测某个替代系统会有进步，会更接近真理。这样看来，前后继起的两个科学理论的差异可能是非常微小的，后起理论只是修改了先行理论中的很小一部分。因此，波普并不认定科学变化总是改朝换代式的革命。

---

① K. Popper, *The Logic of Scientific Discovery*, New York: Harper & Row, 1959, pp. 40—41.

一定程度的保守态度是允许的。保守的态度就是在反面证据面前并不轻易地放弃自己的理论，这给科学留下争论的余地。只有当科学家努力捍卫一个理论时，才会了解到那个理论的各种可能发展。科学总是猜测，科学家必须猜测何时终止为他喜爱的理论作辩护。于是波普提出了一个基本的方法论原则：提出可以被反驳的理论，想好可能的、决定性的证伪实验——判决性实验。但是，在批判地考察了某个理论所受的反驳之前，不要轻易地放弃那个理论。

从波普的学说中可以看出两点。第一，虽然科学本质上是大胆的猜测和严厉的反驳，但小的修改同样与科学理性相容。第二，对划界标准本身持批判态度：划界标准本身不是神圣不可侵犯的，科学家不必在反驳面前轻易地放弃自己的理论，应该有争论的余地。由此可见，波普的划界标准是一个反教条主义原则：科学家应该始终对现有理论持批判态度，坚信没有任何理论是不可以修改的，科学进步总是可能的，科学家不能无视有力的经验证据的反驳而始终顽固地坚持一个理论。

特设假说是被禁止的，而辅助假说是允许的。特设假说和辅助假说都是为挽救一个被证伪的假说而引入的，它们的区别在于是否能够得到独立的检验。如果科学家的猜测出了问题，例如，最初照实按照牛顿理论计算出来的天王星的运动与实际观测结果有较大的差距，那么科学家就要进行猜测：他可以猜测牛顿理论错了，构想一个更好的理论来取代它；他可以猜测另一个还未发现的行星影响了天王星的运动；他也可以猜测天王星有意志，以某种方式摆脱了牛顿定律的控制。第一种态度是伪证牛顿力学，第二种是提出辅助假说，第三种是提出特设假说。辅助假说并不影响牛顿的运动定律，它影响的是以前关于太阳系结构的看法。这个新的猜测是可独立检验的：新的行星（海王星）的位置被计算出来并且被发现了。波普的划界标准是禁止特设假说的。特设假说可以使任何理论免于被证伪，因而阻碍科学的进步，不可反驳性是非科学的特征。

二、确认度与逼真度

科学假说不能证实，而只能证伪。不论有多少正面的证据，都不能证实一个全称假说，而只要一个反例，就可以反驳一个假说。科学假说的核心是一个或几个科学定律，而科学定律的逻辑形式一般是全称陈述。在逻辑上，如果一个全称陈述的一个或几个后承是真的，我们不能推导出该全称陈述是真的。但是，如果一个全称陈述的一个后承是假的，那么这个全称陈述是假的，这就是否定后件的假言推理。由于科学发现没有逻辑，由于假说检验纯粹是一个演绎过程，因此，归纳逻辑既不是发现的逻辑也不是辩护的逻辑。科学的目的也不是高概率,一个假说的逻辑概率越高,它的经验内容越少,因此对自然的描述也就越少。科学是通过证伪而进步的。科学家构想大胆的假说,并设计严格的反驳程序,如果假说通过了严格的检验,则它被确认了。

两个科学假说的比较在于其确认度的高低。波普用确认(corroboration)概念取代逻辑经验主义的验证(confirmation)概念。验证度是以假说的正面实例为依据计算出来的逻辑概率,而确认度是两个假说之间的比较。如果一个假说 A 比另一个假说 B 更精确、更普遍,能导出更多的预测,能通过 B 所不能通过的检验,则 A 比 B 有更高的确认度。具体地说,在以下六种情况下,一个理论 A 比另一个理论 B 有更大的确认度:

(1) A 比 B 做出更精确的断言,而且这些更精确的断言都通过了严格的检验。

(2) A 比 B 涉及并说明更多的事实。

(3) A 比 B 更详细地描述和说明那些事实。

(4) A 通过了 B 没有通过的检验。

(5) A 指示了新的检验,这种新检验在 A 被提出来之前没人想到(B 不能指示这些检验,也许新检验根本不适合 B),并且 A 通过了这些检验。

(6) A 把迄今没有关联的问题统一或联结起来了。

确认度的概念并不是一个真理性程度的概念,它只是用来比较两个科学假说。只有接受确认度更高的理论,科学家的理论选择才是合理的。因此,波普的科学方法论也是一种科学合理性理论。

逼真度是衡量科学的真理性程度的标准。起初,波普认为"真理"这个词是含糊的,因此,在科学逻辑中尽可能避免使用这个词。后来,他认为塔斯基的真理理论完全清楚地定义了真理:"塔斯基的伟大成就、他的理论对于经验科学的哲学的真实意义是他恢复了绝对真理或客观真理的符合论(这种学说过去曾经是很可疑的),他使我们完全可以自由使用真理即为符合事实这种直观观念。"[①] 波普坚持真理是客观的。一个理论可以是真理,即使没有一个人知道它是真的。反之,即使所有的人都相信一个理论,它也可能是假的。波普认为,科学就是追求真理。只有相对于这个目标,我们才能够说,虽然我们是可误的,但我们能从错误中学习。只有承认真理,我们才能有意义地讨论错误与合理批判。正是错误或可误性观念隐含着真理观念:我们没有发现真理,所以我们错了。

---

① K. Popper, *Objective Knowledge: An Evolutionary Approach*, Oxford: Clarendon Press, 1972, p.60.

科学的目的是寻求真理，但不是表面的真理，而是精彩的真理。科学寻求的是对疑难问题的解答，而不是收罗无价值的高概率陈述。因此，波普认为，用大胆的猜测来解决重要的问题，即使后来证明猜测是假的，也比一串真实而没有用的陈词滥调要好。这是因为，我们可以从错误中学习，发现我们的猜测错了，就是学到了不少与真理有关的东西，是更接近真理了。因此，虽然我们的知识总是可误的，但我们能够越来越接近真理。虽然我们不能说某个理论是真理，但我们可以说一个理论比另一个理论更符合事实，具有更高的真理性程度。

这样，波普把真理观念同内容概念融合成一个观念：逼真度（或逼真性）。逼真度较高的理论就是更符合事实或更接近真理的理论。波普强调，每个陈述或理论不只是要么真要么假，在真假值之外还有一个逼真度。一个经验科学的陈述要么是真的，要么是假的。但是，每一个陈述，即使是被证伪了的陈述，也都有一定的逼真度。

波普给他的逼真度概念提供了一个定义。试考虑陈述（或理论）A 的内容，即 A 的所有逻辑后承的集合，如果 A 是真的，那么这个集合的所有陈述都是真的，因为真理性总是从前提传到它的一切结论。但是，如果 A 是假的，那么它的内容是由真后承与假后承两个类构成的。"所有星期天下雨"是一个假陈述，它的有些后承是真的，比如"1354 年第 7 个星期天下雨"是真的，不管一个陈述是真的还是假的，根据它有多少真后承、多少假后承，就可以确定其真理性程度。

波普把 A 的真逻辑后承的集合叫做 A 的"真内容"，把 A 的假逻辑后承的集合叫做 A 的"假内容"。据此，波普提出如下定义。

假定两个理论 A 与 B 的真内容和假内容是可比较的，那么 A 的逼真度高于 B 的充分必要条件是：

（1）A 的真内容而不是假内容超过 B，或者

（2）B 的假内容而不是真内容超过 A。

假定一个理论 A 的真内容和假内容是可以测度的。令 V（A）表示 A 的逼真度，C_T（A）表示 A 的真内容，C_F（A）表示 A 的假内容，波普的逼真度定义如下：

$$V（A） = C_T（A） - C_F（A）$$

这个逼真度有两个致命的弱点。首先，精彩的科学理论多是全称陈述，因此有无穷多的逻辑后承。如果它是假的，那么 C_T（A）与 C_F（A）这两个集合都是无穷的。因此波普提出的比较是不可能的。其次，如果集合 C_T（A）小于 C_F（A），那么就会出现负逼真度，这是很荒唐的。

科学知识是进化的。逼真性概念是波普用来说明科学进步的关键概念。虽然我们不拥有真理（绝对真理），但是我们有理由说我们的科学大大进步了。科学的进步又叫科学知识的增长。我们从问题开始，提出一些猜测，有的猜测通过了严格的检验，于是取代了旧理论成为进一步探索的起点，新的猜测又会遇到新问题，又会让位于更接近真理的猜测。这个过程是没有终点的，但是，每一次理论的变化，都是向真理——具有最高逼真度的理论或假说——靠近了一步。

与科学是一个逐步接近真理的观点相适应，波普把科学发展看作一种进化，同生物进化的机制大致相同。生物进化是通过试错法进行的，试错法在科学方法论上就是猜测与反驳法。这就是说，科学进步在方法论上就是通过猜测与反驳向真理靠近。虽然生物进化没有固定目的，但科学活动是有目的，这就是真理。

科学进化的机制是猜想与反驳。波普指出，科学赖以发展的、自我纠正的方法就是大胆猜测并试图进行巧妙和严厉的反驳的方法。按照波普的进化模式，科学研究不像归纳主义所说的那样从观察开始，而是从问题开始，或者是实践问题，或者是理论问题。面对问题，科学家要想方设法加以解决，解决的第一步就是猜测，设想出一个解，然后设法批判它。一个猜测在一个时间里也许能经受住批判或实践检验，但是，科学家不久又将会发现，他们的猜测能被反驳：那些猜测没有解决问题或者只是部分地解决了问题。即使是最好的猜测，也会导致新的困难、新的问题。"因此我们可以说，知识的增长就是通过猜测与反驳从旧问题过渡到新问题。"① 如果最尖锐的批评没有成功，如果我们的假设经受得住批评，那么我们也新学到许多，我们的假说也许会被暂时纳入现行的科学知识体系。

波普明确指出："我们的知识增长是一个极其类似于达尔文所说的自然选择的过程所产生的结果，［这个过程］即假说的自然选择。我们的知识总是由假说构成的，它们通过在生存斗争中存在下来而显示它的［相对］适应性，竞争消除了那些不适应的假说。"② 不过，波普强调，人类知识不能仅仅被理解为生存竞争的工具。最适应的假说是能够最好地解决有关问题的假说，是比它的竞争对手更能经受批判的假说。如果要解决的问题是纯理论问题，那么制约着批判的观念就是真理或接近真理的观念，而不是有助于我们生存的观念。

波普还从逻辑上考察了科学知识的变化问题，他认为以下两点是非常重要的。

---

① K. Popper, *Objective Knowledge*: *An Evolutionary Approach*, Oxford: Clarendon Press, 1972, p. 258.

② K. Popper, *Objective Knowledge*: *An Evolutionary Approach*, Oxford: Clarendon Press, 1972, p. 261.

第一,一个理论只有与先行理论有冲突,才有可能构成一次发现或进步。在这个意义上,科学进步是革命性的,即使革命性的程度有高有低。第二,科学进步在一定意义上又是保守的。一个新理论不论多么革命,必须能够充分说明旧理论的成功。凡是旧理论取得成功的地方,新理论必须取得至少同样好的结果,有时还是更好的结果。这时,在这些区域,旧理论可以看作新理论的近似,而在其他区域,新理论的结果不仅不同而且更好。

波普宣称,以上两点使我们能够判定任何新理论如果能够通过检验,就比旧理论更好。即使在检验之前,我们也能在逻辑上判断一个新理论是否有更多的内容,是否有更精确的预测,是否有新预测。这就意味着,我们有一定的标准来判定新理论与旧理论相比质量如何。因此,我们有科学进步的标准:科学进步是可以合理地测定的。科学史是一部进步史。

因此,在波普看来,科学进步与革命是统一的。他推崇马克思的号召:永远革命。同时,波普主张科学革命是合理的,亦即一个革命性的理论是否比以前的理论更好,这是可以合理地判定的。

逻辑经验主义和波普学派的科学哲学都是科学逻辑,因此,都是逻辑主义的。这两派都严格区分科学发现与科学辩护、理论假说与观察事实。它们的科学哲学的核心是科学辩护或理论检验的逻辑规则。这些逻辑规则构成它们的科学方法论的核心,提供了科学合理性的标准。在这两派看来,科学逻辑是规范的、普遍有效的,适用于一切历史时代和一切文化背景下的科学,不因历史和文化背景的变化而改变。这些观点都受到历史主义的科学哲学家的彻底批判。

三、科学研究纲领方法论

拉卡托斯(1922—1974)生于匈牙利一个犹太家庭,母亲和祖母都死于奥斯威辛集中营。他在第二次世界大战期间是一个活跃的共产党人,战后曾任匈牙利教育部高级官员,1950—1953年间由于修正主义的罪名而被监禁,1956年苏联入侵时逃往英国,1961年获得剑桥大学博士学位,1969年起执教于伦敦经济学院。他的主要著作有:《批评与知识的增长》(1970,合编)、《证明和反驳》(1976)、《科学研究纲领方法论》(1977,2卷)与《数学、科学和认识论》(1978)。

拉卡托斯大体上属于波普学派,其思想可以说是站在波普学派的立场对库恩哲学的一个回应。在他看来,库恩的哲学所针对的是朴素的证伪主义,因此他致力于发展波普的精致证伪主义因素。

朴素证伪主义不符合科学史的实际。拉卡托斯指出,在朴素证伪主义者看来,

"（1）检验就是理论与实验两方的搏斗，以至于最后就是这两方进行面对面的对抗；（2）这种对抗的唯一重要的结果是（决定性的）证伪：'[真正的]发现仅仅是科学假说被驳倒。'"① 因此，按照朴素证伪主义，第一，科学检验是单一的科学理论与科学实验证据之间的斗争；第二，科学理论可以被单一反例证伪。这两点是不符合科学史的事实的。而在科学史上，科学家往往不放弃当前的理论而向实验证据挑战，有时候科学家又在没有充分证据的情况下接受新理论，如接受哥白尼理论。而且，有时候重要的实验所产生的结果是证实而不是证伪。

精致证伪主义是对朴素证伪主义的发展和提升。它的基本主张是，第一，证伪依赖于一个更好的理论的出现，依赖于预料新事实的理论的出现。在拉卡托斯看来，没有任何实验、实验报告、观察陈述或得到高度确认的低层假说能够单独地导致证伪。在一个更好的理论出现以前不存在证伪。证伪不只是一个理论与一些经验证据之间的关系，而是多个理论之间的竞争，在竞争中失败的理论才被证伪。第二，没有直接的反例。这里涉及多个理论之间的关系、理论与证据之间的关系，一个理论 T_1 的"反例"对于另一个理论 T_2 可能是正面事例，而 T_2 也许能够说明 T_1 所能说明的一切事例。这样，所谓判决性的反例只能是事后的判断。第三，证伪的关键因素是，新的理论与其先行者比较，提供了新内容并且新内容被确认。

对于朴素证伪主义，新理论不必在"证伪"之前出现；对于精致证伪主义，理论增多不能够等到原来的理论被反驳之后。前者强调，现行理论被证伪后，以更好的理论来替换它是一个紧迫的任务；后者则强调，以更好的理论来替代现行理论在任何时候都是一项紧迫的任务。这样，证伪就不再是科学发展的动力，只有对更好的理论的寻求才是科学发展的动力。拉卡托斯所说的精致的证伪主义就是科学研究纲领方法论。

科学研究纲领是一个理论系列，由硬核和保护带构成。一个理论只有同许多其他理论一起才能推导出可检验的实例。证伪可能指向被检验的理论，也可能指向背景理论。从这个意义上说，证伪是不可能的。这是证伪主义的一大难题。波普认为，一个理论受到反驳，但也许我们无法从逻辑上确定这个理论中哪里出现了问题。新理论可能只是对旧理论中的某个部分做微小的修改。如果存在一系列这样的连续的修改，那么，由于它们之间彼此接近，因此形成一个理论系列。这个系列就是拉卡托斯的科学研究纲领。精致证伪主义者以科学理论的系列而非单

---

① I. Lakatos, "Falsification and the Methodology of Scientific Research Programmes", in I. Lakatos & Alan Musgrave ed., *Criticism and the Growth of Knowledge*, Cambridge: Cambridge University Press, 1970, p.115.

个理论作为评价的单位。这种理论系列的特征是,它的成员之间具有某种连续性。这种连续性来自一个真正的研究纲领。

科学研究纲领方法论规则有两种,一种规则把研究所要避免的途径告诉我们,这是反面启发法,或者叫做否定性的指导性规则;另一种规则则告诉我们要遵循的研究途径,这是正面启发法,或者叫做肯定性的指导性规则。科学理论 T_1,T_2,……T_n 是一个研究纲领的产物,如果它们共有某些"不可反驳的"公设,这些公设构成这个研究纲领的"硬核"。例如牛顿的三个运动定律和万有引力定律便构成他的研究纲领的硬核。反面启发法规定一个研究纲领的硬核是"不可反驳"的,这是科学家的方法论决策,它防止我们把证伪的矛头指向这个硬核。

在硬核之外,一个科学理论的其余陈述叫做辅助假说或模型,它们构成硬核周围的保护带,是由这个纲领的正面启发法所产生的,是研究纲领中的各种"可反驳的变形"。正面启发法是科学家大致明确的研究策略或计划,它指导科学家按一定的方式改变和发展那些"可反驳的变形",阐明和修改"可反驳的"辅助假说等保护带。正面启发法使科学家不至于迷失在无数的异例或反例之中。由于正面启发法的作用,研究纲领产生出一系列越来越复杂的模型,这些模型是对实在的模仿。科学家专注于按照纲领的指示发展他的模型,而不理会那些实际的反例和素材。例如,牛顿的行星体系纲领开始是一个非常简单的模型,只有一个不动的质点似的太阳和一个质点似的行星。他用这个模型推导出适合开普勒椭圆轨道的平方反比定律。但是,这个模型同牛顿的第三定律相矛盾,于是牛顿代之以一个新的模型:太阳和行星都围绕它们共同的引力中心旋转。这一改变不是出于观察的压力,而是出于这个纲领在发展过程中所遇到的理论上的困难。在牛顿的下一个模型中有了许多行星,但行星之间似乎并无引力。再下一步,太阳和行星不再是质点,而是质量球体。这也不是出于观察的异常,而是因为不可能有无限大的密度,因此行星必须有广延。这一改变涉及大量的数学运算,使牛顿的《自然哲学的数学原理》的出版推迟了十几年。解决了这个难题之后,牛顿开始解决旋转的球体及其摄动问题。然后他的模型中才有了行星间的引力并开始考虑摄动问题。到了这里,牛顿才着手寻求事实的支持。许多事实得到了很好的说明,但还有一些事实不能很好地说明。这时他开始考虑有鼓凸的行星,而不是平圆的行星。这个纲领中许多"模型"被替换了,科学家甚至知道它们将怎样被替换。这就表明,在一个研究纲领中一些变形被反驳是很正常的,正面启发法的策略是一方面产生一系列变形,另一方面消化它们。

因此,正面启发法是几乎完全不顾"反驳"而稳步前进的。从某种意义上说,科学的经验性质，或者说科学理论同实在的接触，是由证实（而不是反驳）来实现的。当然，研究纲领的第 n+1 个变形的"证实"同时就是第 n 个变形的反驳。使研究纲领保持前进的恰恰是"证实"，这一点是研究纲领方法论同朴素证伪主义的重要分歧。

科学研究纲领的评价标准是启发力和进步。一个研究纲领的启发力的大小取决于它产生的新事实的数量。这一评价既适合于现行的研究纲领，也适合于被淘汰的研究纲领。一个有力的启发法往往就是一个指南，指出纲领中现有理论的缺点并规定如何替换它们，而且完全不考虑这样做在经验事实方面有什么困难。科学家选择什么问题来研究，是由研究纲领中的正面启发法决定的，而不是由异例或反例决定的。科学家把异例搁置一边，希望它们后来能变为验证这个纲领的事例。只有在一个研究纲领的启发力已经耗尽、处于退化阶段的时候，科学家才会把他们的注意力集中在异例上。波普相信科学研究从问题开始，一个问题就是现行理论遇到的一个反例。库恩认为一个反例就是一个难题，解决难题构成常规科学的主要内容。而拉卡托斯认为科学研究的内容是由正面启发法决定的。

关于科学研究纲领的评价，即科学哲学中一般所说的理论评价，拉卡托斯提出了他的标准。如果一个科学研究纲领满足以下条件，则得到肯定的评价：

（a）启发力强——有详细和广博的正面启发法：指导科学家建立一组充实和准确的基本的理论陈述（硬核），由硬核导出经验推断来并详细地说明它们，引进新的假设以便把它们应用于新领域，并在遇到困难时修改它们，等等；

（b）理论上进步——如果一个研究纲领 T_n 比 T_{n-1} 有更多可检验的推断，那么 T_n 在阶段 n 是理论上进步的；

（c）经验上进步——如果一个研究纲领 T_n 的任何新增的可检验推断通过实验被验证了，那么 T_n 在阶段 n 是经验上进步的。

如果一个研究纲领的正面启发力很弱或消耗完了，如果新的理论修改是特设的，并且没有任何新的预测被确证，那么这个纲领便得到否定的评价。在拉卡托斯看来，预测的失败与研究纲领的评价是不相关的。判决性的实验、证伪、由异例的累积所带来的危机等是不存在的。只要有了理论的或经验的进步，一定数量的预测失败是可以容许的。一个研究纲领消失是由于它们被更进步的纲领取代，而不是由于它们被事实推翻。

从某种意义上说，拉卡托斯的科学哲学是波普的证伪主义与库恩的范式论相糅合的产物。一方面，他把证伪置于保护带的位置，从而使硬核的证伪得到延缓，因而证伪主义变得更精致了；另一方面，他的"科学研究纲领"概念与库恩的

"范式"和"常规科学传统"概念非常相近。这样,他似乎是拿波普与库恩来相互反对又相互改正。

第二节 库恩的科学历史主义

托马斯·库恩(1922—1996)于1949年获得哈佛大学物理学博士学位,曾执教于加州大学伯克利分校和麻省理工学院。库恩以科学史为根据,对逻辑经验主义和波普学派的科学观提出了彻底的批判,他提出的"常规科学""范式""不可通约性"等概念具有深远的影响。他的著作除《科学革命的结构》(1962,1970)之外,还有《哥白尼革命:西方思想发展中的行星天文学》(1957)、《基本张力》(1977)、《黑体理论和量子不连续性》(1978)、《结构之后的路:哲学文集(1970—1993)》(2000)。

一、范式

库恩认为,科学是常规科学,是在既定范式的指导下解决难题的活动。重大的科学发现、推翻旧基本理论并建立新基本理论的科学革命,在科学史上是很少发生的。把科学和非科学区别开来的是"常规科学",而处于革命转变阶段的科学与其他领域并无实质性的区别。

范式是公认的科学实践的范例,常规科学是在范式的基础上建立的研究传统。"常规科学指的是牢固地建立在一个或几个科学成就上的研究活动,那些科学成就被一定的科学共同体看作是进一步的科学实践的基础。"[①] 在现代,这样的科学成就集中反映在教科书里。教科书讲述当时公认的理论,讲解其成功的应用,并列举观察与实验事实加以说明。教科书是19世纪才出现的,在这之前,代表这样的科学成就的是科学经典,如亚里士多德的《物理学》、托勒密的《天文学大成》、牛顿的《自然哲学的数学原理》和《光学》、弗兰克林的《电学》、拉瓦锡的《化学》、赖尔的《地质学》等。这些著作在某一时期为一代科学工作者提供了范例或样板,确定了哪些是要研究的问题,怎样去解决那些问题。这样一些科学成就之所以具有这样的功能,是因为它们有两个相同的基本特征。第一,它们是史无前

[①] T. Kuhn, *The Structure of Scientific Revolutions*, Chicago: The University of Chicago Press, 1970, p. 10.

例的科学成就，使许多人受到吸引而背离了其他的科学主张，共同效忠于这样的成就。在这样的成就取得之前，往往有许多学说和理论争吵不休、互不相让；在这样的成就出现之后，它们就把多数科学家招集在自己的旗帜之下，出现了结束纷争、走向统一的趋向。第二，它们又是充分开放的。它们并没有解决一切问题，但指示了哪些是要解决的问题，并树立了解决问题的典范。

具有这两个特征的科学成就就是范式。范式指某些公认的实际科学实践的范例，包括定律、理论、应用、仪器，这些范例是一种样板，从中产生具体的、连续的科学研究传统。科学史上常用的词汇如"托勒密天文学""亚里士多德动力学""牛顿力学""粒子光学""波动光学"等都显示了不同的科学传统，每一个科学传统都是从一个范式中产生出来的。

拥有一个共同范式的科学家组成一个科学共同体，或者说，一个科学共同体就是共有一个范式的科学家群体。要想成为一个科学共同体的一员，首先必须学习他们的范式。属于同一科学共同体的科学家所学到的基本理论和科学方法来自同一范本，他们在今后的科学活动中很少就基本原理产生争执。他们以相同的基本原理为出发点，遵守相同的科学实践规则和标准，这是常规科学的先决条件，也是形成一个具体的、连续的研究传统的先决条件。

库恩指出，他的"范式"与逻辑实证主义和波普学派的"理论"相比，内容更广。"学科母式"一词更能表达"范式"的本意。学科母式指某个学科的研究者共有的一切信念，由各种不同的成分有秩序地组成，其中每个成分都需要进一步明确化、具体化，产生许多子式，所以叫"学科母式"。

范式是一个学科的学科母式。学科母式中的第一个重要成分叫做符号概括。群体成员对这样的符号概括毫不怀疑。符号概括是学科母式中可以形式化或形式化了的成分。有的本身具有符号形式，如 $f=ma$、$I=V/R$ 之类，有的用词语表达，如"作用力与反作用力方向相反，大小相等"，"元素以固定的重量比相结合"。符号概括有两个方面，一个方面是我们所说的定律，如焦耳-楞次定律 $H=RI^2$，还有一个方面是定义。

学科母式的第二个重要成分是该学科共同体的形而上学信念，例如，热是物体成分的动能，一切可感觉的现象都是中性原子在虚空中的相互作用产生的，等等。形而上学信念还包括信守一定的模型，例如把电流看作一种稳态的流体力学系统，把气体分子看作随机运动的有弹性的弹子球。

学科母式的第三个重要成分是价值或价值标准。自然科学家感到他们属于同一个总共同体，在很大程度上是由于他们有相近的价值标准。不同的科学共同体很少有相同的符号概括或模型，但常常有共同的价值标准。价值标准每时每刻都在起作用，但它们的作用又是隐蔽的，只有在价值本身成问题时才突显出来。库恩估计最深层的价值是关于预测的，例如预测必须精确、定量的预测优于定性的预测，其他如简洁性、逻辑一致性等。"虽然广大科学家有共同的价值，虽然遵守那些价值是深层的也是科学的一部分，但是价值有时受到个人性格和经历的极大影响。"① 由于价值标准不同或价值标准的应用方式不同，科学家可能做出不同的理论选择。同一群体成员基本上有相同的价值观，当基本价值观发生严重分歧时，相应的范式也就垮台了，常规科学也就结束了。同时，共同体成员之间在价值的应用上稍有差异是可以的，而且是必需的。这使常规科学得以持续，又使科学革命有可能发生。

学科母式的第四个重要成分是"范例"。所谓范例，就是解决难题的示范性的具体实例。科学家在受教育之初，在实验室、教科书各章的末尾、考试试卷中都会碰到这样的实例。科学家们在后来从事科学研究之时从期刊里读到的解难题实例也是这样的范例。这种范例是科学家们解难题的样板、楷模，能告诉科学的继承者们怎样从事科学研究，怎样解难题，什么样的解是成功的、合格的。与学科母式中的其他成分相比，范例为共同体提供了更多的关于科学研究的细节。

范式是共有的范例。这是库恩对范式的另一种解释，公认的科学成就的概念隐含着范例的概念。他极为重视习题，认为这是科学知识的不可缺少的一部分，是我们在认识自然的过程中不可避开的一环。如果没有这样的范例，所学的理论、定律就是空洞的，没有经验内容，不能算是自然知识。例如，牛顿第二定律 $f=ma$ 是一个符号概括，是牛顿物理学共同体的科学家共有的。但是，不做更多的研究，不接触一些范例，学习者就不了解这个公式的意义，不了解公式的各项指什么，不了解科学家是如何把这个公式同自然配合起来的。关于这个公式的意义和应用，科学家在很大程度上是一致的，这在很大程度上归因于科学家是通过学习类似的范例和做类似的习题来掌握这个范式的。$F=ma$ 是一个大定律，对于不同实际情况表现为不同形式的小定律。对于自由落体，它变成了 $mg=m(d^2s/dt^2)$；对于单摆，它又成了 $mg\sin\theta=-ml(d^2\theta/dt^2)$，它还有一些别的形式。学习者在各种物理条件下学会识别作用力、加速度、质量时，也学会了根据不同情况设计相应形式的 $F=ma$，确认哪个是质量、哪个是力、哪个是加速度，如何建立它们之间的关系

---

① T. Kuhn, *The Structure of Scientific Revolutions*, Chicago: The University of Chicago Press, 1970, p. 185.

式。把定律同自然现象联系起来的能力是通过做习题得来的。可以用笔在纸上做，也可以在实验室做，完成了一定数量的习题之后，学生就会像老师一样对待他们遇到的实际情况，成为老师所属的共同体的一员了。

在科学史中，科学家解难题的方式是相似的。科学家模仿以前的范例去解决他们的难题，而很少求助于符号概括。伽利略、惠更斯、伯努利解决难题的办法都来自同一范例，即伽利略对摆动问题的解。以此为样板，伽利略本人解决了球在斜面上的滚动问题，惠更斯解决了物理摆的摆动中心问题，伯努利解决了水的流速问题。很难说这里有一个符号概括在起作用。他们所掌握的只是一个范例，即伽利略研究摆动的范例。在库恩看来，范例是范式不可缺少的成分，甚至有时就起着范式的作用。虽然有了范例不足以解决一切难题，但一切难题的解决都有某种范例作范式。

二、常规科学

常规科学是解难题的活动。一个范式刚刚诞生之时，它的精确性和有效性范围是非常有限的。就像一个新生儿，虽然具备了人的一切特性和潜能，但要经过长期的养育才能成熟。一个理论取得范式的地位是由于它比竞争对手更成功地解决了科学家眼里的关键问题。但是，更成功并不意味着完全解决了某些问题或成功地解决了一切问题，而只是通过一些有选择的实例显示了成功的前景。常规科学就在于把前景变成现实。实现前景的途径是：看看范式指示什么样的事实最能说明问题，尽可能多地搜集和了解实验观察事实、提高事实与范式预测的一致性程度，进一步调整范式本身。

这种"扫尾式"的科学研究构成库恩所说的常规科学。在库恩看来，常规科学似乎是企图把自然装进事先做好的、没有多少弹性的盒子，其目的不是造就新现象，而是提高范式同事实的配合程度，扩大范式的应用范围，提高应用精度。因此它的范围是很有限的。但是，正是这些限制产生了对一个范式的坚定信念，使科学家全力研究一些专门而细小的问题，使他们对自然的某一部分的了解极为详细和深入。因此，常规科学是科学进步必不可少的部分。

常规科学是保守的。在库恩看来，常规科学最惊人的特征是不标新立异，不论在理论上还是在实验观测上都是如此。库恩说，常规科学研究的结果常常是事先知道的，不外乎先前的几种推测中的一种。科学家按照理论范式做出许多推断，实验观察结果只是其中一部分，因此是在预料之中的。如果实验结果超出了预期的范围，常规科学家就会断定实验出了差错，或者他的那项研究失败了，不会把差错推到范式身上。

例如，经典物理学范式（包括光的波动说和麦克斯韦方程组）认定了以太的存在：以太是一种绝对静止的、弹性模量非常大而密度极其小的介质，光波通过以太传播。由于地球在静止的以太中以每秒 30 公里速度高速运行，那么一定会产生一种"以太风"，就像在无风的时候我们坐在行驶的敞篷车里感到有风迎面吹来一样。美国科学家迈克尔逊和莫雷按照经典物理学范式，设计了一套巧妙的装置进行测试，预期会测出"以太风"，这样以太的存在就会被证明。结果他们费了几年时间，也没有找到以太的踪影。这就是说，实验结果超出了理论预期的范围。对此，信守经典力学的常规科学家们有的认为迈克尔逊的实验失败了，有的提出了别的解释：以太是存在的，但由于某种原因，现行实验方法测不出来。到后来，科学家们接受了新的范式即爱因斯坦理论之后，才把迈克尔逊实验看作是对经典力学范式本身的反驳。以整理范式为目的的常规科学是不会追求新奇性的，如果意外地出现了新奇的东西，常规科学家将把它们归结到"错误"上面去。因为他们信守范式，范式是他们的研究活动的基础和前提，而所谓新奇的东西，就是与范式不一致、至少是范式不能说明的东西。

常规科学的吸引力来自难题的挑战。常规科学研究提高了范式应用的广度和精度。但这还不足以解释科学家对常规科学问题的高度热情和献身精神。虽然结果是可以预料的，但达到那个结果的方式却是大有玄妙的。解决一个常规科学问题是以一种新方法达到预期结果。需要解决的难题既有实验上的，也有理论上的。成功者证明自己是解难题的专家，难题的挑战是科学家乐此不疲的一个重要原因。库恩使用"难题""解难题者"这样的用语来陈述常规科学的本性，认为常规科学是解难题活动，常规科学家是解难题者。"难题"（puzzle）原义是指纵横字谜、拼板一类游戏，还有象棋残局、桥牌残局等。这些游戏难题的结果有时是已知的，但是解决难题的过程是令人兴奋的。库恩认为，常规科学具有同样的特性。难题都是有解的，所缺少的是求解的方式或步骤。一个常规科学家一旦抓住了某个难题，他的动机就是：如果他有足够的技能，他将成功地解决一个以前没有解的问题，或者找到一个更好的、前所未有的解。一些伟大的科学家把毕生的精力都放在这样的难题上。

在库恩看来，常规科学中存在一个复杂的信念网络，这些信念有理论上的、概念上的、方法论上的、实验上的，并且都起着规则似的作用（当然不仅仅是规则）。这些信念对于常规科学家来说规定了世界是什么样的，他的科学是什么样的，他要研究的问题是什么样的，什么样的问题是可解的，什么样的回答才是一个解。于是他就专心地去寻找问题的解,他个人面临的挑战就是找到合乎规则的解,常规科学的实践就是这样一种解难题的活动。"常规科学是高度确定的活动,不必是完全由规则决定的。我把共有的范式而不是共有的规则、假定和观点当作常规研究传统之一贯性的根源,道理就在这里。我认为,规则来自范式,但范式即使在没有规则时也能指导研究。"①

总的说来,库恩认为,常规科学研究在本质上是在一定范式之下解难题的活动。常规科学家的目的不在于理论创新,不在于推翻旧理论、建立新理论。在常规科学研究中理论范式是不受检验的,科学家对范式本身深信不疑,从而全力集中于范式的整理、应用和推广,解决范式指定要解决的难题。科学家的常规科学研究活动的失败,只能是科学家自己的失败,而不是范式的失败。库恩后来又说过,对于一个科学家,解决一个概念上和工具上的难题是他的主要目的。他所在的专业集体的其他成员的承认就是对他成功解决难题的奖励,而其实践效益至多只有第二位的价值。该专业集体之外的人的赞赏是一种否定价值或者没有价值。

三、不可通约性

库恩通过对科学革命即范式转换的历史分析,得出了科学革命前后两个科学范式没有共同的比较评价标准的结论,这就是他的不可通约性论题。

科学革命是从旧范式到新范式的转换。常规科学是累积性的,即更多、更精确的科学知识。"科学革命是指那些非累积性的发展阶段,是一个旧范式部分地或全部地为新范式取代的过程。"② 在常规科学研究中,科学家一心一意地深入探讨自然的细节,这样会发现大量的事实,有些新事实是与原有范式不相容的。开始,事实与范式的冲突只是被看作范式要解决的难题。有些难题通过范式的内部调整解决了,但有些难题总是得不到解决。解决不了的难题会越积越多,促使一些科学家离开当时的范式,试图用别的理论来解答那些难题。

旧范式在解难题上的失败造成科学危机,进而又带来新理论的出现或科学理论的变革。解难题的失败是由于旧范式遇到了它不能说明的现象或者范式的预测与实验结果出入太大。这时范式就遇到异例。当一个异例由于这样或那样的理由显得不仅仅是一个难题时,旧范式就开始了向危机或异常科学过渡。如果该专业的科学家普遍认

---

① T. Kuhn, *The Structure of Scientific Revolutions*, Chicago: The University of Chicago Press, 1970, p. 42.
② T. Kuhn, *The Structure of Scientific Revolutions*, Chicago: The University of Chicago Press, 1970, p. 92.

为异例是应该解决的重要难题，该领域则会有越来越多的杰出科学家致力于研究它。如果异例还是得不到解决，那么许多科学家就会寻求理论更新。

一切危机都具有两个共同点。第一，危机的出现总是伴随着范式开始变得模糊，然后是常规科学规则的放松。危机期间的科学与前范式时期很相似，只是各种主张之间的差别要小一些，差别的性质也更明了些。第二，一切危机终结的方式不外乎以下三种：有时，引起危机的问题终于以常规科学的方式解决了，现有范式度过了危机，继续指导常规研究。有时，引起危机的问题使科学家们绞尽脑汁都得不到解决，于是问题被放在一旁，等下一代有了更好的手段再去求解。有时，危机带来新理论的出现，新理论力图取代旧范式，接着是关于是否接受新理论的大论战。

从常规科学向新范式的过渡就是科学革命。库恩的科学革命就等于异常科学或非常规科学。面对异例或危机，科学家们对当下的范式采取不同的态度，他们的科学研究的性质因此也变化了。多种调整方式相互竞争，什么都愿意试一试，表现出明显的不满、诉诸哲学、对基本原理争论不休，这些都是常规科学转向异常科学的表现。

科学革命前后的两个范式之间是不可通约的。科学革命是新范式取代旧范式的过程，由于没有独立于范式之外的标准来衡量前后相继的两个范式的优劣，逻辑和观察证据不能单独决定范式的选择，所以前后两个范式是不可通约的。科学革命所产生的常规科学传统与旧传统不仅是不相容的，而且常常是不可通约的。库恩的范式不可通约性论题主要有以下四个方面的内容。

第一，新旧范式不相容。在库恩看来，新范式并不是旧范式的扩充，旧范式也不是新范式的特例。以为旧的理论（范式）可以从新理论推导出来，因此是新理论的一个特例，这是累积性进步模式的一个基本论题，牛顿理论同爱因斯坦理论之间据说有这种关系。库恩驳斥了这种说法。假定陈述集 $E = (E_1, E_2, \cdots, E_n)$ 表示相对论定律。这些陈述含有表示空间位置、时间、质量等因素的变量和参数。使用逻辑和数学技巧，从这些陈述可以推导出一个大陈述集，其中有可以用观察核实的陈述。为了证明牛顿力学是相对论的一个特例，我们必须给 E 增加一些陈述，用来限制参数和变量的值域，如 $(V/C)^2 = 1$。然后以这个增大的陈述集为前提进行推演，产生一个新陈述集 $N = (N_1, N_2, \cdots, N_n)$。这个陈述集在形式上与牛顿力学的运动定律、引力定律等几乎一样。表面看来，只要遵守几个限定条件，牛顿力学就从相对论推导出来了。

库恩反驳说，虽然可以说陈述集 N 是相对论力学定律的特例，但实际上不是牛顿定律。在爱因斯坦力学的陈述集 E 中，表示空间、时间、质量等的参量与变量虽然也出现在 N 中，但它仍然表示相对论的空间位置、时间、质量。这些相对论概念的物理意义和有相同名称的牛顿力学概念的意义是不同的。例如，牛顿力学中的质量是守恒的，但爱因斯坦相对论中的质量是与能量相互转换的。只有在低速情况下，才能以相同的方式测量它们。但即使如此，也不能把它们看作是相同的东西。如果我们保留 N 中那些变量的定义，那么我们推导出来的陈述就不是牛顿力学的陈述；如果我们改变它们的定义，那么我们就不能说推导出的是牛顿力学的定律，因为这样的推导显然犯了偷换概念的逻辑错误。

新理论虽然接受了旧理论的许多概念，但这些概念的意义改变了，这是新理论具有革命性的关键所在。从地心说到日心说，从燃素说到氧化学说，从微粒说到波动说，从牛顿力学到相对论力学，都产生了概念意义的变化。爱因斯坦没有引入新的物体或概念，但已有的牛顿力学概念在爱因斯坦的理论框架中都获得了全新的意义。"从牛顿力学到爱因斯坦力学的转变清楚地表明，科学革命是科学家用来观看世界的概念网络的更换。"①

第二，新旧范式具有不同的解难题标准，前后两个范式关于什么是科学难题、如何解难题以及解题的标准均有不同的看法。

新旧理论的分歧是必然的、不可调和的。首先，关于世界上什么东西存在、存在物的运动方式如何认识等问题，它们之间存在分歧。例如，关于亚原子粒子是否存在，光是否具有物质性，能量守恒的方式如何，等等，新旧范式提供的答案是不同的。这些分歧表现出对自然现象的不同说明。前后范式不仅指向自然，而且回到产生范式的科学本身，范式也是一个成熟的科学共同体在一定时期所接受的方法、问题域、解决标准的来源。因此，接受一个新范式常常是对相应学科的重新定义。旧问题有的被推给另一学科，有的被宣布为"非科学的"问题。而一些以前不存在或不重要的问题可能随着新范式一起产生或受到重视，对它们的解答随之成为科学研究的典范。要研究的问题变化了，把真正的科学解与形而上学思辨、文字游戏、数学游戏区别开来的标准也就改变了。不可通约指没有客观的仲裁、共同的尺度。而没有共同尺度的一个根本原因是：两个传统所研究的问题不同，所遵守的求解标准也不相同。

关于什么是科学要研究的问题，如何解决那些问题，什么样的解答是可接受的，前后两个范式有不同的看法。因此它们的差异或分歧不仅是自然观上的，而且是方法论上还有价值观上的。两个范式各有一些成功地解决了的问题，也有一

---

① T. Kuhn, *The Structure of Scientific Revolutions*, Chicago: The University of Chicago Press, 1970, p. 102.

些问题是重叠的。像哪些问题更重要、什么样的解是一个好的解这样的价值问题，前后两个范式的回答是不同的。两个范式之间有关价值的争端是不能用任何范式内的价值观来解决的。由于两个范式在自然现象的说明、方法、标准、价值上都有严重分歧，因此是不可通约的。

第三，新旧范式拥有不同的世界观。范式的转变是世界观的转变，范式的变化使人们所看到的世界的面貌改变了，持有不同范式的科学家看到的是不同的世界。

库恩认真地研究了科学史，他从当代科学史学的高度看到的是，随着范式的变化，世界的画面也变化了。就如从不同的哲学观点看，哲学史显示出不同的面貌，从不同的政治观点看，政治史也显示出不同的面貌。经过科学革命，科学家研制和使用了新仪器，看到以前没有看到的事物。更重要的是，科学家即使使用原有的仪器观察原来观察过的区域，看到的也是不同的东西。好像那个专业共同体一瞬间被转移到了另一个星球上。当然，事实上并没有发生过地理上的变化，实验室之外的一切事情都还是原来的样子。然而，"范式的变化导致科学家看到他们研究的世界变了样……革命之后，科学家面对一个不同的世界"[1]。

科学家的世界变换就好比视觉的格式塔变换。心理学家发现，同一图形可以产生两种完全不同的视觉形象。"鸭兔图"是一个典型的例子。科学家的世界观转换是逐步的、不可逆的，是科学训练的产物。面对一张高线图，许多人，如刚入学的学生，看到的是画在纸上的一些线条，绘图员则看作一张地形图。面对一张气泡室摄影图，一些人看到的是许多混乱的、不连贯的线条，物理学家看到的是他熟悉的亚核事件的记录。科学家除了用他的眼睛和仪器看到东西，没有更高层次的或者外在的东西可以借助。科学家不能说，光其实是如此这般的，但我们有时看到波动性，有时看到粒子性。

库恩以天王星的发现来说明范式的转变是世界观的变化。在1690年到1781年间，许多欧洲天文学家至少十七次看到了一颗恒星，其位置就是现在叫做天王星的天体所处的位置。其中一位杰出的天文观测家在1769年连续四个晚上看到了它，但他以为那是一颗恒星。12年之后，赫歇尔用自制的性能更好的望远镜第一次看到了它，结果他发现该天体有一个明显的圆盘形轨道。这对于恒星来说至少是异常的。经过更仔细的研究，赫歇尔宣布他发现了一颗新彗星。但是这颗新星的运动也不符合彗星轨道。不久有人提出它的轨道大概是行星轨道。这一见解得到了

---

[1] T. Kuhn, *The Structure of Scientific Revolutions*, Chicago: The University of Chicago Press, 1970, p. 111.

接受，于是天文学家的世界里就少了几颗恒星而多了一颗行星。由赫歇尔促成的这一小型的范式变化为天文学迅速发现许多小行星做了准备。

总体来说，随着范式的转变，科学家看到的世界变了样，不只是对经验事实的解释改变了。在不同范式下经验事实本身就是不同的，或者说感觉经验本身就是不同的。面对相同的环境，持有不同范式的科学家看到的是不同的世界，获得的是不同的经验事实。

第四，范式的转变是经验的转变，属于不同范式的科学家拥有不同的直接经验。由于没有独立于范式之外的中立的观察事实，因此互相竞争的范式是不可通约的。

逻辑经验主义者主张观察陈述独立于理论陈述，对于不同理论假说之间的冲突，观察陈述是客观中立的，因此，不同的理论要依据它们与观察陈述的逻辑关系来评价。波普虽然认为观察总是受到理论的指导，但仍然认为基本陈述（相当于观察陈述）是理论评价与选择的最终依据。蒯因从整体论出发，否认了陈述的中立性。库恩所说的直接经验是指一些知觉特征。汉森（1924—1967）更进一步，主张观察语言和理论语言是密切地交织在一起的，这就是观察渗透理论的论题。汉森用了多幅图形来说明这一点，其中一幅图可以看作一个老年巴黎妇女，也可以看作一个少女。① 库恩接受并加强了观察渗透理论的论题。在他看来，随着范式的变化，知觉特征及其规则性自然也随之变化。面对相同的感觉刺激，处于不同范式之下的科学家拥有不同的经验或观察，因此我们不能把观察证据看作不同范式的比较评价的客观依据。对于同一种物理现象，亚里士多德主义的科学家把它看作受阻下落，而伽利略看到的是物理摆。对受阻下落做的是一种测量，而对物理摆必定要做另一种测量。为弄清氧的性质进行的是一种操作，研究脱燃素空气时进行的必定是另一种操作。这就是说，科学家观察什么，他所做实验的具体内容是什么，取决于他相信什么范式。所以实验和操作及其结果不是超越范式的中立者，而是依附于范式的。

实验和操作是依赖于范式的，中立的观察语言同样不存在。逻辑经验主义者相信，借助于中立的观察语言，所有的科学理论都可以得到客观的评价。库恩说，中立的观察语言是否可能，完全取决于心理学研究的结果。现代心理学发现了许多旧的知觉理论不能解释明白的现象。鸭兔图表明两个具有相同视网膜印象的人能看到不同的事物；倒像镜表明两个具有不同视网膜印象的人能看到相同的事物。

---

① N. R. Hanson, *Patterns of Discovery: An Inquiry into the Conceptual Foundations of Science*, Cambridge: Cambridge University Press, 1958, p. 11.

心理学提供了大量的证据，表明不存在独立的观察，至少目前还没有找到可以使用的纯观察语言。所有的观察陈述都含有大量的关于自然的预想，而这些预想是没法消除的。这表明我们得不到中立的纯观察语言，完全客观而中立地报告"给予"的语言是不存在的。

科学家的经验背后隐伏着范式，也与他的民族、文化、经历、专业有关，所以科学家的经验世界里本来就有行星、摆、电容器、矿石以及其他事物。与这些知觉对象相比，米尺上的读数和视网膜印象都是精制的部件，只有当科学家为了一定的目的做了安排，它们才能进入直接经验。不论在哪个科学部门，范式的转变一定会带来经验的转变。"范式同时决定经验的大部分领域。"①

总之，科学革命之后的范式与以前的范式不是继承和发展的关系，而是不相容的，它们使用的词汇虽然多数是相同的，但是在不同的范式里具有不同的意义。科学革命之后，科学家进入一个新的世界，感觉经验也随之变化了。因此，中立的观察语言是不存在的，不可能的。由于概念的意义变化，前后两个理论没法做逻辑上的比较；由于没有共同的经验基础，前后两个范式不能在共同的基础上进行评价。一句话，它们之间是不可通约的。

不可通约性并不与科学的合理性相矛盾。但库恩的科学合理性不是合逻辑性，而是历史处境下的合理性。一些科学哲学家指责不可通约性论题是非理性主义与相对主义的论题，非理性主义否认科学评价有着合理的、客观的标准，相对主义否认科学进步有着客观的标准。库恩声明，他本人反对非理性主义和相对主义。"在理论的选择问题上，说逻辑与观察的力量原则上不是压倒一切的，既不等于把逻辑和观察抛到一边，也不等于说没有充分理由支持一个理论反对另一个理论。说在这些问题上受过专门训练的科学家是最高上诉法庭，这既不是捍卫群氓路线，也根本不是说科学家可以随意决定任何理论。……卡尔·波普及其学派和卡尔纳普、莱欣巴赫一样，对于他们来说，合理性准则完全来自逻辑和语言句法规则。"②虽然逻辑和观察并不决定理论选择，但精确性、简洁性、有效性等都是科学家用来说服对方的好理由。拥有不同范式的科学家仍然拥有公共的交流基础，如共有的神经机制、共有的日常语言和日常世界、共有的历史背景等，通过把对方的理论翻译为自己的理论使争论双方得到更多的相互理解。但是这些办法都不能保证

---

① T. Kuhn, *The Structure of Scientific Revolutions*, Chicago: The University of Chicago Press, 1970, p. 129.
② T. Kuhn, "Reflections on my Critics", in I. Lakatos & Alan Musgrave ed., *Criticism and the Growth of Knowledge*, Cambridge: Cambridge Uiversity Press, 1970, p. 234.

理论选择的确定性和唯一性。比如，当一个理论更精确而另一个理论更简洁时，科学家必须根据其他具体的理由做出决定。

库恩说，他并不否认科学进步，他否定的是关于科学发展的累积性进步模式。相反，他的哲学就是要阐明科学进步的方式。在科学中，由于多数时期都没有相竞争的学派相互指责对方的目的和标准，这就使常规科学的进步比其他领域的进步更容易看清楚。在接受一个共同的范式之后，科学共同体成员就能完全专注于研究最细小、最专门的现象，这必然增强整个集体解决新问题的效力。同时，科学共同体远离社会，科学特有的教育方式加剧了科学共同体与社会的隔离，这就使科学家个人能专注于求解范式提供的难题，比工程师、医生、神学家更有希望迅速地解决问题。

跨范式的科学进步不同于常规科学的进步，旧范式被取代，新范式成为科学研究的规范。从新范式的观点看，新范式取代旧范式的过程必定是一个进步。虽然这是出于一个科学共同体的评价，但并非没有客观的因素。科学成就以解决的问题为单位，新理论必须满足以下两个基本条件才会被科学家接受：第一，新理论必须解决某些突出的、科学家普遍关心的、以其他方式不能解决的问题。第二，新理论必须有希望保存旧范式的相当大一部分解决问题的能力。第二个要求意味着新理论会丧失旧理论的某些解决问题的能力，这就是所谓的"库恩损失"。尽管存在着库恩损失，旧范式的失败在于不能解决某些突出的难题，新范式的胜利正在于能解决那些难题并将解决越来越多的难题，在数量和精度上都超过旧范式。

科学进步的方式是进化，科学发展是一个从原始起点为开端的进化过程。科学革命完成的过程就是一个选择过程，通过科学共同体内部的冲突来选择最适应将来科学实践的方式。每一次科学革命都跟随一个常规科学时期，这种革命选择的结果是一套适应性很强的工具，我们称之为现代科学知识。与生物进化一样，整个过程不需要一个既定目的，一个永恒不变的科学真理。由于取消了真理这个科学目的，"从错误中学习"也就没有意义了，所谓错误，只不过是过时的科学理论。"如果我是对的，'真理'就与'证明'一样是一个只在理论内部使用的词。"①

第三节 费耶阿本德的方法论的无政府主义

费耶阿本德（又译法伊尔阿本德，1924—1994）生于维也纳，"二战"时参加

---

① T. Kuhn, "Reflections on my Critics", in I. Lakatos & Alan Musgrave ed., *Criticism and the Growth of Knowledge*, Cambridge: Cambridge University Press, 1970, p. 266.

德国军队,在战斗中负伤。战后他曾在维也纳学派、维特根斯坦、波普的门下学习,后来在英国和美国任教,主要著作有《反对方法》(1975)、《自由社会中的科学》(1978)、《告别理性》(1987)、《关于知识的三次对话》(1991)、《丰富性的胜利:抽象对抗存在的丰富性的故事》(1999)、《自然哲学》(2009)、《科学的暴政》(2011),哲学论文集《实在论、理性主义和科学方法》(1981)、《经验主义问题》(1981)和《知识、科学和相对主义》(1999)。

一、反归纳法和方法论的无政府主义

费耶阿本德认为科学的目的既不是真理,也不是"意见的一致性",而是理论增殖,即尽可能多的可选择的理论假说。科学的进步表现为理论增多。任何方法都可能在有的时候妨碍科学的发展,而所有的意识形式,不论是神话还是迷信,都可能促进科学的发展。人类知识的总体并不是融贯的理论集合,而是"不断增加的互不相容的(甚至不可比较的)各种备选观点的海洋。这个集合中的每一个单独的理论、每一个童话、每一个神话,都促使其他观点得到更好的阐明。而通过这个竞争过程,它们都对我们意识的发展做出贡献"[①]。因此,唯一的科学方法论原则就是"各行其是"(又译"怎么都行")。

实验结果、经验证据并不是单纯的,任何描述经验的观察语言都必定含有这一种或那一种自然解释。这样,以观察语言为基础来检验和评价理论的归纳法就不再是普遍有效的科学方法。只有通过同观察不一致的理论,我们才能揭露观察所隐含的自然解释。于是,费耶阿本德提出了反归纳法。

反归纳法的第一个要点,是引进或发明一个同最可信的理论原理相反对的新假说、新宇宙论、新概念系统。引进同现有理论不一致的理论,通过两种理论之间的对比和争论,可以使现有理论得到更加深入的了解,使我们惯常使用的概念受到检查,也可以使其中隐含的宇宙观暴露出来。库恩说过,新理论可能来自不同的科学领域;费耶阿本德更进一步,指出新理论可以从科学外部引进,如宗教、神话或外行人的观念,甚至狂人的呓语。这样,科学与非科学的区别就消失了。

反归纳法的第二个要点,是保留和发明同事实不一致的理论。一个理论和经验证据相冲突,不是因为理论不正确,而是因为证据本身是渗透理论的,证据背后隐藏着我们还不知道的理论假说。一个或一些经验证据同现有的理论相矛盾,表明它(们)背后有某种不同的理论假说或宇宙论。由于这种理论假说或宇宙论

---

① P. Feyerabend, *Against Method*, London: Verso, 1975, p. 30.

是隐藏的，不容易从内部被发现，科学家需要从外部引入一个批评标准，一个完全不同的宇宙论。

反归纳法的第三个要点，是引进一种新的观察语言。观察语言背后都隐藏着自然解释，观察语言都渗透着理论假说。把现行观察语言背后的自然解释揭示出来，并代之以另外一种自然解释，就能得到新的观察语言。

反归纳法的三个要点是相互联系的，其宗旨只有一个，即把事实与理论的关系颠倒过来，不是事实决定理论的真假或优劣，而是通过引进或保留同事实、同现有权威理论不一致的理论，达到发现新事实的目的。由于证据都是渗透理论的，许多意外的新事实，只有借助于同现行理论不一致的理论，才能够发掘出来。这也为他的理论增多原则提供了一个理由。

必须注意的是，费耶阿本德不是要用反归纳法取代归纳法，而是在科学方法的储备中增加一种新的方法，即反归纳法。费耶阿本德不仅主张科学理论本身的增多原则，而且主张科学方法的增多原则。一切方法，甚至最明显的方法，也都有它们的局限性。反归纳法的主要功能，在于揭示了归纳法的局限性。费耶阿本德指出，他的意图不是要用一组规则取代另一组，也不是要论证有些规则没有价值，而是要增加规则的储备，而且论证"每一个规则都有不同的用法"①。

二、科学人道主义

费耶阿本德批评科学的教条主义和沙文主义。他的批评主要是围绕科学的本性和科学在社会生活中的地位这两个问题展开的。

关于科学的本性，逻辑经验主义和波普主义认为科学和非科学有严格的区别，科学有独特的方法。费耶阿本德指出，科学与非科学的区分只是一个童话，而20世纪的技术奇迹加强了这个童话。按照这个童话，科学家提出理论并对理论进行检验，通过检验的科学理论比起没有通过检验的思想更好地描述了世界。科学就在于它的独特方法，这种方法把意识形态变成客观的真理。费耶阿本德认为，科学之所以取得成功，并不是由于科学所特有的方法或合理性原则，而是由于科学家们长期地研究一个问题。科学并没有必须遵守的固定的和普遍的方法论规则，恰恰相反，科学得到发展，科学家获得成功，正是因为他们摆脱了"理性的规律""合理性的标准"或"永恒不变的自然规律"的束缚。②

---

① P. Feyerabend, A Reply to Hellman's Review, *Metaphilosophy*, (10), 1979, pp. 203—204.
② P. Feyerabend, *Against Method*, London: Verso, 1975, p. 91.

由于科学本身并无特殊的方法，所以科学与非科学的区分是人为的。科学之外的任何一个领域、任何一种活动，都可能对科学的发展起到积极的作用。天文学得益于毕达哥拉斯主义和柏拉图对圆周的喜爱；医学得益于草药学，得益于巫婆、接生婆和江湖医生的心理学，得益于形而上学和生理学。有时国家干预也有益于科学的发展。如果我们要认识自然，那么我们一定要使用一切思想，一切方法，而不仅仅使用其中的一小部分。在费耶阿本德看来，科学只是人所发明的用来适应环境的工具之一。它不是唯一的工具，也不是绝对可靠的。原始的巫术、神话、宗教和形而上学中都含有丰富的知识。神话和科学在理论结构上尤其惊人地相似，而且有很密切的关系。

科学只是多种意识形态中的一种，只是人所发明的多种工具之一，却在社会中占有特殊地位，似乎是神圣不可侵犯的。国家把科学强加给社会，科学成为每一个少年儿童必须学习的内容。这是科学沙文主义。但是，科学取得这样的权力是靠压制而不是靠论证。从现代科学抽取出来的合理性标准不能够成为现代科学与所谓的非科学（如古代科学、神话、魔术、宗教）之间的中立的裁决者。而且，科学的目的也不比其他生活目的更加重要，因此，我们不应该拿科学来限制自由社会中个人的生活、思想和教育。在自由社会里，每个人都有机会做出自己的决定，并且按照他自己选择的社会信念来生活，国家应该与科学分离开来。

费耶阿本德用人道主义来反对科学沙文主义。他指出，科学可能损害人，把人变成没有魅力和幽默感的、可怜的、不友好的、自以为是的机器。这样的沙文主义的科学必须被改造为人道主义的科学。科学必须服从个人的幸福与自由这个最高的价值。

第四节　对科学哲学的评析

逻辑经验主义和波普主义是科学哲学中的逻辑主义，库恩和费耶阿本德是历史主义的代表人物。此后科学哲学向多个方向发展。首先是科学实在论与反实在论的争论，这场争论仍在继续。实在论者主张成功的科学理论中的核心词语指称实在的对象，成功的科学理论的基本定律是真理或近似的真理。而反实在论者认为科学理论所设定的对象和科学定律只不过是我们用来预测未来和说明自然现象的工具。然后有以布洛尔（David Bloor）为代表的科学知识社会学，主张对科学知识进行社会学研究。由于库恩和布洛尔的影响，科学技术研究（science and technology studies）盛行起来，吸引了大量的研究者，这些研究主要是对科学技术的社会学、政治学、管理学的研究，而与传统哲学的距离越来越远。而以劳斯（Joseph Rouse）为代表的政治学的科学哲学（political philosophy of science）则受到福柯和库恩的影响，把科学看作一种权力运行的机制。历史主义的发展也推动科学史的研究。此外，学科哲学的研究也占有重要地位，如物理学哲学、生物学哲学、化学哲学、心理学哲学、经济学哲学。由于量子力学的发展，物理学哲学尤其受到重视。

科学哲学是一个相当活跃的领域，研究人员众多，研究成果丰硕，对有关科学的本体论、认识论、方法论、价值观等各方面的问题做了极为细致和深入的研究，对哲学的发展有一定的贡献，对我们在高科技时代理解科学有一定的帮助。逻辑实证主义和波普学派都重视研究科学推理的逻辑，尤其是科学理论评价的逻辑。虽然其中一派强调证实，另一派强调证伪，但证实和证伪也是科学理论评价的同一过程的两个方面。而历史主义的科学哲学家则更重视科学研究的历史和实际，他们要求科学哲学的学说符合科学实际的看法无疑是正确的。如果把当代科学哲学的发展看作一个整体，可以认为，逻辑主义和历史主义的科学哲学是相互补充的。

波普的科学哲学中含有较多的朴素证伪主义的成分。朴素的证伪主义把科学理论的检验看作是单一的科学理论，甚至是单一的科学陈述，与实验观察报告的直接对质。这不符合实际的科学实践。依据一个科学理论做出预测，往往不是单单以该理论为逻辑前提做逻辑推导，而是与许多其他理论相结合进行逻辑推导，还与科学仪器的设计和使用相联系。因此，科学实践中并不存在简单的证伪。以中微子假说的检验为例。检验它的实验设计不仅要用到中微子假说本身，还要运用原子物理学、化学、地球物理学的诸多原理。如果实验结果与理论预测不符，没有任何一种逻辑可以推导出中微子假说的否定。而众多理论联合产生正面的实验结果是对中微子假说的有力证实。

波普所谓的科学逻辑，就是否定后件的假言推理的逻辑。这不仅将科学检验简单化，而且也是极为片面的。归纳和演绎作为两种互补的科学逻辑，对于科学思维来说是缺一不可的。科学既是人类科学研究活动的结果，也是人类改造自然和社会的实践活动的理论指导。因此，科学家与全社会一道，不仅通过旧理论的证伪来追求更新、更真的理论，而且将科学理论运用到制造、建造等生产实践中，生产实践的成功增强了科学理论的可信度，这体现了真正的归纳思维。

历史主义的科学哲学在一定程度上纠正了逻辑主义科学哲学脱离科学史实际

的偏差，但它在另一个方向上走上了极端。库恩在提出不可通约性论题之后，进而否认真理是科学追求的目标，否认科学理论的真理性。但是，库恩在这里误用了进化论的论证。虽然生物进化没有预定的目的，但科学研究是人类的有意识的活动，因此是有目的的。虽然科学家从事研究活动可能有着个人的动机，但他们必须在追求真理的道路上取得进展，这与他们怀有个人目的并不矛盾。库恩否认真理，否认科学理论评价的跨范式标准，是因为他没有看到，科学知识是人的思想对物质的客观世界的能动的反映。

逻辑主义的科学哲学片面强调科学研究与其他人类活动的区别，但费耶阿本德的无政府主义则完全无视这种区别。实际上，科学活动作为人类实践活动之一，同其他人类活动既有相同之处，又有区别。片面强调其中一面是错误的。把科学与神话、巫术、迷信混为一谈，将现代医学的领地大片地交给巫术，结果的严重性是可想而知的。

逻辑经验主义、证伪主义和历史主义还有一个共同的缺陷，就是将科学理论或假说的检验方法局限于实验观察，没有看到最终的检验是人类的实践活动。历史主义用科学史来检查科学哲学，但没有从根本上纠正逻辑主义的偏差。用脱离现实的生产实践和其他社会实践来讨论科学理论的检验和科学发展的方式，导致了历史主义科学哲学中或轻或重的相对主义和非理性主义的错误。

思考题：

1. 科学的本质是什么？把科学与非科学（如形而上学、迷信、艺术）区分开来的标准是什么？
2. 科学观察和实验的结果等是否是客观中立的？如果不是，科学假说是否可以被观察证据证伪？
3. 为什么科学研究纲领方法论是精致的证伪主义？
4. 科学革命前后的两个科学范式是不是不可通约的？有没有客观的理由说科学范式与先行的范式相比是进步的？
5. 科学与其他文化领域（形而上学、巫术、神话等）有着密切的联系，这是否意味着不存在明确的科学方法，或者意味着科学家应该各行其是？

第七章 现　象　学

现象学并不是严格意义上的哲学流派，而是 20 世纪初兴起于欧洲大陆、在世界范围内引起广泛思想效应的哲学运动。1901 年，德国哲学家胡塞尔《逻辑研究》的发表标志着这场运动的发端，现象学也在胡塞尔的直接影响之下形成了以舍勒及胡塞尔的诸多门生如海德格尔、普凡达、莱纳赫等为代表的德国中心时期。之后，现象学在法国获得了重要传播和发展，产生了萨特、梅洛-庞蒂、利科、列维纳斯（又译勒维纳斯）等一批有影响的现象学思想家。20 世纪中叶以来，现象学在哲学解释学、后现代主义、伦理学、美学、社会学、宗教学等诸多理论和学科领域形成了广泛的现象学效应。现象学运动最重要的特征在于强调现象学主要是一种"面向实事本身"的研究态度和思维方法，也就是通过运用一种直观描述的思维方式来达到和实现对事物本质的清晰认识。现象学在根本上反对抽象思辨的形而上学传统，也批判认识上的非理性主义、神秘主义和科学主义。现象学运动对欧陆哲学乃至世界哲学的发展产生了极为重要的影响。

第一节　胡塞尔的意识现象学

爱德蒙德·胡塞尔（1859—1938），出生于奥匈帝国时期的普罗斯尼茨，具有犹太血统。他曾在德国莱比锡大学、柏林大学等地学习数学、自然科学，1883 年在维也纳大学获数学博士学位，1884 年受奥地利哲学家布伦坦诺的启发，立志献身哲学，先后在哈雷大学、哥廷根大学、弗莱堡大学执教。主要著作有《逻辑研究》（1900—1901）、《纯粹现象学与现象学哲学的观念》（1913）、《形式逻辑与先验逻辑》（1929）、《笛卡儿的沉思》（1931）以及《欧洲科学危机和超验现象学》（1936）。胡塞尔去世后留有大量遗稿，遗稿现被保存于比利时鲁汶大学。胡塞尔一生的哲学探索经历了心理主义、描述现象学、先验现象学等几个主要阶段。胡塞尔明确提出了现象学方法，最后以先验现象学为理论归宿，为现象学运动做了重要奠基，被称为"现象学运动之父"。

一、现象学方法

胡塞尔强调哲学应该成为最严格的科学，探求事物的本质，从而实现现象学回到事物本身的最高理想。而实现这一目标的途径就是对研究对象进行"现象学的还原",在现象学创立之初胡塞尔强调本质还原,在先验现象学时期强调先验的还原。

(一) 本质还原

在胡塞尔看来,"现象学的研究是普遍的本质的研究"①,是一门关于事物本质的科学。回到事物本身实质上就是要探求、揭示事物的本质,因而需要进行本质的还原。进行本质还原需要在方法上进行前导性的准备,进行现象学悬搁。悬搁(epoche,又译"悬置")这一术语来自希腊语,由希腊怀疑论思想家皮浪所使用,主张对一切存在的事物持怀疑、节制的态度。笛卡儿进一步从认识论上发挥了这一思想传统,主张在哲学研究的开端处实行普遍的怀疑。胡塞尔因袭了笛卡儿的方法论精神,他坚决反对人们在认识上的"自然主义的态度",这种态度是指人类意识的自发性倾向。自然主义态度的根本特征在于把世界当成一种理所当然的、无可怀疑的"实在之物",表现出对外部世界的坚定的信仰。对世界、事物持有这样的存在信念是一种缺乏确定性的"自然主义的态度",是一种先入为主的独断论。因而,胡塞尔彻底拒斥这种自然主义的态度,主张确立现象学的批判的态度,进行现象学悬搁。这种态度就是把事物的存在问题放在括号里,对认识的信念不做判断,存而不论,所以也叫"中止判断"。现象学并不怀疑事物的存在,只是不让这种判断在哲学的研究中发挥作用。在胡塞尔看来,回到事物本身的研究必须批判"自然主义的态度",确立现象学的态度。这种态度就是在认识中使一切未经审视的立场和信念失效,任何认识都不能被理所当然地当作确定性的真理。这样,意识经由"悬置"的批判性态度就只是作为直接被给予的现象,或者说纯粹的被给予之物。这里是直接性的、自明性的领域,进而从这种直接呈现的自明性领域出发进行直观、分析和描述,揭示事物的本质和本质联系。

本质还原就是通过对本质的探寻实现对事物本身的认识,而探寻本质就是在原本给予的现象的直接性和丰富性中找到某种具有普遍性、必然性的东西。本质是一般性的、理念性的,能够确定一事物之为该事物,胡塞尔将这种本质称为"艾多斯"(Eidos)。

胡塞尔现象学所强调的"本质"与西方传统思辨哲学体系中所使用的本质在思想意蕴上有显著的不同,这种本质不是现象背后隐蔽的东西,而是现象中所显现出来的能够决定事物本身的东西,包括一般对象、共相、一般事态和一般关系。

---

① [德] 胡塞尔:《现象学的观念》,倪梁康译,商务印书馆2018年版,第62页。

本质不是与现象相对立的东西，本质也是一种现象。本质不同于个别的、偶然的、变化的东西，本质是一种先天的一般，是客观的、必然的。由此看来，胡塞尔在《逻辑研究》中关于本质的理解，具有柏拉图先验客观主义的色彩。

那么，如何才能获得这种本质性的认识？在胡塞尔看来，对本质的认识不是来自对众多的个别性经验的概括和归纳，而是通过使用本质直观的方法获得的，这是一种反对休谟、穆勒经验心理主义的立场。在胡塞尔看来，直观的方法不仅适用于个别的事物，而且也适用于本质性的事物。胡塞尔强调指出："不仅个别性，而且一般性、一般对象和一般事态都能够达到绝对的自身被给予性。这个认识对于现象学的可能性来说具有决定性的意义。因为现象学的特征恰恰在于，它是一种在纯粹直观的考察范围内，在绝对被给予性的范围内的本质分析和本质研究。"① 胡塞尔自己经常援引的一个示例就是对红色的本质直观。胡塞尔不认为，对作为一般性色调的红色的把握来源于我们对无数个别的红，如红旗、红纸、红房子等具体情形的归纳；我们在直观个别的红的情况下，也就直观到了一般的红。所以，不仅个别的东西可以被直观，一般性的本质的东西也可以被直观，本质的东西也被直接地把握到。使用本质直观的方法认识和把握事物的本质，必须找到可靠的、有效的出发点。这种出发点只能是直接地被给予之物，也就是经过现象学的中止判断之后所剩余的纯粹现象。所以，进行本质直观必须要先行运用现象学悬搁的方法，真正排除各种假定，摆脱各种偏见的影响。现象学悬搁是本质直观方法必经的准备性阶段。

达到纯粹的现象后，通过借助于对个别对象的直观、体验，对一般性本质进行直观，使之清楚明白地显现，从而实现本质的还原。进行本质直观不能是孤立进行的，不能完全与对个别东西、个别对象的直观相分离。对个别对象的直观并不仅仅指对有实际存在对应物的个别的经验直观，也包括没有实际存在对应物的单纯想象性的直观体验。这就是说，本质直观所借助的，可以是感知意向中的经验，也可以是纯粹想象性的表象经验。对个别东西、个别对象的直观是本质直观的基础，或者说是通过本质直观的桥梁。本质直观与个别直观的区别在于，本质直观是纯粹地给予的，是观念性的，具有绝对的明证性；而个别直观是感性给予的，是经验性的，具有断然的明证性。

胡塞尔将本质还原的方法具体表述为自由想象的"变更"，或称为"本质变更"。胡塞尔把它概括为三个方面：通过变更展开事物的多样性；在多样性的持续

---

① ［德］胡塞尔：《现象学的观念》，倪梁康译，商务印书馆2018年版，第62页。

扩展覆合中形成统一联系；在持续的扩展覆合中，通过直观确认差异中的同一性。具体说来，这种方法就是：对要考察的事物通过自由的想象，产生该事物多样性的"变体"或"变项"；随着持续增多的事物"变体"的相互重合，它们表现出部分的一致性，形成了统一联系；最后把对事物进行变更所产生的一系列"变体"作为一个整体来考察，通过直观既注意诸"变体"之间的差异性，又注意它们的同一性。这种差异中的同一性就是该事物的本质。本质就是事物各种"变项"中不变的"常项"。

（二）先验还原

现象学的"本质还原"解决了意识领域中关于本质性对象、事物的认识问题，但是，对认识本身的可能性问题，对事物、对象、世界本身的存在方式和构成问题还没有给以明确的回答，这正是要由先验还原解决的问题。在胡塞尔看来，这才走到了真正哲学的入口。作为先验还原的问题是，把对象、事物、世界作为自在性的客观存在，还原为对象、事物、世界作为相对于先验的认识主体而言的意向性存在。先验主观性或先验自我是一切认识形式的起点和源头。对象、事物、世界按其意义来说只是意向性的存在，对象、事物、世界只是先验主体的意向相关物、意向构成物。这个世界对于意识来说只是第二性的，只具有相对的存在意义。这是胡塞尔具有形而上学意义的回答。在《逻辑研究》的描述现象学时期，胡塞尔没有在理论上确立先验自我的根基性地位，而是在具体意识活动的基础上，也在具体意向活动的关联中来展示纯粹意识的意向性本质。但是，在《纯粹现象学通论》的先验现象学阶段，先验自我逐渐明确地浮现出来。

这种先验主观性是如何获得的？现象学只相信自明性的东西，而在"自然的态度"中，人们却自发地相信外部世界是独立于意识的客观存在，相信有超越的事物。在胡塞尔看来，这种"自然的态度"并不是自明性的；相反，确立自明性的领域必须批判这种"自然的态度"。为此，胡塞尔主张运用"现象学悬搁"的方法来克服这种"自然的态度"。在认识中经过悬搁后的剩余物就是被给予的纯粹意识现象领域，一种纯粹的意识经验流。这种意识经验流由各种形式的意识活动和体验活动所构成。在胡塞尔看来，各种意识活动都具有一种本质结构即意向性结构，能够指向对象、意向对象。而各种意向活动明显有一个共同的自我极，就是先验自我。先验自我是意识行为和意识之流的执行者和统调者，具有主动性、能动性、连贯性、意向性、构成性。胡塞尔认为，先验自我在"我"的体验流中，能够明证性地显现出来，自我的纯粹性在于它的自我显示。胡塞尔说道："获得这一明证的基本可能性属于每一个体验流和自我本身；每个自我自身都禀赋着有关其实际存在的绝对保证，这是一种基本的可能性。"① 胡塞尔的先验自我，严格地区别于经验性的自我，不是心理学意义上的自我。这一点与布伦坦诺和迈农的对象论自我存在重大分歧，显示出胡塞尔的先验自我具有笛卡儿、康德先验主观论的色彩，胡塞尔的先验自我与康德绝对的自我意识更为接近。

在此，胡塞尔确立了一个绝对无可怀疑的明证性的基点，就是纯粹自我意识或称先验主观性。先验的自我主观性作为意识活动的总根源，展开对世界、事物的先验现象学构造。由此，事物、对象、世界在纯粹的先验意识之中被构成。先验自我是意识活动的源泉和基础，同时也是在意义上构造世界的基础和原点，从而先验自我成为知识的可能性和世界存在的可能性的最后保证。先验自我理论隐含着唯我论的困境，也由此引发了交互主体性问题在胡塞尔现象学中的理论自觉。

二、意向性分析

"意向性"（intentionality）是胡塞尔现象学中至关重要的问题，他的全部现象学甚至都与之密切相关。胡塞尔的意向性思想主要师承了布伦坦诺的思想。与布伦坦诺一样，胡塞尔认为意向性是意识活动的根本特征，即意识总是指向对象、指向某物，相反，意识的对象则不具有意向性，只能被意识指向。意识与对象是相互构成、不可分的，意识总是对某物的意识，没有无对象的意识，由此意识活动具有意向性的基本结构。但是，在意向性问题上，胡塞尔反对布伦坦诺的心理主义立场，认为不是心理现象而是心理活动具有意向性的基本结构。胡塞尔认识到并不是所有的意识活动都具有意向性特征，一些感觉和情感性的意识活动如忧愁、高兴等并不直接指向对象，但是这种非意向性的心理活动以意向性活动为基础。所以胡塞尔指出，意识活动或者是客体化活动，或者是以客体化活动为基础。意向性活动是意识生活的根本性的东西。

在胡塞尔看来，具有意向性的意识活动在意向性特征和意向对象上存在着诸多种类。从意向性的类型来看，意向活动包括情感性的意向性行为如爱、恨、同情、愤怒；表象性的意向性行为如感知、回忆、想象、符号表达等；判断性的意向性行为如直陈式判断、假言式判断等认识判断形式。在这些不同类型的意向行为中，情感性的意识行为以表象性或判断性的意向行为为基础。而在表象性的意向行为中，感知（包括内感知和外感知）是最具基础性的，是想象、回忆的基础。

---

① ［德］胡塞尔：《纯粹现象学通论 纯粹现象学和现象学哲学的观念》第一卷，李幼蒸译，商务印书馆1992年版，第127页。

胡塞尔认为，任何意向对象的构成在最终的意义上都要以感知为源泉，即使是虚构的对象也是如此。正因为如此，感知行为构成了所有其他意识行为的基础，对其他各种形态的意向性活动具有奠基性作用。

不仅如此，胡塞尔认识到意向性行为不仅在种类上，而且在意向对象的方式上也存在着复杂的情形。意向行为能以不同的方式指向对象，同一个意向对象或意向性内容，可以用多种不同方式被指向，比如，对于一朵花的意向，我们既可以感知、想象、回忆，也可以进行判断、怀疑，还可以表达希望、喜悦。对于不同的意向对象或意向内容也可以有相同的意向行为，或感知，或判断，比如，我可以感知一座房子，也可以感知一朵花。一个意向性行为既能以单向放射的方式指向对象，也能以多向放射的综合性方式来指向对象。一般来说，只对某一方面、某一对象的单纯的感知或想象属于单向放射的方式，如感知或想象某一特定的个体；对多个对象、对象多个方面进行意向性综合就是多向放射的方式，判断性意向性行为都属于这种方式。就符号性的表达行为而言，前者体现为名词性表达，后者表现为命题性表达。

任何意向性活动都具有内在的一般性结构。关于意向性活动的内在结构或一般构成问题，胡塞尔在其思想的不同阶段有不同的认识。胡塞尔在《逻辑研究》时期通过对表达性意向活动的具体分析，指出意义表达这种意向活动具有三个构成因素：意向性行为、意向性内容、意向性对象。意向性行为作为赋义行为，赋予表达式（语言符号）以特定的一般性观念或意义，形成意向性内容，并与某种意向性对象发生关联。意义就是关于某种对象的思想、意向。而对象则是指意向内容与之关联的不变的极，可以是观念物，也可以是时空存在物。表达通过意义指称对象。意向行为通过意向内容指向对象。在以《纯粹现象学与现象学哲学的观念》为标志的先验现象学时期，胡塞尔的意向性结构变成了二元结构，他把原来意义上的意向性对象归到意向性内容当中。意向内容本身也是构成性的结构。胡塞尔用一种非常个性化的术语表达为三个方面：意向内容不变的极、意向内容的内核、意向内容的晕圈。其中，意向内容不变的极是指意向行为所关涉的"对象本身"，简单说，某个东西。意向内容的内核是指在意向行为中当下实际指向的关于对象本身的各种具体的意义规定性，是意向行为中明亮的部分，在时间上表现为现在。而意向内容的晕圈则是指意向行为内核当下显现的过程中潜在地、附带地指向对象事物的周围领域或边缘领域。作为意向内容的构成部分，其时间性特征表现为过去性和将来性。实际上，胡塞尔在这里揭示了意向行为的时间性问题，也就是胡塞尔所谓的内时间意识。内时间意识是一种思维的视域，是构成对象事物的意识基础。胡塞尔的意向活动分析由三元结构变成二元结构，这里既有根本上一脉相承的东西，也发生一定的变化。这种变化的理论取向在于胡塞尔坚决地排除了外在经验性的东西，意识现象学完全建立在意识的内在性基础上。胡塞尔的这种变化，是与描述现象学向先验现象学的转变相适应的。先验现象学中意向性理论最根本的东西在于明确确立了先验自我的意向性结构。先验自我作为意向性的总发动者进入意向性领域，存在一个绝对的主体性领域。意向性的根本结构变成"我—我思—我思之物"。

在胡塞尔看来，意向性活动最基本的功能就是"对象化"，也就是，意识具有一种能力，能够把那些意识流中的实际材料归于一个意向对象。意向通过指向它的各种方式，即通过各种不同的意向性质对呈现于意识中的质料材料进行赋义或"解释"，使这些原本零散、分离、片面的材料发生关联，进行综合统一。通过意向的关联性功能，使一个对象的各个方面，相互牵涉，引起过去的联想或进一步的期待，原本给予的、未被原本给予的都一同地显现出来。通过意向的综合性功能、统一性功能，使各种连续的、杂多的材料归结到意义所指向的同一相关物或不变的"极"上。例如，我们可以看一个讲台的正面，看它的后面、上面等，也可以看它的颜色和大小，我们的意识对这些材料进行加工，进行统一的联合和归属，规定为一个讲台。如果没有这种关联、综合和统一，感觉材料就只能是意识流和经验流。正是借助于这种功能，一个对象的各个方面、各个层次、各种维度才能集中统一到一个核心上，形成意向内容、意向对象。在胡塞尔看来，意向对象在根本上是意向行为的实际构成物。意向对象不是某种预先存在的、现成给定的东西，而是经由一系列先验主观性的功能性意向活动所构造起来的。

胡塞尔的现象学哲学通过对意向性结构和构造功能的描述与分析，揭示了意向性作为意识现象、意识活动的根本特征。在先验的主观性能力的基础上形成对象、构成事物，这是一切经验得以可能的必要基础和前提，因而也是一切认识得以可能的前提条件。在胡塞尔看来，没有意向性能力，一切认识、一切科学知识都无从谈起。

三、交互主体性现象学

交互主体性现象学是胡塞尔现象学的内在应有之义，是胡塞尔先验现象学的逻辑展开。一门完整的现象学包含着由先验唯我论通向先验交互主体性问题的进一步的途径。胡塞尔的交互主体性思想主要包括两个方面：一是关于他人主体性的先验自我构造问题，他人作为认识主体是如何被我认识到和把握到的；二是共同的世界视域的交互主体性构造问题，一个共同的、客观的、普遍有效的世界是否可能。胡塞尔认为，对他人的构造必须以先验自我为基点，也就是首先区分"本己之物"和"非本己之物"、"内在之物"和"超越之物"。以此为根基，实现对其他主体的构造，进而实现对我们交互主体而言的共同的外部世界和文化世界的构造。

（一）关于他人主体性的构造

先验自我构造他人，首先必须实现对自身的完整的构造，就是自我首先对自身的躯体进行统摄和"赋义"。先验自我在感知意向性的基础上，将自身统摄为一个人的完整的躯体，进而，自我又将自身统摄为一个心物统一体，实现意识和身体的联结，从而达到自身主体性的把握。他人既是一个对象，是一个物理的东西，但同时又不是单纯自然的东西。他人是作为心理—物理的对象在世界中存在的，也就是作为主体性的东西而存在的。

对他人主体的把握，首先起源于自我对他人躯体的感知和经验。他人的躯体及其行为、举止、动作对我显现，成为当下被给予的东西，使我能够将其统摄为与我同样的心物统一体，认识到他是一个具有意识和精神的东西，也就是另一个自我。这既包括基于我对自身身体的"同感"、联想和类比，也包括我对他人身体的"共现"。胡塞尔说："我原初的自我通过共现的统觉——它从不要求也不允许通过现出来实现它的自身特性——构造出那个对我原初的自我而言的另一个自我，由此，那种在共实存中原初不相容的东西变得相容了。"① 通过纯粹自我的统觉、共现能力实现了对他人主体独立性和陌生性的超越，从而在意识中把握到了他人的主体性。但是，在胡塞尔看来，即使我把握到了他人的主体性，我也永远无法真正地接近他人的意识，其陌生性永远存在，这种障碍是无法被我们彻底跨越的。他人自我与我的自我的同一，只是想象中的同一、意识中的同一，个体自我必然面临一个不同的陌生世界。

胡塞尔在思考自我对他人主体的确定问题上，也经历了一个深化的过程。早期，他注重从单个的自我主体出发，来构造他人自我。但是，在后来的著作特别是《笛卡儿的沉思》中，胡塞尔已经直接从交互主体性出发，立足人的群体化来谈自我对他人的构造。群体化意味着每一个自我都与对方形成一种相互性的存在，相互存在造成了我的此在与其他人的此在的同等的客观化。单子群体化是我们共同构造的，既是为我地存在的，也是为他地存在的。一个开放的单子构成的群体成了先验交互主体性。他人在我之中被构造，既要从单子自我的独立的意义上加

---

① ［德］胡塞尔：《胡塞尔选集》，倪梁康选编，上海三联书店1997年版，第905页。

以理解，也要在群体的意义上即单子主体之间的联结的意义上来理解。在群体中，单子是分离的，但单子也不是完全封闭的。

(二) 交互主体对客体、世界的先验构造

他人的主体性使先验现象学面临这样的问题，就是不同的主体自我对世界和客体的构造是否普遍有效，主体之间能否达成彼此理解、实现交流。多个主体对客体的构造涉及两个不同的方面：一是对非人造事物的构造，是关于自然事物的构造；二是对人造事物的构造，牵涉的是文化的世界、价值的事物。对这两种世界的现象学构造同属于交互主体性的客观化的构造。胡塞尔认为，对客观世界的共同构造，是以多个自我的相互联结即群体化为前提的。"通过这种群体化，先验交互主体性就有了一个交互主体的本己性范围。在其中，先验交互主体性相互地构造客观的世界。"①

多个自我先验地构造出来的世界必然是一个客观的普遍性的世界，具有本质必然性。这种必然性的根据深藏于自我的先验构造能力中。这个构造的世界是一个"人的世界"。在这个"人的世界"中，主体性就是先验的我们。我们作为交互主体存在着内在的和谐。客观世界就是交互主体在观念上和谐地实现并能够持续的经验。单子之间的和谐，在本质上就属于客观世界的构造。在胡塞尔看来，主体对自然事物的构造完全能够达致认同和共同性，因为先验自我的构造反映着主体之间的共同人性和能力。

对于文化世界的构造具有不同于自然事物构造的特殊性。自我文化事物的构造是基于特殊化的个体生活和群体生活来进行的，与个体自我本身的经历、劳作、教育和发展发生直接的关联。每一种群体在现实上都可能与其他的群体没有发生实际的联系，是相互独立的，它们也可能从完全不同的角度来观照世界、构造世界。同时，生活世界本身总是在不断地变化，作为个体的人本身也在不断地变化。构造得以进行的周遭世界具有民族性、独立性，也具有时间性和历史性。所以，交互主体构造的文化世界本身具有多样性和差异性。胡塞尔这样指出，我和我的文化是一种原本的、与任何陌生文化相对峙的东西。每一个人都意味着一个独特的文化周遭世界。这也决定了文化世界不具有绝对的无条件的通达可能性。

尽管不同的文化世界具有差异性和陌生性，但是文化的世界仍然具有客观性，文化世界作为客观性的意义被给予每一个人，能为每一个人所通达、理解和共享，因为文化世界在本质上并不取决于人的生活经历和劳作，而取决于先验自我本身

---

① [德] 胡塞尔：《胡塞尔选集》，倪梁康选编，上海三联书店 1997 年版，第 894 页。

或者取决于多个先验自我本身的理性构造。交互主体性构造的文化世界仍然是人的世界。所以在根本上，客观世界的构造源泉，包括文化世界的构造源泉在于人本身，即作为先验自我的人本身。他说："他首先把陌生世界的人，必然理解为就是人，就是这样一个特定的文化世界。从这个文化世界出发，他自己才一步步地扩大理解的可能性。"① 在胡塞尔看来，正是这一点决定了不同文化世界之间的可理解性和可交流性，每一组这样的单子都先天地处于一种交互主体性的统一性之中，交互主体先天地处于对文化世界的共享之中。先验的交互主体性决定着心灵的交互主体性，也决定着世俗的交互主体间性，使人们现实的交往成为可能。

四、生活世界现象学

生活世界问题在胡塞尔后期思想中逐渐凸显出来，特别是在1936年出版的《欧洲科学危机和超验现象学》中，生活世界现象学得以表达和确立。生活世界现象学试图正本清源，揭示科学世界和生活世界的关系，以此来批判欧洲文化发展中的科学主义、客观主义倾向，找回人性的价值和意义。在某种意义上，生活世界现象学是一种历史的还原。

在胡塞尔看来，生活世界就是我们每一个人生活于其中、经历和体验的人的经验世界的总体。生活世界具有主体性、价值性、相对性、主体间性、原初性、总体性、非课题性、奠基性等多方面特征。胡塞尔强调生活世界的主体性特征。作为主体性的生活世界是一个从主体的特殊的视野所经历、所体验的世界。这个世界与每个人直接的、具体的生活环境和生活过程，尤其是与每一个人所从事的特定的职业密切相关。在这个世界中，每一个人都有自己独特的心理体验、意识经验、兴趣指向和价值选择，因而生活世界都是主观的、相对的，所以有各种不同的生活世界，如"科学家的世界""农民的世界""工匠的世界"等。由于有许多的主体而不是一个主体共同地生活于其中，所以，生活世界又是一个主体间性的世界。

正是基于生活世界的主体性，胡塞尔强调生活世界的另一个重要特征：生活世界是人的原初的经验世界。胡塞尔把生活世界和经验世界看作相同的东西。生活世界是由知觉实际地被给予、被经验的世界，知觉发挥着重要的作用。生活世界是直接给予我们的，是预先给予的世界，是原初明证性的王国，因而生活世界本身具有在先性、明证性和给定性。胡塞尔认为，生活世界与单个的对象和事物

---

① ［德］胡塞尔：《胡塞尔选集》，倪梁康选编，上海三联书店1997年版，第919页。

都是被给予的，但是在给予方式上存在明显的不同，生活世界本身包括众多的事物，是作为完整的整体被给予的。生活世界是人们所直观、所经验的事物的总体，是为我的存在之物的总体。生活世界中的事物不仅包括已被意向和经验到的事物，还包括潜在的将被意向和能够被经验的事物。所以，生活世界本身也不是一种一成不变的固定状态。由于生活世界具有经验上的原初性和在先性，生活世界就成为自然而然的、理所当然的世界，成为前科学的、非课题性的世界。

从胡塞尔对生活世界的规定性中，可以看出他显然并不认为生活世界是完全客观的、自在的，相反，生活世界是被主体化、主观化了的，是主体的意向相关物。主观化了的世界是真正的、实在的世界。胡塞尔也不认为这种主观化了的世界是纯然主观的，他说："如果我们的直观的生活世界完全是主观的，那么整个前科学的和科学以外的涉及日常存有的真理的意义就被贬低了。"① 但是，胡塞尔对这一点并没有给以十分充分的重视。胡塞尔强调直观，强调生活世界作为原初给予的特性，仍然贯彻了现象学的基本哲学原则，所以，生活世界依然是先验现象学意义的，但是淡化了原来意向性理论中构成论和纯粹先验论的色彩。

胡塞尔认为这种前科学的生活世界构成科学世界的"根本基础"和"发源地"。生活世界之所以具有这种奠基性意义，正是由于生活世界具有主体性和在先的给予性。从科学理论本身形成的来源上看，原初的、给定的生活经验是科学概念、科学理论形成的基础和前提。所有的科学理论包括数学和自然科学都是从原初的生活经验中生发出来的，是对经验世界的理念化、理想化和抽象化。胡塞尔说："在几何的和自然科学的数学化中，在可能的经验的开放的无限性中，我们为生活世界（即在我们的具体的世界生活中不断作为实际的东西给予我们的世界）量体裁一件理念的衣服，即所谓客观科学的真理的衣服。"② 科学所追求的客观性建立在主观的经验基础上。没有生活经验也就没有科学理论。所以，胡塞尔认为，生活世界先于科学世界，经验世界先于理论世界。从科学本身产生的外在因素来看，近代的数学、自然科学原本是为了改进前科学时代粗糙的预言，实现精确的预言从而服务于人类生活而设计出来的。所以，在胡塞尔看来，科学理论和科学活动具有着实际的历史的目的和生活的、人性的动机。

然而，近代自伽利略以来，数学化、理念化了的自然科学就逐渐取代了生活

---

① ［德］埃德蒙德·胡塞尔：《欧洲科学危机和超验现象学》，张庆熊译，上海译文出版社1988年版，第64页。
② ［德］埃德蒙德·胡塞尔：《欧洲科学危机和超验现象学》，张庆熊译，上海译文出版社1988年版，第61页。

世界，离开了原初直观的思想的源泉，生活世界由此成为科学世界"被遗忘了的意义基础"。胡塞尔分析了造成这种遗忘的原因，指出这种原因正在于科学理论本身是生活世界理念的衣服这一特点。"正是这件理念的衣服使得我们把只是一种方法的东西当作真正的存有，……这层理念的化装使得这种方法、这种公式、这种理论的本来意义成为不可理解的，并且在这种方法的朴素的形成中从来没有被理解过。"① 由于这种原因，科学领域中始终通行着"物理主义的客观主义"。科学客观主义的畅行在哲学上产生了不同的趋势和结果：一种后果是促成了以贝克莱、休谟为代表的主观唯心主义和以笛卡儿、康德等为代表的先验主观主义在近代哲学的产生，这两种趋势都是对科学中的客观主义的逆反。另一种则是在现代哲学中导致了实证主义、唯科学主义大行其道。实证主义思潮的风行导致了欧洲科学发生了严重的危机，也导致了人性、人的生存产生了严重的危机。人们极力地追求客观性和精确性，片面地相信科学和真理，遗忘了原初性的生活世界，遗忘了人的价值和生存的意义。所以，胡塞尔对实证主义、唯科学主义进行了严厉的批判，他指出："在十九世纪后半叶，现代人让自己的整个世界观受实证科学支配，并迷惑于实证科学所造就的'繁荣'。这种独特现象意味着，现代人漫不经心地抹去了那些对于真正的人来说至关重要的问题。只见事实的科学造成了只见事实的人。"② 所以，实证主义的科学概念是一个残缺不全的概念，实证主义对科学的形式理性的追求排斥了超时间的、绝对的、永恒的问题，扼杀了哲学，无法为科学、人类知识提供最终的意义。为了克服这种危机，应当回归原初的、奠基性的生活世界，通过"历史的还原"找回科学的真正的发源地，以此确立人的中心地位，恢复人的价值与意义。这正是先验现象学的使命。

第二节　舍勒的情感现象学

马克斯·舍勒（1874—1928）出生于德国慕尼黑的一个地主家庭，父亲是新教徒，而母亲是犹太人，信奉犹太教。舍勒在中学里学习成绩一般，但对哲学特别感兴趣，阅读了叔本华和尼采的许多著作。自1894年起，舍勒先后在慕尼黑大

---

① ［德］埃德蒙德·胡塞尔：《欧洲科学危机和超验现象学》，张庆熊译，上海译文出版社1988年版，第62页。
② ［德］埃德蒙德·胡塞尔：《欧洲科学危机和超验现象学》，张庆熊译，上海译文出版社1988年版，第5—6页。

学、柏林大学和耶拿大学学习哲学和医学。在柏林大学期间，他听过生命哲学家西美尔和狄尔泰的课并深受他们的影响。在耶拿大学期间，他选择生命哲学家奥伊肯做他的博士论文导师，并于1897年12月在耶拿大学通过了他的博士论文《确立逻辑原则与伦理原则之间种种关系议》。1900年，舍勒以教师资格论文《先验方法和心理学方法》获得在大学授课的资格，并开始担任耶拿大学认识论和心理学的私人讲师。1906—1928年，舍勒先后在慕尼黑大学、哥廷根大学、科隆大学和法兰克福大学任教。1928年，舍勒因心脏病突发而猝死。舍勒生前出版的主要著作有《伦理学中的形式主义与质料的价值伦理学》（1913—1916）、《同情的本质及形式》（1913）、《道德建构中的怨恨》（1915）、《论人的永恒》（1921）、《知识诸形式与社会》（1926）、《人在宇宙中的地位》（1928）等。

一、现象学经验

虽然胡塞尔的现象学思想和现象学还原的方法对舍勒的现象学思想产生了直接而积极的影响，但不可否认的是，舍勒从一开始就对现象学有着自己独特的理解。在他看来，现象学既不是一门新的科学的名称，也不是哲学的替代词，而是一种精神观看的态度，他把这种态度称作"现象学态度"①。他称之为"态度"而不是"方法"，是因为在他看来，"方法"总是确定目标的关于事物的思维程序，如归纳或演绎，而"态度"关涉的则是先于逻辑的新的事实本身，即现象学的事实或纯事实。在这里，这种纯事实既不是从感性材料中归纳出来的，也不是从知性概念中构造出来的，而是通过直观被直接给予的。舍勒把这种直观就称作"现象学直观"或"现象学经验"。

舍勒认为，"现象学经验"有两个最基本的特征：其一是它的"直接性"，就是说，现象学经验是直接给予事实本身，而不需要任何间接的象征、符号等作为中介；其二是它的"内在性"，就是说，现象学经验是纯粹内在的经验，它绝不会超越其直观内涵。可见，这种现象学经验与传统哲学所讲的经验毫无共同之处。虽然它是在直观中直接被给予的，但它不是主观建构的产物，而是最原始、最直接的经验。所有的科学和理论都不能先于这种最原始的现象学经验。在此意义上，他又把现象学称为"最彻底的经验主义和实证主义"。不过，舍勒所说的这种经验主义和实证主义与通常意义上的经验主义和实证主义是有根本区别的，后者把一

---

① Scheler, *Phänomenologie und Erkenntnistheorie*, Gesammelte Werke Bd. 10, Bonn: Bouvier Verlag, 1986, s. 380.

切现象都归结为知觉经验,而现象学尽管也承认所有被给予之物都要以知觉经验为基础,但所有关于事物的经验最终都将导向一个被给予之物,而这也恰恰是舍勒不同于胡塞尔的地方。这是因为,在胡塞尔的纯粹意识现象学中,所有的现象一定都是在意识中的现象,而舍勒这里所说的现象则是实在论意义上的"事实本身"。这种"事实本身"不仅包括后天的经验内容,也包括一般概念、逻辑命题、思维形式等先天的本质。

具体而言,舍勒区分了三种事实:首先是自然的事实,这主要是指人们日常经验到的事实。其次是科学的事实,它由科学的态度所决定。所谓科学的态度就是指人工的态度,它必须借助于符号,并且必须通过科学的还原而将自然事物的实在纳入一个整体的符号系统之中,如哥白尼的"日心说"。最后是纯粹的事实或现象学的事实。它是通过现象学经验而直接被给予的事物的本质,而无须依赖经验的归纳知识。相应于现象学经验的两个基本特征,现象学的事实也具有非符号事实和内在事实两个特征。舍勒认为,这种现象学的事实是其他两种事实的基础,虽然它也存在于每一种可能的感觉内容之中,但它并不会随感觉内容的变化而变化。相对于其他两种事实来说,现象学的事实更应该被看作一种"先天的"事实。为此,舍勒对"先天"概念又作了进一步的澄清,认为与先天和后天相对应的是两种不同的经验:纯粹的、直接的经验和非纯粹的、间接的经验。所谓"先天",就是指所有事物自身直接被给予的东西,以及所有那些直接被给予的诸观念的统一性含义和定律。比如,几何学和数学对于所有关于自然现象的认识来说是先天的,因此对于整个自然界来说也是先天的。在此,先天与后天的对立并不是康德意义上的"形式—质料"的对立,任何将"先天之物"等同于"形式之物"的做法都是错误的。由此,舍勒提出了一种"质料—先天"的概念,例如,在人们的情感方面,在感受、偏好、爱、恨、意愿等情感之中,都包含有先天的内涵,它们既是质料的又是先天的。

二、情感现象学

对"情感"的现象学分析是舍勒情感现象学的主要内容,同时也构成了舍勒对人的各种具体情感(如同情、怨恨、羞耻、爱等)进行现象学研究的基础。

与传统的理性主义哲学家不同,舍勒非常关注人的情感现象,并且试图对人的情感现象作出现象学的描述。在舍勒那里,"情感"不仅指人的喜怒哀乐,而且泛指人的一切感官的、机体的、心理的、精神的和神圣的感受。具体来说,舍勒在这里所说的"感受"主要包含以下几种含义:首先,是指人的主观感受。比如,当一个人感到头痛时，他的头痛感受；当一个人疲劳时，他的疲劳感受；当一个人悲伤时，他的悲伤感受；等等。这些主观的感受是会不断变化的，时而存在，时而消失，并且依赖于特定的自我机体。其次，是指客观的先验感受。这种感受是通过对各种主观的感受进行本质还原之后所发现的先验事实。例如，不论是头痛还是脚痛，也不论是苏格拉底痛还是别的什么人痛，疼痛作为所有这些疼痛感受的本质都是始终不变的，所以，这种客观的先验感受是独立于特定的个人或机体的。再次，是指先验的感受关系。例如，不论是一个人的头痛还是脚痛，也不论是苏格拉底的头痛还是别的什么人的头痛，疼痛始终都和身体的某个感官存在本质的联系。就此而言，疼痛和感官之间的关系就是一种先验的感受关系。最后，是指对感受本身的感受方式。例如，同样是头痛，有的人会很平静地忍受，有的人却忍受不了。舍勒认为，感受方式也有主观和先验之分，对各种主观的感受方式进行本质还原之后而获得的就是先验的感受方式。感受方式其实也是一种感受，只不过是对感受的感受罢了。

舍勒不仅区分了感受的不同含义，而且从先验的感受关系出发把情感感受分为四种类型：（1）感官感受。例如疼痛、瘙痒、麻木、憋闷、苦涩、腹胀、快感等。这种类型的先验感受往往都和某个感官存在本质联系。（2）生命感受。例如疲惫、紧张、衰弱、健壮、精力旺盛、有活力等。这种类型的先验感受往往都和整个生命机体存在本质关联。（3）心灵感受。例如愉快、兴奋、悲伤、欢乐、喜悦、羡慕、痛苦等。这种类型的先验感受往往都和人的心灵存在本质关系。（4）宗教形而上学的精神感受。例如虔敬、悔悟、祈祷、安宁等。这种先验感受往往都和纯粹的宗教形而上学精神存在本质关联。

舍勒认为，虽然各种具体的、现实的情感都是人的主观感受，但情感之为情感的本质却是客观的和先天的。具体而言，情感的先验本质主要表现在如下几个方面：第一，任何个体都必然处在情感之中，并通过情感的绽放而意识到自身的存在。就此而言，情感显然具有存在论的意义。第二，任何情感都至少给予了某种意义，并通过这种给予了的意义鼓励人们去做某事或警告人们停止做某事。由此，我们行动的价值，以及我们与之交往的事物的价值也就能够呈现出来。如疲劳感提醒人们应当需要休息，否则会影响身体的健康。由此作为一种行为的休息的价值也就向人们呈现出来。第三，先验情感不仅有其自身固有的单独意义，而且在和其他先验情感的关系中，它还呈现出不同的意义，例如，把受苦视为必然命运的人，就会逆来顺受地忍受痛苦，以至于对痛苦变得麻木不仁。但是，如果把受苦视为一种崇高的使命，有这种情怀的人就会超越自己对受苦的体验，并获得坚持理想的勇气和信心。第四，在上述四种类型的情感感受之间存在着深度层次的差别，具体来说，越往后深度层次越高，越能体现人之为人的本质。第五，除了上述四种类型的情感感受之外，还存在着对每一个情感类型的不同偏好，而且情感深度层次的存在本身就是以这种偏好为基础的，这是因为，如果没有这种情感偏好，这四种类型的情感感受也就不会存在深度层次的差别了。

总之，在舍勒的情感现象学里，情感感受在人的整个存在中具有根本性的奠基作用，只有在情感感受中的人才是真正的人的实存，只有通过情感感受，才能真正理解生命存在的价值和意义。

三、价值现象学

舍勒对伦理学的贡献主要在于他针对康德的形式主义伦理学而提出的质料的价值伦理学。他认为，质料的价值伦理学有两个任务：一方面是要批判传统哲学中的质料伦理学，如亚里士多德的善业伦理学和客观目的伦理学；另一方面是要批判康德的形式主义的伦理学。但是，舍勒并不反对康德要求伦理学具有确定性、先天性的特征，而是反对康德把先天性仅仅理解为形式的先天性。与康德不同，他认为也存在着先天的质料，并把自己的任务限定在有没有一门"先天—质料伦理学"这一问题上。

质料的价值伦理学的首要任务就是要回到价值的"实事本身"。舍勒认为，价值既不是某种实存的东西，如桌子、椅子等，也不是事物的某种属性，如水的透明性、事物的颜色等，更不是一种逻辑抽象。价值之为价值的本质在于，它是在我们的情感感受中被给予，又在具体的事物或行为中呈现出来，同时又独立于价值主体和价值载体的先验事实。为了进一步理解价值的意义，他将价值本身与"价值事物"（Wertdinge）或"善业"（Güter）区分开来：价值事物属于他所说的自然的事实和科学的事实，而价值本身则属于现象学的事实。一方面，二者之间具有相互的独立性，如美的价值可以存在于一个艺术作品中，但它并不会随着艺术作品的消失而消失。同样，一个艺术作品既可以有美的价值，也可以有实用的价值、象征的价值等。另一方面，价值又必须依赖于其载体。因为没有作为载体的事物，就无法看到价值本身。也就是说，只有当价值体现在其载体上时，它才是存在的，因此，在这个意义上，价值就是一种"功能性的"存在。

价值作为现象学的"实事"不仅是存在的，而且具有先天的价值等级秩序，这种等级秩序是通过人们的偏好行为而被先天给予的。依价值的高低，价值的等级秩序分别是：感性价值，如愉快与不愉快；生命价值，如高贵与低贱；精神价值，如善与恶、美与丑、真与假；宗教价值，如神圣的与世俗的。舍勒认为，区分价值的高低主要是根据如下五个标准：一是持久性，越是具有持久性的价值，其价值等级越高；二是不可分性，越是不可分的价值，其价值等级越高；三是独立性，一种价值就其自身而言，它的价值如果不以另一种价值为基础，那么，它的等级就越高；四是满意度，越是令人满意的价值，其价值等级越高；五是相对性，相对性越低的价值，越接近绝对的价值，其价值等级就越高。

舍勒认为，要把握先天的价值和价值等级秩序，就必须借助现象学的本质直观方法。这种本质直观方法在价值现象学中就是"伦常明察"（sittliche Einsicht）或"伦理明察"（ethische Einsicht）。所谓"明察"就是对先天价值的本质洞见和本质认识，它既不同于理性主义的观念直观，也不同于经验主义的感性直观。他曾把自己的伦理学称作"明察伦理学"（即建基于伦常明察之上的伦理学），以此来与康德的义务伦理学（即建基于义务意识之上的伦理学）区分开来。

四、宗教现象学

在舍勒所发现的客观的价值等级秩序中，神圣价值是最高等级的价值，而神圣价值主要是在人的信仰和宗教行为中呈现出来的，因此对信仰和宗教行为的研究就构成了舍勒情感现象学的重要组成部分。舍勒把他对信仰和宗教行为的研究称作"宗教的本质现象学"，其主要内容包括三个方面：一是研究神性存在的本质，二是研究神性存在借以向人呈现的启示形式，三是研究宗教行为的本质。

舍勒认为，正如一切知识的对象都要先于有关这个对象的知识以及获得这种知识的方式方法而被给予一样，神性存在也是先于一切宗教理论或神学而被给予人们的，人们只是神性存在的接受者和信仰者。就神性存在被给予人的意识而言，它是内在于人的意识之中的存在，因而我们不能依靠感性经验和知性能力来把握，而只能在爱中来领会。在此，神性存在至少具有两个基本特征：一是它的存在是绝对自足的。它不仅是自身存在的根据，而且是所有其他存在者得以存在的根据，因而具有相对于一切其他存在者的优越性。二是它的存在是神圣的。神性存在之所以是神圣的，原因就在于它具有至高无上性，一切事物都依赖于它，而它并不依赖于任何其他事物。

那么，神性存在是如何在现象中呈现自身的呢？舍勒认为，虽然神性存在是绝对的存在，是我们无法用眼睛能看到的，却能通过相对的存在去"启示"它的存在，因为所有相对的存在都具有一种基本的指示功能，虽然它们本身并不是神性存在，却是神性存在的象征。对于体验到神性存在的存在，我们往往都是通过一个具体的偶在来意识到它的存在的。从这种神性存在即绝对存在和相对的偶在的关系中可以看出，神性存在恰恰是以其"不存在"的方式来唤起我们对它的存在的意识的。说它不存在，是因为它并不是任何偶在意义上的存在，我们无法通过感性直观去发现它的存在；说它存在，是因为当我们通过宗教行为超越具体的感性直观时，我们就能够意识到或体验到它的存在。舍勒在此还区分了两种启示："实证启示"和"本然启示"。所谓"实证启示"是指我们在基督教和《圣经》中所发现的例证，即神通过话语并通过神圣人格而实现的一种宣布；所谓"本然启示"，是指通过它整个世界在所有自然现实秩序中展示其创造者。前者是启示概念的通常意义，后者才是舍勒宗教现象学意义上的启示。

舍勒基于现象学的悬搁方法，对宗教行为进行了现象学的分析。他认为，宗教行为在本质上属于人类的意识行为，但它又不同于感知、判断、记忆等意识行为，因为它的意向相关项是一个特殊的本质区域，并且是一种独立的意识行为，具有对其自身来说自律的法则。具体来说，宗教行为区别于其他意识行为的本质特征有三个：其一，宗教行为的意向相关项具有世界的超越性。在宗教的意向行为中，所有有限的本质都将被超越，而且所意指的事物本身超出了整个世界。其二，宗教行为不仅意向世界的超越，而且其意向的充实也只能依靠作为绝对存在的神性存在来实现。而这一点也构成了宗教行为与其他意识行为最为根本的区别，因为后者虽然也具有意向性，但其意向相关项始终是在世界之中的，而在宗教行为的意向性中，其意向相关项即神性存在恰恰是超越世界的。其三，宗教行为的可充实性只能通过神性存在本身的启示，并且被给予人才能得到实现。在这个意义上可以说，如果不是因为一种先于宗教行为而直接被给予的、来自神性存在本身的启示，宗教行为的意向活动甚至是不可能的。既然宗教行为的充实最终依赖于神性存在的启示，那么要从现象学上证明上帝存在的现实性显然是不可能的，但这并不意味着我们无法从理性上获得对上帝的认识。

由此看来，马克斯·舍勒通过对情感现象和价值现象的研究确立了自己独特的现象学之路。与胡塞尔意识现象学强调绝对的、先验的形式主义的本质不同，舍勒凸显了质料在现象学主题中的重要性，也因此强调了人的情感感受活动在人的整个存在中的根本地位和在现象学认识论中的奠基作用。也正是基于这一立场，舍勒提出了一种与康德形式主义伦理学完全相反的"先天—质料伦理学"即他的伦理现象学或价值现象学。在价值现象学中，舍勒最终确立了神性存在和神圣价值的至高地位，强调基督教的爱的价值，并且以此来分析和批判西方的文化危机和精神危机。所以，对于舍勒来说，情感现象学、价值现象学与宗教现象学三者是内在统一、密不可分的。舍勒的现象学对于深刻认识本质与现象、质料与形式、生命与精神以及情感与理性、价值、信仰的关系，克服西方哲学发展过程中出现的各种片面的二元对立具有重要的理论意义。

第三节　海德格尔的此在现象学

马丁·海德格尔（1889—1976）生于巴登州的麦斯基尔希，1909年入弗莱堡大学学习神学和哲学，1911年参加李凯尔特的研究班，1913年在施耐德的指导下完成博士论文《心理主义的判断理论》，1915年取得哲学讲师资格。1916年随胡塞尔从事现象学研究，1923—1928年任马堡大学哲学教授。1928年任弗莱堡大学哲学教授，1933年5月任弗莱堡大学校长，10个月后被迫辞职。1976年因病在弗莱堡去世。海德格尔生前出版的主要著作有：《存在与时间》（1927）、《康德与形而上学问题》（1929）、《荷尔德林和诗的本质》（1936）、《论真理的本质》（1930）、《林中路》（1949）、《形而上学导论》（1953）、《通向语言之路》（1959）、《路标》（1967）等。

一、基础存在论

海德格尔在其代表作《存在与时间》一书中要解决的核心问题便是"存在的意义"问题，而这一问题也就构成了其基础存在论的主要内容。海德格尔对基础存在论的论述，首先是从对传统形而上学的批判开始的。他认为，以往的形而上学只关注"存在者"领域，而忽视了对"存在"本身的研究。在他看来，这种研究是缺乏根基的研究，而他的哲学的使命正在于寻根。所以，海德格尔将自己的哲学始终聚焦在存在论层次上，以此去追问存在本身的意义。然而，把什么当作追问存在意义的出发点呢？对此，海德格尔在对存在者领域进行考察后发现，"此在"（Dasein）作为存在者的范本具有存在论上的优先地位，可以将之作为追问存在意义的出发点。

"此在"作为海德格尔哲学中的一个核心概念，按其字面意思可翻译为"在此存在"，"Da"既可指"这里"，也可指"那里"，这两种情形都强调一种当下亲自的存在。海德格尔不使用"人"或"主体"这些词，而代之以"Dasein"这个词，是因为"人"或"主体"这些词包含了西方哲学中的主客二元论思想，这种思想刻意将认识者与被认识者分离开来。而"Dasein"这个词却表征那种已经对存在有了某种预先领会的存在者。正是这样一种存在者，相对于其他存在者才具有明显的优先地位，这一优先地位具体表现在三个方面：第一，在存在者层次上的优先地位。"此在"这种存在者不是现成的已被规定的存在者，而是在它的存在中通过生存得到规定的。第二，在存在论上的优先地位。"此在"能追问和领会自己的存在，这种对"此在"自身的领会同时也包含了对世界及世界中其他事物的领会，即对一切非此在的存在者的存在的领会。第三，"此在"作为追问存在的出发点，是使得一切存在在存在者层次上及存在论层次上得以可能的条件。正因此，海德格尔认为，对"此在"的存在进行探讨就是追问存在问题。这样，我们可以发现，海德格尔对"此在"进行研究的目的是为追问存在本身的意义奠定基础，所以海德格尔的存在论又叫做"基础存在论"或"有根的存在论"。

既然"此在"直接关涉存在，那么就有必要对"此在"的基本存在结构进行分析。海德格尔将"此在"的基本结构叫做"在世界-之中-存在"。它是由"世界之为世界""在之中"和"向来以在世界之中的方式存在着的存在者（常人）"这三个部分构成的有机整体。

那么，对于"此在"来说，它生存的哪一种可能性能够最充分地体现这一整体性结构呢？对此，海德格尔认为，"畏"（Angst）这一基本的现身情态能够充分体现"此在"存在的这一整体性结构。海德格尔选择"畏"作为特别的契机，是因为这种畏并不是对具体某物的惧怕，而是对"世界本身"的畏惧，更进一步讲，是对生存本身的畏惧。当我们畏惧之时，我们被迫面对自身，面对自身在这一整体结构中的本真状态。正是基于对"畏"这一现身情态的分析，海德格尔揭示出"此在"生存结构的整体性本质，即"烦"（Sorge）。所谓"烦"，就是"先行于自身的—已经在……中的—作为寓于……的存在"①。显而易见，烦的结构是和"此在"在世的整体性结构相对应的，细言之，"此在"在世的三个环节，即"世界之为世界""在之中"和"常人"分别对应"烦"的三个环节，即"先于自身的""已经在……之中"和"作为寓于……的存在"。因而，海德格尔将"烦"作为"此在""存在于世界之中"的基本方式。

在此基础上，海德格尔认为，"此在"在世界之中总要和各种各样的世内存在者打交道：制作某种东西，安排照顾某种东西，利用某种东西等，这种打交道的方式就是一种"烦忙"（Besorge）的方式，它是一种先于一切科学活动而在世存在

---

① ［德］马丁·海德格尔：《存在与时间》，陈嘉映、王庆节合译，熊伟校，陈嘉映修订，生活·读书·新知三联书店2012年版，第226页。

的可能存在方式。在烦忙中，与我们照面的存在者叫做"用具"。在与用具打交道的过程中，这种实践活动本身（烦忙）是第一位的，比如说，当我用锤子来锤东西的时候，我并不是在对锤子的属性及结构做课题性的科学研究，此时在与锤子打交道时的烦忙已经使自己从属于这种活动，我们无暇去凝视观察锤子，只是一味地使用锤子。正因此，使得我与锤子的关系更原始，这就揭示了用具特有的"称手"，我们称用具的这种存在方式为"上手状态"（Zuhandenheit）。然而，当我与这个用具打交道的过程中，这个用具突然不能工作了，那么我就会停下来去研究这个用具，查找使这个用具不能工作的原因，此时用具的这种存在方式就叫做"在手状态"（Vorhandenheit）。由此我们发现，"此在"与用具打交道的后一种方式是一种科学的认识方式，而前一种方式是一种更为原始的非课题化的方式。

"此在"在世界之中存在，不仅要与各种事物打交道，还要与他人打交道，这种打交道方式既不是一种上手状态，也不是一种在手状态，而是一种共在状态。"此在的世界是共同世界。'在之中'就是与他人共同存在。他人的在世界之内的自在存在就是共同此在。"① 在这一共在状态中，"此在"之间不是冷漠的、无所谓的，而是要互相把对方的事拿过来"烦心"，互相烦心彼此，正是这种烦心构成了此在之间的一般存在方式。此外，这种烦心还体现出了"此在"的时间性特征。海德格尔认为，"此在"的存在是一种时间上的完整存在，即向死存在，这是"此在"的一种历时性的存在方式。死亡在海德格尔那里具有"向来我属"的特性，即是说，死亡是每个存在都必须经历的，是任何人也无法代替的。在海德格尔看来，死亡作为"此在"的一种标志，也受"此在"存在的基本方式（烦）的规定。由以上对"烦"的分析可知，"此在"的存在由三个环节构成：先行于自身的存在（可能性），在世界之中的存在（必然性），依附于世内的存在者的存在（现实性）。这就规定了此在的时间性：首先，死亡不是一种尚未实现的东西，而是一种来临，它标志着"此在"不再能在此的可能性，也标志着"此在"不能超越死亡这种可能性；其次，死亡并不是"此在"在它的存在中的一种偶然结构，而是"此在"被抛入世界中的实际性结果，即被抛入了死亡的可能性之中，换言之，"此在"在世已经将自己托身于死亡之中了；最后，"此在"在世界中以一种沉沦方式存在，这种存在方式已经标识了"此在"的现实性死亡，即以沉沦的方式死着。由此可见，"此在"在世存在是一种向死而生的存在，正是这种存在方式揭示

---

① ［德］马丁·海德格尔：《存在与时间》，陈嘉映、王庆节合译，熊伟校，陈嘉映修订，生活·读书·新知三联书店2012年版，第138页。

了"此在"的时间性。

二、此在的本真存在和非本真存在

在海德格尔那里,"此在"不仅相对于其他存在者具有存在论上的优先地位,而且自身具有一些特殊的属性。首先,"此在"的本质在于它的"去-存在"(Zu-sein),在于它的"生存"(Existenz)。但是,这种"去存在"和"生存"并不是一种现成存在,而是一种可能性存在。因为,"此在"在其存在中总是面临各种可能性,并要对这些可能性做出自己的选择,而且,"此在"是去存在的存在者,在"此在"身上所清理出来的各种性质都不是看上去如此这般地存在着的现成属性,而是它去存在的种种可能性,是不断生成的东西,是不断地选择和变化的东西,这实际上表明"此在"生存具有能动选择性和不断生成性。其次,"此在"具有"向来我属"的性质,即是说,"此在"在其存在中对之有所作为的那个存在,总是我的存在。这表明,"此在"的任何存在总是每一个具体个体的存在,具体个体存在的种种可能性就使得"此在"永远也不可能从存在论上被把捉为现成的存在者,因而,"此在"在自己的存在中可以自由筹划和选择自己本身、获得自己本身,但也可以失去自身,即是说,"此在"在它的存在中既可以选择"本真状态"的存在方式,也可以选择"非本真状态"的存在方式,这都由"此在""向来我属"的性质所规定。

"此在"正是基于这种自由的筹划和选择在世存在,这就决定了"此在"必须要与他人共处。在与他人共处中,"此在"消散于公众意见中,并以他人的尺度来安排自己的存在,使自己处于他人的号令范围内,从而失去自己的本真存在状态。在这种情况下,"此在"存在的一切可能性都被平整为一种平均状态,变得庸庸碌碌,变成了"常人"。这种日常性的非本真状态是"此在"的常态,海德格尔把这种常态的总体关系叫做"沉沦"。它既不是一种道德上的评价,也不是"此在"从一种较纯粹、较高级的"原初状态"的沦落,而是"此在"通常寓于它所烦心的"世界"的一种总体状态。

"此在"的沉沦状态主要表现为三种基本样式:"闲谈""好奇"和"两可"。首先,所谓"闲谈",并不是位卑一等的词语,而是一种术语,它组建着日常"此在"进行领会和解释的存在样式。因为,在日常生活中,人们总是在平均状态中领会和传达所说的东西,但这种领会和传达与所谈及的存在处于断裂状态,它不是去追问原始的存在的根基,而是一种人云亦云,鹦鹉学舌,甚至是笔墨之下的"陈词滥调"。其次,所谓"好奇",是指一种受公众意见摆布的看,即是说,公众意见决定着我们应当如何看，这种看不是为了捕捉世界，而只是一种放纵，它的特征在于不逗留于特定的切近事物，而烦忙于不断涣散的可能性。最后，作为闲谈和好奇相结合而产生的"两可"则是日常"此在"展开的第三种样式。对于日常来照面的东西，人人都可对之说些什么，但却无法断定什么东西在真实的领会中展开，于是就处于两可之境。而且，这种两可支配着人们对事物的认识，但这种认识并不会触及事物的存在，而是一种平均化了的认识，它最终必然会消散于一种捕风捉影的道听途说之中。

然而，"此在"在世必然要面对死亡，这种直面死亡而不逃避死亡就要求"此在"必须要重新面对自己的可能性，选择最本己的存在，从而使"此在"的在世存在成为本真的或本己的存在。所谓本真的存在，指的是人的生存为人的存在提供了多种可能性。自我作为一种存在，一方面被抛到这个世界上，另一方面又作为存在的可能性，由自己将自己投出去。当一个人在他的时间性中理解自身时，不仅能够接受他自己独特的过去，而且能够预见他自己的独特的未来，同时又能够在统一的他的过去和未来的方式中进行自由选择时，这个当下正在做出决定的此在就获得了他的本真的存在。

那么，究竟如何才能使"此在"从沉沦的非本真存在中收回自己而回到本真的存在呢？对此，海德格尔认为，"良知的声音"正是"此在"的这种本真能在的见证。在海德格尔哲学中，良知是"此在"的一种生存现象，而不是摆在那里的现成事实，它具有呼唤的性质，但良知的呼唤既不是理性的呼唤，也不是神性的呼唤，而是"此在"呼唤自己能在的生存论意义上的呼唤。这种良知的呼唤性质包含四个方面：一是良知所呼唤者是"此在"本身，二是"此在"被呼唤向其最本己的自身，三是良知呼唤不付诸任何音声，四是呼唤者也是"此在"本身。所以，良知呼唤就是"此在"召唤自己向最本己的能在。正是对这种良知呼唤的领会使得"此在"意识到自己是"有罪责的"，良知的声音无非就是在说"罪责"。在海德格尔看来，"此在"对世界的筹划是一种自由的筹划，它自由选择某一状态而不选择另一种状态，这种筹划本质上具有"不性"（Nichtheit）。"这里所指的'不性'属于此在面对其生存上的诸可能性的自由存在。但自由仅在于选择一种可能性，这就是说，在于把不曾也不能选择其他可能性这回事承担起来。"① 海德格尔认为，正是这种"不性"揭示了"此在"在被抛状态下是有罪责的，而"此

---

① ［德］马丁·海德格尔：《存在与时间》，陈嘉映、王庆节合译，熊伟校，陈嘉映修订，生活·读书·新知三联书店2012年版，第326页。

在"要做的就是要对此负责,而唯有一种先行的决断,即在看到自己的终结和整体时而做的决断和选择,才能使"此在"聆听良知的声音,回到真正的自我,达到本真的存在状态。

三、此在与时间

《存在与时间》第一部第二篇的任务仍然是对"此在"的生存论分析,但不同的是,海德格尔在这里是根据时间来解释"此在"的存在方式的,他试图要证明时间性才是"烦"的结构多样性的统一基础,只有基于时间性我们才能理解"烦"的结构及其内在要素。海德格尔认为,"此在"作为先行向死的存在方式,其时间性的基础必然是将来,因为只有通过看到终结和"此在"的整体性而做出决断,"此在"才能拥有自己的形式和身份。由此可见,在时间性结构中,将来是最重要的一个维度。但是,时间并不只有将来一个维度,就我们从将来来到我们自身而言,我们总是根据可能性而已经本真地在世界中存在了,这个已经存在就是过去或"曾在"(Gewesenheit)。这就意味着,作为"此在"的人在其本质上就是一种时间性的存在,我们既来自曾经的存在,又指向并深深卷入将来的存在之中。过去和将来并非纯粹不在,而恰恰是我们自己存在的展开状态,它们通过展现当下在场的东西,使我们能在其他存在者的各种存在状态中与之相遇。因此,"此在"在世必然要以先行决断(将来)和已被抛在世界上(过去)为条件,才能与当下在场的各种存在者相遇。

可见,"此在"与时间性不仅是不可分离的,而且具有内在一致的结构,其中主要包含三个环节:先行于自身的存在(生存状态)、已经在世界之中的存在(被抛状态)和寓于世内存在者的存在(沉沦状态)。三者构成一个完整的结构,其中每一个环节都对应一种时态,分别是:将来、过去和现在。在这里,海德格尔所指的"此在"的时间性与流俗的时间(即物理学意义上的客观时间)有本质上的不同,"此在"的时间性乃是原始的本真的时间,它与"此在"是内在一体的,这种时间的过去并未彻底消失,它总是在场,而将来也并不总是过去和现在的继续,相反,它时刻规定着过去和现在。在此意义上也可以说,"此在"的时间只能是从将来流向过去和现在,而不是相反。也正因为此,海德格尔才能借助"此在"先行于自身的存在状态来澄清"此在"的全部本真的和非本真的存在状态。

尽管海德格尔对"此在"的时间性的分析看起来具有哲学上的复杂性,但他的描述其实还是很容易理解的。按照他的上述分析,成为一个人就是由朝向将来所引导,总是在成为他自己。同时,在进入将来的运动中,我们的过去又总是伴随着我们。这个过去既是我们个人的过去，又是那个形成我们前理解的历史的过去。在这个成为我们自己的过程中，我们存在于当前。我们向着我们自身和他人展开我们自身，我们在事物与我们当前的处境关系中展开事物。这样的整个过程就是时间性。由此，"此在"的当前以及所有展开的意义总是有限的和不完全的，是处于形成的过程之中的。

为了避免人们对这里使用的"将来""现在"和"过去"这些术语产生误解，海德格尔在阐述时间性概念时还特别提到了另外一种表达方式，即"时间性的绽出"①，"绽出"（ecstasis/Ekstase）的意思是"站出去""绽出""出神""出位"等。海德格尔之所以选择这个术语，就是要把时间与"生存"（existence）这个词的原初意义联系起来，并突出强调时间性的过程本质。也就是说，时间性并非先是一个存在者，而后才从自身中走出来，而是指：时间性的本质即是在诸"绽出"的统一中到时。而流俗意义上的时间的特征之一恰恰在于，时间被当作一种纯粹的、无始无终的现在序列，而在这种作为现在序列的时间中，源始时间性的"绽出"性质被遗忘了。

四、海德格尔后期思想

在对海德格尔的基础存在论和"此在"的生存论分析中，我们不难发现《存在与时间》这本书具有极强的主体性思想的影子，这就是为什么许多学者把《存在与时间》看作是一部人类学著作的原因，同时，这也是海德格尔本人放弃继续写作《存在与时间》的原因（《存在与时间》实际上只完成了全书的三分之一）。随着海德格尔对基础存在论的进一步思考，他认识到，《存在与时间》一书之所以被人们看作是一部关于人类学的著作，其根本原因就在于人本主义这一传统形而上学思想依然控制着人们。所以，要想使人们真正理解基础存在论，就有必要对传统形而上学作进一步的反思和批判，尤其是对传统形而上学的根本问题，即存在的真理问题作反思和批判，这就构成了海德格尔后期思想的首要任务。

海德格尔在 1930 年发表的《论真理的本质》标志着他的现象学之路发生了一个转折。在《论真理的本质》一书中，海德格尔延续了其在《存在与时间》中对传统真理观的批判。在他看来，传统的真理观的一个根本特点就是把真理当作判断与被判断的对象之间的一致或符合，即主体与客体之间的一致或符合。可见，

---

① ［德］马丁·海德格尔：《存在与时间》，陈嘉映、王庆节合译，熊伟校，陈嘉映修订，生活·读书·新知三联书店 2012 年版，第 375 页。

这种符合论的真理观都是以主客二元的对立为前提条件的，都预先设定了虚假的纯粹主体与纯粹客体的存在。与符合论的真理观不同，海德格尔给自己提出的任务就是要超出这种传统的真理观的界限去追问真理的根基和本质，而这与他致力于在存在论上去追问存在之意义的目标是一致的。所以，对于海德格尔来说，真理在本质上就是存在的真理，离开存在问题来谈论真理是毫无意义的。

根据海德格尔早期的思想，真理乃是存在本身的澄明，发现真理就是澄明存在，而为了澄明存在，就必须揭示此在"在世存在"的结构。但在他的后期思想中，在他继续讨论真理问题时就不再从对此在的生存论结构的分析出发，而是力图从存在本身出发，认为存在本身就是真理。虽然此在的展开状态揭示了人的亲自存在及其周遭世界，但这种揭示之所以成为可能，恰好是因为此在已在世界中，已与世内存在者处于相互关系之中。这种关系就是海德格尔所谓的"敞开领域"，而要彻底打开这个敞开领域，就必须通过存在本身的力量。由于存在是敞开自身的力量，因而是一种自由。因此，如果说真理就是存在的真理，那么真理的本质就是自由。在这里，所谓自由，就是指打开敞开领域的力量，是使一切存在者得以在起来的根据。自由的真理既是一种解蔽，同时又是一种遮蔽，即"存在者整体"仍处于遮蔽之中。这样一来，对海德格尔来说，现在的任务就是要重新解释存在与此在的关系，或者说，为什么真理的本质是存在而不是此在。

在海德格尔后期思想中，除了真理问题之外，他还集中讨论了现代技术问题。海德格尔认为，从存在论上讲，现代技术在其本质上也是一种"去蔽"。但这种去蔽方式完全不同于古代生产的去蔽方式，而是一种挑战的去蔽方式。在海德格尔看来，所谓生产的去蔽方式是指一种自然的发生，而所谓挑战的去蔽方式则是指一种蛮横对待自然的方式，它通过把自然中被遮蔽的能量开发出来，并加以改变、储藏、分配和转换，从而试图达到对自然的控制和操纵。现代技术的这种去蔽方式也揭示了现代技术的本质，即"座架"（Ge-stell）。这种"座架"是一切设定的聚集，它设定人并向人挑战，这种挑战的构架不仅包含了去蔽的方式，也包含了遮蔽自身和与此相关的那种东西，并挑战人去追逐这些东西，从而使人被安置在了这种座架之中，而无法揭示他的本质。对于此，海德格尔认为，人并不会始终陷于这种座架的安置之中，人有自由，人既不是存在的支配者，也不是存在的隶属者，人本身就是一种存在，人与存在是一种原初共属的关系，是原初的发生和存在，海德格尔称之为"Ereignis"（中译名有"本有""本己""成己""大道""自在发生""原事"等）。其实，对于 Ereignis 一词，海德格尔曾从词源学上进行过分析，认为它有两个词源，即 er-eignen 和 er-aügen，这里的 er 表示"使……"，

eignen 表示"特有"，aügen 表示"看见"，所以，er-eignen 就表示"占有"，而 eraügen 则表示"使看见"。由此可以看出，Ereignis 前一个词源的意思更强调存在占有人，将人纳入自己，与自己共属，后一个词源则强调真理的一种"使看见"的基本规定。因而，"此在"与存在的关系就不是一种互相规定的关系，而是一种"泰然让之"（Gelassenheit）的关系。在这种关系中，真理既是一种解蔽又是一种遮蔽。

此外，海德格尔后期也非常关注语言和思（思想）之间的关系。在海德格尔的哲学观中，"思"指的不是具有功能性的科学和逻辑思维，而是作为"此在"的人对存在者的存在的显露、澄明、呈现。语言不是人的工具，而人是语言的工具，语言是一种至高者且处处是第一者，因为，"当人思索存在时，存在也就进入了语言。语言是存在之家，人栖居于语言之家"[1]。由此可见，在海德格尔那里，语言和思一样是存在性的和本源性的，正是基于这种本源性，海德格尔认为，尽管传统哲学（作为知识或学问的哲学）已经终结（这里的终结并不意味着存在问题本身的终结，而是意味着传统哲学在研究存在性和本源性问题上的失败），但是对于传统哲学所不能完成的研究，可以而且应当由具有存在性和本源性特征的"思"及作为其显现的存在性和本源性的语言来承担。因为，"思"的根本特点是超越主客二分、超越对知识和确定性的追求，而去直接谛听存在的声音，去澄明、显示存在本身的意义。"思"的时代就是诗的时代。

第四节　梅洛-庞蒂的知觉现象学

梅洛-庞蒂（1908—1961）生于法国巴黎的一个天主教家庭。1926 年就学于巴黎高等师范学校哲学科，与萨特、雷蒙·阿隆等为好友。1939 年前往比利时鲁汶大学胡塞尔档案馆研究胡塞尔手稿。1940 年法国遭到德国法西斯入侵，梅洛-庞蒂入伍参加了抵抗运动。战后曾在里昂大学、巴黎高等师范学校、巴黎大学等多校任教，后来成为法兰西学院教授。1961 年由于心脏病突发英年早逝。他主要作品有《行为的结构》（1943）、《知觉现象学》（1945）、《辩证法的历险》（1955）以及遗著《可见的与不可见的》（1964）。梅洛-庞蒂的一生思想大致经历了现象学存在论与现象学马克思主义两个阶段。梅洛-庞蒂在哲学立场上批判胡塞尔的先验现象学，建立了自己的知觉现象学或身体现象学。由于其思想的原创性，他被誉为

---

[1] Heidegger, *Basic Writtings*, ed. by D. Krell, London: Routledge, 1977, p. 193.

"法国最伟大的现象学家"。

一、知觉的首要地位

在梅洛-庞蒂的现象学中，知觉是最关键的范畴，处于基础和核心地位。所以，梅洛-庞蒂将自己的现象学旗帜鲜明地称为"知觉现象学"。知觉的首要性地位的确立来自梅洛-庞蒂对现象学主题和使命的重新定位。这种定位建立在梅洛-庞蒂对近代主体性哲学，特别是对胡塞尔先验主义哲学的检省、批判基础上。

为克服哲学的相对主义危机，使哲学成为严格科学的哲学，胡塞尔创建了现象学哲学。胡塞尔的现象学主张，要克服相对主义、探求确定的真理，必须对自然主义的态度进行认识批判，也就是通过悬搁存在的信念实现现象学还原。整个世界，无论是物理的、心理的还是人的自我都必须打上可疑的标记，放在括号里，存而不论。这样，唯一确定的自明的剩余物就是纯粹被给予的、直观的意识经验。经还原后得到的经验（现象）不是传统意义上主体与客体二元对立基础上的个人主观经验，而是以内在性的意识为根据的内在与超越相统一的原初经验。这种内在性的意识在本质上是一种绝对的先验主观性。由此，胡塞尔进一步以先验主观性为根基通过复杂的意向性分析揭示事物、世界在纯粹意识领域中的构造，对纯粹意识及其本质进行现象学揭秘。胡塞尔以意识的确定性和明证性来解决事物的存在问题和认识问题，在反思哲学的框架下宣称意识的第一性。胡塞尔就这样将现象学引向了先验唯心论。

对于胡塞尔的现象学还原和先验唯心主义思想，梅洛-庞蒂明确地进行了针对性的批评。他认为，对于现象学还原来说，完全的还原是不可能真正实现的，因为我们无法真正切断与世界的关联，无法以不参与的方式将世界悬搁起来，从而成为一个绝对的旁观者和思考者（胡塞尔的先验自我）。他指出，胡塞尔的现象学悬搁是出于对世界进行构想的需要，为了使世界能够显现，必须暂时离开它们。将外在的客观世界悬搁起来只不过是理论上的一种需要和要求而已。为此，他借胡塞尔的助手、社会学民俗方法的代表芬克之口为自己立言。他指出，反省离不开世界，反省向后退，进行还原，是为了能看见超验性的东西的涌现，反省松开把我们与世界联系在一起的意向之线，是为了使意向之线显现出来。梅洛-庞蒂认为胡塞尔及其一些后继者的理论中一切误解的根源正在于这一点："正是为了观察世界和把世界理解为自相矛盾的，才需要断绝我们与世界的亲密。"[①] 但是，这种

[①] [法]莫里斯·梅洛-庞蒂：《知觉现象学》，姜志辉译，商务印书馆2001年版，第9页。

断绝却在相反的意义上印证了我们的世界是一种确实的、真实的存在，告诉了我们这个世界"无理由的涌现"。在梅洛-庞蒂看来，奠基于现象学还原基础上的我思并非真正的我思，真正的我思不需要凭借主体存在的看法来理解主体的存在，不是把世界的确实性转换为关于世界的看法的确实性，也不是用意义去代替世界。真正的我思是将我思当作一个不可剥夺的事实，从中去发现我在世界上的真实存在。

在梅洛-庞蒂看来，彻底的先验唯心主义的误区在于在理论上把世界只是看成表象，否定了世界的原初性、先在性和超越性。先验主观主义消解了世界的存在也消解了他人的存在，从而陷入意识的纯粹的空洞。真正说来，世界在本质上不是我从认识规律上加以把握的单纯客体，更不是纯粹意识的构成物。也就是说，世界的存在、事物的存在首先不是纯粹意识解释、建构起来的。在人们进行解释、分析、反省之前，世界已经存在，反省以非反省为前提，没有非反省，反省就不会成为问题。换言之，非反省的存在的东西是反省的基础和前提。在这里，梅洛-庞蒂明确地从存在论的角度肯定了世界的原初先在性，指出存在对于认识而言的优先性。世界是前科学、前反思的。我们直接地就生活在前反思的世界中，我们在世界之中存在，我们始终与世界共存共在。

世界在原本的存在意义上既不是作为科学的客观对象被给予，也不是作为认识反思的对象被给予，那么世界如何给予我们呢？梅洛-庞蒂强调世界是作为我们所知觉的东西而给予我们。知觉世界就是前科学、前反思的世界，就是纯粹被给予的世界的基本经验，是我们无意识经历的原初经验。知觉世界类似于胡塞尔晚年提出的生活世界，这个世界是非反思、自然而然的。梅洛-庞蒂认为，知觉世界就是现象学真正面对和处理的存在经验，它是我们各种知识和真理观念的真正的基础和源泉。知觉是构成一切知识的基本层次。重返事物本身，就是要重返这个先于认识的经验世界，这就像我们实际上已经先于地理学，在地理环境中知道什么是森林、什么是草原、什么是小河一样。所以，现象学必须首先唤起对知觉经验的重新思考，还原到知觉世界这个原初的领域，阐明关于实在事物的知识。梅洛-庞蒂将知觉视为"哲学家的绝对知识"。知觉在现象学中占据首要地位。现象学是建立在知觉基础上的知觉现象学，而不是内在的、本质的、反省的先验现象学。

梅洛-庞蒂认为，现象学对知觉的研究方式不能沿袭胡塞尔的先验现象学。梅洛-庞蒂的现象学强调描述方法的重要性。他认为，对于现象学来说真正重要的，不是解释、分析和建构，而是描述。因为现象学处理的不是经由意识确立的世界，而是原本直接给予的、主客未分化的、原初统一的知觉经验，也就是梅洛-庞蒂所谓的"前理论的层次"。"现象学最终说来既不是一种唯物主义，也不是一种精神哲学。它特有的运作是去揭示前理论的层次——两种理想化在此找到了它们的相对权利并且被超越。"① 现象学揭示的现象是已经给予的、显现着的东西。世界的存在、事物的存在首先不是纯粹意识解释、建构起来的，而是知觉已经触及、已经发现、已经浑然一体的东西。在人们对世界进行解释、分析、反省之前，它已经存在着了。真理首先不寓于内在性之中，而是在世界中去看世界。对于现象学来说，"应该描述实在事物，而不是构造或构成实在事物。这意味着我不能把知觉与属于判断、行为或断言范畴的综合等同起来。"② 所以，现象学哲学就不是先验真理的直观呈现，而是揭示一种作为原初存在的真理本身。知觉现象学应该走描述现象学而不是胡塞尔先验现象学的道路。

二、身体-主体与世界

梅洛-庞蒂所谈论的知觉究竟指的是什么？描述现象学意义上的知觉是否就是传统意义上的知觉或科学意义上的知觉？梅洛-庞蒂的知觉概念既不是传统认识论哲学意义上的，也与科学视域如生理学、行为科学中的知觉概念相去深远。这种知觉与身体相关、与心灵（意识主体）相关，也与世界、存在相勾连。其中，身体概念对于知觉现象学来说具有极为重要的意义，梅洛-庞蒂提出了一个具有鲜明个人风格的"身体-主体""世界的肉身化"等范畴，在生存论的视野下揭示了知觉与世界、身体与心灵、存在与意义、内在与超越之间复杂的交融统一关系。梅洛-庞蒂在《行为的结构》《知觉现象学》以及遗著《可见的与不可见的》等重要文献中，通过批判科学认识和哲学理论中的各种经验主义和理智主义，充分阐发了知觉的存在论内涵。

经验主义对知觉的研究通常采用科学的分析的方式：知觉由感觉材料组合而成，并可以被原子化为相互独立的感觉材料，如颜色、硬度、气味等。这些感觉材料作为刺激源对知觉者的感觉器官产生刺激，感觉器官接受刺激后将刺激信号通过神经系统传输至大脑，大脑对这些信号进行处理并使肌体做出相应反应。所以，对知觉的经验主义解释难以摆脱原子主义和主客体二元对立的误区。梅洛-庞蒂认为这种纯粹从生理学出发将肌体等同于单纯的机器，将知觉视为刺激-反应一

---

① ［法］莫里斯·梅洛-庞蒂：《哲学赞词》，杨大春译，商务印书馆2000年版，第148页。
② ［法］莫里斯·梅洛-庞蒂：《知觉现象学》，姜志辉译，商务印书馆2001年版，第5页。

一对应的观点不能真正解释活生生的知觉经验。知觉经验属于先于科学世界的前客观领域。如果我们想要理解感知，就要在我们身上探索这个前客观的领域。经验主义的知觉观将知觉外在化、客观化、规律化，而理智主义则反其道而行之，试图通过反省的方式发现知觉的构成，并将对知觉的解释诉诸意识的主观构成能力，认为知觉由"判断"（judgment）构成。知觉某物即是意识主体利用其主观构成能力对知觉对象进行构造。经验主义把在时间和意义上不是第一性的外部世界视为客观的、独立的分析对象，并认为这个世界就是知觉的基础；而理智主义则单纯地立足于主体意识来谈论对象事物的构成。梅洛-庞蒂认为，二者都没有正确地揭示对象事物的实际构成方式，没有正确地处理知觉意识与对象的内在关系。经验主义没有把握对象和由对象引起的活动之间的内在联系，而理智主义没有揭示思维中偶然的存在性原因。对于前者，意识过于丰富；对于后者，意识过于贫乏。由于经验主义和理智主义都不是在各种存在相互参与和统一的意义上去看待和理解知觉，因而二者也都没有回到知觉本身。

梅洛-庞蒂认为，经验主义和理智主义由于陷入对象性的理性思维方式，不能真正揭示知觉的本性问题，因此必须寻找新的道路。这条道路就是通过现象学的方式回归存在，在存在性的知觉中发现身体、发现心灵、也发现世界。换言之，通过回到由身体、心灵和世界相互统一构成的知觉世界、回到"我-他人-物体"交互作用的初始状态来寻找答案。在这里，知觉不是经验主义所谓的感性事物对人的身体的外在刺激，也不是理智主义所主张的主观性的反思活动。知觉本身是一种自发性的、前意识性的存在体验，是一种前科学的非反思性的、非客观化的领域。前反思性和原初性的知觉，一方面在对世界的把握中具有奠基性；另一方面，知觉经验处于主客未分的状态，即知觉具有知觉主体和被知觉客体相融合的整体结构。

这样，知觉既不是内在的主体性经验，也不是超越的客观性存在，而是心灵、身体和世界相互作用形成的整体经验。梅洛-庞蒂在《行为的结构》中，深入地考察了这种相互作用所形成的知觉经验。他说："知觉产生于某一事物对身体、身体对心灵的作用。"[①] 在这种经验中，"精神并不利用身体，而是透过身体，通过使身体超出于物理空间之外而实现自身"[②]。只有把心灵与身体辩证地结合起来，面向原初的、整体性的身体性经验，回到人与世界活生生的关系，我们才能够走出经

---

① [法] 庞蒂：《行为的结构》，杨大春、张尧均译，商务印书馆2010年版，第280页。
② [法] 庞蒂：《行为的结构》，杨大春、张尧均译，商务印书馆2010年版，第305页。

验主义和理智主义在知觉问题上二元对立的困境。在心身关系问题上，梅洛-庞蒂不赞同任何唯物论，也不赞同各种唯灵论。对于梅洛-庞蒂来说，知觉既不是内在的（immanent）主体性经验，也不是超越的（transcendent）客观性存在，而是身体性经验的基本层次。在知觉活动中，身体具有不可或缺的重要作用。只有把知觉与身体辩证地结合起来，面向原初的身体性经验，我们才能够克服主体与客体、身体与心灵、内在与超越的二元对立矛盾，进而揭示出人与世界活生生的关系。

在梅洛-庞蒂看来，经验主义和理智主义都没能抓住身体的本质。它们所谈论的只是观念中的我的身体，观念中的宇宙，空间的观念和事件的观念。梅洛-庞蒂认为若要真正理解身体，我们必须以现象学的方式面对身体本身，即在一种原初的前客观的现象领域中理解身体。经验主义和理智主义的错误在于它们的出发点是科学反思而非原初现象。而现象学视域下的身体恰恰先于反思和认知。现象身体既不是纯粹物体那样的自在存在，也不是纯粹意识那样的自为存在，而是"心灵和身体的复合物"，内在与超越的交汇点。也就是说，在现象身体中，心灵和身体彼此前反思地交汇融通合为一体，并不存在二元分裂。身体经验以第一人称的形式出现在前反思的原初现象领域，这是我们在世界中存在的根本结构。在梅洛-庞蒂看来，只有我的身体向世界开放，只有我实现身体的功能，我才能真正理解在世性的身体的功能。梅洛-庞蒂以"我能"取代"我思"，将超然的意识拉回到身体当中，不仅使意识恢复了肉身，而且让身体获得了灵性，所以，梅洛-庞蒂强调的身体是主体的身体，强调的主体是身体的主体，所以就知觉的身体而言，是身体-主体。

在原初的知觉体验中，主体、身体与世界具有一种原初关联，它们在本质上是不可分割的。梅洛-庞蒂颠覆了传统的主客体认知关系，认为身体与世界在知觉经验中相互开放，展现为一种活生生的生存关系。世界作为知觉的境域是模糊的和不透明的，它先于反思，为身体提供一种开放的实际情景意义，且处于没有被意识直接地把握的状态。由于身体向情景性的世界开放，由于知觉并不是认识对象而是我们整体存在的意向，在梅洛-庞蒂看来，它们是我们称之为"在世界中存在"的东西。这种"在世界中存在"将心灵与身体、意识与物质、主体与客体、内在与超越、自我与世界统一起来。在动态化的生存实践中，我通过身体在知觉经验中向世界开放，同时世界通过身体在知觉经验中向我开放。世界与我相互交织，世界与理性的意义相互勾连，主观的东西和客观的东西在身体生存的知觉场中统一起来，形成完整性的、含混性的存在。正因为如此，梅洛-庞蒂认为，"现象学最重要的成就也许是在其世界概念或合理性概念中把极端的主观主义和极端的客观主义结合在一起"①。

在现象学意义上的知觉中,我们发现了身体,身体是存在性的,我们的身体就是一种存在,或者说,我们的存在就是身体。与此同时,我们也通过身体发现了世界的存在,我们通过身体感知、接触到了世界,与世界发生着关联。进而言之,当我们的身体在这种意义上、以这种方式与世界重新建立联系时,我们也重新发现和确认了我们自己的存在。身体既是显现的主体,又是被显现的对象,身体-主体既是主动的又是被动的,既是能动的又是受动的。在知觉中,世界不是意识的对应物、构成物和创造物,而是身体-主体的开放、扩展和延伸,所以,知觉世界就是身体-主体与世界的原初统一关系。这样,第一人称的意识主体"我"被匿名的身体主体取代;世界不再是第三人称的客体,而被还原为一个我置身于其中的开放的和无边界的统一体,它们前反思、前意识地交织在一起。正因为如此,身体-主体能够成为主体与世界的中介和桥梁,从而世界能够"肉身化"。梅洛-庞蒂通过揭示身体、主体、世界这三者之间的关系诠释了知觉的存在论内涵。知觉实际上就是主体我、身体与世界的一种原本的统一关系,知觉不是主客二分意义上的认知行为,而是身体-主体与世界之间的一种直接对话和作用关系。梅洛-庞蒂提出的身体-主体概念试图在现象学的意义上使心灵与身体、世界统一和联结起来。这种联结对于超越传统哲学特别是意识哲学中由来已久的主体与客体、心灵与肉体、自在与自为、个人与他人的二元对立具有重要启发价值。

三、自我与他者

梅洛-庞蒂对主体间性问题、他人的存在问题给予了前所未有的关注。他的这种关注和理论主张与他的现象学观念有着直接的、内在的联系。他的知觉现象学既深刻地批判了胡塞尔的先验主义唯我论,也强烈地批判了近代哲学中的笛卡儿主义,同时对存在主义哲学如萨特的自由理论和自我理论也进行了重要批评。在这种批判基础上,梅洛-庞蒂确立了主体间性对于主体性具有优先性、根基性的理论立场和基本思想。

(一) 对笛卡儿自我观念的批判

梅洛-庞蒂在《知觉现象学》中,对笛卡儿的主体性观念和自我观念进行了具体的分析和批判。在梅洛-庞蒂看来,近代唯理论哲学家笛卡儿的主体性和自我的立场存在严重的缺陷。笛卡儿提出了"我思故我在"这一著名的哲学命题,确立

---

① [法] 莫里斯·梅洛-庞蒂:《知觉现象学》,姜志辉译,商务印书馆2001年版,第16页。

了具有典型时代意义的主体性观念和自我观念。笛卡儿实际上是将"我在"归于"我思"之下,即一种纯粹思想的东西。但是,在梅洛-庞蒂看来,不是"我思"完全地包含"我在",不是我的存在可以归结为我对我存在的意识,"恰恰相反,而是'我思'被纳入'我在'的超验性的运动,而是意识被纳入存在"①。"我思"意味着人的孤独的情形,"我在"意味着对客观世界存在的信仰,意味着我与他人的联合。所以,梅洛-庞蒂认为,不能将孤独与联合绝对地对立起来,孤独与联合不是非此即彼的两种选择,而是一个唯一现象的两个因素。梅洛-庞蒂说,我的体验应该把他人提供给我,也就是我的体验只有以他人为背景,我才能谈论孤独。他人和主体间的世界的存在成为问题和可疑,只是成年人基于反思和反省导致的。而对于儿童来说,他们没有自我意识,从不怀疑这个世界的存在。梅洛-庞蒂一反近代哲学的主体性观念,把时间性引入到主体性问题中。主体性正是通过时间性展现出来的,主体性不是一个封闭的、原初的、不动的阿基米德点,相反,主体性是一种时间概念,这意味着主体性是生成的、被构成的,只能在时间中展开。"主体性不是与自我的固定的同一性:和时间一样,对主体性来说,要成为主体,重要的是向一个他人(Autre)开放和摆脱自己。我们不应该把主体想像为有构成能力的,把主体的许多体验或 Erlebnisse 想像为被构成的;不应该把先验的我当作真正的主体,不应该把经验的我当作先验的我的影子或形迹。"② 在梅洛-庞蒂看来,主体性的自我不是真正先验的东西,社会世界才是一种真正先验的东西。任何他人都作为不容置疑的共存方式或环境为我存在。在人的生命中有一种社会气氛,就像在人的生命中有一种死的气味一样。所以,真正的主体性是一种向自己和向他人显现的主体性,它实际上是一种主体间性。

(二)对胡塞尔先验自我的批判

梅洛-庞蒂认为,胡塞尔的先验现象学无视他人的问题和世界的问题,未能正确地解释他人的问题和世界的问题,而是抛弃了世界的真实存在(不透明性和超验性)。世界在先验主体那里成了想象中的世界,而我们则成了唯一的理性主体。在胡塞尔的哲学中,他人的自我是一个悖论,即他人看到的可能不是我,我看到的可能不是他。为此,他明确指出:"直到现在,我思仍然在贬低他人的知觉,我思教导我说,我只能被自己理解,因为我是被我对自己的看法规定的,因为至少

---

① [法]莫里斯·梅洛-庞蒂:《知觉现象学》,姜志辉译,商务印书馆 2001 年版,第 481 页。
② [法]莫里斯·梅洛-庞蒂:《知觉现象学》,姜志辉译,商务印书馆 2001 年版,第 533—534 页。

在这个最后意义上，我显然是唯一拥有对自己的看法的人。"① 但是，我的存在绝不能归结为我对存在的意识，我的存在是一种在自然中，至少是在一种历史处境中的可能性体现。只有这样，他人才不至于成为一个空洞的词，或者说他人的问题、他人存在的问题才不至于成为无意义的问题。所以，自我和他人的可能性是由处境规定的，"我思"应该在处境中发现我，而不是在意识中发现我。所以，先验应该下降到历史之中。这样，历史就不再是绝对自主的两个或多个主体之间的外在关系，这种历史性内在地渗透到主体的定义中。在历史的处境中，每一个主体不再仅仅是各自为己，彼此之间也互相为他。只有在这种条件下，先验的主体性才可能变成胡塞尔意义上的主体间性。胡塞尔晚年已经认识到先验的主体性是主体间性，在梅洛-庞蒂看来，这是正确的方向。

（三）对萨特自由理论的批判

萨特是著名的存在主义哲学家，与梅洛-庞蒂同属于法国现象学的重要人物。他在《存在与虚无》等著作中提出了一种以纯粹意识为根基的主体自由理论。这种自由理论把自由归结为意识的虚无化的存在本性。自由是意识主体对存在的否定和超越能力。这种自由理论把自由与存在看作是一种单纯的否定和对立的关系。梅洛-庞蒂在《知觉现象学》中对萨特的自由理论给予了尖锐的批评，认为这种自由理论没有正确地理解和把握主体的自由。

梅洛-庞蒂分析指出，我们绝不能将人的自由理解为意识主体对存在的否定和超越。与之相反，自由意味着与存在的统一性。我的自由就是我在世界中的介入。"我们的介入支撑着我们的能力，如果没有某种能力，也就没有自由。"② 在梅洛-庞蒂看来，他人的存在不是自我存在的一种可能性，而是作为一个必然的事实给予我的，也就是他人不是仅仅作为我借以发现自己的那样一种存在。不仅如此，他人不完全、也不必然是我的对象。在同情的情况下，我能把他人感知为与我完全同样的存在和自由，也就是我和他人能获得具有同样性质的存在和自由。每一个人总是处于历史中，自由意味着共同的活动。在具体的历史处境中，"我一开始就不是在阶级之外的一个个体，我置身于社会，如果我的自由具有把我置于世外桃源的能力，那么我的自由就不是立即能使我成为我决定要成为的人的自由"③。所以，自由不是对存在的逃离与决裂。人对存在的拒绝，始终伴随着对存在的不

---

① ［法］莫里斯·梅洛-庞蒂：《知觉现象学》，姜志辉译，商务印书馆2001年版，第8页。
② ［法］莫里斯·梅洛-庞蒂：《知觉现象学》，姜志辉译，商务印书馆2001年版，第568页。
③ ［法］莫里斯·梅洛-庞蒂：《知觉现象学》，姜志辉译，商务印书馆2001年版，第559页。

断的接受。实际上,自由是一种存在性的联系、介入与充实,是在世界中的存在事件,是自我与他人的联合。

从梅洛-庞蒂对笛卡儿、胡塞尔的自我观以及萨特自由理论的批判中可以看出,梅洛-庞蒂解决主体间性问题、自我与他人关系问题的关键在于对于"处境"的确定。梅洛-庞蒂认为现象学哲学的本质在于对存在的使命和对世界的关注,而世界和存在则主要构成了人的处境。处境就是我与他人的共同存在和共同活动,实际上就是人在世界中存在、在具体的社会历史中存在。在梅洛-庞蒂看来,社会事实总是向我们呈现为我们也构成其中一部分的单一生命的变量,而整个他人对我们来说则只是别的我们自己。也就是说,社会历史是由我与他人共同参与、共同活动而形成的。所以,历史告诉哲学家的是公共精神,历史让哲学家思考主体间的交流和人们共同的处境。而哲学所提供的不应该是我们的私生活,不是纯粹内在的个人化的东西,而是一种逐步将我们与整体历史联结起来的主体间性,也就是人的社会性和历史性。哲学家的工作与社会学家的工作常常不像它们各自的原则那样是互相排斥的。"把哲学与人文科学简化到它所相信的纯粹类型,它最终危害着全部知识和反思。"① 也因此,梅洛-庞蒂认为,哲学与社会学必须要进行一种结合。梅洛-庞蒂后来逐渐重视马克思的社会历史理论,并且将现象学和马克思主义进行某种结合,也通过对萨特存在主义的一种社会历史的批判视角促成了向存在主义马克思主义的哲学转变。

第五节　对现象学的评析

自胡塞尔创立现象学以来,现象学的影响可以说广泛而持久,乃至成为当代哲学思潮中的一门显学,甚至有人把它看作是一场"现象学运动"。除了前面所讲的胡塞尔的意识现象学、舍勒的情感现象学、海德格尔的此在现象学、梅洛-庞蒂的知觉现象学之外,还产生了众多其他名目的现象学,例如,世界现象学、陌生经验现象学、他人现象学、生命现象学、死亡现象学、宗教现象学、技术现象学、艺术现象学、教育现象学、建筑现象学、语言现象学、心性现象学,等等。不仅如此,即使是在其他的哲学思潮或哲学家中,我们也可以看到现象学的影子,比如,在萨特的存在主义、伽达默尔的解释学、德里达的解构主义、阿多诺的社会

---

① [法] 莫里斯·梅洛-庞蒂:《哲学赞词》,杨大春译,商务印书馆 2000 年版,第 63 页。

批判理论、哈贝马斯的交往行为理论、霍耐特的承认伦理、阿伦特的政治哲学、福柯的后现代主义等哲学思想中，我们都可以看到现象学在其中所起的或明或暗的作用。

现象学之所以能够具有这么广泛而持久的影响，原因也许是多方面的，但不可否认的是，胡塞尔开创的具有独特性的现象学方法对于后来现象学的发展具有不可忽视的作用。不仅胡塞尔本人把现象学理解为一种典型的哲学态度与典型的哲学方法，后来的现象学家在评价胡塞尔的现象学时，也往往更加看重他提出的现象学方法或现象学态度。所以，要正确地理解现象学的基本精神，就必须熟练地掌握现象学的还原方法和本质直观的方法。通过现象学的还原方法和本质直观方法，我们才能够避免陷入传统哲学的二元论思维模式，才能够澄清传统的经验主义和理性主义的谬误，进而才能够真正地"回到实事本身"。

当然，我们也应当看到现象学方法的局限性。当我们运用现象学的本质直观的方法去分析和描述某种对象时，毕竟是在意向性的意识活动中进行的，或者说，所有对象都是内在于意识之中的，因此，虽然现象学作为一门本质科学是关于最终本质的研究，但这种本质始终是一种指向可能世界的本质，而非指向现实世界的本质。不论是胡塞尔的"视域"概念，还是海德格尔的"境域"概念，或者是梅洛-庞蒂的"处境"概念，它们所指向的应该说都是一个可能性的意义世界。因此，尽管现象学的本质直观方法的目的是要达到绝对明见的自身被给予性，但事实上，这往往会将人们引向一个不确定的确定性领域。

自胡塞尔开创现象学运动以降，后来的现象学家所研究的问题域基本上都不再停留在胡塞尔所关注的纯粹意识领域，而是转向了"实事"（或质料）领域。与胡塞尔对意识意向性的分析不同，舍勒更加强调现象学事实本身的意向性分析，并由此展开了对质料的价值秩序、人格以及情感的现象学分析，从而试图构建一门全新的哲学人类学。海德格尔以"此在"为切入点，展开了对人的生存论分析，从而揭示存在的意义。虽然海德格尔后期思想发生了重大转折，但从他对真理、现代技术、语言和思的讨论来看，他并没有脱离开其现象学存在论的基本立场，他关注的问题仍然是形而上学的基本问题："为什么存在者在而无（非存在）反倒不在？"如果说他前后期思想有所变化或转折，那也不过是他追问存在意义的方式不同而已。梅洛-庞蒂在胡塞尔现象学的基础上，明确提出"回到实事本身"就是要回到原初经验本身，也就是回到他所说的"知觉"或"知觉世界"本身，并以此作为出发点，全面阐述了他的知觉现象学思想。

由此可见，从胡塞尔的意识现象学到舍勒的情感现象学、海德格尔的此在现象学和梅洛-庞蒂的知觉现象学的转变,其实就是从纯粹的意识哲学向存在或人的存在领域的转变,这也正是人们往往把海德格尔和梅洛-庞蒂看作是存在主义哲学家的原因所在。但是,我们必须看到,尽管后来现象学问题域的转变大大拓展了现象学研究的领域,并且事实上也极大地促进了现象学运动的发展和影响,但就其根本性质而言,无论是胡塞尔的"生活世界"概念,还是舍勒的"现象学经验"、海德格尔的"本真存在"和梅洛-庞蒂的"知觉世界",归根到底仍然是一种解释世界的哲学理论,而不是真正基于社会现实和人类命运的实践哲学,尤其是在对人类历史深度的把握上,现象学的理论和方法并没有真正超越马克思的实践唯物主义学说。

思考题:

1. 如何理解和评价胡塞尔的先验主义哲学立场?
2. 简述胡塞尔生活世界理论的文化批判意义。
3. 简述舍勒的"情感"概念的含义。
4. 试论海德格尔的"基础存在论"内容及其意义。
5. 简述梅洛-庞蒂的"知觉"概念的基本含义。

第八章 存在主义

存在主义思潮的源头可以上溯到19世纪，在20世纪五六十年代广泛流行，其影响至今仍在，它渗透到社会生活的各个领域，因此被人们称为"时代的象征"。"二战"后欧洲人在经历了现代化的挫折和灾难之后，深切地体会到恐惧、焦虑、孤独、彷徨等生存状态，这也是促使存在主义在战后得以盛行的主要原因之一。存在主义思潮的主要代表人物包括有神论存在主义的主要代表人物马塞尔、雅斯贝尔斯，以及无神论存在主义的主要代表人物萨特。与传统形而上学"本质先于存在"的立场相反，存在主义哲学家们的鲜明立场就是"存在先于本质"或"存在生成本质"，尤其强调从作为个体人的生存或实存来审视人、社会和自然界的本性或彼此之间的关联。

第一节 马塞尔基督教的存在主义

加布里埃尔·马塞尔（1889—1973）毕业于法国索旺大学，获哲学硕士学位。他早年受谢林、黑格尔和新黑格尔主义思想影响较大，在"一战"期间，他参与医疗救助，亲历了战场上的死亡和苦难，这段经历使他改变了哲学态度，着重于对人的生存处境的关怀。他于1929年成为天主教教徒。他一方面作为哲学家，在中学讲授哲学，发表哲学著作，另一方面也是专栏作家、剧作家和文艺评论家，后被选为法兰西学院院士。马塞尔的主要哲学著作有：《形而上学日记》（1929）、《存在与存有》（1935）、《存在的奥秘》（两卷本，1951）、《人的尊严和存在的依据》（1964）等。

一、神秘体验与问题处境

马塞尔和20世纪的很多哲学家一样，认为哲学与科学有着本质的区别，他认为二者的根本区别在于：哲学是从人的具体生存处境出发。因为哲学与科学的对象完全不同，因而有不同的出发点。哲学的对象需要从人的具体情境出发去理解，而科学的对象则是客观事物，与人的生存处境没有直接关联。一个化学家要做实验，他可以向任何人购买实验材料，他可以利用这些材料得到普遍的结论。而哲学家的研究对象则和他的亲身体验直接相关。生存境遇的不同使哲学家的体验各不相同,思考的材料的意义也就不同。哲学家看起来是使用了一些相同的概念和术语,却得到不同的结论。因为每个哲学家有不同的生存处境,所以他使用的材料和由此得到的结论都不一样。哲学思考本来就是一种个人的行为。哲学家固然会使用一些大家公用的材料,但那也表达了哲学家自身的特殊体验,其意义是与众不同的。因此,每个哲学家的思考都必须从头开始,不能直接挪用他人取得的成果。所以科学是不断进步的,而哲学则不然,这就是哲学的个性。真正的哲学工作恰恰是不断重新开始。

在马塞尔看来,人的生存处境可以分为两种:第一种是"问题",第二种是"奥秘"。在第一种"问题"处境中,"问题"的对象是明确的,它呈现在我的面前,是外在于我的。比如,解一道数学题,我与数学的"问题"之间可以保持距离,然后才能对它加以观察和分析,得到的答案也是普遍有效的。

而第二种"奥秘"处境则完全不同,在这种处境里,我与问题之间的界限消失了,我不知道"解决问题"和"处理我自己"这两者之间的区别。我面对的不是外在于我的问题,而是我自己的切近的生存处境。一个人在溺水时的处境就是奥秘处境。在这里,"奥秘"(mystery)的意思并非一种神秘体验,而是不由自主、异乎寻常的意思。奥秘,就是将自我投入一种"实存"的处境之中,这样,"在我之外"与"在我之内"的界限已经消失。在这种奥秘体验中,人所接触到的,才是最真实的生存状态。这种处境中的一切内容都贴近他的生存体验,它们的意义和作用都因为这种生存体验而转移或改变。在诗人的眼睛里,水是诗情画意的;在农民的眼睛里,木材是用来烧火的;而在溺水者眼中,水就不再具有诗意,而是变成了危险的源泉,他所能找到的木材也不是用来烧火的,而是拯救生命的工具。这一切都不能作为静观对象,也就失去了寻常的意义和有效性,变成只有溺水者本人才能体验到的"奥秘"。

我们的日常世界是由我们共同面对的问题处境构成的。在马塞尔看来,我们所处的日常世界是一个分裂的"功能世界"。因为所有事物都按照不同的功能而被分到不同的类别之中,所有人也随之按照不同功能被列入相应类别。一个人根据在不同社会组织中的功能而分属不同的社会角色,例如,他在政府机构里是官员,在教会中是教徒,回到家里则被称为父亲。这样,功能世界中的人就转变成不同功能的集合,他的人格也就随之成为分裂的人格。

我们可以设想这样一个场景,甲对他的同伴乙说:"作为一个政治家,我们是同伙,但作为一个道德家,你就是我的敌人。"在另外一个场景中,丙对另一个向他求助的人丁说:"作为政府官员,我爱莫能助,但作为一个人,我非常同情你。"

这两个场景就是两个问题处境。上面两句话表明了问题处境与奥秘处境的分裂。在奥秘处境里，一个人不再是承担某个固定功能的角色，他体验到的是他自己所拥有的真实的、完整的人格。马塞尔关心的是这样的人格、他的处境、他的所思所为。他总是以分裂的人格为对照，来阐述人的真实的存在与完整的人格。可以说，问题处境下的人是不同功能汇集起来的集合物，而奥秘处境下的人才是真实的主体。

二、对反思的区分

在马塞尔看来，"反思"意味着对原生性经验的再思考。在最初的经验中，经验主体和经验对象处在混沌一体、不可分割的状态中，反思活动就意味着经验主体与经验对象的分裂，意味着经验主体对其自身的自觉和经验对象的呈现。马塞尔的哲学往往关注于两个看似对立却又不可分割的主题：一个是"存在的突显"，另一个是"存在物的显现"。"存在"虽然是超越任何存在物的超验性存在，但它必然通过存在物得以显现。这就是存在的奥秘之所在。这里所说的"突显"和"显现"其实都是指主体对于对象的反思，只是侧重点不同。

按照主体与对象的关系的不同，马塞尔区别了第一反思和第二反思。

第一反思的对象就是外在于我的事物，也就是时空中的对象。这种反思是一种抽象的活动，它用概念和分析的方法来把握事物的存在和属性，并且处理事物之间的关系。第一反思的代表就是笛卡儿的"我思"。"我思"的对象在时空之中，包括我的身体在内，它按照抽象的方法，把一切对象分为物质对象与精神对象两大类，因此产生了二元论。因为"我思"不但是哲学方法，也是科学的思维方式，所以，一切科学思维都属于第一反思。但马塞尔还把第一反思应用于人际关系。在第一反思中，每一个人都把自己当成是独立的主体，而把他人当成自我之外的对象化客体，这样就导致了人与人之间的关系变得冷漠和疏离。所以，在由第一反思所左右的物我二元对立的关系中，缺乏忠诚、希望和爱。

与此相比，第二反思的对象不是与我对立的，例如，我在倾听贝多芬的交响乐或关爱孩子时，我所反思的对象是与我联结在一起的对象，我与对象不可分离。我与对象的区别仍然存在，但两者区别开来的方式与第一反思中的二元对立大不相同。马塞尔用"我"与"我的身体"的关系来进行说明。在第一反思中，"我"与"我的身体"都被抽象化了，变成了两种本质属性、两种实体，构成了二元对立。在第二反思中，"我"和"我的身体"都在具体的生存处境之中，身体是我的生存不可或缺的部分。但是，"我"不等于"我的身体"，我的身体从属于我，而又不是以身外事物那样的方式从属于我，而是以一种不可替代、不可体验的方式从属于我。我既不能说"我是我的身体"，也不能说"我有我的身体"；"我的身体"一方面从属于我，另一方面又构成了我。

第二反思的主要范围不是我与物的关系，而是人与人的关系。第二反思中的人际关系是"我"与"你"的关系，不再是一个作为主体，另一个作为认识对象的客体。一方面，"你"是"我"的反思的对象；另一方面，"你"是一个可以和我互相交流、分享的另一半的"我"。这种"我—你"关系的极端情况就是前文谈到的"我"与"我的身体"的关系。我与他人的关系虽然不像我与我的身体那样密不可分，但两种关系的实质是相同的，都是处于休戚相关、荣辱与共的境地。

马塞尔的哲学思考进入到宗教哲学领域。第二反思始于对"我"与"我的身体"的关系之反思，经过"我—你"关系的体验，它最后到达的终点是"我"与"上帝"的相遇。在马塞尔看来，上帝就是一个大写的、绝对的"你"。在第二反思中，"我"通过"我—你"的关系而与上帝相遇。一方面，上帝是通过人与人之间的精神沟通而出现的，另一方面也成为人们精神交流的基础。因此，爱上帝与爱他人是牢不可分的两个方面，按照西方道德和宗教不可分的传统，马塞尔认为所有良好的人际关系都依赖于上帝，并最终指向上帝。人的独特性在于，他是一种"向存在开放"的存在者，人在他的生存处境中，在越来越大的领域中，联系起了越来越多的事物。人更进一步通过人际关系，体验到"爱""希望""创造性的忠诚"等情感交流的真谛。在这种"奥秘"的处境中，人最终体验到存在的意义，也就是"大写的存在"，即上帝本身。马塞尔把第二反思的目标指向上帝，恰恰是希望通过上帝这个大写的存在来支撑"我—你"关系。

三、存在与存有

在西方哲学史上，"存在"的概念起源于希腊文系动词"是"，从原初的意义来说，对"存在"（being）有两种不同的理解方式：一种把"存在"解释为存在的过程，"存在"的意义是"在"，"存在者"的意思是"存在着的东西"（existing）；另一种把"存在"理解为万物的本质，"存在"的含义是"有"，"存在"的意思是"所拥有的东西"（having）。对应于这两种含义，在中文中也有"存在"和"存有"这样两种翻译方法。

从存在主义发展的历程来看，自克尔凯郭尔开始的存在主义哲学家们，都对"存在"与"本质"做了严格的区分。他们强调说，只有人的存在才是一个存在的过程，事物的存在直接表现为它们所拥有的本质。在《存在与存有》一书中，马塞尔将"存在"置于形而上学的核心，区分出人的两种生存方式。形而上学的根本对象是"存在"，而不是"所拥有的东西"，"存在"的意义在于"是"某一过程，而不是"有"什么本质和特征。对于一个人而言，"我是谁"和"我有什么"是两种完全不同的问题，所针对的也是两种完全不同的生活方式。

"我是谁"的问题针对的是我的存在的过程，在马塞尔看来，只有在"奥秘"的处境里，我所接触到的才是真实的人格，因为只有在"我—你"关系中，我才能反思人生的真谛，而只有在与上帝的关系中，我才体验到存在的意义。所有这些过程都是对"我是谁"的回答，这些过程就是存在的过程，其包含的内容越深刻、越丰富，对这一问题的答案也就越清楚、越完善。

而"我有什么"这一问题针对的则是我所拥有的东西。马塞尔在《存在与存有》中进一步对存有做出区分。他区分了"具有"和"占有"两个概念。所谓"具有"是指自我的内在属性，如能力、经验、健康等；而"占有"是指外在于我、附属于我的事物，如职业、财富、地位、声望等。然而，无论是具有还是占有都不能构成自我的真正的存在，而且它们还会反过来使人受到他所拥有的东西的控制和支配。这种被支配的关系恰恰成为一种"异化"，自我被异化为所拥有的东西，这在"占有"的情形中体现得尤为明显。

首先，在"占有"关系中，必然包含着占有者和被占有物，人与被占有物是相互分离的，而"占有欲"正是占有者在对被占有物的占有中才形成的。其次，被占有物有被丧失和被损害的危险，这引起了占有者的惧怕、嫉妒的心理和看管、监视的习惯，也就是说，占有者被"物欲"所累。最后，占有需要权力、控制和服从，这些和人的"支配欲"分不开。总而言之，在占有的情境下，自我被异化为物，自我的存在被异化为存有，"存有"就意味着"为了拥有什么而去生存"。马塞尔在他的哲学著作和文学作品中，深刻地揭示了现代人抓住了"存有"而失去了自我的可怜处境。

总之，存在是人的真正拥有本质的存在，而存有则是失去本质的异化状态。马塞尔对人的异化状态的分析和批判是有积极意义的，走向宗教哲学则表明他的思想进入了一个传统的误区，因而无法指出扬弃异化的真正道路。

第二节　雅斯贝尔斯的生存哲学

卡尔·雅斯贝尔斯（又译雅斯贝斯，1883—1969）生于富商家庭，1909年在海德堡大学获医学博士学位，后在大学精神病医院工作。在胡塞尔的影响下，他于1917年发表了《普通精神病理学》一书，1922年转为哲学教授。雅斯贝尔斯的妻子是犹太人，他因此在纳粹当政期间受到迫害，被解除教职。"二战"后他积极参加对纳粹主义的清算，1946年发表了《论德国人的罪责问题》，表达了全体德国人对战争罪责的深刻反省。他的主要哲学著作有《哲学》（三卷，1932）、《生存哲学》（1937）、《论真理》（1947）、《面对基督教天启宗教的哲学信仰》（1962）等等。

一、生存哲学视域下的"大全"

雅斯贝尔斯说，虽然他关心的是一个古老的哲学命题——存在的意义，但他需要从"生存哲学"的视角来阐明这一问题。他认为，正如克尔凯郭尔所强调的"真理是主观的"的这一观点，不应该试图将哲学转变成科学，因为科学研究的对象只是存在的某一方面，它通过把存在分割成各种作为客体的研究对象来研究存在的某一方面。比如说，作为科学研究对象的人也是客体的研究对象，心理学、社会学、人类学等学科都通过不同的研究方法从不同方面来研究"人"这个客体。因此，正是由于存在不是各门学科研究对象的总和，所以哲学不是科学诸分支的总汇，哲学不对人和世界进行片段式的研究，它研究的是存在的"大"。

在雅思贝尔斯看来，哲学家所探究的存在脱离不开其独特的内在体验。因此，哲学家总是按照个人的生存体验，从整体上来把握科学研究的客体，个人生存是他的经验和创造的源泉，是他所思考的实在的中心和方向。如果脱离了生存的主观体验，存在的整体性和完全意义就无法得以彰显，存在就只能留存于被分割的客体形态中。雅斯贝尔斯说，我们应当重申克尔凯郭尔提出的"主观性真理"这一命题，不能把哲学与科学等同起来。把二者等同，这不是在"抬高"哲学，而是把局部当作全部，把客体当作存在，颠倒了哲学与科学的关系。因为哲学既不隶属于任何一门科学，又与科学世界观大相径庭。所以，哲学只能是建立在"存在论"基础上的"生存哲学"。

雅斯贝尔斯认为，从生存哲学这一角度来看，作为哲学研究对象的存在本身就是"大全"，因为存在本身永远没有尽头，永远是敞开的，把我们引向无边无际的四面八方。然而，悖谬的是：作为无所不包的"大全"不能成为一个对象，它只能通过客观存在的东西和视域的界限向我们透露一些关于它的消息。雅斯贝尔斯明确说到，"大全"本身并不向我们显现，而其他的一切都将在"大全"里得以呈现给我们。虽然"大全"不能作为认识的对象被把握，但哲学的澄清却可以揭示"与所有确定的知识完全不同的存在的意义"。

雅思贝尔斯提出,哲学的澄清是一种对模态的分析,他把"大全"分析成具体的模态,通过澄清存在不同模态的意义来理解"大全"。雅斯贝尔斯区别了"大全"的主观模态与客观模态:主观模态是人,客观模态是世界。主观模态包括三个层次:作为认知主体的一般意识,用行动和情感把握世界的此在,作为理想世界的精神。因此,人的主体本性决定了他要不断超越自身和现实世界,无限趋于"大全"。

在早年写作的《时代的精神状况》一书中,雅斯贝尔斯给生存哲学下了一个定义。他认为生存哲学是这样一种思想:"(它)利用专门知识,又超越专门知识;它并不认识客体,而是阐明并实现思想者本人的存在。它由于超越了规定一切存在的世界观而飘忽不定,诉诸自身的自由来阐明生存,并通过对超越者的召唤而创造绝对活动的领域。"①

从中可以看出,雅斯贝尔斯的生存哲学是以主观性也就是以个人的自由为出发点的创造活动,这一点和萨特基本一致。雅斯贝尔斯的独特性在于,他强调的自由"召唤"出一个超越者,即上帝,他所说的自由是面对上帝的自由。在这一点上,他与克尔凯郭尔相近,都是突出宗教性的意义。但他的"召唤"与克尔凯郭尔的"飞跃"不同,它是一个相当合理的逐步推进的过程。

二、自由与超越

雅斯贝尔斯根据对"大全"的两种模态的分析,区分了内在超越与外在超越。所谓内在超越指的是在"大全"之内的超越过程,人作为有意识的、精神性的此在,在理想的指引下不断认识和改变世界,并随之认识和改变自身。所谓外在超越则是朝向人与世界之外的"大全"的超越。内在超越之所以可能,恰恰是因为"大全"无所不包,处于人与世界之外。如果人仅仅满足于超越世界和自身,而不朝向外在的"大全"超越,那么他就在不同程度上受到主观或客观的条件限制,就达不到真正的自由。可以说,自由就是不断趋向于"大全",不断去超越。

雅斯贝尔斯认为,人在真实世界的存在就是通过对未来可能性的种种设计来实现的。雅斯贝尔斯指出,生存并不是仅仅这样存在着,而是能够去实现存在。

---

① [德]雅斯贝尔斯:《时代的精神状况》,王德峰译,上海译文出版社1997年版,第150—151页。

我在世界上只是一种可能性的生存，而不是必然性的生存，也不是仅仅如此这般的存在。因此，不能把我的直接性存在等同于自我，因为自我是我希望要达到的一个目标。正是由于生存是对现实世界既定限制的一种摆脱，是对未来的一种超越，所以生存的过程才是自由的。在这种意义上理解的自由，不是随心所欲，为所欲为；在这种意义上理解的超越，也不是无目标的和无方向的，而是通过自我设计而存在。

既然自由和超越都是有规律可循的，逐步摆脱既定限制的过程，其结果就使得意识变得越来越自由。从人类社会的发展来看，人类最初的生活境况受外界条件和环境的制约，若想获取内在自由，就必须超越外在的限制，而这恰恰是个人生存意识对知识的客观对象的超越。从人的生存意识来看，诸如"焦虑、烦恼、畏惧"等生存状态展现出了人的精神所受的束缚，而进一步的超越则可以使心灵在内心深处获得安宁，并认识到最真实的自我。同时，这个真实的自我也会认识到自己的有限性，尤其是通过死亡意识会更加深刻地体会到个体生存状态的有限性，能够认识到有限性就是对意识的限制，因此，意识的超越性就会使人认识到无限的超越者的存在，而这恰恰就是基督教所谈论的上帝。

当然，雅斯贝尔斯所说的上帝并不是作为基督教信徒信仰对象的那个上帝，而是一种显现为"终极关怀"的人类意识，他认为，这种人类意识是个人的、纯粹的和自由的，我们的语言无法对其进行证明和描述。意识在面对上帝时有选择的自由，可以自由地肯定或否定"我"与上帝的关系，能够做出非此即彼的选择。但是，在雅斯贝尔斯看来，既然认为"上帝"是这种超越意识的终极关怀，那么否定性的选择无疑是对超越的倒退。这也就是说，人类有可能从最为自由的意识领域退回到受限制和约束的生存境况之中。这种可能性存在着，代表着人性的堕落。

雅斯贝尔斯的结论虽然与基督教信仰有一致性，但他不赞成基督教的天启观念，尤其不赞成把上帝实体化，作为永恒真理的外在源泉和对象。他说，超越的意识虽然肯定了上帝与人的联系，但这是哲学的信仰，而并非宗教的信仰；后者来自天启，前者来自对生存意义的深层理解和实践。虽然有这些分歧，但哲学和宗教都是超越的意识，两者也有不少共同之处。雅斯贝尔斯在基督教的《圣经》中所发现的真理就是上帝所具有的超越性和善恶之间的自由抉择，还包括以爱为核心的伦理原则。在雅斯贝尔斯看来，没有对超越者的信仰的哲学就不是真正的哲学，没有信仰的哲学家就不是真正的哲学家。因此，在分析雅思贝尔斯哲学的宗教性质的同时，也必须认清他和基督教信仰者之间的区别，不能把他们简单地混为一谈。

三、世界哲学体系的构想

雅斯贝尔斯在晚年提出了关于整个世界历史和世界精神的哲学构想。他认为,人类的生存意识是一个同步产生和同步发展的整体,那么,生存哲学就可以运用到世界历史进程之中,产生一种世界哲学。他对于世界哲学的构想之中,最为人所周知的是在《历史的起源和目标》这一著作中所提出了"轴心时代"的概念。所谓"轴心时代"指的是从公元前 800 年到公元前 200 年之间的这一历史阶段。这六百年可以说是人类思想史上最为活跃的年代。在中国出现了孔子、老子、庄子、孟子、墨子、荀子等著名思想家,在印度出现了最古老的哲学著作《奥义书》以及佛教的创立者释迦牟尼,在古代伊朗出现了琐罗亚斯德教,在希腊出现了《荷马史诗》以及一批伟大的作家和哲学家,在亚洲近东出现了一批作为犹太教思想代表的先知。在雅斯贝尔斯看来,人类精神在"轴心时代"实现了突破,这个时代也是一个人类走向全面精神化和全盘改造人性的发展历程。在此之前,人类的生存目标仅限于谋生,以单纯的物质生产活动为中心。正是自轴心时代开始,人类才从谋求生存的活动中解放出来,提升到精神层面,从而开启了自由和超越的活动。可以毫不夸张地说,"轴心时代"的精神遗产一直影响着现代人类精神生活的内容与形式。雅斯贝尔斯指出:"人类一直在靠轴心期所产生、思考和创造的一切而生存。每一次新的飞跃都回顾这一时期,并被它重燃火焰……轴心期潜力的苏醒和对轴心期潜力的回忆,或曰复兴,总是提供了精神动力。"[1]

人类从 16 世纪以来,就进入了雅斯贝尔斯所说的"新普罗米修斯"时代,也就是通常所谓的"科技时代"。现代科学技术的发展是这个时代的最高级成果,它前所未有地改善了人们的物质条件与生活状况,但遗憾的是,人类的生存境况和精神状况并没有相应地得到改善。正相反,由于技术的膨胀发展、宗教文化的衰落等原因,导致人类的生存境况进一步恶化。正是在这种背景下,哲学逐步走向没落,片面的科学主义、技术拜物教日益兴盛,大众逐渐丧失了对生存和存在意义的追寻。甚至可以说,被科学化了的哲学已经忘了对存在本身的追寻,处于一种异化的状态。

---

[1] [德] 卡尔·雅斯贝斯:《历史的起源和目标》,魏楚雄、俞新天译,华夏出版社 1989 年版,第 14 页。

雅斯贝尔斯预言说，当前我们正面临着第二个"轴心时代"的到来。生活在世界不同地方的人都将联合起来，从全世界的视角来反思人类整体的生存状况和境遇。毋庸置疑，世界哲学将会成为第二个轴心时代的核心主题，即不同地域、不同文化和不同民族的哲学家们纷纷从世界范围的角度出发去追寻人类全体的生存价值与生存意义。虽然雅思贝尔斯编著"世界哲学史"的庞大计划没有最终完成，但是他留下来的上述思考也已经证明了，他试图超越西方中心主义的藩篱，在更宽广的人类精神史视野里去追寻作为万物之灵的人类真理性思考的轨迹和未来，这一点是非常值得称道的。

第三节　萨特的存在主义

让-保罗·萨特（1905—1980），法国著名哲学家和文学家，1905年6月出生于法国首都巴黎。1924年，萨特就读于被称为"哲学家摇篮"的巴黎高等师范学院，专攻哲学，与雷蒙·阿隆、梅洛-庞蒂、波伏娃等是同年级同学。他不满于法国当时学院派流行的从思维到思维的哲学，希望哲学能够贴近现实和人生。1933年，受好友雷蒙·阿隆的影响，萨特开始接触、推崇现象学，并到德国柏林的法兰西研究所进行了专修。"二战"爆发后，萨特积极投身反法西斯抵抗运动，被俘并关进了集中营，后被释放。1943年，萨特的哲学巨著《存在与虚无》发表，这标志着萨特式的无神论存在主义的诞生。萨特在政治上属于激进左派人士，同情共产党，战后一直致力于人类和平与正义的事业，支持席卷西方的学生反抗运动，并且成为运动的精神领袖。60年代，萨特思想发生了转向，对马克思主义表现出亲近，试图将存在主义和马克思主义结合起来。萨特的一生极富个性和传奇性，他与波伏娃相爱，却终生未婚，曾获诺贝尔文学奖，却拒绝领受荣誉。1980年，萨特辞世，当时法国有数万群众自发地参加了这位伟大哲学家的葬礼。因他的哲学与文学成就，也因他对正义的追求，萨特被称誉为"时代的一盏智慧的明灯""20世纪人类的良心"。萨特的哲学，在某种意义上，是他的一种生活体验和态度，显露着时代迷惘、躁动的气息，隐含着人生绝望、无奈的情绪。

萨特勤于笔耕，著述甚丰。在哲学方面，除《存在与虚无》外，还有：《存在主义是一种人道主义》（1945）、《唯物主义与革命》（1946）、《共产党与和平》（1952）以及后期重要著作《辩证理性批判》（1960）。文学方面的重要作品有：

《恶心》《苍蝇》和《自由之路》等。

一、现象学本体论

萨特的早期思想主要是一种存在主义人学理论，是关于人的绝对自由的存在论揭示，但是他的存在主义人学和自由思想有着重要的理论奠基。这一基础就是萨特以现象学方法和理论建立起来的"现象学的本体论"，又称"现象的一元论"。萨特为什么要强调现象，并将其作为探究存在问题的出发点？因为在萨特看来，现象与存在在根本上具有相关性，现象是通往存在的必经之路。存在论一定要走现象学的道路。现象学一元论就是试图以现象为出发点，通过对现象与存在两者之间统一性的分析，建立一种不同于传统哲学的新哲学，克服和解决西方哲学中本质主义、主体主义的二元论困境，超越和消除唯心主义和实在论①关于"心"与"物"、主观与客观及其相互关系等方面的争论与分歧。萨特在现象与存在的关系问题上引出了根本性的意识存在的问题，进一步探讨了反思前的我思、自在存在、自为存在等一系列重要的存在论问题。萨特的现象学存在论在现代哲学发展中确立了一种实际上是以意识存在为根基的存在论和以主观性为根本原则的存在主义道路。

（一）存在的现象与现象的存在

现象一元论的现象究竟是什么？在萨特看来，现象的观念意味着现象（也称显象）不是与存在相对立的，现象就是存在物本性的显现，就是绝对的存在本身的真实表达。现象是什么，绝对就是什么。萨特这样指出："显象并不掩盖本质，它揭示本质，它就是本质。存在物的本质不再是深藏在这个存在物内部的特性，而是支配着存在物的显象序列的显露法则。"② 现象既不是认识主体纯粹的主观表象，也不是有实体隐藏于其后的感性存在物。存在与显现、本质与现象不是传统哲学中内在与外在那样的二元对立，而是根本一致的。现象是存在的自身显现，存在必须显现才能被揭示。但是，这并不意味着现象与存在是完全同一的。相反，萨特认为二者有重要的区别。

萨特在本体论上明确区分了"现象的存在"与"存在的现象"，并强调"现象的存在"不能还原为"存在的现象"。这里，"现象的存在"，在于强调存在，存在是为揭示、非被揭示却是能够被揭示的东西，而"存在的现象"在于强调显现或

---

① 按萨特本人的说法，这里的实在论并不是指经院哲学的唯实论，而是指各种唯物主义。
② [法]萨特：《存在与虚无》，陈宣良等译，生活·读书·新知三联书店2012年版，第2页。

存在的被揭示。现象是指已被揭示出来的关于存在的显现。现象作为存在的显现，是对事物或对象的某种本质、意义的一种存在性把握，而存在则不能归为或完全等同于某种事物、某种性质或意义。存在关联着所有事物的表现方式和可能显现，关联着一切性质、本质和意义。萨特如海德格尔所认为的那样，认为在一切事物中都有着存在。实际上，萨特是在事物的总体存在视野以及关于事物认识的有限性与无限性的视野内来看待现象与存在之间的差异。现象总是关于存在的有限的显现，是存在的有限的、确定的显现系列，但是，在认识运动中有限的显现总是要求被超越而走向无限。对于存在来说，显现是一个无限的过程，这样，存在就是不断被揭示的、趋向总体的可能显现系列。现象是存在的有限的显现；存在是无限的、可能显现的总体。萨特认为，现象的存在不能归为存在的现象，但二者又是统一的关系，因为现象的存在是存在的现象的条件。现象的存在是本体论意义上的第一个存在，它为现象提供了可能的基础。现象是对存在的呼唤，"作为现象，它要求一种超现象的基础"[①]。只有以存在为基础，现象才能确立自身。现象的存在对于存在的现象来说具有超越性和客观性，存在不能还原为对存在的认识，但它为人们的认识提供了基础。在萨特看来，把存在等同于它的显现或认识，就是否定了这种超越性，就会陷入贝克莱式的唯心主义。

现象与存在的相互关系具有重要的本体论意义。现象中有超现象的东西，超现象的东西就是存在。存在是基础性的，为现象提供了先在的客观根据。与此同时，在存在论上，存在也依赖于现象，存在必须通过显现才能得到揭示。存在是为揭示和待揭示的。所以，存在论一定是现象学的。现象学道路就是强调显现或现象对于存在的重要性，但是，存在的显现如何可能？对现象应该如何进行描述和分析？现象学存在论应沿着何种方向来进行具体的建构？为了回答这些问题，萨特开始将意识置于现象学存在论的核心。

萨特的现象学本体论深受胡塞尔、海德格尔等现象学家的影响。胡塞尔的现象学集中于意识的分析和描述，建立了意识现象学。海德格尔将现象学的重心转向了存在，立足于此在的生存领会来解说存在问题。相对于胡塞尔，萨特更赞同海德格尔的存在现象学道路，重视存在和人的生存问题。但是，与海德格尔注重此在的生存领会、强调对此在的生存论分析不同，萨特强调意识分析的重要性，认为意识才是现象学存在论的关键。萨特指出，存在总是通过意识才能显现和被揭示。存在问题特别是人的存在问题离开意识，就不能得到真正的揭示。只有通

---

① ［法］萨特：《存在与虚无》，陈宣良等译，生活·读书·新知三联书店2014年版，第7页。

过对意识问题的分析，以揭示存在问题为己任的现象学存在论才能建立起来。所以，萨特把他的存在论建在胡塞尔的意识现象学与海德格尔的存在论现象学之间，萨特试图走一条对德国现象学进行结合和改造的哲学道路，这条道路就是把意识视为存在性问题，而不是单纯的认识性问题。

（二）反思前的我思与反思

萨特在《存在与虚无》中对存在有这样一个认识："可以把存在分为两个绝对独立的领域：反思前的我思的存在和现象的存在。"① 在他看来，反思前的我思是一个存在领域。对于反思前的我思，萨特又称为非反思的意识或者宽泛地称作"意识"。他提出这一概念，就是要与反思加以严格的区分。反思也被称为反思的意识或者简单地称为"我思"。在萨特看来，反思前的我思与反思性的意识两者截然不同。反思前的我思是指面向存在的、显现存在的自发性的原初意识；而反思的意识指的却是以意识本身为对象、面向意识的意识。萨特曾举数烟盒里的香烟这样一个例子，我此时此刻在数烟盒里香烟的数量，数数的意识活动是自发的存在性活动。在这种情况下，数数的意识活动没有成为主题，或者说没有意识到我在数香烟，这就是非反思的意识。但是，我的意识一旦指向数香烟的意识活动，或者说，一旦我意识到了我在数香烟的意识活动，这种意识就成了一种反思性的意识，这时，我和香烟作为对象都被意识到、把握到了。

在萨特看来，在反思前的我思中，作为原初性、自发性的意识，它主客混融不分；作为状态与行动的意识，它的内容丰富多样、随机而变。而反思性的意识，由于它指向意识体验或意识活动本身，这样，意识体验本身和意识体验中的对象就都被意识到了。在反思性活动中，对象昭然若揭，一种情形是对物的意识，另一种就是对自我的意识。自我是一种后发性的、反思的产物。所以，萨特说："当人们不看'自我'时，自我就永远不会显现。"② 由于对象是在反思当中明朗起来的，位置被确定，所以，萨特认为反思性的意识活动是位置性的，而在反思前的我思中，意识尽管也是对象性的活动，但是由于对象与意识的混沌未分，意识处于直接性的存在中，对象没有被明确。由于这种特征，萨特把原初性的意识称为一种非位置性的意识。对于非反思的意识来说，自我作为对象，与外部世界的存在一样都是超越性的、不透明的。

非反思的意识与反思意识二者的明显不同在于：前者是第一位级的意识，处

---

① ［法］萨特：《存在与虚无》，陈宣良等译，生活·读书·新知三联书店2012年版，第23页。
② ［法］让·保尔·萨特：《自我的超越性》，杜小真译，商务印书馆2001年版，第36页。

于存在论层面；后者是第二位级的意识，处于认识的层面。萨特认为，一定是先有非反思的意识，才有反思的意识。非反思的意识被意识所反思，也就有了反思的意识，自我也才能够被提出来。相对于反思的意识而言，非反思的意识具有优先性。对此，萨特指出："因此，反思一点也不比被反思的意识更优越：并非反思向自己揭示出被反思的意识。恰恰相反，正是非反思的意识使反思成为可能：有一个反思前的我思作为笛卡儿我思的条件。"① 反思前的意识不要求以反思的意识为存在条件，也就是不需要预先设定自我的存在。

依据萨特的看法，在反思前的意识中，没有我的位置，没有所谓的自我的先在性。所以，萨特强烈地批判笛卡儿、康德强调自我优先性的主体主义的思想传统。笛卡儿和康德预设了一个并不真实的自我作为认识和存在的基础，他们走向了心灵实体论或先验主义，落入了唯心主义唯我论。萨特认为，胡塞尔后来的先验现象学把先验主观性视为认识的绝对前提，认为一切事物、对象都是先验自我的构成物，这种哲学立场又重新回到了笛卡儿、康德哲学的老路，跌入了唯心主义。萨特认为，解决存在问题，必须要超越先验唯心主义，强调存在优先，而不是认识优先。萨特的理论方案就是把反思前的我思置于存在问题的中心，把意识从认识论转向了存在论。那么，反思前的我思作为一种存在领域，它如何存在？萨特认为，作为一种存在，意识具有自发性、超越性和自由性等存在论特性。

关于意识的存在本性，萨特既不是站在传统的唯物论立场来看，把意识看做物质的某种属性，也不是遵循传统的唯心主义路线，把意识看做一种心灵实体、先验实体或精神实体。萨特沿着海德格尔的方向，把意识作为一种存在，通过一种存在关系和存在结构来解说它的存在。这种关系就是意识与存在的内在统一。萨特认为，意识本质上是由实存设定的，就是说，意识是有关于实存的存在的意识。意识是存在的唤醒和临场。意识与存在的关系并非是一种认识关系，而是一种存在性的结构关系。因而，意识不是作为某种抽象的表象而是作为充实的、绝对的具体事件而存在，或者说，意识是自发生成和涌现的可能存在，它的存在方式是作为状态和行动的意识。意识是自发性的、原初性的存在事件，由于原初性，意识是非反思和非正题的，因而不同于反思性的意识。意识的存在表现为对存在的意识，这不意味着意识是被存在所决定，它不服从任何决定论。意识是一种自发性的存在涌现，它自己关心自己的存在，自己决定自己的存在。意识的存在包含它的本质。它的存在是它的一切可能性的来源。意识具有自我规定的主动性。

---

① ［法］萨特：《存在与虚无》，陈宣良等译，生活·读书·新知三联书店2012年版，第11页。

萨特把海德格尔对此在的定义应用于对意识存在的分析，指出意识在它的存在中关心的是自己的存在。意识总是指向异于自身的存在，把自己确立起来，正是意识对自己存在的关心。意识的自发涌现和自我规定，就是一种自由。

萨特继承并延伸了胡塞尔的意向性理论，认为意识是"对某物的意识"都是意向性的。这种意向性揭示了意识的超越性，意识总是与一个超越的对象有关。萨特说，我的现实意识中的所有意向都是指向外面，指向世界的。这种超越性意味着，意识本身没有内容，它的内容是由外在于意识的东西所给予的。"说意识是对某物的意识，就是指意识应该作为对不是它的那个存在的被揭示-揭示而产生，而且在揭示它时已经存在着。"① 这就是萨特的本体论证明。萨特通过对桌子的分析，阐述了意识的超越性特征。桌子是外在于意识的。萨特说，一张桌子不是在意识之中，桌子存在于空间中和窗户旁。一张桌子，即使是作为表象也是如此。作为表象的桌子，只是有限的显现，而作为一个事物的桌子，它的全部内容的显现是无限可能的。对于意识来说，桌子是不透明的中心，具有外在性、超越性，也因此具有了存在的客观性。桌子是超现象的东西，但是它可以借意识的意向成为存在的现象而被揭示出来。人的现实意识中有多种意向，包括判断的、实践的和情感的意向等，这些都可以指向桌子。严格说来，桌子是通过意识的综合被揭示为一张桌子。但是，萨特明确指出，桌子作为存在的显象，不能如唯心主义那般把桌子还原为各种主观印象的综合，不能把桌子等同于这种意识的综合。桌子从外在的角度为这种综合提供着一种参照和限定，也为这种综合提供了根据和目的。桌子不是基于内在性意识，把桌子奠基于纯粹的内在性，桌子就不成其为桌子了。所以，应该把桌子与把握它的主观综合明确地加以区分。这样，意识的存在具有超越性的存在方式，作为内在性总是与外在性有关，作为主观性总是与客观性有关，意识就是内在与外在、主观与客观的统一。这种统一是存在的统一，而非认识的统一。

意识显现存在，是通过一种创造性的方式赋予存在以本质、意义。一个现实的意识就是意识按照主观性、可能性自由地设置和处理自己的对象。在萨特看来，感知、判断、想象、情绪作为对事物存在的认识和把握，表现了意识的自由性。感知的错误、否定的判断、超越真实的想象、对象事物的情感化作为意识活动的多种可能意向性，证实了意识并不服从决定论，意识不是被外部的客观存在所决定的。意识作为主客观的统一，本身就意味着意识是先天的自由的。萨特认为，

---

① ［法］萨特：《存在与虚无》，陈宣良等译，生活·读书·新知三联书店2012年版，第21页。

自由就是意向活动的本性，意识的自由是一种本体性自由。这也揭示了意识作为自为存在的特征。

(三) 自在存在与自为存在

萨特在《存在与虚无》中曾明确说，他是从显现出发来对自在与自为做出区分的。他说："如果我们更清楚地表达这些观念，相对于意识来定义存在，那么存在就是'作为活动的意识'中的'作为对象的意识'，就是说与自己没有一点距离地结成一体。"① 这句话的意义不甚清楚，容易曲解，在这里，萨特并没有把存在完全等同于意识。实际上，萨特的本意在于指出，意识现象涉及两个方面：作为活动的意识与作为对象的意识，作为活动的意识包含着作为对象的意识；其中，作为活动的意识就是反思前的我思的存在领域，作为对象的意识就是显现出来的存在物，前者是自发的、自由的存在类型，称为自为存在，后者作为对象或存在物是超越的、被显现的，称为自在存在。自为存在的根据在于意识或主观性、内在性，实际上就是作为意识的存在；自在存在是意识中超现象的东西，与客观性、外在性有关，实际上就是现象的存在。自在存在包括现象性的存在物，也包括人自身的存在。自在存在与自为存在是对立的，又是统一的。

自在存在如何存在的？萨特认为，可以通过"存在存在""存在自在""存在是其所是"这三个命题来揭示和说明自在存在的存在论特性。首先，存在存在，是指一个存在物的存在是一个既成的事实，它已经这样存在了。萨特认为："这正是我们所谓的自在的存在的偶然性。"② 自在的存在既不是可能，也不是不可能。它的存在没有理由，是偶然的、荒谬的，也是多余的。其次，存在自在。萨特认为，假使存在是自在的，"这意味着它不像（对）自我（的）意识那样返回到自身，它就是那个自身"③。存在是它自身，是指一个存在物与自身的绝对同一，它与自身没有空隙和距离。自在的存在既不是能动，也不是被动，它超乎肯定和否定之外，它是自因的、非创造的。它不是从其他的存在中派生出来的，因而与异于它的存在没有必然性的联系。最后，存在是其所是。这一立场是萨特对"存在是它自身"观点的进一步解释。萨特认为，自在的存在是自身充实的存在，它是不透明的（或实心的），它没有奥秘。也就是说，自在的存在永远是一种给定的确定性，作为与自身相同一的存在，它不在时间中，无所谓过去和将来，也没有真正意义上的生成、变化与发展。在萨特看来："过渡、变化，以及所有那些使人能

---

① [法] 萨特：《存在与虚无》，陈宣良等译，生活·读书·新知三联书店2012年版，第24页。
② [法] 萨特：《存在与虚无》，陈宣良等译，生活·读书·新知三联书店2012年版，第26页。
③ [法] 萨特：《存在与虚无》，陈宣良等译，生活·读书·新知三联书店2012年版，第25页。

说存在还不是所将是和它已是其所不是的东西，原则上都与它无缘。"① 自在的存在只有进入到自为的视野中，才能被赋予各种性质、意义和价值，获得自身的规定性。自在存在的时间性和变化特征根源于自为存在。

自为存在就是作为反思前的我思的存在。相较于自在存在，自为存在的特性可以这样来表述："是其所不是，不是其所是。"第一，自为存在的内涵可以通过虚无与存在的关系来揭示和理解。意识是虚无与存在的统一。萨特认为，意识本身无内容，因而是透明的，是一种虚无，因此能显现存在。意识被不是自身的东西所渗透和支撑，而成为意识。意识因不是其所是，才是其所是；虚无出自意识。意识对存在的显现，就是赋予存在以性质、本质和意义，实际上，意识对存在的自我规定和自由设定都要把充实的自在的一部分虚空掉，通过否定使世界或事物获得轮廓和区分的边界，没有意识对自在的虚无化，就没有世界和存在的显现。对此，萨特说："自在的存在在其存在中被完整的实证性孤立起来，除了虚无之外，没有任何存在能产生存在，也没有任何东西能通过存在到达存在。"② 第二，自为存在的可能性。萨特说，作为自我基础的自为实际上是作为超越的自在。正是由于自为存在的意向性由于不断地赋予自己和世界以意义和价值，因此就获得了不断地脱离自身，超越自身和超越对象的可能性。意识通过理性来认识存在，意识通过情感回应存在，意识通过行动去改造存在，都是对自在存在的不断否定和超越，而这种否定和超越永远不会终结，只有不断敞开的可能性。意识所具有的虚无化本性和否定能力，使得自为存在不断趋向于可能性的超越，因而自为的存在不是充实的、给定的实体。自为永远是悬而未决的，它的存在是一种永恒的延期。第三，自为存在的时间性。萨特明确指出，时间性是自为的特殊的存在方式，将来是自为的一个本质特征。这种时间性意味着，自为存在面向将来不断地进行筹划和选择，实现超乎之外的自由与超越。对于自为来说，"不是其所是"意味着自为不是被自在固定的，曾经经历过的过去；"是其所不是"是指朝着未来存在而存在，现在就是自为超越过去、朝向未来，不断变化与发展的瞬间。因此，自为既在此，又不在此。这种时间性标示着，不存在的东西、可能的东西，也就是虚无对于人来说可以变成现实，人的存在中有真正意义上的创造和生成。由于人的自为性，原来不存在的，都存在起来了。所以，萨特说，人使虚无来到了世界。

---

① [法]萨特:《存在与虚无》，陈宣良等译，生活·读书·新知三联书店2012年版，第25页。
② [法]萨特:《存在与虚无》，陈宣良等译，生活·读书·新知三联书店2012年版，第114页。

二、人的绝对自由

自由是萨特哲学的核心问题和根本旨趣。可以说，萨特在自由问题上有两种相对不同的理论视野，即现象学存在论意义上的自由与哲学人类学意义上的自由。萨特在《存在与虚无》中，一方面从存在论上谈论自由，即意识自由，另一方面也从哲学人类学意义上论述人的自由本性。后来，萨特把存在主义明确地阐发为一种人道主义，写了一个关于存在主义的思想简本，即《存在主义是一种人道主义》。在这部著作里，萨特非常集中地从哲学人类学的视角揭示和论证了人的自由。严格来说，萨特哲学中的这两种自由维度不是根本对立，而是完全统一的。存在论意义的意识自由为哲学人类学意义上人的自由奠定了基础。

作为存在论意义上的自由，主要体现于萨特关于意识存在本性的分析中。正如前面指出，这种自由就是意识的意向性存在所揭示出来的意识的虚无化本性，或者说，意识对自在存在的否定和虚无化。意识因为这种虚无化而超越事物的自在性、给定性、确定性，从而使自身成为能够"对世界说不"这样一种创造性的存在，即自为存在。这里，萨特是基于意识或主观性来谈论自由的。萨特对意识的分析，揭示了意识的虚无化本性和自为存在的否定和超越特征。意识自由是一种哲学的本体性自由。萨特在意识自由的基础上，将意识归于人的存在，以此来分析人的存在方式，把主观性视为人的存在的独特本质。萨特曾反复强调人的主观性，甚至很极端地说："除掉人的宇宙外，人的主观性宇宙外，没有别的宇宙。"① 作为人类行动和全部生活的出发点，人的主观性使得人类的生活成为可能。主观性是萨特存在主义哲学的第一原则或根本原则。这一原则贯彻于萨特哲学思想的始终，即便是后来转向存在主义的马克思主义也是如此。萨特以主观性为存在论基础和根本性原则，探讨了自由选择与人的存在、自由与处境、自由与责任等重要主题，试图揭示和确证人的自由的绝对性。

在萨特看来，人的存在不同于物的存在。物是本质先于存在，而人则是存在先于本质。本质先于存在是指对于物来说，物在本质上是被规定的、现成已有的，或者说，物是被外在的力量所决定的。对此，萨特以裁纸刀为例进行了分析说明。裁纸刀是由匠人制作的，匠人在制作它时心中已经有了关于裁纸刀的本质、目的或功能等方面的认识，它是被设计好了，才被制作出来。裁纸刀的本质已在人的观念中预先形成，即在它没有存在之前就已经先在地具有了一种本质。在萨特看

---

① ［法］让-保罗·萨特：《存在主义是一种人道主义》，周煦良、汤永宽译，上海译文出版社2012年版，第35页。

来，物从存在方式来说不是自己造就的，而是消极被动的，物的本质和意义由人赋予和创造。物永远是其所是。而人的存在则全然不同，人的存在先于本质是指他的存在不是像物那样有确定性的本质。由于人是一种作为意识性的自为存在，人就能够不断地进行主观性的选择和筹划。人的存在不是被预先决定的，他的规定性或者说他的本质与人的行动和自由选择紧密相关。对于人来说，是他的自由选择造就了他自己的存在，使人的本质成为可能。

萨特认为，人并不具有固定的本质，在一开始是空无所有的。人得首先存在，在世界上涌现出来，之后才成长为某种东西。人的所有特性既不是与生俱来的，也非得之于上帝的创造，而是自为的人根据个人意愿和主观谋划自主选择和自己塑造的。人无论在何种处境中，都能对自己的存在做出自由的选择。人始终处在不断的选择过程中。萨特在《存在主义是一种人道主义》中这样说："在某种意义上，选择是可能的，但是不选择却是不可能的，我总是能够选择的，但是我必须懂得如果我不选择，那也仍旧是一种选择。"① 他在《存在与虚无》中，也明确认为，存在对于我们来说就是自我选择。"自由是选择的自由，而不是不选择的自由。不选择，实际上就是选择了不选择。"② 不选择同样也是一种选择，这就是自由的荒谬性。萨特曾做出这样具体的分析，一个人是英雄还是懦夫，这并不能归为他的某种气质或身体的贫血，而是来源于他的行为和选择。应该说，是英雄自己的选择和行为使其成为英雄，懦夫自己的选择和行为令其成为懦夫，当然，永远存在着其他的可能性，那就是懦夫可以自己振作起来，而英雄也可能不再是英雄。

作为一种主观性，人始终是能够选择的，这种选择的绝对性昭示了人是绝对自由的。对于萨特来说，自由不是人的一种特殊性质或特殊状态，自由就是人的存在本身、人的存在方式和存在结构。"人并不是首先存在以便后来成为自由的，人的存在和他'是自由的'这两者之间没有区别。"③ 自由对于人来说，是命中注定、不可逃避的。萨特十分赞同海德格尔所说的，人被抛入自由的境遇，人是被逼得自由的，或者说，自由是被判决给人的。人无论是主动选择，还是不做出选择，人都是自由的。所以，萨特认为，人就是自由，人首先是把自己推向未来的东西，人是未完成的，他的存在是一种延缓。人的自由给了人迥异于一块石头、

---

① ［法］让-保罗·萨特：《存在主义是一种人道主义》，周煦良、汤永宽译，上海译文出版社2012年版，第27—28页。
② ［法］萨特：《存在与虚无》，陈宣良等译，生活·读书·新知三联书店2012年版，第584页。
③ ［法］萨特：《存在与虚无》，陈宣良等译，生活·读书·新知三联书店2012年版，第54页。

一张桌子的尊严。基于这一立场，萨特反对并批判了包括各种宗教决定论、唯物主义决定论在内的一切形式的决定论。决定论把人看作是确定的、被动的，取消了人应有的尊严。由于人的自由，决定论是没有的，人性是没有的，所以，人无法参照一个已知的或特定的人性来给人下定义。在萨特看来，由于人是绝对自由的，人也就陷入了一种无依无靠的和孤独的境地，所以，人的生命存在就会始终伴随着焦虑、苦恼和绝望的情绪，情绪是本体性的。

萨特这样强调主观性，这样谈论自由的绝对性，并不意味着他无视甚至否认处境对于人的自由的限制问题。萨特明确承认人类处境的普遍性，自由总是在处境中的自由。萨特的处境范畴有着较为广泛的内涵，处境就是人时刻面对着来自自我与世界方面的各种存在，包括个人自身的存在和周围的存在，诸如我的过去，我周围的环境、我的邻居以及他人，等等。这样一来，处境是否对人的自由构成必然性的限制，这是否意味着人是不可能实现自由的？在萨特看来，处境并不构成对自由的障碍和绝对的限制。限制就其作为限制来说不是绝对的，因为人的主观性总是试图超越这些限制。一个人即使身陷囹圄，被囚禁于监狱，也还是自由的，因为他可以选择积极的态度来对待。不仅如此，萨特甚至在《存在与虚无》中认为来自处境的限制反倒是自由得以实现的必要条件。要是没有障碍存在，也就没有了自由；要是没有了存在，也就没有了对存在的自由超越。实际上，自由和障碍之间的关联也就是自为存在和自在存在之间的关联。要实现人的自由只有从一个给定的处境出发，然后使这个处境虚无化，即否定、超越、出离这个处境才实现自身的自由。萨特说，人类的处境是一种自由选择的处境，他的意思是，处境也是自由的产物，人只有在自由的领域里才能碰到作为障碍的处境。处境之所以成其为处境，就是因为它是自为的自由超越和否定的对象。正如之前所提到的，如果没有障碍，人的自由也无从谈起。因此，作为与自由共生共在的敌对性世界，处境的意义就在于人的自由所设定并意图超越的自在的限定对象，而自由更多的意味也就体现为对处境的否定和反抗。萨特最著名的戏剧作品《苍蝇》中的主人公俄瑞斯忒斯就是这种自由形象的典型，他决定为父报仇，坚决反抗神王朱庇特的命令，破坏城邦原有的平静与秩序。主人公向神王高喊着"我既不是主人，也不是奴隶，我就是我的自由"。对于萨特来说，自由常常就是人在自觉的谋划下挣扎于一个充满敌意的世界之中。就人与人的关系来说，也是如此。萨特曾用"美杜莎"之眼来比喻人对他人的注视，意在指出人经常会把他人视为物或客体，否定、消解或占有他人的自由。一个人的自由与他人的自由在根本上是矛盾和冲突的。也因此，萨特说，爱情就是冲突，他人就是地狱。当然，萨特在《存在与虚无》中的这种自由立场，在后来的著作中有所改变。萨特在一定程度上肯定了自由的共同性和相互依赖性。他在《存在主义是一种人道主义》中写道，所有人的自由是联系在一起的，"我不能把自由当作我的目的，除非我把别人的自由同样当作自己的目的"①。

责任问题是萨特自由理论的重要内容。由于人是绝对自由的，人就对自己的存在、对自己的行为及其后果负有直接的责任。"所以存在主义的第一个后果是使人人明白自己的本来面目，并且把自己存在的责任完全由自己担负起来。"② 这里，萨特所谓的责任不是道德和法律意义上的，而是存在论上的。责任不是指人应当接受良心的谴责和法律的惩罚，它是指人实际上要依靠自己的自由行动和自由选择决定如何存在，自己承担起自己的存在。这意味着人对自己是什么样的人、成为什么样的人负有不可推卸的责任。人的绝对自由也使人在根本上无法为自己的行动及其结果找到免责的借口。人既不能将责任归为超越的上帝，也不能把责任交给外部的世界和他人。人的绝对自由决定了人的绝对责任。面对存在和行动的后果，人应当自己担负和自我领受，是自责而非他责。如果人拒绝承认行动是自我选择的结果，逃避自我的责任，就是枉顾人的自由本性和人性尊严。这种对自由的逃避被萨特称为存在的自欺。在他看来，自欺其实也还是一种自由，因为自欺是自由地否定了人本身的自由，是自由地逃避着不可逃避的自由。

萨特的自由观念和责任观念在思想实质上是存在论上的个人主义，因为萨特凸显了自由作为人的存在方式的个体性和绝对性，强调了个体的自由选择是无条件的、无限可能的，并且将责任主体完全归为存在的个体自我。但是，对于萨特来说，这种自由理论绝不是主张每个人都应当专门利己、无恶不作、为所欲为。正因为人能够为所欲为，他才不应该为所欲为，所以，萨特主张人对自我负有责任，同时也应对他人和世界负责，正确地行动。萨特写作《存在与虚无》非常重要的动机就是要唤醒法国民众的自由与责任意识，积极地行动起来，反抗德国法西斯的统治，因而，这部著作被称为"反附敌的宣言"。所以，这种自由主义和个人主义不能简单地等同于利己主义。萨特强烈地主张人应当有所作为，人的未来都系于人自己的自由和行动，存在主义并不使人陷入绝望，而是恰恰相反，要给人希望。所以，也不能把萨特的存在主义等同于消极无为的悲观主义。

---

① ［法］让-保罗·萨特：《存在主义是一种人道主义》，周煦良、汤永宽译，上海译文出版社2012年版，第31页。
② ［法］让-保罗·萨特：《存在主义是一种人道主义》，周煦良、汤永宽译，上海译文出版社2012年版，第7页。

三、历史人学理论

萨特在二战后开始关注历史问题,并在 60 年代的著作《辩证理性批判》中完成了历史转向,思想也从现象学存在主义转向存在主义的马克思主义。在历史问题上,萨特相信,马克思的"历史唯物主义对历史做出了唯一合理的解释"①。在确信充满生命力的马克思主义是这个时代不可超越的哲学理论的同时,萨特也指出,马克思主义在某些方面存在着"人学的空场",需要具体的社会研究才能得以深化,这就有必要运用存在主义思想进行修正和完善。萨特的修正方案就是用"人学辩证法"来完成这种补充。由此,萨特的思想也从存在人学转向了历史人学。

(一)人学辩证法

萨特认为,历史的可理解性只能通过对历史自身的辩证运动的阐释来实现,或者说,历史的理性是一种辩证理性,历史需要通过辩证法来理解。辩证法的本质精神在于整体化(也称总体化)。辩证理性的可理解性就在于整体化本身。萨特指出,马克思主义的宝贵之处在于它以普遍性和整体性来阐述历史过程。所以,存在主义要像马克思主义那样来研究经验,"以便从中发现一些具体的综合;它只有在一种运动的和辩证的整体化内部才能想象出这些综合,而这种整体化正是历史"②。萨特强调指出,这种整体化不能变成抽象的教条和绝对的原则,必须始终立足人的存在的特殊性,也就是人的实践。这种整体化只能通过人的创造性实践活动来形成,辩证法必然是实践着的人所创造的,所以与人的存在有着根本性的关联。辩证法就是实践基础上主客体之间的相互作用。因而,不应当以自然界为对象去寻找辩证法,应当在人与自然、人与人的相互关系中去寻找,而这种辩证法的核心就是人的存在。正是基于此,萨特批判自然辩证法,批判教条式的马克思主义将普遍性的原则变成教条和绝对的知识,从而出现了人学的空场。

在萨特看来,没有脱离人的纯客观的辩证法,辩证法不能离开人的实践来谈论。这里萨特所谓的实践主要不是社会的实践,而是指个人的实践。萨特从根本上强调实践的个体性。实践在根本上只是个人的行动,辩证法以个人的实践为源泉。他明确指出,要是不想让辩证法落入形而上学的宿命,那么,它一定是来自于特定历史阶段由特定社会所定义的个体的人,而不是什么抽象的超

---

① [法]让-保罗·萨特:《辩证理性批判》上卷,林骧华、徐和瑾、陈伟丰译,安徽文艺出版社 1998 年版,第 21 页。
② [法]让-保罗·萨特:《辩证理性批判》上卷,林骧华、徐和瑾、陈伟丰译,安徽文艺出版社 1998 年版,第 28 页。

个体的集分体。辩证法就是由个人通过超越自身的实践活动所创造的。"全部历史辩证法寓于个人实践。"萨特基于这种人学辩证法的立场进一步阐述了历史的辩证运动。

历史是实现整体的运动。具体的历史就是整体东西的生成和展开。在最基础的层面，每一个个体的实践形成个别的、具体的整体化。个别的、单一的整体化又相互作用，通过内在关联着的众多整体化形成了共时的和历时的社会整体化，而社会整体化的历史运动构成了社会历史中的总体性规律和客观化力量。在萨特看来，马克思提出的"生产关系形成一个统一的整体"这一思想正是理解历史辩证法的关键所在。生产关系是以在一定社会历史条件下人的需要、生产劳动、享受所形成的统一整体作为基础的。也就是说，生产关系由个人创造性实践的整体化而形成，那么，人的实践的辩证法实际上就是个人实践形成历史统一体的真正运动。

（二）历史的展开：匮乏—实践—异化

在萨特看来，人类历史是个人实践形成的整体化，也就是人以实践的方式与自然、与世界以及与他人发生相互作用。人的实践活动和实践关系起因于匮乏。人要解决匮乏而进行实践，从而形成了历史。人在实践活动中产生的惰性结果又不断造成人的异化，这意味着人在惰性实践领域中的活动也就同步转化为人在历史的匮乏—异化结构中的活动，匮乏—实践—异化也由此贯穿在历史的发展过程中。萨特认为，人的实践不是纯粹自由的领域。历史是不断地克服异化又产生异化的循环运动。

匮乏这个概念是萨特从意大利学者伽利阿尼那里借用的，原意是指人类的生存资料处在稀缺状态，即，因物质的短缺而无法满足人的实际生活需要。萨特借用这一概念来阐释人与外部世界之间的基本关系并由此对人类历史的产生进行解释，他认为，匮乏是历史可能性得以展开的出发点和推动力，因为这种经济性的匮乏和人的需求直接相关。"经济通过匮乏来确定，这是一种定量关系。严格制约着一种需要。"① 作为一种现实存在，匮乏是因需求来得到满足所导致的，是人与自然之间关系的原初状态，在一开始表现为因供给不足所造成的人类生活必需物资的缺乏，这一状况说明了该阶段生产力的不足。为改善这一状况，人通过物质生产活动来获得满足供给需求的生活物资，人与物质世界之间的实践活动也由此

---

① ［法］让-保罗·萨特：《辩证理性批判》上卷，林骧华、徐和瑾、陈伟丰译，安徽文艺出版社1998年版，第64页。

得以展开。由于匮乏的存在决定了作为生物有机体的人对于劳动的依赖,在人与物质世界发生理性能动的物质关系之际,历史也随之展开。可以说,正是匮乏为人类历史的生成和展开提供了基本的可能性,历史就是从对匮乏的克服开始的。伴随着历史的发展,人不断产生出新的需求,出现新的匮乏,而匮乏也就是有了与人类共存的普遍性并不断内化为人本身存在的一部分,从而对人类生存产生了根本性的制约,而且这种制约贯穿在人类历史的整个进程中并成为历史发展的被动动力。

匮乏和需要促使劳动和生产成为必要,也使得人的实践必然成为一种历史性的活动。在《辩证理性批判》一书中,萨特对实践的内涵进行了明确阐发。他指出,"实践是通过内在化由客观向对象的过渡;计划作为对象向客观性的主观超越,在环境的客观条件和可能性场域的客观结构之间的展开,它在自身中代表了主观性和客观性这些活动的基本规定性的运动统一"①。实践是超越性的主观性与客观性的统一,这种超越性来自于实践主体的超越本性,因而主体在创造性活动过程中发挥着主动作用。在实践过程中,主体根据某种合目的性的需要进行谋划,经与外部环境相互作用在改变既定现实状况的同时朝着可能的未来"超越"。其中,需要、谋划和超越是主体得以进行创造性实践的关键要素并共同构成了实践的能动性本质。从这一意义上来说,实践既是主客观之间矛盾运动的统一,也是主体与外部客观世界之间相互关系的展开。在此,萨特一方面强调了实践的主体性和主观性特征,如果没有需要、谋划和超越性,实践就是无法理解的,实际上,这就是实践的合目的性。另一方面,萨特强调了历史的结构性因素和相互关系,也就是在实践中一定会形成人与自然之间、人与初始条件之间、人与他人之间的相互作用,从而形成一定的生产关系和社会政治结构。也正是在这一过程中会形成人与物之间、人与人之间的张力、矛盾与冲突,进而形成异化的历史格局。

经由实践,人与物之间形成了复杂的无限关系,人通过自身主动谋划对物质对象进行改造使之符合人的需求,这种物质被人中介化的情形被萨特形容为"外部的内部化"。然而,物本身有着自己的独立性,具有其本身的固有规定性和过程,这也就意味着当人通过实践实现某种目的的同时,也会被物制约,转而出现由物及人的情形,即人被物化,成为了自己产物的产物。这样一来,实践就转化

---

① [法]让-保罗·萨特:《辩证理性批判》上卷,林骧华、徐和瑾、陈伟丰译,安徽文艺出版社1998年版,第81—82页。

为反实践,具有了反合目的性。对此,萨特指出,"人类的目标在自我实现的同时,在自己周围确定了一个反合目的性场域"①。例如,中国古代农民因大量砍伐树木而引发水灾,说明人在征服自然过程中招致了反向结果,也就是说,生产劳动实践在满足人类生存需求的同时产生了反合目的性。同样地,十六世纪西班牙开采金矿积聚黄金却导致了贫困、破产和贸易瘫痪,自由人变成了异化的"奴隶",这也是实践的逆转。萨特把这种反合目的性又称为"反实践的辩证法"。

除了造成人与物的异化外,匮乏和实践—惰性不会造成人与人之间的异化。萨特指出,"物在自身中使作用于它的行动异化,这并非因为它自身是一种力量,甚至也不因为它是惰性,而是因为它的惰性允许它吸收他人的劳动力,并且转而使它反对每一个人。……客观化的惰性和物质外在化意味着……它总是一种界定人为他人、将他们构成为其他种类、构成为反人类的产物"②。在匮乏造成的物质惰性环境中,个体在努力满足自身需求时构成了对他人的威胁,实践也由此转变为反人性的,人随之变成了非人,他人成为个体存在的异己对象,"每一个人的纯粹存在被匮乏界定为同时对另一个人和对每一个人经常性的非存在的危险"③。尽管这种非人性并不是人的本性,但只要匮乏和实践—惰性控制着人,人与人之间就会处在彼此对立、抽象的物化关系中,进而形成相互矛盾、相互冲突的社会关系,从而可能引发阶级斗争、剥削压迫、暴力冲突等。

萨特在分析实践时突出了个体的主动性自由,也强调了各种客观性因素,外在性因素的限制和制约。他指出,"他的存在的物质条件划出了他的可能性场域的范围……这样,可能性场域就是施动者在超越自己的客观境况时趋向的目的。而这个可能性场域也在很大程度上取决于社会和历史的现实"④。在这里,萨特表达了与他早期思想较为不同的观点。他认为,个人自由自觉活动产生的实践结果之所在物质惰性的作用下转变为支配主体的力量,是因为实践本身受到各种历史性

---

① [法]让-保罗·萨特:《辩证理性批判》上卷,林骧华、徐和瑾、陈伟丰译,安徽文艺出版社 1998 年版,第 307 页。
② [法]让-保罗·萨特:《辩证理性批判》上卷,林骧华、徐和瑾、陈伟丰译,安徽文艺出版社 1998 年版,第 293 页。
③ [法]让-保罗·萨特:《辩证理性批判》上卷,林骧华、徐和瑾、陈伟丰译,安徽文艺出版社 1998 年版,第 269 页。
④ [法]让-保罗·萨特:《辩证理性批判》上卷,林骧华、徐和瑾、陈伟丰译,安徽文艺出版社 1998 年版,第 79 页。

与社会性条件的限制，个人的实践也因此表现为一种否定性的惰性结构，即一种匮乏—异化的结构。

总的来看，作为萨特存在主义理论基础的现象学存在论，突出存在的重要性，这种思想倾向对反思和批判西方哲学唯心主义的困境具有一定的启发性，但是，由于萨特实际上把意识作为存在论的基础，否认了外部世界的客观规律性，所以，他没有在根本上脱离唯心主义的思想误区。萨特的自由理论强调了自由的绝对性和个体性，这种思想实质上体现了西方左翼激进知识分子的自由主义政治立场。由于萨特早期在自由问题上只重视主观性的选择和自由的可能性，忽视自由的历史实现，自由变成了纯粹想象的自由，因此不可避免地陷入了历史唯心主义的境地。后期萨特转向存在主义的马克思主义后，他的历史人学对他的存在主义抽象的人本学有所修正，在自由问题上也看到了自由的共同性和自由的历史性，但是实际上萨特依然没有放弃个人第一的立场。与其说萨特是对存在主义和马克思主义进行一种综合，不如说他是把马克思主义存在主义化更为准确化，因此，我们必须以科学的态度和历史唯物主义的方法分析和对待萨特的存在主义。

第四节　对存在主义的评析

萨特把存在主义分为两种：无神论的和有神论的存在主义，前者以他与海德格尔为代表，后者以雅斯贝尔斯和马塞尔为代表。虽然另外三人都不愿承认自己是存在主义者，也不特意在无神论与有神论之间表明立场，萨特的区分仍然有重要的意义。存在主义是新兴的、普遍的价值观，它的广泛流行不能不与传统的价值观相冲突，而传统的价值观的主要支柱是宗教，在西方主要是基督教。在这样的情况下，存在主义价值观的创始者（不论他们是否愿意接受这一名称）不能不对宗教价值观表明态度。我们已经看到，萨特和加缪用存在主义来填补"上帝之死"留下的价值真空，这是典型的无神论的反应。另一些被称作存在主义者的人对于宗教采取了认同和支持的态度，他们认为自己的理论符合传统宗教价值观的精髓，与宗教有相得益彰之功。在此意义上，把雅斯贝尔斯和马塞尔称为有神论存在主义者是恰当的。

存在主义思潮广泛流行于20世纪50年代及60年代初期的西欧，它不但是一种哲学，而且几乎成为一种生活方式，渗透社会生活的各个方面：意识形态、文学、艺术、服饰、饮食、家庭关系等，被称为"时代的象征"。在哲学史上，很少有一种哲学能够具有如此广泛的社会影响和如此明显的时代精神。存在主义的流行与它所处的时代的特征是不可分的，了解它产生的时代背景对理解这种理论是必不可少的。

"二战"结束后，西欧人反思战争中不寒而栗的经历，对人的存在有了深切的体会，很多人在生死之间经历了恐惧、焦虑、孤独、荒谬等刻骨铭心的体验。在战争的大是大非面前，人们对个人责任感有了更深刻的反思。很多人在问自己：在暴力面前，有没有坚持自己的理想？有没有帮助自己的邻居或不相识的无辜的人免遭迫害？有没有根据自己的良心违抗非人道的命令？每个人在这些问题上都有选择的自由，并要为自己的选择的后果承担责任。这种选择往往是生与死之间的抉择，选择过程中不可能不经历烦恼、彷徨、悔恨、无奈等心情，这些心态以及与之相关的自由、选择、自我设计、责任等生存活动都成了存在主义的主题。战争中的经历改变了战后的生活，存在主义与人们所需要的人道主义、自主意识和责任意识相符合，因此得以广泛流行。存在主义者的一些口号，如"绝对自由""自由设计"等，都需要在这样的具体背景中加以考察。

从理论根源上分析，存在主义与现象学有着渊源关系，属于广义的现象学运动。现象学所主张的"回到事物本身"的口号要求人们把最熟悉、最本真、最接近的东西当作哲学研究对象，海德格尔把胡塞尔所说的"现象"从"先验自我"领域转到了"人的存在"的领域，这是现象学发展的必然结果。存在主义者大多是由研究胡塞尔的著作开始的，独立地得出了与海德格尔相似的结论，也有人直接受到海德格尔的影响。可以说，现象学使存在主义成为一种哲学，而不仅仅是一种一般性的社会思潮。研究和学习存在主义的哲学理论，必须注重其现象学的基础部分。另外，法国的存在主义者还从黑格尔的否定辩证法中看到了自由批判的精神，故而有人把存在主义的理论来源概括为3H，即黑格尔（Hegel）、胡塞尔（Husserl）和海德格尔（Heidegger）。从总体上看，对于存在主义思潮，我们需要正确地给予评价。不可否认，存在主义哲学思潮强调了人作为个体在这个世界上的体验与经历，尤其是这种体验对人的思想与行动所产生的重大影响。可以说，个体的情绪和情感对其理性的反作用非常之大，而传统哲学史中的理性主义思潮大都强调理性的主导和决定性作用。但另一方面，我们也必需看到，存在主义对个体的强调、赋予自由以绝对性以及把他人与自我对立起来等观点，则具有明显的不合理性，甚至成为错误的极端个人主义思想的理论来源。

思考题：

1. 存在主义哲学兴起的历史根源与思想渊源有哪些？
2. 马塞尔如何区分存在与存有的概念？
3. 雅斯贝尔斯关于世界哲学体系的构想是什么？
4. 如何理解萨特对存在概念的区分？
5. 萨特关于绝对自由与存在的关系是怎样论述的？

第九章 哲学解释学

哲学解释学产生于19世纪初，奠基人是德国哲学家施莱尔马赫。哲学解释学经历了认识论解释学（又称为方法论解释学）、本体论解释学两个主要阶段。德国哲学家狄尔泰在哲学解释学从认识论到本体论的发展中具有重要的转折性地位。海德格尔、伽达默尔是本体论解释学的重要代表人物，他们的哲学解释学构成了当代西方现象学运动的一个重要分支。作为一种现代哲学思潮，本体论解释学是一种"新解释学"。相对于现象学运动之前的解释学（又可称为"古典解释学"）而言，"新解释学"的主要特征在于它立足于存在论-生存论的方向，而非传统的认识论-方法论的方向，并与西方人文主义的传统和精神科学的反思批判性地结合起来了，从而开辟出了一个更加广阔的领域，在哲学上达到了前所未有的广度和高度，大大促进了人们对解释学本身的反思和认识。

第一节 哲学解释学的起源

"解释学"（hermeneutics）在西方有着悠久的传统。古希腊哲学中已经有很多关于文本和话语解释的文献。"解释学"一词来源于古希腊文 hermēneuō，意思是翻译或解释。一般认为，这个词进而又源于古希腊神话中诸神的信使 Hermes，也即赫尔墨斯，他通过解释和翻译向世人传达神的意旨。柏拉图在《克拉底鲁篇》中借苏格拉底之口讲，赫尔墨斯这个名字与语言有关，表示它是一个解释者。亚里士多德逻辑学著作《解释篇》（*Peri hermeneias*）致力于探讨语言与逻辑的形式关系，从此"解释"成为一个专门的哲学术语和研究领域。

近代早期解释学研究是围绕《圣经》解释进行的。约翰·康纳德·丹豪尔（1603—1666）著有《神学解释学或〈圣经〉解释方法》，初创解释学的理论体系。解释学的哲学化进程是在近代德国宗教改革以后逐渐得到加强的，理解和解释的基本原则问题逐渐成为核心问题。在康德之后，它被明确地表述为不是对理解的事实，而是对理解何以可能的问题的探讨，大体上经历了由方法、方法论到本体论三个发展阶段。这样的解释学实际上就是哲学的解释学或解释学的哲学了。哲学解释学的主要代表人物有施莱尔马赫、狄尔泰、海德格尔、伽达默尔和利科等。

一、施莱尔马赫的普遍解释学

弗里德里希·施莱尔马赫（1768—1834）是德国一位新教神学家，也是一位哲学家，而神学和《圣经》的解释（释经）分不开。可以说，释经是神学中主要的活动，因为基督教教义要根据《圣经》的理解，而《圣经》的理解要根据基督教的教义，这是基督教神学内的一种解释学循环。在对《圣经》尤其是新约的解释中，施莱尔马赫发展了自己的解释学反思。从1804年起，他一直在大学讲授解释学，但他生前并没有出版任何这方面的论著。他死后留下大量手稿，后人根据这些手稿和学生的听课笔记加以整理，以《解释学与批判》（*Hermeneutics and Criticism*）的书名出版。这本书继往开来，内容丰富，具有解释学的百科全书的特点。他凭借此书，经狄尔泰等人的阐释和推崇，逐步确立起西方现代"解释学之父"的地位。

施莱尔马赫在这个领域里最重要的贡献是明确地实现了解释学由局部向一般的转化，使之上升到一种普遍的理论。施莱尔马赫认为，在他之前，作为理解艺术的一般解释学尚未出现，只有几门特殊的解释学（如语文解释学、法学解释学和神学解释学等）。这当然是一种误解，因为在他之前的理性主义解释学已经注意到这一领域的普遍性问题。不过，普遍解释学的确在施莱尔马赫那里才得到了突显，这也是事实。尽管如此，施莱尔马赫的解释学仍然带有某种从特殊向普遍过渡的痕迹。

受近代认识论、方法论哲学的影响，施莱尔马赫试图将解释学作为一门科学来建构，同时他又将浪漫主义的因素纳入其中，再加上神学家的身份，他最终想将解释学作为一种普遍的理解艺术来指导《圣经》的解释。他的《解释学与批判》分为两大部分：语法解释和心理解释。全书主要围绕这两个部分展开，并以整体—部分的解释学循环来加以贯穿。施莱尔马赫给解释学下过两个定义：（1）解释学是正确理解话语，尤其是书面话语的艺术；（2）解释学是避免误解的艺术。[①]这两个定义一正一反，其实表达的是同一个意思：只有避免误解的理解才是正确的理解。他有一句名言："哪里有误解，那里就有解释学。"在这里，解释学的认识论和方法论得到了突出。

施莱尔马赫的解释学强调两点：我们应当像作者一样去理解，而且我们能够做到比作者更好地理解作者。这是一个递进关系，它表明理解的目标在于回到作

[①] 参见 Schleiermacher, *Hermeneutics and Criticism*, Cambridge: Cambridge University Press, 1998, p. 3, p. 21.

者的意图，而文本的意义等于作者的原意，我们可以通过应用正确的方法去实现对作者意图的占有。至于这句话的后半句，则是基于对康德《判断力批判》中的天才论美学的发挥。在康德看来，天才的创造是无意识的，而施莱尔马赫认为，我们可以将作者创造的无意识层面带到意识中来，以此去实现比作者更好地理解作者。这和施莱尔马赫将解释学理解为回到作者的原意并不矛盾，并不冲突，因为回到作者的原意包括回到作者的无意识部分，而且如果作者足够清楚和明白的话，他会这样去理解或认同这样的理解。

施莱尔马赫解释学的浪漫主义特征主要表现在对天才、艺术、直觉、生命的强调。他将解释学看成是理解的艺术，而非机械的技术，不是依葫芦画瓢，认为艺术与规则有关，但艺术的应用是无规则的。他尤其强调天才，作品创造的天才和解释的天才是相对应的，康德《判断力批判》只强调了第一个方面，施莱尔马赫补充了第二个方面。此外，施莱尔马赫还将修辞学与解释学作了对比：修辞学是一门艺术，解释学也是一门艺术；前者是产生艺术作品的艺术，后者是不产生艺术作品的艺术。同前者一样，后者也需要天才——语言的天才和对个人认识的天才。

施莱尔马赫的普遍解释学着重谈了两个方面：语法解释和心理解释。所谓"语法解释"涉及对作者所使用的语言的一般知识和普遍规定，需要通过理智的、分析的"比较"（comparison）来达到；所谓"心理解释"则涉及作者心理的个体化、个性化的方面，需要通过直觉的、想象的"预测"（divination）来达到。施莱尔马赫认为，语法解释和心理解释的地位相等，没有高低之分，而且"比较"的方法和"预测"的方法是紧密联系在一起的。

施莱尔马赫的语法解释和心理解释涉及有限与无限之间的关系。在他眼里，语言（language）是一个整体，它不能整体地给予我们，心理是内在的，我们看不见，摸不着，它也不能直接给予我们。它们都只能通过具体的话语表现出来，话语（rede/utterance）对于它们二者是共同的中介。施莱尔马赫在这里已涉及有限与无限之间的关系。由此可见，施莱尔马赫实际上已经接近后来索绪尔所谓的"语言"和"言语"的区分，语言是整体，言语是语言的个人运用。而且施莱尔马赫将语言的个人运用和他的生活联系起来，言语最终体现为心灵的瞬间（时刻），也就是生命或生活的瞬间，其意义是由生命（生活）瞬间的总和作为一个整体来决定的。这里已隐含一种解释学的生存论循环的端倪。

尤其要提到的是，在施莱尔马赫那里心理解释与生命-生活之间的联系，以及将解释学循环推进到生存论层次的萌芽。其实，生命是解释学循环最好的表征，生命和时间性分不开。所以我们完全有理由说，施莱尔马赫的解释学是一种心理解释学、生命解释学①。后来的狄尔泰抓住他的心理解释发展出自己的生命解释学，因为施莱尔马赫的心理解释的背后是生命解释，是生命在时间中的解释，尽管施莱尔马赫没有用"时间"这个词，但他的生命解释隐含生存论的时间性的解释的萌芽，所以，从施莱尔马赫的心理解释学到狄尔泰的生命解释学，再到海德格尔此在解释学和伽达默尔哲学解释学，可以找到一条内在的线索。施莱尔马赫的认识论-方法论解释学实际上有一个潜在的本体论因素，具体来说，有一个潜在的生命哲学因素，他的普遍解释学完全可以看成是狄尔泰的生命解释学的先驱。

语言是施莱尔马赫解释学关注的核心，他有一句名言："解释学的一切前提只不过是语言。"施莱尔马赫已经涉及内在话语和外在话语。他不仅将语言与思想联系起来，而且与人的生命活动联系起来，已初步进入历史科学解释的领域，这间接地影响到后来的德国历史学派，包括狄尔泰。另外，他对解释学与辩证法关系的强调给后来的伽达默尔的解释学辩证法以直接的启示。

二、狄尔泰的精神科学解释学

威廉·狄尔泰（1833—1911）全面继承和发展了施莱尔马赫的解释学理论，并将其具体地与精神科学的奠基联系起来了，最后完成了由精神科学的认识论向精神科学的解释学的转变。狄尔泰总的立场在德国唯心主义和浪漫主义的传统之内，但他将整个哲学乃至解释学立足于"生命"或"生活"之上，使解释学开始实现由认识论、方法论向生命本体论融合的方向发展。而且他后期关注到胡塞尔1900 年出版的《逻辑研究》，尤其看重其中的描述-分析的心理学与认识论的联系，从而推动了解释学与精神科学的结合，以及向现象学的靠拢，并且最后确立了解释学为精神科学奠基的地位。他的主要著作有《精神科学导论》《关于说明和描述的心理学》《施莱尔马赫传》《解释的兴起》和《精神科学中历史世界的建构》等。

狄尔泰是西方 19 世纪下半叶伟大的哲学家，素有"历史认识领域中的康德"之美誉。的确，在康德之后，西方有一种将世界观向历史化发展的倾向。狄尔泰不满足于康德基于科学主义立场的"纯粹理性批判"，力图将其扩大到"历史理性批判"，不同的是康德完成了他的"纯粹理性批判"，而狄尔泰终其一生也没能完

---

① 参见 Schleiermacher, *Hermeneutics and Criticism*, Cambridge: Cambridge University Press, 1998, pp. 18—19.

成他的"历史理性批判"。在此之前,德国历史学派的德罗伊森已经开始朝这个方向走了,但不彻底,而狄尔泰更加自觉,更加彻底。虽然他始终是一个新康德主义者,但已有走出新康德主义的趋势(在认识论或知识论方面)。无论海德格尔还是伽达默尔,对狄尔泰的评价都超过正统的新康德派。

狄尔泰的未竟之作《精神科学中历史世界的建构》可以说是他一生最重要的著作,其主要思想(生命哲学和生命解释学)之精华都包括于其中了,而且是它最成熟、最集中、最全面的表达。狄尔泰生活的时代——19世纪下半叶至20世纪初的基本精神都反映在这本书里(如历史学、心理学的发展),对后人深有启发。尤其值得注意的是,他提出"生命(体验)-表达-理解"这一基本的解释学模式,已显示出走向当代新解释学的端倪,表明他在这个领域具有双重性和过渡性,可以说,他一只脚站在古典解释学的领地,而另一只脚已经开始迈向新解释学的门槛了。

狄尔泰深受德国唯心主义和德国浪漫主义的影响,在总体上,他是一个新康德主义者,这从其思想的出发点和归宿都可以看得很明显(出发点为精神科学奠基,归宿是历史理性批判)。与其他新康德主义者的不同之处在于,狄尔泰看到了精神领域中"相互关联"(Zusammenhang)的基本现象。他所面临的是历史科学何以可能、进而精神科学何以可能的问题。他在自然的"说明"和历史的"理解"之间作了切割,而将解释学与心理学融合起来了。狄尔泰的贡献远远超过德国浪漫派、历史学派和新康德派。至于他对海德格尔的影响,伽达默尔有一个说法:狄尔泰在康德的"先验意识"之后"重返回到'生命'立场,对于海德格尔建立其哲学乃是一个重要的支撑"①。这个表述很准确。

狄尔泰立足于一种新康德主义的方向所发展的解释学,是对施莱尔马赫解释学的延伸。施莱尔马赫的解释学主要是文本意义上的,而狄尔泰则通过德国历史学派,将解释学拓展到"历史关系"中,超出了狭义的文本范围。这里的解释学是批判主义与浪漫主义结合而开放出来的花朵,批判主义与康德相关,它只探讨理解的一般可能性之条件,而不关注个体的精神,而浪漫主义则要关注并突出个体精神。因此,正如利科所认为的那样,批判主义和浪漫主义是解释学产生的条件。狄尔泰处于解释学发展的转折点上,甚至可以说,他的努力已经在从认识论到本体论的方向中了。虽然他不是自觉地从本体论的角度,而是从认识论改造的

---

① [德]汉斯-格奥尔格·伽达默尔:《诠释学Ⅱ 真理与方法——补充和索引》,洪汉鼎译,商务印书馆2010年版,第129页。

角度出发的，却开启了通向解释学的本体论道路，这个方向在后来的海德格尔和伽达默尔那里得到了彻底的实现。

在施莱尔马赫与狄尔泰之间有德国历史学派的兰克和德罗伊森，是他们推动了解释学由文本的理解扩大到历史领域的理解，而狄尔泰是这一方向的继承者和推进者，他在解释学与历史学之间真正架起了一座桥梁。狄尔泰强化了施莱尔马赫解释学的心理解释的方向，他所理解的生命本质上是一种创造性的动力过程，并且和目的论结合在一起。

在19世纪，西方人开始对精神科学的基础进行自觉的哲学反思，最初并未考虑到解释学，而是注重探讨认识论，这主要来自康德的影响。康德的《纯粹理性批判》揭示了自然科学经验认识的先验因素，而问题在于如何在历史科学中找到相应的理论说明。德罗伊森在《历史学》中为这项工作开了先河，力图与康德的任务相匹配，狄尔泰则以历史科学为基础，拓展到整个精神科学的范围，并明确地提出了历史理性批判的任务，他立足于认识论，试图借助一种描述-分析的心理学来确立精神科学的认识论的基础，而这最后将他引向了解释学。①

虽然狄尔泰要为精神科学奠基的出发点是认识论，但在他眼里，认识论中的主体不是无血无肉的抽象，而是一个活生生的生命体，他开始用"生命"来取代"主体"这个概念。如果说康德赋予先验主体无时间性、无历史性，那么狄尔泰则要赋予它时间性、历史性。尤其在晚年，狄尔泰愈来愈意识到唯心主义的同一哲学（主要代表人物是费希特、谢林、黑格尔）的正确性，因为它所理解的精神概念突出的是主体与客体、我与你之间的同一性，它与狄尔泰的生命概念所突出的那种同一性相通。②

狄尔泰27岁时曾因一篇论文《施莱尔马赫的解释学体系与早期新教解释学的比较》荣获大奖（1860），然而，在后来的40年中，他却未曾提及过"解释学"，他更多地从心理学的角度来探讨精神科学的基础。但到1900年发生了重要的变化，他开始重新谈论解释学，这以他发表的《解释学的兴起》为标志。自此以后，狄尔泰更加明确了这一点：解释学是精神科学的基础。而且，这一点集中体现于他最后于1905—1909年撰写的著作《精神科学中历史世界的建构》，但这并不意味着狄尔泰后期抛弃了心理学，走向了解释学，而是将二者调和到了一起。

---

① 参见［德］汉斯-格奥尔格·伽达默尔：《诠释学Ⅱ 真理与方法——补充和索引》，洪汉鼎译，商务印书馆2010年版，第489—490页。
② 参见［德］汉斯-格奥尔格·伽达默尔：《诠释学Ⅱ 真理与方法——补充和索引》，洪汉鼎译，商务印书馆2010年版，第490页。

在这本书里，狄尔泰明确地提出了一个解释学模式：生命（体验）-表达-理解。此处的"生命"或"体验"指的是人的生命活动，也是人的生活体验，德文中的"Erlebnis"（体验）与"Leben"（生命、生活）在词根上是一样的，表明了这两个词的内在联系。"表达"指的是生命的表达或展现，即外在化、客观化，它通过符号体现为一种"客观精神"，常常以语言这一中介表达出来。这种表达不纯粹是个体化的或私人性的，否则就不具有普遍的可传达性和可理解性。在这里，"理解"不是指普遍的认知，而是指对个体精神的体验性的领会，它既是一种心理转换，也是一种生命的转换——设身处地、移情重构、同情化的理解。

胡塞尔的《逻辑研究》对狄尔泰后期的《精神科学中历史世界的建构》的影响显而易见。胡塞尔后来对这部著作评价也很高，称它是狄尔泰最后、最精彩的作品。但狄尔泰最终还是没能与胡塞尔走到一起，在他那里解释学与现象学擦肩而过，没能很好地结合起来，像后来的海德格尔那样。所以从总体上看，狄尔泰的解释学仍属于"古典"的范围。

三、海德格尔的存在论解释学

马丁·海德格尔（1889—1976）是西方现象学运动自胡塞尔之后的又一位重要代表人物，他的影响甚至超过了胡塞尔。之所以如此，乃在于他在这个领域实现了三个转向：现象学的存在论转向、解释学转向和语言学转向。从此现象学由一个非常专门的领域逐渐扩展和渗透到人文社会科学的各个领域。现象学运动的三个转向在海德格尔那里是一体的，他的解释学是对近代以来的认识论-方法论解释学的反拨，但他走向解释学是由自己面临的问题所引导的，解释学对于他来说，是手段而不是目的。这一点与后来的伽达默尔刚好相反。

海德格尔在解释学领域率先实现了本体论的转向，为我们提供了一个本源的解释学或源始的解释学。这种解释学并不直接与文本相关，而是与人的存在或者说此在相关，因此，他前期的解释学又可被称为"此在的解释学"。他明确地讲："只要存在进入此在的理解，追问存在的意义就是追问存在本身。决不能够把存在的意义同存在者对立起来。"[①] 这里的"存在者"当然包括此在。

同时，他将现象学解释学化，在《存在与时间》中，海德格尔对"phenomenology"（现象学）作了这样的词源分析，"现象学"之"现象"（phenomena）指

---

① [德]马丁·海德格尔：《存在与时间》，陈嘉映、王庆节合译，熊伟校，陈嘉映修订，生活·读书·新知三联书店 2012 年版，第 178 页。

的是显现自身的东西,现象学之"学"(-logy)指"逻各斯"(logos),它首先是"话语"的意思,而"话语"也就是指将什么东西讲出来、公开出来,即"展示",这就把存在的"显现"与语言的"展示"统一起来了。这样,现象学的意思是:"让人从显现的东西本身那里如它从其本身所显示的那样来看它。"这就是海德格尔所发挥的胡塞尔最初提出来的现象学的座右铭:"回到事情本身。"① 这种意义的"现象学"通向海德格尔所说的"解释学"。对于他来说,现象学与存在论就是一门科学,现象学就是关于存在者存在的科学,即存在论,这里的"存在"就是"现象",即自行显现(发生),而显现离不开接受者,这就是此在——人。而现象学的描述就是解释,而此在的现象学就是解释学。这样,在海德格尔那里就达到了存在论-现象学-解释学的三者统一。

海德格尔前期对解释学进行了根本性的变革,提出了一系列重要的概念,其中最为重要的是《存在与时间》中的一个基本命题:此在"在世界-之中-存在"。它指此在在世界中,这就将胡塞尔的意向性理论生存论化了,以此区别于胡塞尔的意识现象学、知识论现象学。在海德格尔那里,"此在"的展开就是"意义"的展开,也就是"世界"的展开,它通向解释学之根本。与之相关,在海德格尔那里,作为生存论环节提出来的此在的时间性和历史性、解释学处境、理解的前结构、解释的作为结构、解释学循环等,围绕着此在生存论的基本结构——"在世界-之中-存在"——展开,具有十分丰富的内容。可以说,整个《存在与时间》就是一部现象学的解释学或解释学的现象学。海德格尔追问的虽然是建立在本体论差别基础上的存在的意义,但却离不开探讨存在与此在之间的关系。在这里,此在是存在意义显现的场所,离开此在,存在的意义就无法得到显现,而这既包含本源意义上的现象学,又包含本源意义上的解释学,它们是一而二、二而一的。

不过,20世纪30年代后,海德格尔的思想发生了著名的"转向"(Kehre),他所关注的重心不再是此在(人),而是存在本身。如果说,"转向"前他是以此在通达存在,那么"转向"后则是以存在统摄此在。这之后的他几乎不再提"解释学",一如不再提"现象学"一样,但他仍然践行解释学的工作。对于他来讲,哲学本身就是解释学的,他一生始终都贯彻了早期就明确提出来的"解释学就是解构"的方法,并使这个领域别开生面,影响深远。

海德格尔的存在论解释学构成了哲学解释学的基本前提,后来这个领域的两

---

① [德]马丁·海德格尔:《存在与时间》,陈嘉映、王庆节合译,熊伟校,陈嘉映修订,生活·读书·新知三联书店2012年版,第41页。

个重要代表人物——德国的伽达默尔和法国的利科——就是以此为出发点的。

第二节 伽达默尔的哲学解释学

汉斯-格奥尔格·伽达默尔（1900—2002），出生于德国马堡的一个中产阶级家庭，先后就读于布雷斯劳大学（现在波兰境内）和马堡大学，师从新康德主义者那托普和尼·哈特曼。他曾在海德格尔指导下完成教师资格论文，先后在马堡大学、莱比锡大学、海德堡大学任教。"二战"后他担任过莱比锡大学校长。代表作有《真理与方法》《柏拉图-亚里士多德哲学中善的观念》《柏拉图的辩证伦理学——〈斐莱布篇〉的现象学解释》《对话与辩证法》《黑格尔的辩证法》《科学时代的理性》《赞美理论》等。伽达默尔是20世纪西方重要的哲学家之一，毕生致力于将海德格尔的基本立场和西方浪漫主义-人文主义的传统结合起来，是当代哲学解释学流派的真正创立者。

一、真理与方法

伽达默尔继承了海德格尔本体论的研究方向，关注的不是解释学的技术或方法论的传统。他始终认为，方法对于解释学来说，不是最主要的，即便掌握了方法，也不能保证我们一定可以把握到真理，仅仅将方法作为解释学追求的目标还流于表层，因此他没有沿着施莱尔马赫、德罗伊森、狄尔泰、贝蒂等人的方法论路径去发展解释学，建立一套可供操作的原则系统，而是沿着海德格尔的本体论路径去开拓和深化这个领域。

伽达默尔认为，解释学追问的仍然是一个康德式的问题，即理解何以可能的问题。但与康德不同，他不是立足于认识论去回答，而是立足于本体论去回答。他承认海德格尔的观点：理解和解释属于人存在的方式，而不是仅仅将其作为一种主体的意识活动来看待。在他眼里，真理是通过理解而得到的，而理解是理解者被卷入其中所发生的一个"事件"，因此他明确表示，哲学解释学所关注的不是理解什么或应当如何理解，而是理解过程中超越人的主观意愿而发生的东西。当然，伽达默尔在解释学领域中反对方法主义，并非反对方法本身，而且他在建立哲学解释学的过程中突出地使用了两种方法：现象学与辩证法。可以说，他的解释学就处于现象学与辩证法之间，并结出了丰硕的成果。

二、理解的历史性

(一) 解释学循环

在《真理与方法》中,伽达默尔明确给自己提出的任务是:探讨"一种解释学经验理论的基本特征",要将理解的历史性上升为一种普遍的解释学原则。而在谈理解的历史性时,他一开始便提到"解释学循环",这里的解释学循环显然是海德格尔意义上的,而不是他以前的循环,因为他之前的解释学循环是认识论-方法论的,而非本体论的。在伽达默尔这里,解释学循环与历史性或历史意识相联系。而且,海德格尔的解释学循环直接影响到伽达默尔的解释学的基本思想,后者的基本内容几乎都与之有关。

我们知道,施莱尔马赫和狄尔泰都讲过解释学循环,它主要指整体和部分的理解互为前提:要理解部分必须先要理解整体,而要理解整体必须先要理解部分。到了海德格尔那里,出现了根本的变化。他的《存在与时间》主要谈到本体论解释学循环的两个方面:(1)要理解存在必须根据此在的存在,要理解此在的存在必须要了解存在(第2节);(2)一切理解和解释已经在一种先理解之中,必须从一个前提或先结构出发,从前提到解释构成一个循环(第32节)。海德格尔说:"一切解释都活动在……'先'结构中。对领会有所助益的任何解释无不已经对有待解释的东西有所领会。"①

在海德格尔那里,"先有""先见"和"先把握"一起构成他所谓的"解释学处境"。"先有"指为了理解某个东西,我们总得先行具有它,我们不可能理解不是我们整体世界的一部分的某物。此外,任何理解都包含着"先见",即理解总得对先行具有的东西采取一种观点。另外,"先把握"指任何理解都包含一个"先概念",也就是说,任何理解都已经有了关于如何理解这个事物的决断,人们必须从一个概念框架开始去把握事物。

和海德格尔一样,伽达默尔强调理解离不开先结构或先见,但这决不意味着理解可以为所欲为,想怎么解释就怎么解释,没有任何约束。恰恰相反,要达到正确的理解,"先理解"需要被意识到、被批判,也就是说,理解者既要将被理解的东西纳入解释学处境,还要反思他的解释学处境。伽达默尔批评语文家和历史学家追求一种理解的客观性,而缺乏对自身历史性的反思。与此同时,无论海德

---

① [德]马丁·海德格尔:《存在与时间》,陈嘉映、王庆节合译,熊伟校,陈嘉映修订,生活·读书·新知三联书店2012年版,第178页。

格尔还是伽达默尔都强调"事情本身",先理解和事情本身必须要相互调适,协调一致,当它们达到一致时,理解就实现了,否则就无法实现。要从与事情本身相一致这个方面来确立先见或先理解的合法性。它是通过不断的筹划以及筹划与事情本身的调整、适应来实现的,这是一个动态的过程,而不是一次性的。

（二）理解的先见论与启蒙反思

伽达默尔的解释学包含对启蒙主义思想的批判与发展,这集中体现在他的"先见论"上。伽达默尔理解的"先见论"来自海德格尔的"理解的先结构",这种"理解的先结构"包括"先有""先见"和"先把握"。在海德格尔那里,"理解的先结构"与"作为-结构"及"解释学处境"属于相关词。由于海德格尔建立的是一种本源的解释学,它是作为人的存在方式来理解的,所以他强调了三个因素:先有、先见和先把握。伽达默尔的哲学解释学是基于海德格尔的前提,并将其引入到精神科学的解释学或人文社会科学的解释学,所以他更多地突出了"先见"。

伽达默尔将解释学的反思集中到"先见",先见属于先理解。对他来讲,理解有赖于先理解,先理解是一切理解得以可能的条件,只要理解发生,先理解就一定会在先发生,这可以说就是海德格尔所揭示的解释学循环。这种先理解具有某种类似康德的先验论的特点,但这不能从主观上去理解,而必须从人的存在去理解。人在理解之前,就总是已经生活在一个共同体之中和相互理解之中了。它基于海德格尔所谓的此在的"被抛"（Geworfenheit）。

在西方,"先见"这个词来自拉丁文"praeiudicum"。它原是一个中性词,经过启蒙时代,变成了一个贬义词,通常译作"偏见"或"成见",这反映在相应的德文（Vorurteil）、英文（prejudice）和法文（préjugé）的词汇中,属于在理解中应当被排除的对象。然而,在伽达默尔看来,无前提或无先见的理解是不可能的,人在进行理解的时候大脑绝不是空白,而是充满了先前就已具有的各种观点和见解,它是教化的产物。伽达默尔将这种意识与人的共同体的存在联系起来,而非将其仅仅看作是一种主观的东西。为此,伽达默尔对"先见"以及与之相关的"传统""权威"进行了正名,这里面包括他对启蒙运动以来所形成的种种偏颇的批判。根据伽达默尔对"先见"的概念史分析,"先见"并不必然带有否定性的意味,它可以包括肯定的因素;作为一种判断,先见是在事情的所有决定性要素被考察之前所作的判断。

关于先见,伽达默尔既批判了启蒙主义的观点,也批判了浪漫主义的观点。他对启蒙主义的不满在于:启蒙主义将"先见"与"偏见"或"成见"混为一谈，而伽达默尔以子之矛，攻子之盾，认为启蒙运动反对"偏见"本身就是一种偏见，它如何能无矛盾地应用于自身就是一个问题。在伽达默尔看来，启蒙主义的缺陷不在于它反对先见，而在于它对先见采取了一概而论的态度，没有区分真先见和假先见，或合理的先见和非合理的先见：真先见（合理的先见）开显意义，假先见（非合理的先见）遮蔽意义。启蒙主义对先见的错误认识，其根源在于没有看到理解者的历史性，而历史性也就是它的时间性和有限性，启蒙主义从普遍、纯粹的理性出发，只能导致一种抽象的观念，这是伽达默尔所不能接受的。

相比启蒙主义，浪漫主义对历史意识的形成起到了重要的催化作用，可以说，历史主义的发展受到浪漫主义的极大推动。在这里我们尤其要提一下狄尔泰。如前所述，狄尔泰最大的贡献就是将康德的"纯粹理性批判"变成了"历史理性批判"，并和人的生命或生活联系起来，这是解释学作为精神科学之基础所迈出的关键性一步，它为后来的海德格尔和伽达默尔的进一步跨越奠定了重要基础。但狄尔泰强调生命和体验，主张理解与个体的体验分不开，如何超越个体的主观性，又成了一个问题，而这就是后来海德格尔和伽达默尔所要关注的。他们认为，若不从近代以来的主体性哲学或主观论哲学走出来，客观性的问题就没法保证。伽达默尔强调，不是历史属于我们，而是我们属于历史，在我们进行反思之前，包括自我体验之前，我们就已处于或生活于家庭、社会和国家之中了。只有首先将这一点考虑进来，我们才能走出主观论哲学或主体性哲学。所以伽达默尔将先见不只是作为个人的意识，而且作为人的历史存在来看待的。可见，伽达默尔在批评启蒙主义的同时，也批评了浪漫主义，他对先见的正名要超越于二者之上，而不是仅仅针对启蒙主义。

需要强调一点，伽达默尔为先见正名，绝不是要同启蒙运动的基本精神相违背，而是要完善它、发展它。如前所述，伽达默尔没有针对启蒙运动对先见的批判，而是针对它不加区别地否定所有先见，这种无异于将洗澡水和婴儿一起倒掉的做法并不符合理解和解释的实际。伽达默尔采取的方式是区分真假先见，肯定前者，反对后者，从而使理解和解释得到健康的发展。这种区分在伽达默尔那里主要是通过"时间距离"来实现的，其中就包含有他所理解的解释学批判，所以，与施莱尔马赫和狄尔泰为代表的古典解释学将"时间距离"视为消极的不同，伽达默尔认为它具有积极的"过滤"作用。

（三）效果历史意识

理解体现为一个效果历史的过程。这里我们碰到伽达默尔的一个重要概念"效果历史意识"（Wirkungsgeschichtliches Bewußtsein）。对于它，伽达默尔是这样解释的：我们不能将发生的过去作为对象或客体来对待，因为"我们总是已经处在历史之中"，我们只能在历史中来认识已发生的历史，这就是历史的经验，我们不仅是历史中"环环相扣的长链中的一环，而且我们每时每刻都可能从这种源自过去，迎面走来并传承给我们的东西中理解自己"，这就是"效果历史意识"。①

伽达默尔的"效果历史意识"与传统的历史意识——主要是历史客观主义的历史意识针锋相对。他强调，效果历史意识首先是对解释学处境的意识。② 由于我们本身不能走出这种解释学处境，将其对象化，因此我们也不可能对它进行彻底的反思。这表明我们的一切理解和解释只能从历史在先给定的东西出发。而解释学的"处境"概念和"视域"概念分不开，它涉及理解者和被理解者之间由"时间距离"所造成的一种张力，以及这种张力通过"视域融合"去克服，当然，克服总是相对的，它体现为一种效果历史。

视域融合所带来的是视域的拓展与扩大，因为视域不是封闭而是活动的，各种视域是可以进行交流的，包括古与今、过去与现在。在活动中不同的视域共同形成了自内而外运动的一个大视域，它是一种向更高普遍性的提升，这就是伽达默尔所推崇的黑格尔的"教化"（Bildung）概念。实际上，人类文明的发展就体现为人类视域的不断提升、扩张、延展、走向普遍性的过程，而精神就同这种普遍性有关，它克服或扬弃各种不同视域自身的个别性、褊狭性，因此也就是一个不断被"教化"的过程，它是通过人类共同体的存在来实现的。视域融合很好地体现了黑格尔辩证法的正、反、合，只是伽达默尔强调这个"合"是开放的，而不是封闭的，为此他要为黑格尔的"恶无限"正名，以反对后者的所谓"最大的综合"。

（四）解释学的应用

视域融合包含着解释学的"应用"。伽达默尔对解释学的重要贡献之一就是明确地将"应用"作为解释学的三要素之一提出来了，另外两个要素是"理解"和"解释"。在施莱尔马赫之前，"理解"与"解释"是分离的，施莱尔马赫通过语言将二者打通了，只不过"理解"是内在的讲话，"解释"是外在的讲话。受德国18世纪虔信派神学家、圣经解释学家兰巴赫的影响，伽达默尔又将"应用"与"理解"和"解释"打通了，它们三位一体。伽达默尔这里的"应用"指的是将

---

① ［德］汉斯-格奥尔格·伽达默尔：《诠释学Ⅱ真理与方法——补充和索引》，洪汉鼎译，商务印书馆2010年版，第177页。
② 参见［德］汉斯-格奥尔格·伽达默尔：《诠释学Ⅰ真理与方法——方法和补充》，洪汉鼎译，商务印书馆2010年版，第426页。

被理解者（如文本）纳入理解者的解释学处境，它是一个化陌生为熟悉的过程，也是一个视域融合的过程。在伽达默尔这里，解释学的"理解"和"解释"就包含解释学的"应用"。

三、理解的语言性

（一）解释学的普遍性问题

伽达默尔的哲学解释学就是要追求普遍性。其实，解释学哲学化的过程也就是一个走向普遍性的过程，它自觉地体现在宗教改革之后的德国浪漫主义解释学中，施莱尔马赫明确地提出了这个问题，而德国历史学派从历史科学的角度、狄尔泰进一步从精神科学的角度发展了这一点，到了海德格尔那里，实现了解释学的本体论转向，而只有进入本体论的层面，解释学由局部走向普遍才算真正实现了最大化。伽达默尔对此作了更进一步的推进，突出解释学与语言的关联，反心理主义，将解释学普遍性的问题最终立足于语言上。

伽达默尔的《真理与方法》专门谈到了三种经验——艺术经验、历史经验和解释学经验，同时比照了三种对应的意识——艺术意识、历史意识和解释学意识的异化。艺术意识的异化是秉持审美区分的立场，历史意识的异化是秉持历史客观主义的立场，而解释学意识的异化是秉持方法主义的立场，将解释学看成是通过方法达到避免误解的艺术。伽达默尔针锋相对地提出了三种观点予以矫正，它们分别是：审美无区分、以效果历史原则为表征的新的历史主义（伽达默尔又称之为"第二等级的历史主义"，以与古典历史主义——历史客观主义相对立）和反方法主义-科学主义立场的解释学。他的《真理与方法》就是沿着艺术的经验、历史的经验和语言的经验来提升解释学经验的普遍性的，从另一个角度来看也就是解释学语言的普遍性。

（二）解释学的语言观

解释学天然地与语言相联系，而伽达默尔的解释学就是一种语言哲学，它从属于20世纪西方哲学的"语言转向"，并且是大陆语言哲学的重要代表。在这方面伽达默尔深受海德格尔"转向"后思想的影响，依他自己的说法，他的解释学是要将海德格尔前期的此在论和后期的语言观相结合。例如，他指出："存在就是语言，亦即自我表现。"① 伽达默尔在此指出了存在的语言性，对于他来讲，解释

---

① ［德］汉斯-格奥尔格·伽达默尔：《诠释学Ⅰ真理与方法——哲学诠释学的基本特征》，洪汉鼎译，商务印书馆2010年版，第683页。

学的经验性与解释学的语言性是一致的,只是角度不同。他的解释学语言观集中体现在两句名言中:一句是他引用过的施莱尔马赫的话"解释学的一切前提只不过是语言";另一句是他自己的话"能够被理解的存在就是语言"(可以看到它与海德格尔的名言"语言是存在的家"的联系),它的基本意思是,对存在意义的理解只能通过语言。这里语言是媒介或中介,但不是工具,也就是说,伽达默尔的语言观不是工具论的语言观,而是本体论的语言观,具体来讲,我们不是"用"语言去理解,而是"通过"语言去理解,我们就在语言中理解,我们就生活在语言中。针对哈贝马斯攻击他的这类看法是"语言唯心主义",伽达默尔申辩称,他并没有将存在等同于语言,而只是强调对存在意义的理解只能通过语言,内在于语言,不能外在于语言,这两者不是一回事,需要从语言的现象学去领会。

(三)对话辩证法

哲学解释学的语言观强调的是"对话",而非"独白"。因为在伽达默尔看来,语言的现实性是对话,而不是独白,这早已由亚里士多德给人下的两个定义得到了奠基:人是政治的动物和人是逻各斯的动物。二者不可分,理解是相互理解,它在对话中进行,伽达默尔所谓的"视域融合"和解释学的"应用"都实现于理解的"对话"中,在这里理解者与被理解者的解释学身份是平等的,它所追求的是理解的开放,而非简单的、单向度的、带强制性的"同化",体现的是追求真理的善良意志,而非权力意志。这里的对话表现为对话辩证法以及与之相关的问-答逻辑。它典型地体现于柏拉图笔下苏格拉底式的谈话。在解释学的对话中,问与答相互缘起,相互促进,在这个自否定的过程中,真理的意义不断以"事件"的方式得到"开显"或"发生"。

四、理解的实践性

伽达默尔解释学与西方实践哲学的传统有着千丝万缕的联系,这个联系伴随着伽达默尔思想发展的始终,只是愈到后来愈加突出。他晚年明确地指出,解释学就是实践哲学。甚至可以这样讲,实践哲学实际上成了他的第一哲学。受海德格尔前期思想的影响,存在哲学和实践哲学最终在伽达默尔那里达到了统一,并构成其整个解释学的基础。他明确地将解释学与人的世界经验和生活实践的问题联系在一起,强调离开了实践,一切都将归于虚无。当然,他的实践哲学与马克思无关,而与古代的亚里士多德有关,他的解释学可以说是一种新亚里士多德主义的解释学,是亚里士多德的实践哲学与解释学结合的产物,但这种结合并非简单的拼凑,而是有着时代特色的升级版。

受亚里士多德的影响，伽达默尔强调，实践哲学的核心乃是实践智慧（phronesis），也就是他所理解的"实践理性"（practical reason）①。我们知道，亚里士多德区分了理论知识和实践知识、理论智慧和实践智慧，这一区分是现代自然科学和精神科学划分的滥觞，具有重大的意义。理论知识和理论智慧主要针对的是不变的知识，而实践知识或实践智慧主要针对的是可变的知识。自然科学更多地体现为理论知识和理论智慧（在古希腊最典型的是"数学"，与经验联系在一起的自然科学更接近古希腊的"技术"），而精神科学更多地体现为实践知识和实践智慧，它同最高的善——人的幸福生活相联系。伽达默尔的意图是要将自然科学统属于人的科学——广义的精神科学，而所有科学都应同普遍的"善"的追求相一致，这正是解释学的根本目标。它同解释学作为一门追求普遍性的哲学相一致，这早已超出了将解释学看成一种文本诠释的技艺或方法的观点，它最终将解释学与人文科学、人文精神和人文传统联系起来，从而对于建构我们的安身立命、终极关怀的精神家园有着重要的意义。

第三节　利科的哲学解释学

保罗·利科（1913—2005），出身于法国瓦伦斯市的一个新教胡格诺派的家庭。他曾就学于巴黎大学，"二战"期间参加过抵抗德国法西斯侵略的战斗，1940年不幸被俘，被关进了战俘营，历时五载，这期间艰苦自学。"二战"后，他先后担任过法国索邦大学、斯特拉斯堡大学、巴黎第十大学教授，20世纪60年代末开始长期担任美国芝加哥大学客座教授，曾被选为法国"国际哲学会"会长，巴黎"现象学-解释学研究中心"主任。利科笔耕不辍，著述甚丰，涉及面极广，他的解释学著作主要有《弗洛伊德与哲学》《解释的冲突》《从文本到行动》《解释学与人文科学》《时间与叙事》（3卷本）和《活的隐喻》等。利科是西方当代一位堪与伽达默尔比肩的解释学大家。他的解释学与伽达默尔一样，处于现象学与辩证法之间，其思想隶属于20世纪西方哲学的语言转向。

一、解释学的迂回道路

利科的学术起步是从研究胡塞尔的现象学开始的，但对胡塞尔的唯心主义走

---

① *The Cambridge Companion to Gadamer*, ed. By Robert J. Dostal, Cambridge: Cambridge University Press, 2002, p. 253.

向作了深入的批判,并在此基础上开拓出现象学与解释学嫁接的新路子。利科的文本理论是其解释学的核心部分。他的解释学总体上属于哲学解释学,但他更经常将其表述为"反思解释学""我在解释学"。这里的"反思解释学"也就是他的"反思哲学",与他对存在把握的"迂回"道路有关。不同于海德格尔式的"捷径"或"短程",利科强调,我们对人的存在的理解需要通过它的外化或客观化的文本、符号、语言所构成的中介之反思才能达到,这里面有一个间距化与归属之间的辩证关系,同时我们也可以由此看到狄尔泰对利科的重要影响。狄尔泰强调:"人类不是通过反省、而是通过生命的客观化来理解自身的。"① 利科则认为,如果反思没有狄尔泰所说的生命在其中得以客观化的各种表达的中介,那么反思只能停留于空洞的直觉中。

在利科眼里,海德格尔和伽达默尔造成了本体论的解释学和认识论-方法论的解释学的割裂。当然,利科认为他们两人之间还是有差别的:如果说海德格尔在存在的道路上走的是一条捷径,那么伽达默尔已经开始走向从本体论向认识论返回的道路,但由于过于受到海德格尔的影响,伽达默尔在"真理"和"方法"之间造成了明显的对立,从而使这条已开启的道路又被堵塞了。与之不同,利科则要明确地沿着这个方向走一条"迂回"的"长途",也就是说,要转个弯,而非"捷径"。于是他围绕这个问题,以哲学为中心,进行跨界、跨学科的研究,学科与学科之间(尤其是人文、社会诸学科之间)在他那里是打通的,旨在实现对存在意义的"迂回"的把握。利科强调,文本是中介,通过它们,我们理解世界、理解自身。换言之,与笛卡儿以来的西方"我思"的哲学传统不同,与要求主体通过内省直接理解自己相反,只有通过文字或符号构成的文化作品或文本的迂回,我们才能理解外部的世界和内部的自己的存在意义。

二、文本的理论

对于利科来讲,人文科学(精神科学)就是解释学的,因为人文科学离不开文本。因此,利科以文本理论作为自己的解释学的出发点并非偶然。他的文本理论又可被称为文本解释学。同伽达默尔相比,利科属于晚辈。虽然他们分别是德、法解释学的两大代表人物,各自都做出了独特的贡献,产生了深远的影响,但治学路数是有所不同的。如果说,伽达默尔解释学主要立足于语文学、历史学和浪漫主义的传统,那么利科的解释学更带法国特色,它主要立足于结构主义的语言

---

① [美] 理查德·E. 帕尔默:《诠释学》,潘德荣译,商务印书馆2012年版,第151页。

学、符号学和语义学的传统。

利科的文本理论涉及对"文本""间距化"和"理解"三者之间联系的考察，它和利科反对直接达到理解的本体论，要求通过语义层面和反思层面的迂回道路去达到理解的本体论的把握相关，以此来打通解释学的方法论和本体论、局部解释学和一般解释学之间的隔阂。这是他不同于海德格尔和伽达默尔的地方。利科尤其看重文本解释，他明确地将解释学定义为与文本解释相关联的理解运作的理论。

（一）文本

利科给"文本"（text）下过这样一个定义：文本是由书写确定下来的话语。它有四个特征：（1）意义的固定化；（2）意义与作者意图分离；（3）非表面指称的出现；（4）接受者普遍化。利科不认为对文本理解和解释是读者与作者的对话，这是不可能的，甚至是荒谬的，因为作者完成文本的写作之后就自行隐退了，不在场了（即所谓"作者之死"），剩下来的是文本与读者的关系，对话也只能是读者与文本的对话。其实，伽达默尔强调的也正是这一点。

（二）间距

由"文本"然后过渡到"间距"或"间距性"这个概念。"间距"（distanciation）在利科的解释学中是一个关键词，它来自伽达默尔（在后者的语境中，通常译作"距离"）。依利科之见，伽达默尔思想中以下几点很重要：（1）尽管所属与间距化是对立的，但效果历史意识包括间距化的成分，效果历史就是在历史间距化下所发生的，它是间距中的效果或相互作用，这之间的张力对于历史意识来说至关重要；（2）参与和间距化的辩证导向是视域融合，这种融合不是扯平，而是包含差别，是"和而不同"；（3）人类经验普遍的语言性，流传下来的传承物是以语言为中介的，语言的中介变成了文本的中介，因为文本是由语言组成的。在间距中交流既不是作者的事情，也不是读者的事情，而是文本的事情。因此，这导向了利科反思的起点——文本。

虽然"间距"或"间距性"来自伽达默尔，但被利科作了积极、创造性的发挥，有了新的内涵：间距化既造成了理解的困难，又构成了理解的条件。间距化在伽达默尔那里指的就是"疏远"，而在利科那里具有积极创造性的作用，伽达默尔突出的是"时间距离"，后来发展到"解释距离"。利科突出的是"间距"导致远离效应，所谓远离效应（或离间效果）也就意味着，我们愈来愈无法回到作者的原意，这一方面看是消极的，另一方面看却是积极的。由此出现的是文本的自主性和客观性，这种客观性就是其自主性的展开所体现出来的。具有意义的世界是通过文本来呈现的，而文本就成了我们理解世界和我们自己的中介。

利科将文本的间距或间距化分为四个基本形式：第一种指作者所说的意思远离了作者所说的事件，这就是作者想说和已说之间的间距，即言不尽意——内在话语和外在话语之间的间距；第二种指文字表达与作者的言语之间的间距，即所谓书不尽言——口述不等于书写；第三种指文字表达与原来听到的东西之间的间距，如听报告和看报告的记录是有差别的；第四种指文本的表面所指与实际所指之间的间距，这就是语言文字同时所具有的"特指"和"泛指"两个方面，而文字的指称比言谈的指称具有更大空间和范围。由于想象力的介入，文字的理解比对言语的理解具有更大的自由，它能对文本和意义起到一种解放的作用。

(三) 间距的解释学功能

间距的解释学功能在于强调文本的语境世界不同于日常语言世界，也就是说，文本的世界不等于特定指称的那个具体的现实世界或日常语言的世界，这在文学作品中尤为突出，它典型地体现了海德格尔所说的理解属于理解者自身可能性的筹划，是理解者的"能在"的表现。文学作品不等于现实，它是虚构的，但它具有现实性。虽然在作家那里可能有现实的来源或原型，但不可对号入座。因为这样做是一种狭隘的科学主义、实证主义或历史主义的态度，它们恰恰是现象学的解释学所要反对的，哪怕神话、寓言、传说不是现实，但仍具有现实性，文学体现为一种本质的真实，是一种比事实的真实还要真实的真实。

这里面有一个对利科的间距化或离间效果的整体把握问题。利科突出这个概念的积极意义，在于强调文本一旦被作者创作出来以后，就不再受作者的支配和左右，不限于作者赋予它的含义，而是有了自己的独立性和自主性，从此有了自己的生命、命运和客观性。它脱离了一种旧有的意义关系（作者和文本的关系），去不断建立一种新的意义关系（文本和读者的关系），它有一种"去作者化"和"去语境化"（原初的语境）的趋向，这就是由于书写所导致的间距化。而且我们恰恰是通过文本的世界（由语言或语言性的符号所组成）这个中介来理解外在世界和我们自己的。在这里作者和听众的关系（说和听的关系）变成了文本和读者的关系（写和读的关系），由原初固定的语境变成了后来开放的语境，文本的意义由此得到不断充实，这是一种非常奇特的现象，而不是我们过去一般所理解的文本所表达的就是作者的原意，如古典解释学所认为的那样。这里已引入了一种全新的现象学的立场和视域，它真正解放了文本，解放了意义，并同心理主义、主观主义、相对主义乃至虚无主义划清了界限，撇清了关系，这是作为现象学家的利科在解释学上的重要贡献。

读者不是理解作者，而是理解文本，而文本是一种间距化的文本，因此它是一个扩大的自我，而不是作者的那个自我，读者对它的理解是要理解一个被筹划的世界，而这个世界并不是在文本的背后，而是在文本的面前，理解也就是理解文本面前的那个自己。海德格尔和伽达默尔都讲过：一切理解都是自我理解。但利科又要避免对这句话做主观化的解释，不是将我们自己的理解强加于文本，而是在文本面前暴露自己，并接受一个扩大的自我。实际上也就是伽达默尔所谓的由"时间距离"所造成的"视域融合"，这种融合是一个"效果历史"的过程，其实也是一个间距化不断加剧的过程，它最终还是要追溯到文字表面所指与实际所指的距离。正是因为这种距离（或者说间距），文本呼唤阅读，呼唤读者的创造性的填充，这是一个开放的过程，永无止境。

（四）说明与理解

文本包含"说明"（explanation）与"理解"（understanding），这两个概念主要来自狄尔泰，后者明确地讲，自然科学靠说明，精神科学靠理解。这里的"说明"针对的是因果关系所规定的自然现象，这里的"理解"针对的是生命创造的"倒转"——通过文本或作品去把握作者的原意或精神，它是特有所指的，并非我们一般的理解。狄尔泰根据学科的划分将"说明"与"理解"分割开来，而利科要重建二者的关系。在他看来，狄尔泰的"理解"通向"解释"，所以"说明"与"理解"的关系也就是"说明"与"解释"的关系。利科要从索绪尔的结构主义语言学的角度来调和"说明"与"理解"（解释）的关系。他回到文本的阅读，并谈到两种阅读方式：一种是说明，另一种是解释。"说明"针对文本结构，不是因果说明，而是结构说明，因果说明被纳入结构说明，后者所要把握的是文本的内在关系或组织。简言之，"说明"就是找寻"结构"。在这里，无论自然科学还是精神科学都是相通的。

对于利科来讲，结构很重要，因为语言是在文本中，而文本是在结构中发挥意义功能的，语言文本在不同的结构中意义会不同，结构具有相对的独立性，不受主体支配，因此，对文本的"理解"离不开对结构的"说明"。作为一位当代法国哲学家，利科非常重视解释学与结构主义的联系，他的"说明"与"理解"（解释）的关系体现的正是结构主义与解释学的关系。而结构主义与现象学也有交集，胡塞尔本人就很重视结构分析，利科也讲，现象学必须是结构性的，因为语言作为符号的系统，有其自身的规则，它独立于人的意识，这和伽达默尔对语言游戏的理解（超越主体性、主观性）存在着一致；至于"解释"则旨在消除悬置，并在当前的言谈中满足文本的指称。

虽然深受结构主义语言学的影响，但利科也有与之不同之处：结构主义语言学强调结构是封闭的，而利科强调文本的结构是开放的，阅读就是要将新的话语带入到文本已有的话语中，从而使原来的文本得到更新，解释就是这种更新的体现。

同时，利科还将"解释"理解为"占有"（appropriation/ Aneignung）。这里的"占有"指使外在、异己或陌生的（alien）东西成为自己的东西，它意味着消除文化间距和历史的异化，此乃解释学本身所要求的。不难看出，这实际上是对伽达默尔"视域融合"和解释学的"应用"理论的发挥，但有利科本人思想的特色，那就是强调对文本的理解也就是对自我的理解，它具有反思意味，而且是一种具体的反思，它不是固守于自我意识，而是通过对文本这个由符号或文字组成的"中介"来具体实施的。他甚至认为，没有符号或文本这个中介，就没有反思，他将"说明"视为达到"理解"的过渡阶段，而且是一个必要的阶段，并非可有可无。理解就是自我理解，所以，文本的理解与自我的理解是一致的，意义的建构和自我的建构是一致的，这就是他所谓的解释学的反思，这种反思针对的不是直接的自我意识，而是作为中介的、由符号或文字所组成的、具有间接性的文本。

利科将"解释"理解为"占有"，是要克服时间间距，而时间性是与人的历史或文化相联系的，也可以称之为"文化间距"，所以理解最终的占有是古与今、过去与现在的"视域融合"，是伽达默尔所说的化陌生为熟悉、使疏远的东西变成亲近的东西，使相异的东西变成自己的东西，这也就是利科所强调的解释的"当前化"或"当前特征"，它是"此时此地"（here and now）的，包含空间与时间。

但与伽达默尔不完全相同，利科并不将阅读的理解看成一种"对话"，而只是说它"像"对话，但本身并不是对话，因为书写和口头的现场交流是不同的。他区分了"含义"（sense）和"意义"（meaning），前者对应的是结构的说明，后者对应的是读者的理解（解释），"含义"与符号学有关，而"意义"与语义学有关。

如果说，结构说明是封闭的，那么文本解释则是开放的。作为占有的解释，强调解释的当前化或当下化的特征，也就是指文本的语义可能性的实现或具体化，它是通过文本对阅读的呼唤，即对读者的呼唤来实现的。利科要消除"说明"与"解释"之间的对立，在承认它们的差别的前提下，强调二者是互补和互惠的，而且一种态度通过自身指向另一种态度。这里的含义是相当于文本成分的配置以及叙事领域中行为与行为者的分离的整合，它们被视为一个封闭的系统。但利科又说，我们绝不可能止步于意义的如此形式化的概念，它本身会将我们引向意义的解释。最后，利科将"说明"与"解释"置于"解释学之拱"（hermeneutical arc）上。与二者在狄尔泰那里的对立不同，这是一个比喻的说法，意指"说明"和"解释"就构成了"解释学之拱"的两个互补、互惠的桥墩，它们之间的关系是辩证的。

值得注意的是，利科谈到了文本有自己的"指令"，强调解释就是沿着文本打开的思想之路，朝着文本的方向，将读者自己置于这一路径上。他反对主观性的解释，强调解释的客观性或客观过程。利科对文本的"指令"作了进一步的诠释，认为解释就是将自己置于由文本本身支撑的解释关系所指示的意义之中。伽达默尔也谈到过文本的"指令"，旨在强调我们的理解和解释不是随心所欲的，以反对近代以来占主导地位的主观论哲学、意识哲学和心理主义对解释学的侵蚀，避免最终滑向解释学的相对主义和虚无主义。可见，两位解释学大师的立场在这一点上是一致的。

三、文本理论的扩大：从文本到行动

利科最初将文本限制为文字载体之内的话语，后来他发现这种界定过于狭窄，未能体现解释学的普遍性要求，因为在世界上有许多非文字的东西也具有类似文字的功能，正如许多非语言的东西具有语言的功能一样，它们同样拥有索绪尔所说的"能指"和"所指"，因此也可看成是文本或类文本，如行为、象征、梦和无意识的形式等，因为它们都具有"文本性"，正如世界上有许多东西不是"语言"却具有"语言性"一样。这样，"文本"的意义在利科那里就被扩大了，而作为话语形式的文本在利科那里通常被称为"作品"。

对于利科来说，有意义的"行为"与"文本"有四个对应之处：（1）充满意义的行动表现为意义的客观化，这里的客观化指外在化，在利科眼里，行为具有以言表意的结构；（2）与文本同它的作者相分离类似，一个有意义的行为与它的承载者相分离，它有自己的意义或独立性，一个行为是一个社会现象；（3）有意义的行为超越了原初场景所规定的具体意义；（4）有意义的行为类似开放的文本或作品，因此这种行为可以向任何阅读敞开意义。

正因为以上四个方面相通，所以利科将文本扩大到行动，将人类的历史活动都纳入进来，这里面不仅有结构主义的影响，还有牛津日常语言学派奥斯汀的"言语行为理论"的影响。它包含对结构主义局限性的扬弃，并通向解释学的对话理论。在这方面，他与伽达默尔不即不离，若即若离。

第四节　对哲学解释学的评析

总的来看，西方解释学源远流长，它大体经历了从局部到一般、从认识论到本体论的发展，如今有进一步融合的倾向。应当说，解释学的哲学化进程在近代宗教改革之后就开始了。到了 19 世纪，精神科学的自我意识的觉醒和反思的加强，极大地促进了解释学本身的发展。当然，这个时期主要体现在认识论和方法论方面，其代表人物施莱尔马赫、德罗伊森、狄尔泰，包括其他一些新康德主义者都做出了重要贡献。随着 20 世纪现象学运动的兴起，经由海德格尔的努力，解释学开始上升到本体论，在哲学化的推进中产生了质的飞跃。接下来，经过伽达默尔和利科等人的进一步努力，哲学解释学被真正确立起来，影响遍及精神、文化、历史各个领域，甚至包括自然科学领域。可见，我们今天所说的哲学解释学是西方解释学传统发展的必然产物，它有一个宽泛的理论背景和广阔的未来前景。

作为当今德、法解释学的两个最重要的代表，伽达默尔与利科的思想都在现象学的视域内，既有共性，又有个性。伽达默尔奠定了哲学解释学的基础，从属于解释学上升的道路，即解释学由认识论-方法论到本体论的发展，而利科以伽达默尔为自己的出发点，但又不止步于此，而是有着自己的创新，从属于解释学下降的道路，即解释学由本体论通过认识论-方法论达到实现自身的路径。伽达默尔的"传统"和"效果历史"概念对利科影响至深。就这一点来看，他们都比较突出"过去""传统"，这是对海德格尔过于强调此在的当下处境以及未来之可能性的一种补充；另外，他们都比较突出以经典文本为核心的精神科学，这也是海德格尔不太重视的，因而也可视为对后者思想的一种延伸和丰富。

就差别来看，不论伽达默尔还是利科都沿着海德格尔的解释学"本体论转向"的方向，对其作了更加具体和深入的推进，但伽达默尔主要固守这一方向，而利科则并不排斥解释学的认识论-方法论的传统方向。伽达默尔解释学的历史主义倾向更强烈，而利科由于受结构主义语言学侧重非时间化的结构以及胡塞尔现象学反历史主义的影响，在这个方面则要收敛一些，相比之下，伽达默尔解释学很少提及结构主义，至于后结构主义则主要是他批评的对象，当然，亲近结构主义的利科本人同后结构主义也保持着一定的距离。伽达默尔对现象学的吸收主要来自于海德格尔，对胡塞尔提得不多，伽达默尔对他之前（直至海德格尔）的哲学传统非常熟悉、非常重视，而对当代各种最新的哲学思潮和人文社会科学的成果吸收得不太多，例如结构主义、解构主义、精神分析、日常语言哲学等，这一点与利科形成了鲜明的对照。利科解释学的最大特点是博采众家之长，兼收并蓄，转益多师，具有突出的时代特征，他的思想更带辩证综合的特点，这方面相对伽达默尔有过之而无不及，例如在现象学方面，利科不仅重视海德格尔，同样也很重视胡塞尔。二人的解释学最终都走向了语言哲学，都关心对话和日常语言，由此都可看作是海德格尔之后大陆语言哲学的两个重要代表，但伽达默尔更多关注的是语言哲学，而利科除了语言哲学外，还关注语言科学，而且他对英美分析哲学并不排斥，尽可能吸收其中能为自己所用的积极成果。

总体来看，伽达默尔的思想显得更思辨、更宏观一些，而利科的思想则显得更具体、更实在一些，对后人启发更大。尤其在文本理论方面，伽达默尔显然没有利科的贡献那样丰富、深入、引人入胜，尽管利科的出发点是依据伽达默尔的。所有这些都展露出他们的解释学各自不同的特点。但就目前来看，相比伽达默尔，利科的影响有明显上升的趋势。

一般来讲，解释学是人文科学或精神科学的哲学，虽然它的意义决不仅限于此。但精神科学主要由经典文本来体现和承担，后者在解释学研究中具有优先性的地位，这是毋庸置疑的。就当代大陆哲学的走势来看，现象学、存在主义和解释学占据主导地位（这一点以德、法最为明显），至于其他许多哲学流派，或源于它们，或受它们的影响。解释学发展至伽达默尔，似乎本体论解释学和认识论-方法论解释学各自处于相对独立发展的状态，但到了利科那里，这两类解释学有融合的倾向，它表明解释学作为一门普遍的哲学应当是本体论、认识论和方法论的统一，这在利科所追求的"迂回"的"长途"中得到了暗示，它是在更高层次上返回到狄尔泰，可看成是一种分化后的整合，而在这种整合的基础上，解释学研究势必会得到进一步的拓展和深化。

另外，需要补充说明的是，当代除了本体论解释学之外，方法论的解释学并没有停止发展，其中最著名、最典型的要数意大利法学家、法学解释学家埃米里奥·贝蒂（1890—1968）。他主要继承和发展了施莱尔马赫、狄尔泰的浪漫主义传统，是当代方法论解释学的集大成者。他的可贵之处在于，根据施莱尔马赫、狄尔泰所提出的解释学的方法论的指导原则，进一步总结、完善了解释学的方法论原则体系，使其更具可操作性，它集中反映在贝蒂1955年完成的巨著《作为精神科学方法论的解释理论》（比伽达默尔《真理与方法》出版早5年），并由意大利文译成德文，产生了很大的影响，由于篇幅过大，后来作者出了简写本《作为精神科学一般方法论的解释学》，它是前者的钩玄提要。这部经典表明，方法论解释学有它自身的意义，是本体论解释学所不能替代的，也没有因为本体论解释学的兴起而衰落，它继续走着自己的道路，不应被忽视。而且如前所述，在哲学解释学内部也有融合方法论解释学与本体论解释学的趋向，这在利科所阐释的解释学的"下降道路"中已经显示出来了，这是今天我们需要全面了解的。

思考题：

1. 什么是解释学的本体论转向？
2. 哲学解释学追求的普遍性是什么？
3. 何谓"解释学循环"？
4. 试析伽达默尔的"效果历史意识"的具体内涵。
5. 怎样理解利科的"间距"的解释学功能？
6. 谈谈利科的"说明"与"解释"的关系。

第十章 批判的社会理论

19世纪末、20世纪初，西方资本主义进入新的历史时期。这一时期，以能源、交通特别是电子信息技术为代表的科技革命日益深化，这使得资本主义社会的生产方式和生活方式发生了深刻的变革，同时也极大地影响了现代社会的阶级结构、社会运行方式和统治方式。当代资本主义社会也随之出现了前所未有的新矛盾、新危机和新问题。这一时期，世界无产阶级革命运动出现了复杂的形势，马克思主义也经历了曲折的发展。在这种背景下，一种新的哲学思潮——西方马克思主义应运而生了。从整体来看，西方马克思主义一方面不同程度地继承和发挥了马克思主义的某种理论资源、理论立场和理论精神；另一方面也试图以某种西方思想来修正和改造马克思主义。西方马克思主义大致沿着两个方向发展：一是在新黑格尔主义哲学、生命哲学、现象学、存在主义、弗洛伊德主义等西方哲学思潮影响下形成了以卢卡奇、葛兰西、科尔施、萨特还有法兰克福学派为代表的人本主义的马克思主义；一是在结构主义、实证主义等思潮影响下形成的科学主义的马克思主义，包括以阿尔都塞为代表的结构主义的马克思主义等。人本主义的马克思主义成为这种思潮的主流，它们的共同特征是，大都继承和发挥青年马克思的实践哲学立场和人道主义精神，拒斥和批判第二国际马克思主义对马克思主义的经济主义解释范式，对当代资本主义社会新的历史矛盾和种种非人道现象进行了深刻的分析和激烈的批判，并试图提出新的革命战略和理想愿景。其中，20世纪30年代由霍克海默创立、至60年代发展到顶峰的法兰克福学派奏响了这种批判的最强音。以霍克海默、阿多尔诺、马尔库塞、弗洛姆、本雅明、哈贝马斯、施密特等为代表的法兰克福学派以"批判的社会理论"为旗帜，对发达资本主义的新情况、新问题进行了深入的理论反思，全面揭露和批判当代资本主义严峻的历史困境与社会文化危机。法兰克福学派批判的社会理论对当代西方国家的左翼激进思想和社会运动产生了重要影响。20世纪七八十年代，法兰克福学派第二代成员之间出现严重的理论分歧，但影响不衰。进入21世纪以来，由于霍耐特、韦尔默等后继者的崛起，法兰克福学派及其批判精神依然在延续。

第一节 霍克海默、阿多尔诺的社会批判理论

霍克海默（1895—1973），出生于德国斯图加特，犹太人。他曾在慕尼黑大

学、法兰克福大学学习，在弗赖堡大学获哲学博士学位。1930 年，他担任法兰克福社会研究所所长，1933 年希特勒法西斯上台后，他将社会研究所迁往日内瓦，后又迁往美国。1950 年，他回德国重建社会研究所，1951 年当选法兰克福大学校长，曾获歌德勋章和莱辛奖。1973 年，他在纽伦堡去世。霍克海默是法兰克福学派的创建者，社会批判理论的奠基人，长期以来一直是激进主义理论家，晚年思想趋于保守。

阿多尔诺（又译阿道尔诺、阿多诺，1903—1969），是霍克海默最密切的思想合作者，生于德国法兰克福，有音乐天赋。1921 年他在德国法兰克福大学学习，师从新康德主义者科内利乌斯，获哲学博士学位。阿多尔诺是法兰克福学派的重要代表，曾接替霍克海默任社会研究所所长，明确提出并阐发了该学派的哲学基础——否定的辩证法，倡导激进的社会批判立场。同时，他在音乐社会学领域享有很高的地位。

1947 年，霍克海默、阿多尔诺二人合作出版重要作品《启蒙辩证法》。霍克海默著有《传统理论和批判理论》（1937）、《独裁主义国家》（1940）、《工具理性批判》（1967）等；阿多尔诺著有《三棱镜：文化批判与社会》（1955）、《否定的辩证法》（1966）、《美学理论》（1975）等。

一、理论的批判本性与辩证法的否定精神

法兰克福学派以对资本主义全面的社会批判著称，因而被称为批判的社会理论。这一思想倾向和理论立场主要是在霍克海默《传统理论和批判理论》《哲学的社会功能》以及阿多尔诺《否定的辩证法》等作品中奠基的。他们批判传统理论，强调哲学的批判精神和批判功能，为整个法兰克福学派的理论走向奠定了基调。

（一）传统理论和批判理论的本质区别

传统理论主要指以传统知识分工和理论分工为前提，对特殊的局部问题和经验事实加以分门别类的客观性研究的各种理论，也就是以实证精神和经验方法对事物加以探究的科学理论和知识形态，主要是指科学化、实证化的各种社会理论，如社会学、历史学、经济学、政治学等；而批判理论是指打破传统知识分工，以批判方法和批判态度对事物、现实做总体性、历史性和人文研究的理论实践和探索活动。批判理论与传统理论的根本差异主要表现在以下几个方面。

首先，研究的对象和问题不同。传统理论以既成的、确定的经验性事物为对象，主要研究局部的、直接的事实性问题，这种研究排除主体性和价值性，将主体和客体严格地分开，研究局限于单纯的客体和事物经验。而批判理论研究的是

整体性的、发展着的事物。在社会历史问题上,把人看作是总体性的、主客体统一的人,社会和历史不是单纯的、客观的静态性经验,而是总体性的、变化的事物。

其次,理论研究的方式和方法不同。传统理论采用的是经验性的实证方法,这种方法力图对事物现象做单纯的客观分析,找到规律性、客观性的可靠知识。霍克海默指出,以这种方式进行科学研究的客体根本不受研究者本人的影响、不受理论影响,人无法让客体产生变化。这种方式排除了主体性,把主体和客体对立起来,揭示的只是客观化的事实。而批判理论主张对事物、现实做整体的、历史的和动态的研究,不把社会历史看作是确定了的、完全给定的东西。这种研究以历史的方法、总体性的方法来理解事物,将价值因素融入研究视野中,超越主体与客体之间的绝对的二元对立。

最后,理论研究的宗旨和历史后果不同。传统理论试图揭示经验现象中客观不变的齐一性的知识,肯定单纯的、经验性的事实,把事物的某种事实性状态看作永恒化、固定化的东西。这样,传统理论就表现为一种"超然物外"的知识性特征,成为一种超越于人、独立于社会历史进程的纯粹科学理论。传统理论所提供给人的只是一个在事实上得到说明和描述的知觉世界。传统理论所揭示出来的只是存在着的事实性的东西,我们必须接受它。所以,传统理论缺少对现存的批判性和超越性维度,本质上是一种非批判的肯定、认同现存秩序的顺从思想。而批判理论是一种特殊性的活动,这种特殊性就在于它的批判性。批判理论是一种以批判、超越和变革现存世界为宗旨的活动。这种批判活动不是满足于对现存的非批判的描述与解释,不是对现状的认同,更不是替现状辩护。"在批判理论影响下出现的概念是对现在的批判。马克思主义的阶级、剥削、剩余价值、利润、贫困化及崩溃范畴是概念整体的组成部分,而这个整体的意义不应在对当代社会的维护活动中寻找,而应在把当代社会转变成一种正义社会的活动中寻找。"[1]

为什么霍克海默坚持社会理论应当走批判的精神方向?这来自他对马克思思想的某种理解以及对后来出现的马克思主义思想的批评和认知。在他看来,批判精神体现了马克思思想的本质精神,是"真正的马克思主义"。马克思的许多著作如《黑格尔法哲学批判》《政治经济学批判》都冠以批判的标题,即是证明。马克思的理论思想不是沉迷于客观事实的单纯的科学知识,而是人类自由解放的学说,

---

[1] [联邦德国]马克斯·霍克海默:《批判理论》,李小兵等译,重庆出版社1989年版,第208页。

是批判现存世界的理论武器，但是，霍克海默认为马克思主义后来的发展，特别是恩格斯以及第二国际理论家的理论思想转向了科学化立场，消解了主体性，割裂了理论和实践的同一性，从而使马克思主义丧失了革命性的批判精神。所以，社会批判理论致力于恢复理论的批判本性和革命本性，既批判资产阶级的实证主义和科学主义，也要批判教条的科学化的马克思主义。

（二）哲学的批判功能

霍克海默曾专门著文谈哲学的社会功能，认为哲学的精神使命就在于批判现实，从而强调了理论的批判本性和革命作用，所以批判理论的定位是哲学的，而不是科学的。霍克海默非常认同马克思在《关于路德维希·费尔巴哈的提纲》中关于哲学所确立的基本立场，认为哲学主要不是解释世界，而是要改变世界。哲学的功能就是揭示现存世界的种种非人性和不公正，要对不合理的现实世界进行尖锐的批判。

在霍克海默看来，哲学本身体现人的超越本性和自由精神，是人类主体追求自由的自我意识。由于哲学本身的这种自由的超越性特征，它始终表现出一种反抗性，因而与现存社会总是处于紧张甚至对立的关系之中。哲学具有现实的社会功能，但是这种功能却不是与现实相认同，而是批判、超越和改造现实。哲学和科学在社会功能上是根本不同的。科学的功能主要是认识的功能，找到确定的、可靠的知识，是为人们解决具体的实际问题，服务于生活。但是，哲学的功能在根本上不是认识意义上的，而是实践的。哲学通过总体性和历史性的视野和理论来实现对现实的超越和批判，促进现实世界的改变。这种批判并不是简单的否定或谴责，而在于形成超越性的自我意识和革命精神，批判和反抗现实，实现人类未来命运的改善和发展。由于现代资本主义社会已经陷入严重的困境与危机，所以对于批判理论来说，最为重要的是以超越现实为指向，高举批判的精神旗帜，对资本主义进行全面的、彻底的批判，呼唤和促进人道的、公正的社会的建立和发展。

（三）否定的辩证法

霍克海默和阿多尔诺坚持理论的批判取向，在更深的意义上来自对辩证法的某种独特解释和建构，也就是把辩证法理解为否定的辩证法。阿多尔诺曾明确地将辩证法表述为一种"否定的辩证法"。实际上，这是在哲学上试图对马克思主义的唯物辩证法进行某种"修正"和"改造"。

否定的辩证法最早由法兰克福学派的另外一个重要代表马尔库塞1941年在《理性与革命》一书中提出。马尔库塞认为，否定是一般辩证法的核心，马克思的辩证法就是"否定的辩证法"。马克思的辩证法在理论上具有突出的历史性特征。这种历史性强调的不仅仅是发生变化，更重要的是否定，即对事物自身的普遍否定和否定之否定。否定就是对现存之物的批判。否定之否定则标志着摧毁旧事物、建立新事物。在马尔库塞看来，马克思的辩证法的否定精神不仅表现在理论上，也展现于实践上。否定的辩证法强调通过实践对现实进行否定和超越，人的实践活动在本性上就是对现实的否定运动。阿多尔诺完全接受了马尔库塞关于辩证法的理论立场，认为辩证法本质上是否定的辩证法。不仅如此，阿多尔诺还将辩证法的这种否定精神更加彻底化和绝对化。这种理论倾向主要体现在两个方面：以非同一性取代同一性，以绝对否定取代否定之否定。

阿多尔诺认为，辩证法的核心范畴是"非同一性"而不是"同一性"。辩证法是始终坚持"非同一性"。辩证法中谈论的矛盾性实质上就是非同一性。非同一性与同一性相比具有优先性。什么是非同一性？非同一性就是对于事物的存在和发展坚持差异性与异质性，重视个别性和特殊性，强调认识上的非概念性。

差异性或异质性在否定的辩证法的非同一性概念中，占据十分重要的地位。阿多尔诺认为，没有差异的存在，没有异质性的东西，一切存在都会变成自在的绝对同一之物，没有变化和发展的可能，从而将事物静止化、固定化和抽象化。坚持差异性和异质性，就是超越普遍性，坚持个别性和特殊性。否定的辩证法强调非同一性、差异性和特殊性，进而强调事物的非概念性。事物的非同一性意味着对于事物不能以概念性思维来把握，因为概念性思维是建立在事物的普遍性、同一性和静止性基础上的。在概念的确立中没有非同一性的位置。所以，非同一性也意味着非概念性。要确立非同一性的地位，就必须认识到概念的空洞性和局限性，使非概念性占据主导地位。"改变概念性的这个方向，使它趋于非同一性，是否定的辩证法的关键。对概念中的非概念的基本特性的洞见将结束这种概念所产生的（除非被反思所终止）强制性同一。"① 从概念性向非概念性的转变是否定的辩证法得以确立的关键。

个别性和特殊性代表着非同一性，而整体性与普遍性代表着同一性。所以，非同一性意味着个别性、特殊性和多样性，它与普遍性是对立的。每一个个别都是不同、独特的，这意味着非同一性坚持和维护个别意识和个人主体性。所以，阿多尔诺在理论上捍卫个体性，批判和拒斥普遍性。因此，辩证性在本性上也不是普遍的知识原则，而是实践的革命原则。

---

① ［德］特奥多·阿多尔诺：《否定的辩证法》，张峰译，重庆出版社1993年版，第11页。

法兰克福学派把批判和否定作为批判理论的根本原则和本质精神，反对把哲学理论，特别是马克思主义哲学科学化、知识化和实证化，强调哲学不是解释世界的客观真理，辩证法不是关于世界的普遍规律和绝对原则，而是主客体的相互作用、理论与实践的统一，是主体对现实的改造和超越。由此，法兰克福学派既批判西方社会科学领域中的实证主义思潮，又激烈批判第二国际理论家把马克思主义实证化的科学主义倾向。

二、对启蒙精神的批判

启蒙是近代西方最重要的历史文化事件，是现代性的精神核心。但是，在法兰克福学派看来，启蒙出现了严重的危机。霍克海默、阿多尔诺在 1947 年合著的《启蒙辩证法》中，从启蒙精神批判的视角分析了理性观念的局限和历史后果，揭露了这种现代性危机。霍克海默、阿多尔诺的启蒙批判，是法兰克福学派社会批判和文化批判最具代表性的表述形态，在 20 世纪文化批判进程中占有举足轻重的地位。

（一）启蒙精神的内涵

"启蒙的辩证法"中的"启蒙"并不特指近代 17—18 世纪法国的"启蒙运动"，而是指西方现代化进程中出现的反对蒙昧、崇尚知识、推崇理性的思想变革运动和文化的理性化。启蒙精神的内涵主要有三个方面：

第一，启蒙精神相信理性，崇尚知识，主张用知识来取代神话，期望借助理性的力量把人们从迷信、无知和愚昧中解放出来。通过理性和知识，人们不再听信和盲从宗教和神话所宣扬的神秘力量。人们以理性为根据衡量和评判一切事物。在理性之光的照耀下，世界走出神秘，人们变得清醒，也由此走向对人类自我的自信。知识就是力量、理性战胜一切的思想信念是西方近现代以来被广为推崇的文化观念，是西方资本主义社会现代化进程的重要推动力量。

第二，霍克海默、阿多尔诺认为，启蒙精神推崇理性和知识，很重要的目标在于确立人对自然界的优越性和统治权。启蒙理性不仅强调人对自然的理性把握，而且更为强调人对自然界的征服和支配。人与自然是对立的，要么征服自然，要么被自然所征服。人们认识自然，就是为了控制自然和统治自然，也控制人本身。对此，霍克海默和阿多尔诺认为，把宇宙变成为一个可以无限索取的领域，绝对地统治自然界，是数千年来男性社会中人们的梦想和目标。这种观念是男性引以为自豪的理性的意义。这样，在启蒙精神中以理性统治世界的信念已牢固地确立了起来。

第三，启蒙相信理性在本质上是进步性的力量，能够带来人的自由与解放。人们追求知识和理性，其目的就是为了提高人的本质力量，实现人的自由与解放。霍克海默和阿多尔诺认为，启蒙精神确立了一种人类中心论，人处于核心地位，被当成宇宙的中心。在神话中以否定的形式所展现的人的形象被启蒙思想以肯定的形式凸显出来。启蒙精神是以人类为中心的，知识和理性能使人达至完善的境界。

启蒙精神因此相信理性的发展将确证和增强人的本质力量，并达到永远服务于人这个目的。理性、科学、知识在根本上是进步的、完善的。由此，人们开始放手按照理性的精神和原则来组织、构建社会，经济和政治被理性化和技术化了，理性主义与科学技术发展相结合，形成了技术理性。由此，启蒙理性作为一种西方现代文化精神逐渐进入历史，成为控制世界的合理性手段，成为西方现代社会和工业文明发展的主导力量。但是，在霍克海默、阿多尔诺看来，这也导致了启蒙的悲剧。

（二）启蒙的悲剧转变

霍克海默和阿多尔诺认为，启蒙随着历史的发展发生了悲剧性的转变。这种转变表现在一种理性的普遍统治的出现。启蒙所期望和追求的历史进步和人的自由解放等目标，不仅没有得到真正实现，而且导致了一种相反的结果。在理性的普遍统治下，人类不是进入到真正合乎人性的世界，而是堕落到一种新的野蛮状态。被理性启蒙的世界不是一个人性得到真正发展、自由得到全面实现的世界，而是一个普遍异化的世界。"20 世纪的神话，以及信仰的非理性变成了总是使社会彻底堕入野蛮时期的被启蒙者的理性活动。"[①] 所以，理性的启蒙本身成为一种神话。理性的历史不再表现为进步，而是转化成了退步，启蒙的喜剧转变成了悲剧，走向了自我摧毁。霍克海默和阿多尔诺在《启蒙辩证法》中，从人的生存困境出发揭示了由启蒙精神所导致的人的异化现象，查考了启蒙"自我摧毁"的证据。在完全被技术理性统治的世界中，不但人与自然相异化，而且导致了人的自我异化以及人与人之间的相互异化。

第一，理性启蒙的宗旨是确立人对自然的主人地位，然而，人征服自然并没有使人成为自然的主人，也没有使自然成为属人的存在。相反，人对自然的统治却导致人与自然关系的破坏，导致了自然对人类的疯狂报复。在启蒙精神处于主

---

① ［联邦德国］霍克海默、阿多尔诺：《启蒙辩证法（哲学片断）》，洪佩郁、蔺月峰译，重庆出版社 1990 年版，第 17 页。

导地位的时期，人们往往把自然看作是取之不尽、并可以任意对待的，同时坚信自然在知识和技术手段的控制下会臣服于人的统治。然而，情况并非如此，人类对自然的过分征服导致了严重的后果。对此，霍克海默和阿多尔诺则清醒地指出："人类进行毁灭的能力是如此之大，如果这种毁灭力实现了，整个地球就会成为一片空地。或者人类自身相互吞尽，或者人类食尽地球上全部动物和植物，如果地球符合一种著名的论断还有足够的生命力的话，万物就会从最低级的阶段重新开始。"① 人对于自然所持人类中心主义态度潜伏着巨大的危险性。人类毁灭了自然，也将毁灭人自己。

第二，理性的应用导致了社会的工具理性化，使人陷入自我异化。霍克海默、阿多尔诺沿循韦伯、卢卡奇的思路，分析资本主义的分工和机器生产所具有的异化性质，指出："通过资本主义分工的维持自我生存过程越扩展，这种过程就越是强烈地迫使按照技术结构塑造自己肉体和灵魂的个人，进行自我外化。"② 在他们看来，生产系统用来调整身体的、社会的、经济的和科学的工具越是复杂和精密，人的身体所能得到的经历体会就越贫乏。科学在以理性化的工作方式对待人的经验时，只考虑它的功能而不考虑它的性质。在今天，机器虽然供养了人们，但也使人们变得残缺不全。

第三，就人与人之间的关系而言，启蒙精神加剧了人与人之间的矛盾、冲突。启蒙精神在人与自然的关系上确立了人的主体地位和人对自然的统治权，然而，启蒙在确立人对自然的统治权的过程中，也强化了对人自身的统治。霍克海默、阿多尔诺认为，对自然的统治与对人的统治始终是联系在一起的。霍克海默、阿多尔诺指出，启蒙精神始终是赞同使用社会强制手段的，启蒙精神摧毁了旧的不平等的、直接的统治权，同时又在普遍化的联系和进程中形成了否定个人意愿的、被操纵的集体的统一性，从而使这种统治权永恒化。

霍克海默、阿多尔诺主要从消极方面分析和揭示了启蒙精神的历史文化后果，指出了启蒙的思想局限和限度。根据这种批判，西方启蒙观念主要的思想局限表现在它对理性、知识、技术的非批判的盲目的乐观的信仰，对人类自身持有的狭隘的人类中心主义观念以及征服论的自然观等方面。人的异化成为启蒙理性之殇。启蒙所崇尚的理性、知识堕落为工具理性，演变成技术理性的总体性的统治，这

---

① ［联邦德国］霍克海默、阿多尔诺：《启蒙辩证法（哲学片断）》，洪佩郁、蔺月峰译，重庆出版社1990年版，第213—214页。
② ［联邦德国］霍克海默、阿多尔诺：《启蒙辩证法（哲学片断）》，洪佩郁、蔺月峰译，重庆出版社1990年版，第26页。

是霍克海默、阿多尔诺启蒙批判的关键。

三、对文化工业的批判

启蒙精神的悲剧性转变不仅表现在技术理性统治所引发的人的生存领域的异化，而且表现在文化领域中文化艺术本质的丧失和大众文化的统治。为捍卫艺术的自由和超越本性，反抗大众文化的统治，霍克海默、阿多尔诺在《启蒙辩证法》《批判理论》等著作中对发达资本主义社会中文化工业所生产的大众文化进行了激烈的批判。大众文化批判也进一步折射出了启蒙理性的悲剧性困境。

（一）大众文化：文化艺术本质的丧失

霍克海默、阿多尔诺所批判的大众文化主要指文化工业所生产出来的商品文化、媒体文化、娱乐文化、消费文化。"文化工业"是霍克海默、阿多尔诺在《启蒙辩证法》一书中提出来的一个重要概念，是指凭借现代科学技术手段大规模地复制、传播文化产品、文化商品的娱乐工业体系。这种娱乐工业产生于发达的资本主义工业国家，它以制作和传播非创造性的、标准化的大众文化商品为手段和载体，通过独特的大众传播媒介，如电影、电视、广播、报纸、杂志等多种途径送达消费者，从中达到获取高额利润、实现发财致富的目的。大众文化就是借助大众传播媒介而流行于大众中的通俗文化，如通俗小说、流行音乐、叫座的影片、广告艺术、大批量生产和复制的艺术品等。

霍克海默、阿多尔诺认为，大众文化的兴起和发展标志着文化艺术本性的丧失。文化艺术一个重要的本质特征在于它体现人的自由，是人的自由自觉的对象化本质的实现和确证。无论是艺术品的创作，还是艺术审美，都展示了人的自由的本质。艺术是表征人的主体性和创造性的领域，具有不可重复、不可复制的个性，这种独特的个性在本质上就是自由。艺术的个性化和自由本质决定了社会不能对美学进行强制。艺术家不应该为读者和欣赏者所左右。为此，他们高度赞扬贝多芬的艺术创作态度，指出贝多芬的音乐作品深刻地反映了他对臭铜钱的愤怒。艺术的另一个本质规定性是批判性，即对现实世界的否定和批判。艺术的主体自由性使其在理想和现实之间形成一种张力，从而具有超越日常世界的可能性。霍克海默曾指出："反抗的要素内在地存在于最超然的艺术中。"[①] 真正的艺术不仅是一种自由的创造，也是一种变革现存的力量。

然而，在发达工业社会中，由于市场化经济力量的扩张和技术理性的不断浸

[①] ［联邦德国］马克斯·霍克海默：《批判理论》，李小兵等译，重庆出版社1989年版，第259页。

淫，艺术已经沦落为一种商品、消费品，成为供人们闲暇时间娱乐和消遣的东西。文化艺术由于进入工业生产领域，服从市场机制和商品价值的规律和规则，成为获取利润和经济效益的手段，也就必然走向齐一化、标准化、同质化、数量化。大众文化的标准化和齐一化的直接后果就是真正的艺术品所应蕴含的自由创造本性的消失，艺术品成为无个性的模仿和标准化的批量复制。霍克海默、阿多尔诺在《启蒙辩证法》中明确地指出现代社会艺术商品化、丧失个性的文化特征："艺术今天明确地承认自己完全具有商品的性质，这并不是什么新奇的事，但是艺术发誓否认自己的独立自主性，反以自己变为消费品而自豪，这却是令人惊奇的现象。"① 在这种情况下，艺术完全服从于一种外在的目的，不再作为一种自主性、自律性的活动，艺术的自由超越的品格已经失去，走向了异化，也丧失了对社会的批判力。

（二）大众文化的统治功能

在霍克海默、阿多尔诺看来，大众文化在现代社会具有一种意识形态意义上的欺骗和控制作用。文化工业通过源源不断的娱乐消费品的生产以及通过广告进行的不断的许诺，使消费者相信它的欺骗就是对消费者需求的满足，并且使消费者无论如何都安于这种满足。发达工业国家里，大众文化无限制地把人们塑造成娱乐工业所期望的那一类人。文化工业让人们能够忍受甚至喜欢残酷、非人性的生活条件。对文化娱乐品的享受催生了看破红尘和听天由命的思想。大众文化通过迎合市场需求和人们消费的需要，通过提供越来越好的无限的娱乐消遣来消解人们的内在的超越维度和反抗维度，使人们失去认识的深度，沉溺于无思想的享乐，丧失对现实的反抗，与平庸的、痛苦的现实相认同，从而维护资本主义的统治。这样，资产阶级通过这种方式实现着对大众、对被统治阶级的欺骗、操纵。资本主义的统治体系通过文化工业产品为自己建造了坚固的防御工事，操控、支配和欺骗着作为消费者的大众。大众文化的这种操控和统治具有广泛而全面的性质，是其他统治形式所无法相比的。大众文化充当了一种含糊的意识形态，这种意识形态被有计划地用来宣传现存的事物。大众文化虽然也能像民族文化一样对资本主义制度发泄愤怒和不满，但不能从根本上构成对资本主义制度的威胁。大众文化的欺骗性、操控性、意识形态性对于维护现存的经济、政治和社会秩序起到了十分重要的作用，它造成一个不合理的极权社会。这就是工业化文化的全部

---

① ［联邦德国］霍克海默、阿多尔诺：《启蒙辩证法（哲学片断）》，洪佩郁、蔺月峰译，重庆出版社1990年版，第148页。

实质。

霍克海默、阿多尔诺对文化工业、大众文化所做的批判是西方文化批判理论中最为激进与严厉的一种批判。这种批判真实地再现了西方文化发展中出现的崭新现象，即大众文化的崛起和传统的现代文化艺术的衰落。随着历史的发展和技术的进步，在西方发达国家的确出现了商品经济全面渗透，出现了一种向实用主义、拜金主义和享乐主义低头屈服的堕落倾向，文化艺术本身失去了自身存在的自律性和独立性，艺术被严重地物化。

第二节 马尔库塞的社会批判思想

赫伯特·马尔库塞（1898—1979）生于德国柏林，犹太血统。青年时期，他深受马克思主义影响，曾加入德国社会民主党。他1922年在弗莱堡大学学习，师从海德格尔，获哲学博士学位。成为法兰克福学派一员之后，1933年他随社会研究所到美国，曾在哥伦比亚大学、哈佛大学等多所学校任教。马尔库塞的主要作品有《理性与革命》（1941）、《爱欲与文明》（1954）、《单向度的人》（1964）等。作为法兰克福学派中著名的左翼激进知识分子，他在理论上强调黑格尔、马克思主义哲学中辩证法的否定精神，并且站在存在主义、弗洛伊德主义的人本主义立场对资本主义社会和文化进行激烈的批判，同时在实践上积极支持20世纪60年代末西方青年学生的造反运动，被誉为青年造反者的精神领袖。

一、马克思异化理论与弗洛伊德精神分析学的结合

马尔库塞始终认为马克思的历史唯物主义是一种有价值的理论，这种理论的重要性并不在于历史唯物主义的科学性，即立足于客观的经济关系来分析资本主义的内在规律和发展趋势，而在于马克思抓住了人类劳动这一重要实践形式，来揭示了资本主义的非人道和不合理性。马尔库塞赞同马克思在《1844年经济学哲学手稿》中关于人的本质的理解，认为劳动是人的自由本性的实现，而异化劳动则是人的本质的丧失。马尔库塞认为从异化劳动的视角对资本主义进行批判，是马克思历史唯物主义最重要的理论创造，也是批判和超越资本主义，实现人的自由和解放的重要历史眼界。但是，马尔库塞也批评马克思对经济关系和阶级关系的强调，认为马克思主义未充分揭示和解决发达工业社会的历史矛盾和生存困境。要克服马克思主义的这种局限，必须引入和补充弗洛伊德主义的理论视域。

20世纪初，奥地利心理学家弗洛伊德运用深层心理分析，揭示了人的心理生活的本质和行为的内驱力在于以性本能（libido，又译"力比多"）为核心的潜意识力量，从而提出了弗洛伊德主义的精神分析理论。弗洛伊德还运用这种理论阐释文化现象、反思文明的困境，从而揭示文明与本能之间的内在和深层关系。弗洛伊德认为文明起源于本能压抑的心理机制。人类社会最早的风俗习惯、宗教禁忌等归根到底是作为对人的性本能的节制而产生的。社会文明是对性本能的压抑和升华。但是，随着社会文明的不断发展，现代文明开始过度压抑人的本能，从而造成了人的痛苦和社会的病态。弗洛伊德主义的精神分析学是一场心理学革命，给20世纪的人类文化观念带来了巨大的触动，对后来诸多哲学思潮如存在主义、西方马克思主义、结构主义和解构主义等都产生了重要影响。马尔库塞与弗洛姆是法兰克福学派中深受弗洛伊德主义影响的代表人物。他们试图从人的深层性格结构和心理压抑机制的视角来揭示现代人的异化困境和文明的统治机制。

马尔库塞在《爱欲与文明》《单向度的人》等著作中试图把马克思的异化理论同弗洛伊德的精神分析学结合起来，深入分析资本主义文明的压抑性质和深层心理机制，揭示和批判现代资本主义的文化危机和人的生存困境。马尔库塞反复强调马克思异化理论的现实意义。他依据马克思的异化劳动理论，分析了现代社会的异化状况。但是，马尔库塞认为发达工业社会的异化具有与马克思时代不同的特点。随着技术的进步，发达资本主义社会的矛盾和历史困境不再表现为工人阶级的物质匮乏和生活贫困，而在于一种生存论意义的人性压抑和心理本能压抑。在现代资本主义社会，文明与人的生命本能的冲突日趋显著，异化更加严重。这种异化的机制已经从经济剥削、政治的阶级对立等宏观化的社会力量转变为普遍性的非人格化的文化力量，即一种工具化、理性化、技术化的力量影响和统治着人们的精神心理。一种压抑性的社会性格结构和心理结构也由此形成了。在这一点上，马尔库塞接受了弗洛伊德的观点，从文化的视角揭示了现代文明的压抑性质和一般机制。因此，与马克思主要立足于经济关系和阶级关系分析资本主义矛盾危机的方式不同，马尔库塞试图从一种文明压抑的深层心理机制出发来揭示发达资本主义异化的新特点，在此基础上对发达资本主义进行激烈的社会批判和文化批判，并试图寻找一种不同于传统社会革命方式的新方案。

二、文明压抑与爱欲解放

马尔库塞从劳动异化和人性异化的角度来阐释和批判发达工业社会的文明困境和文化危机。他在弗洛伊德主义理论主张的基础上将文明对本能的压抑区分为合理压抑和额外压抑。

文明的合理压抑是指人类在匮乏条件下为实现生存进行的必要的压抑，这种压抑服从现实的需要。在人类进化和发展过程中，匮乏与人的生存需要一直处于严重的矛盾对立之中。这种匮乏的境遇迫使人类不得不对自己的本能和欲求进行约束和压抑，放弃原始本能冲动的满足，而转向社会文明的创造。马尔库塞指出："在现实原则背后，存在着一个基本事实，这就是匮乏。这意味着，生存斗争是在一个很贫穷的世界上发生的，人类的需要，如果不加限制、节制和延迟，就无法在此得到满足。换言之，要得到任何可能的满足都必须工作，必须为获得满足需要的手段而从事颇为痛苦的劳动。"① 这种以现实原则为根本的压抑具有历史的合理性。这种压抑促进文明的进步，为人类生存提供了重要保障。

在马尔库塞看来，随着文明的发展和技术的进步，特别是历史进入发达工业社会阶段，文明对人的压抑非但没有消除，反而有增无减，深入到人的生存的各个领域，人陷入更严重的异化境地。这种现代文明和技术进步对人的本能和人的存在所造成的压抑比以往更为严重，这种压抑状况就是额外的压抑、过分的压抑。现代社会文明的压抑性主要表现在两个最基本的生存领域，即劳动和性活动：劳动异化为生存苦役，爱欲降格为单纯的性欲。

第一，人类活动的普遍异化。马尔库塞认为，在现代技术条件下进行的劳动，除了少数真正的艺术活动外，绝大多数的劳动形式都是异化性的。真正的艺术活动能够给人带来巨大的愉悦和快乐，提供高度的"力比多"满足，它是人的健康本能的有益才华。而在现代社会，大部分工作则完全不同，它们是由外在的必然性和无情的力量强加于人，因而在性质上属于痛苦的和可怕的异化劳动。"对极大多数人来说，满足的规模和方式受制于其自己的劳动。然而他们却是在为某种设施而劳动，并对这种设施无法进行控制，这是一种个体若想生存就必须屈从于它的独立的力量。而且劳动分工越专门，他们的劳动就越异化。人们并不在过自己的生活，而只是在履行某种事先确立的功能。"② 这种活动完全割断了同爱欲的联系，不能满足个体人性化的需要。马尔库塞指出，现在，无论是经济性的生产活动还是社会性的管理活动，都与个人的潜能和自由发展完全无关，工作关系几乎变成了完全同质的、人与人可以互换的关系。人们在异化的状态中进行工作，他

---

① ［德］赫伯特·马尔库塞：《爱欲与文明》，黄勇、薛民译，上海译文出版社1987年版，第21—22页。
② ［德］赫伯特·马尔库塞：《爱欲与文明——对弗洛伊德思想的哲学探讨》，黄勇、薛民译，上海译文出版社1987年版，第28—29页。

们的劳动时间被痛苦占据,"力比多"被转移到对社会有用的事情上,失去了快乐的感受。这种异化劳动是对满足的反动和快乐原则的否定。

第二,爱欲降格为单纯的性欲。马尔库塞继承了弗洛伊德的观点,主张性本能作为生命内在的驱动力应当通过正常的途径和多种方式进行转移和升华,实现生命潜能的满足。马尔库塞主张把性欲提升为广泛的爱欲,如人性化的劳动、艺术活动、科学创造、生活消遣等。但是,发达工业社会中劳动和生存的普遍异化严重地堵塞了人的"力比多"释放的各种渠道,技术减少了爱欲能量,限制了升华的空间。作为"超我"的文明对人的压抑越来越强烈,导致了人的爱欲区的急剧缩小,性欲本能的释放变成了单纯生殖器性欲的满足,结果是爱欲变成了单纯的性欲。

不仅如此,现代文明压抑的深层机制和方式也发生了重大变化。压抑机制从人格化"超我"转变为非人格化的社会控制。在传统社会,家庭担当着教化和引导个人这一重要的社会功能,对个体的控制和约束是由父亲等各种人格化、个体化的家长形象来实现的。但是,在现代社会条件下,家庭社会功能日渐削弱,社会教育和社会引导取而代之。与此相应,政治、经济、文化垄断集团等各种非人格化的社会管理力量取代了传统人格化的力量,形成新的统治机制和统治形式。统治力量或异化力量的普遍化和非人格化,加之消费主义文化的共同作用,使现代人个人自由的实现和生命潜能的发挥变得越来越难以实现。

在马尔库塞看来,文明的进步、技术的发展虽然解决了人类生存的匮乏和风险,但是并没有解决人的压抑问题,反而加剧了生存异化,人的生活意义和生命价值在丧失。为此,马尔库塞试图探索一种能够消除额外压抑、解决普遍异化的文明之路,提出了一种非压抑性生存方式的理想蓝图。关于非压抑性生存方式的理想方案,马尔库塞继承和发挥了德国浪漫主义代表人物席勒的文化思想,试图消除理性的暴政,恢复感性的权利,重新建立本能与理性的联系。非压抑性的生存方式包含两个重要方面:工作转变为消遣,性欲升华为爱欲。

马尔库塞认为,人们在现代社会从事的各种活动基本上都是异化的,不是实现人的自由自觉的本质的实践活动。要改变劳动的压抑性质和异化性质,就必须实现工作由苦役向消遣的转变。这意味着消除理性的压制,实现感性的自我升华,使劳动真正摆脱生产和工作的理性化的标准,使劳动具有"消遣和表演"的性质,从而创造出一种发展人类自由和潜能的新文明。

在文明的演进过程中,爱欲的活动范围日渐缩小,泛化的爱欲变成了单纯的生殖性欲。这是现代文明压抑人性、畸形发展的结果。而非压抑性的文明要求一种新的现实原则,也就是通过感性的解放和爱欲的恢复,使本能摆脱理性的统治和暴政,把

"生殖器至上的性欲"改造成"对整个人格的爱欲化",实现爱欲的真正解放。从压抑性的文明形态转向非压抑性的文明形态,意味着让性欲升华为爱欲,通过丰富的原初性生命爱欲的复活在理性与本能之间建立起一种新的非压抑性的联系。

三、单向度的人

技术理性批判是法兰克福学派文化批判最重要的主题。马尔库塞的"单向度的人"理论是法兰克福学派技术理性批判重要的理论表述形态,全面具体地描述了技术理性统治下现代人的异化的生存境遇和历史困境。

(一)技术进步与单向度的人

马尔库塞认为,现代社会科学技术的快速发展催生了一种以技术理性统治为根本特征的新的统治方式和统治机制。现代社会通过技术理性将劳动者"整合"或"一体化"到现存的社会体制中。这种技术理性通过促进物质财富的增长为人们确立富足的生活目标,从而把各种对立面都整合起来实施真正的统治。在技术理性的支配下建立起来的社会是一个消除了所有对立面的单向度的社会。人作为一种自由的创造性的实践存在所具有的否定性、超越性被消解,由此,人们不再作为不合理社会的反抗性力量,而成为失去了超越维度和批判维度的单向度的人。

马尔库塞描述和分析了这种单向度的人在发达工业社会中的生成。他指出,发达资本主义的生产发展在维持着对工人剥削的同时,也使工人的劳动条件发生了重大改变,劳动的工具和手段日益进步和完善。以现代科学技术发展为背景的机械化和自动化正在日益减少花费在劳动中的体力的数量和强度,随着机器在整个生产体系中地位的凸显,其结果是在劳动者的职业阶层中,非生产性工人数量增加了。"蓝领"劳动者趋于减少,"白领"劳动者日益增多。在以自动化为特征的劳动体系或生产体系中,一方面减轻了人们体力劳动的付出,有解放的意义,另一方面劳动者也失去了原来在生产活动中的自主性,劳动的非人性化在加剧。在现代生产体系中,机器的地位和价值显得越来越重要。技术进步引起了社会生产中劳动阶级和社会阶层的变化。工人失去了自身作为人、作为劳动主体而存在的地位和力量,也失去了自身否定现存社会不合理的根据。

马尔库塞进一步分析了技术进步产生的实际社会影响。劳动生产中的技术进步逐渐改变了工人对劳动的态度,工人开始主动地、自愿地参与和融入到现代技术体系之中。运转良好的技术组织使工人和生产企业之间形成了很好的整合和依赖关系。他这样描述:"人们注意到工人方面'渴望参与生产问题的决策','渴望在技术性的或适合于用技术来解决的生产问题上积极发挥他们的才智'。在一些技术最发达的企业中，工人们甚至夸耀他们企业中得到的既定利益——这是人们经常注意到的工人参与资本主义企业的一个结果。"① 这种新变化对传统的工人阶级产生了巨大的影响，明显地改变了工人对自身状况的认识。工人对自身生存命运的态度，也由此发生了重大的甚至是根本性的变化。工人被整合到技术世界之中的直接后果就是工人不再表现出与现存社会活生生的对立。劳动者开始认同社会主流思想意识和价值观，已经不再作为现存生产体系的否定力量，而是作为其肯定的力量而存在。

被整合到现代技术体制中的工人，虽然在劳动的自主性等方面更加不自由，但是，现代工人与马克思时代所描述的异化劳动条件下"自我牺牲、自我折磨"的劳动者不同。他们在改善了的物质生产条件和生活条件下往往感受不到生命压抑和自由的丧失，反而有一种自我满足与幸福的感觉。技术体制中的人被一种虚假意识和虚假的幸福感所支配和控制。技术进步为工人们创造了一种新的生存方式和生活方式。工人们感受到这是一种比以前好得多的生活方式。"但作为一种好的生活方式，它阻碍着质的变化。由此便出现了一种单向度的思想和行为模式，在这一模式中，凡是其内容超越了已确立的话语和行为领域的观念、愿望和目标，不是受到排斥就是沦入已确立的话语和行为领域。"② 这样，人与现存秩序之间的冲突和张力就被消解了，马克思所指出的传统意义上作为革命主体的工人阶级不复存在，已经转变为认同和接受现存社会秩序的单向度的人。

马尔库塞深刻地分析和揭示了技术理性的发展及其在生产实践中的运用所带来的劳动者在生活方式和价值观念上的变化。马尔库塞非常坚决地否定和批判工人阶级被整合到现存技术体系中这一社会现实所导致的历史后果。在他看来，单向度的人的出现，对于社会的进化而言不是一种积极的现象。虽然在现代技术世界中，人的物质生活条件得到了极大的改善，劳动者甚至主动地认同现存体制，但是，实际上个人被无法控制的外部力量和技术机制所左右，丧失了人之为人的自由本性和超越维度，结果是社会失去了不断变革的内在驱动力。

（二）技术意识形态

马尔库塞认为，在发达工业社会，技术具有意识形态性质，技术体系本身已经转变成一种带有极权主义性质的政治意识形态。科学技术的进步、技术理性的发达不仅改变了人们的物质生活条件，而且从根本上改变了现存社会结构和政治

---

① ［美］赫伯特·马尔库塞：《单向度的人——发达工业社会意识形态研究》，刘继译，上海译文出版社2006年版，第30页。
② ［美］赫伯特·马尔库塞：《单向度的人——发达工业社会意识形态研究》，刘继译，上海译文出版社2006年版，第12页。

统治机制，使政治统治具有了技术的性质，形成了技术统治。技术理性的统治是通过技术与政治的结合而实现的，现代技术理性与传统政治方式相结合，把所有的对立面都整合起来，由此造就了现代社会中新的统治力量。"如今，统治不仅通过技术，而且作为技术来巩固和扩大自身，而后者为扩张政治权利提供了强大的合法性，这又同化了文化的各方各面。"① 当技术理性以富足和自由的名义扩展到全部个人生活和社会生活领域之中时，它就开始形成一种新的"更好的统治"。科学技术不仅是物质财富的源泉，而且也是一种统治形式，它使政治统治合法化。在发达工业国家，科学技术不仅创造了用以安抚和满足人们物质需求的发达的生产力，而且本身也变成了使现代政治统治合法化的新的意识形态。马尔库塞断言技术理性本身就是意识形态的，它发挥着对不合理的社会现实进行辩护的功能。

在马尔库塞看来，虽然技术理性的统治从本质上讲也是一种具有政治性质的"极权主义"统治，但相比于传统政治统治形式有很大的不同，技术统治改变了以往政治统治主要依靠暴力强制的传统统治方式。新的技术统治形式具有更大的合法性或合理性外观，更容易为人们所认可。它通过不断满足人的物质需求，并通过大众文化而为人们提供越来越多的消遣，由此得到了社会成员广泛的、积极的认同，也由此消解了人们的反抗精神，维护了现存社会秩序。工具理性的发达使现代社会在行使统治职能时较少运用暴力和强权手段，而更多地借助于消遣、消费、娱乐等现代手段，从而使人们心甘情愿地接受现存社会体系的统治和压抑。"当代社会的力量（智力的和物质的）之大于以往是无可估量——这意味着社会对个人统治的范围也比以往大得无可估量。我们社会的突出之处是，在压倒一切的效率和日益提高的生活水准这双重的基础上，利用技术而不是恐怖去压服那些离心的社会力量。"② 所以，技术意识形态使得现代社会对人的统治和压抑显得更加具有合理性，同时也具有更大的欺骗性和有效性。

马尔库塞在《单向度的人》等著作中集中分析和揭示了科学技术的二重性，特别是科学技术作为意识形态的重要特征。马尔库塞作出了与霍克海默、阿多尔诺非常类似的一种分析，在现代工业社会，技术理性发展的根本目标是要通过技术的发展增强人的主体性力量，把人从必然性的王国中解放出来，使人们能够成为自己生活的真正主人。但是，实际情形却走向了反面，技术理性通过控制和操纵人的需要成功地消

---

① ［美］赫伯特·马尔库塞：《单向度的人——发达工业社会意识形态研究》，刘继译，上海译文出版社 2016 年版，第 136—137 页。
② ［美］赫伯特·马尔库塞：《单向度的人——发达工业社会意识形态研究》，刘继译，上海译文出版社 2014 年版，前言第 2 页。

除了社会的反抗力量,使得按照技术模式和机制构成的当代社会演变成为一个单向度的极权主义社会。在这种统治模式下,科学技术从解放人的力量转变为人的解放的桎梏。在发达工业社会人们并没有真正摆脱被奴役、被统治的奴隶地位,"发达工业文明的奴隶是受到抬举的奴隶,但他们毕竟还是奴隶"①。在技术世界中,人沦为工具和物,这是奴役状态的纯粹形式。为此,马尔库塞提出了一个著名的公式:技术的进步=日益增长的国民生产总值=奴役的扩展。马尔库塞与霍克海默、阿多尔诺、哈贝马斯等法兰克福学派等许多代表人物一样,试图反思发达工业社会中技术进步引发的种种新问题,如技术进步所引起的人的思想方式、生存方式以及政治统治方式的变化。马尔库塞侧重从负面视角揭露和批判技术进步所带来的历史文化后果,即技术进步所带来的人的异化命运和总体性统治。技术在现代条件下不再是中性的,不再是进步性的,技术本身就是一种统治人的力量。

第三节　哈贝马斯的交往行为理论

尤尔根·哈贝马斯(1929—　),生于德国的古玛斯巴赫镇,先后就读于哥廷根大学、苏黎世大学和波恩大学,并获哲学博士学位。1961年他任教于海德堡大学,1964年担任法兰克福大学哲学社会学教授,同时协助阿多尔诺领导法兰克福社会研究所的工作。1971年担任马克斯·普朗克科学技术世界生存条件研究所所长,哈贝马斯著有《理论与实践》(1963)、《认识和兴趣》(1968)、《作为"意识形态"的技术与科学》(1968)、《晚期资本主义的合法性问题》(1973)、《重建历史唯物主义》(1976)、《交往与社会进化》(1979)、《交往行动理论》(1981)等多部著作。哈贝马斯是著名的法兰克福学派第二代理论家,其思想具有重要影响,被誉为"当代的黑格尔""联邦德国思想威力最强大的思想家"。哈贝马斯早期坚持了批判路线,在20世纪60年代末转向右翼改良主义,对西方的学生反抗运动持批评态度,逐渐远离批判理论,也因此与法兰克福学派后来的代表人物施密特产生严重分歧,从而导致了法兰克福学派的分化。

一、交往行为与社会进化

哈贝马斯的几乎所有理论如普通语用学、商谈伦理学、晚期资本主义危机理

---

① [美]赫伯特·马尔库塞:《单向度的人——发达工业社会意识形态研究》,刘继译,上海译文出版社2016年版,第30页。

论以及现代性重建等思想，在某种意义上，都贯穿着交往行为进化这一关键性的线索。交往行为的进化理论是哈贝马斯进行文化批判和理性重建的基础。这种重建一方面体现了马克思主义思想的深刻影响，另一方面也是哈贝马斯借助语言哲学、现象学、结构主义、西方马克思主义、哲学解释学等西方思想对马克思的唯物史观以及第二国际马克思主义进行批判和改造的结果。

（一）交往行为的历史进化功能

交往行为是哈贝马斯进行历史唯物主义重建的关键概念，这一概念是与工具行为或战略行为作为一对姊妹范畴被提出来的。哈贝马斯在20世纪60年代对黑格尔思想进行评述时明确区分了劳动和相互作用的范畴，用工具行为、合理的选择、目的合理行为解释劳动概念，而相互作用行为就是交往行为。工具行为，又称目的-理性行为，是指在行为目的、行为手段的选择和行为结果之间保持内在一致性要求的行为，工具行为服从于功利性目标和个人自我目的的实现，在道德动机上具有"冷淡持中性"。与此不同，交往行为是指交往参与者以语言符号为中介、遵循有效性规范而发生的相互作用。交往行为在社会主体遵行主体间认可的有效性规范的基础上运行，行为动机具有交互性和社会性。交往行为是指由一套组织原则、交往规范调整和引导下的个人之间相互合作的行为，它维持着社会的合作化、一体化、有序化。

在哈贝马斯看来，马克思的历史唯物主义没有对工具行为和交往行为做出明确的区分。由于马克思在根本上把社会交往关系归结为生产力本身，所以，马克思只是在工具行为的意义上去看待交往行为的，因此，哈贝马斯试图拆解马克思使用的生产活动、实践概念，把劳动、生产力归为工具行为，生产关系被明确归属于交往行为。在这里，交往行为概念的内涵要比生产关系概念宽泛得多，交往行为的内容并不局限于单纯的经济关系和经济原则，还包括一般社会层面的交往原则，如原始社会亲族体制下的各种制度、常规、习俗、禁忌以及阶级社会中的阶级关系调节原则。哈贝马斯在此放弃了马克思所主张的经济基础和上层建筑之间的划分。哈贝马斯在工具行为和交往行为之间划出明确的分水岭，意在进行历史唯物主义重建，突出交往行为本身的特殊性，凸显交往行为在社会进化中的重要地位。由此，在生产力和交往关系的历史发展功能以及二者之间的关系问题上，哈贝马斯提出了一种不同于马克思主义的理论观点和理解立场。

在哈贝马斯看来，生产力的社会进化意义是有限的，无法与交往行为的进化功能同日而语。生产力主要是指一种技术-组织上可用的知识，也就是主体拥有的工具理性能力，这种能力决定了人对自然的征服和改造。生产力的发展主要表现为人类在有用的技术上学习能力的提高和知识的增长,因而是社会进化相当重要的方面,是衡量社会进步和成熟的一把重要标尺。就社会进化功能而言,哈贝马斯认为生产力的发展可以为社会的整体进化创造一种可能的契机,提供进化的问题发生机制,但它不能构成根本性的挑战,为社会变革和重建提供直接性的动力。"导致第一个文明的出现或导致欧洲资本主义产生的伟大的、内在的进化性进步,尽管是跟随着生产力有意义的发展,却不是以生产力有意义的发展为条件。在这些场合中,生产力的发展并没能导致某种进化挑战。"① 在哈贝马斯看来,无论是文明时代的诞生,还是中世纪社会向资本主义社会的历史转折,都不是由生产力,而是直接由交往行为的进化学习、社会结构形态的进化变迁实现的。社会的发展变革主要是由道德意识的学习能力和交往规则的进步提供了直接的推动力量。"因此,对社会进化来说,道德-实践意识领域中的学习过程,具有起搏器的功能。"② 交往行为是社会进化的领步者,是社会进化的主要力量。

不仅如此,哈贝马斯还特别强调交往行为进化对生产力发展的反向决定作用。他认为,生产力的发展受制于主体间关系结构的进化,因为一个社会的制度和社会交往模式限制着生产力知识利用的程度、范围和可能性。交往关系及其规则的实际运行反向决定和影响着技术上知识和潜能的发挥应用水平。一个社会要促进生产力的实际发展,就必须实现交往行为规范的进化,构建一种新的社会组织结构和社会一体化形式。为此,哈贝马斯明确指出:"(人类)物种所学习的,不仅是对生产力发展具有决定意义的、技术性的有用知识,而且包括对相互作用结构具有决定意义的道德-实践意识。交往行为规则确实对工具行为和战略行为领域内的变化作出了反应,并推进了后者,但在这样做的时候,它们是遵循着自己的逻辑。"③ 所以,在哈贝马斯的历史理论中,交往行为的历史进化具有突出性的地位。

(二) 交往行为进化的逻辑和动力机制

在这个问题上,哈贝马斯明确地批评马克思及其后继者,认为他们以生产力的逻辑取代了交往行为自身的内在逻辑,换言之,把交往行为的发展逻辑归结为技术的发展逻辑。哈贝马斯始终认为,实践不能还原为技术,理论不能还原为工具式的理性,交往行为的理性化过程既不能等同于生产力领域中的理性化过程,也并非生产力发展的直接结果。"规范结构并非简单地遵循再生产过程的发展道

---

① [德] 哈贝马斯:《交往与社会进化》,张博树译,重庆出版社1989年版,第151页。
② [德] 尤尔根·哈贝马斯:《重建历史唯物主义》,郭官义译,社会科学文献出版社2000年版,第174页。
③ [德] 哈贝马斯:《交往与社会进化》,张博树译,重庆出版社1989年版,第152页。

路,也不是简单地对系统问题模式作出反应,它自身确实拥有某种内在的历史。"①在哈贝马斯看来,虽然马克思也揭示了生产关系的独特发展,但生产关系的变化演进逻辑还不是交往行为真正的内在进化逻辑,而这正是马克思历史唯物主义的误区。

哈贝马斯独辟蹊径,试图借鉴瑞士结构主义心理学家皮亚杰关于道德意识的个体认知发生学模型来揭示交往行为规范结构的内在进化逻辑。个体道德意识(交往资质)的发生和发展决定着人们之间相互作用关系的发展水平。按照心理学的个体发生学模型,个体的交往资质存在三种递进发展的阶段性模式,即前习惯性阶段、习惯性阶段、后习惯性阶段。在哈贝马斯看来,人类道德意识的种系发生,与道德意识的个体发生具有某种同构性和同型性。人类交往行为的进化也可以相应地区分为三个阶段:符号化相互作用阶段、陈述性被区分了的阶段和言语论辩阶段。在第一阶段,主体(交往参与者)直接通过施行性行为表达意向,做出反应,规范还没有与行为分离开来。这对应着原始社会时期前习惯的部落律法。在这一阶段,自我意识没有确立起来,意识与行为没有分化,不能以他人的眼光审视自己,自我与他人、与整体处于直接的统一性中,行为在部落习俗、禁忌的直接约束之下。在第二阶段,交往主体能够形成交互动机系统,利用规范审视所采取的行为。这对应阶级社会初期的法律和道德阶段,人们形成明确的义务观念,自觉地按照外部的社会指令行事。在第三阶段,主体能够就规范本身进行论证,为主张立基,为行为进行辩护,人们彼此间的相互作用建立在对规范的有效性的反思与商谈的基础上。

哈贝马斯认为,主体交往资质的发展演变是由主体的学习机制推动的。学习范畴是哈贝马斯借鉴皮亚杰的认知心理学思想来阐释社会进化原动力的基础性概念。社会交往的进化依赖个体的认知能力的发展,而这建立在个体的进化学习基础上。哈贝马斯认为,生产力的进化和生产关系的进化都源自这种主体的内在的学习机制。交往资质的进化发展为社会的一体化模式的形成提供了可能空间。在实际的历史发展中,近代资本主义所确立起来的民主观念和体制体现了一种后习惯阶段的交往关系结构,表明人们已经能够运用理性,对社会规范进行反思、论证和诘难。

(三)社会进化的根本价值目标

哈贝马斯认为,生产力发展的进步意义在晚期资本主义社会中已经枯竭了,

---

① [德]哈贝马斯:《交往与社会进化》,张博树译,重庆出版社1989年版,第120页。

因而，不能再将生产力的发展、物质财富的增长视为人类至高无上的标准和追求。生产力的进化与发展并不等于就是美好、幸福生活的建立和实现，合理地利用和发挥生产力潜能，虽然能带来经济-工业结构的改进，促进物质财富的提高，但不能转变制度结构，使人得到自由和解放。问题的关键并不在于是否充分利用了可得到的或可创造的潜力，而在于是否安抚和满足生存之目的，是否选择了我们所需要的东西。在哈贝马斯看来，不把生产力的提高、物质财富的追求看成是人类最终的奋斗目标，是马克思主义的基本精神。他解释说，马克思的目标和理想，正是要使人从经济需要的压迫下解脱出来，成为具有充分人性的人，也就是使人作为个人得到解放，克服异化，恢复人与人的统一关系，实现人与自然的和谐。社会进化的根本方向和价值目标是交往合理化。为此，哈贝马斯提出了一种以人际和谐、共同幸福为根本目标的人类交往合理化的生存愿景。他意味深长地指出："此外，'对幸福的追求'在未来也许会意味着某些不同的东西——例如，不是要积累作为私人所有的物质对象，而是要造就某种社会关系，在这种社会关系中，相互共存将占据统治地位，满足也不再意味着一个人在压制别人需要基础上的成功。"①

二、意识形态批判

哈贝马斯与霍克海默和阿多尔诺、马尔库塞等一样，是从意识形态角度对当代资本主义进行激烈批判的代表性人物。哈贝马斯的意识形态批判主要在两个理论方向上展开：一是对科学技术的意识形态批判，一是从解释学方向进行的意识形态批判。这两个方向的意识形态批判在来源和归宿上都与交往行为理论有内在的相关性和统一性。

（一）作为意识形态的技术与科学

1968年，哈贝马斯在《作为"意识形态"的技术与科学》这部著作中专门论述了科学技术的意识形态性质。"作为意识形态的技术与科学"，在本来意义上是指在发达工业社会条件下科学技术具有意识形态的功能。在现代社会条件下，科学技术同大众文化相结合，发挥着重要的意识形态作用，成为一种消解人的主体性和超越意识、维护现代社会统治的主要文化力量。

哈贝马斯认为科学技术具有二重性。关于科学技术的二重性问题，霍克海默和马尔库塞等人早有论述，哈贝马斯对于这一思想做了进一步发挥和阐发。他认

---

① [德]哈贝马斯：《交往与社会进化》，张博树译，重庆出版社1989年版，第205—206页。

为，在发达工业社会中，科学技术对于社会发展的影响越来越大。这种影响具有两面性：一方面，科学技术变成了"第一位的生产力"，成为推动社会发展的最主要的力量；另一方面，科学技术变成一种新的"意识形态"，形成了一种新的统治方式或统治机制。在现代社会中，科学技术对于社会经济发展发挥着前所未有的巨大推动作用。科学活动在当代不再是一种封闭的、独立的、单纯的学术研究，科学研究、技术进步和社会经济发展之间的相互关系日益紧密。经济与社会发展对科学技术有了更为直接的依赖，由此，科学技术成为推动社会经济发展的"第一位的生产力"。对于这种情形，哈贝马斯指出，自19世纪末以来，晚期资本主义出现了一种新的发展趋势，就是科学、技术与工业运用更加紧密地联系在一起。由于国家和社会力量的推动，科学技术和经济生产、市场已经结成一个体系。技术和科学变成了第一位的生产力。科学技术同经济与社会发展之间的这种密切关系极大地促进了社会物质财富的增长，改善了人们的物质生活水平。

然而，在发达工业社会中，科学技术除了具有第一位的生产力这一特征之外，还有另外一方面的政治性特征，即它已经成为一种意识形态，变成一种为现代政治统治提供合法性的异化力量。哈贝马斯断言科学技术已经成为一种重要的意识形态，为现代政治统治提供了一种新的合法性论证。这意味着作为"第一位的生产力"的科学技术已经成为现代社会中一种新的统治力量。对此，哈贝马斯说道："在我看来，更为重要的是，技术统治论的命题作为隐形意识形态（als Hintergrundideologie），甚至可以渗透到非政治化的广大居民的意识中，并且可以使合法性的力量得到发展。这种意识形态的独特成就就是，它能使社会的自我理解（das Selbstverständnis der Gesellschaft）同交往活动的坐标系以及同以符号为中介的相互作用的概念相分离，并且能够被科学的模式代替。"① 哈贝马斯指出，科学技术在当代已经"具有了一种辩护的功能"。科学技术意识形态作为一种新形式的意识形态，不同于传统的政治意识形态，但同样具有一种为社会统治辩护的功能。这里，哈贝马斯不是在一般的意义上谈论科学技术的意识形态性质，他明确地看到了这种新的意识形态统治和传统意识形态统治的不同之处。他认为，传统的统治是"政治的统治"，是同传统的政治性的意识形态如政治学说、法律思想、阶级性的文化观念等紧密联系在一起的，而今天的统治则是技术的统治，是以技术和科学为合法性基础的统治。在这种意义上，不能把技术与科学与意识形态划等号，"因

---

① ［德］尤尔根·哈贝马斯：《作为"意识形态"的技术与科学》，李黎、郭官义译，学林出版社1999年版，第63页。

为现在，第一位的生产力——国家掌管着的科技进步本身——已经成了〔统治的〕合法性的基础。〔而统治的〕这种新的合法性形式，显然已经丧失了意识形态的旧形态"①。具体说来，同传统的政治意识形态相比，技术统治的意识形态"意识形态性较少"，它在某种程度上摆脱了"虚假意识"的某些成分，摆脱了由阶级利益制造的骗局、政治空想等，但同时它所涉及的范围更加广泛，更加难以抗拒。在哈贝马斯看来，这种差异无论有多大，技术统治的意识依然具有意识形态的性质，它同传统政治意识形态有着不可否认的共同特征就是替现状辩护，为现存社会统治提供了合法性论证。这也鲜明地体现了现代社会政治发展所具有的科学化特征和历史趋势。

（二）解释学与意识形态批判

在哲学解释学的理论发展中，哈贝马斯占据着一席之地。与方法论的解释学、存在论的解释学不同，哈贝马斯试图确立一种实践的批判的解释学取向，即以交往行为理论为根基的批判解释学。哈贝马斯主张解释学必须与意识形态批判结合，才能真正实现解释学的实践旨趣，达到人与人之间的共识与理解。

在哈贝马斯看来，哲学解释学的任务是在人与人的交往实践中实现理解，探求真理，获得共识。达到理解的目标是导向某种认同。"认同归于相互理解、共享知识、彼此信任、两相符合的主观际相互依存。"② 哲学解释学重点关注和解决的是理解、沟通何以可能的条件。哈贝马斯认为，人们在现实交往对话中要实现主体间的相互理解，达成共识，除了具备生活世界的文化基础、语言基础和道德规范基础，还必须坚持批判的解释学立场，对交往中非理性的无意识的权威力量进行意识形态批判。这种批判借助一种解释学反思加以实现，即在实际的对话、商谈和语言交往中贯彻理性的批判精神。哈贝马斯不同意伽达默尔在解释学中立足于人的存在的历史性，强调传统和权威的立场，认为解释学本身不应当凭借理解的历史性而消解理性的批判和反思精神，理性不应该去拥抱传统而放弃批判的使命。解释学不仅仅是对解释文本的理解，更是意识形态批判。人与人的交往不仅受制于语言和传统，而且受制于社会中的权力和制度，它们可能维持人的合理交往，但也可能成为一种异化的力量，对人实行无意识强制，从而形成伪交往。扭曲的交往一旦内化于人的人格结构之中，就会转化为一种社会无意识，从而成为一种意识形态意义上的历史传统。一种歪曲了的意识形态或传统类似于精神分析

---

① ［德］尤尔根·哈贝马斯：《作为"意识形态"的技术与科学》，李黎、郭官义译，学林出版社1999年版，第68—69页。
② ［德］哈贝马斯：《交往与社会进化》，张博树译，重庆出版社1989年版，第3页。

学意义上的病症，不知不觉地左右人的意识，影响人们之间的交往行为，潜在地、隐秘地实行着对人的压抑。解释学的批判反思旨趣正在于对交往中的意识形态扭曲和伪交往进行校正和克服，只要有意识形态存在或可能存在，那么，就要在对话和交往中弘扬批判理性精神。只有借助于意识形态批判，人们才能实现主体间合理的交往，达成共识和相互之间的理解和合作。

解释学的意识形态批判就是要对文化领域和生活世界的交往规范保持一种反思式的态度，确立一种程序合理性。在哈贝马斯看来，交往行为的合理性绝不能源自传统，也不能诉诸强制性的权威，只能萌生于真正自由和平等的对话与商谈。对话与商谈是一种程序合理性，之所以是程序合理性，就在于它并不预先接受任何未经论证的、未加任何批判反思的先验原则和绝对原则。共同的真理、共同的主张、共同的原则首先要经过对话和商谈的洗礼。正是出于对程序理性的偏爱，哈贝马斯认为，资本主义的民主-法制传统是一份宝贵的历史遗产。哈贝马斯强调一个自主性的私人领域的存在，强调一个不受干预的公共交往领域同样出于对程序合理性的关注。由此，哈贝马斯指责早期法兰克福学派的批判理论在政治理论方面从来没有公正地、认真地对待过资产阶级民主。也正是基于这种理论立场，哈贝马斯转向了右翼化的改良主义。

三、理性重建与交往合理化

哈贝马斯交往理论所要解决的重大历史实践问题就是晚期资本主义社会的危机和困境问题。这也是哈贝马斯诸多理论努力共同指向的实践旨趣。在哈贝马斯看来，晚期资本主义社会存在着两种主要的危机：合法性危机和动因危机。合法性危机是指行政控制命令相互矛盾直接威胁系统的整合，从而危及社会的整合和秩序。动因危机也称为动机危机，是指文化系统无法为国家和社会劳动系统提供正常发挥功能所需要的价值和意义，文化系统无力承担输出意义和促进社会发展的职能。哈贝马斯认为，对于晚期资本主义来说，最重要的动机是公民私人性和家庭职业私人性，前者是指公民自身参与的公共活动领域，这是一个表达意见、反思问题、对话交往的私人领域，而家庭职业私人性是指个人具有的职业成就感和竞争精神。但是，这两种最重要的动机在系统（经济系统和政治系统）的干预下，已经遭到了破坏。

在西方发达工业社会中，实际运行的经济系统和行政系统已经成为普遍化的力量，经济的理性化和政治上的官僚主义渗透到社会交往领域和传统文化领域。职业活动高度科学化，服务部门扩张，越来越多的社会互动具有商业化和政治化倾向。在哈贝马斯看来，晚期资本主义合法化困境的根源在于行政行为领域和文化传统领域之间界限的模糊，也就是说，文化系统被行政行为有意识地控制。行政系统直接管理文化系统，使原来属于私人生活的领域变得政治化，这样，通过公共领域而得到非正式保护的公民私人性受到前所未有的威胁。由此，也导致了交往行为和文化意义领域的严重萎缩。国家行为的膨胀使文化失去了自主性和自律性，工具理性、追求成功的期望统治了公众。"意义"成为一种稀缺的资源。对此，哈贝马斯在《合法化危机》中明确揭示了这一现象及其后果："至此，我们看到，国家不能简单地接管文化系统，国家计划领域的膨胀实际上使得文化的自主性成为问题。'意义'是一种稀有资源，而现在变得更加稀有。"① 这就造成了晚期资本主义社会的合法性危机和动机危机。实际上，这一状况就是哈贝马斯不断重申的一个观点，即系统对生活世界的殖民化。

晚期资本主义社会的危机的本质特征就在于技术理性、工具理性的膨胀导致了以交往为特征的社会关系的萎缩，战略行为统治了一切。生活世界被殖民化。公共领域越来越萎缩，个人的自主性活动领域、意义创生领域严重受阻。哈贝马斯通过对晚期资本主义危机的分析，实际上已经异常鲜明地揭示出危机的实质，也就是工具理性、技术理性的全面统治。他认为，要想救治发达资本主义的这种深刻的社会病症和危机，唯一的途径就是实行理性重建，使人类交往关系合理化。作为法兰克福学派的第二代成员，哈贝马斯既接过了韦伯工具理性分析的理论衣钵，又继承了法兰克福学派技术理性批判的传统。但是，哈贝马斯不同于他的先驱者的地方在于，他认为对于工具理性和科学技术的发展既要进行批判，又不能停留于这种纯粹的批判上，而应该致力于理性的重建和进一步的完善与发展。

与后现代主义思潮中一些极端的、虚无主义的现代性批判者不同，哈贝马斯并不认为作为现代性精神的理性已经彻底失效和失败，因为现代性仍是一个未竟的工程。理性主义的困境不过证明了以往的理性是存在缺陷的、不完善的，即工具理性的片面性。所以，在哈贝马斯看来，理性主义必须向前走，实现理性重建。对此，哈贝马斯的理论构想是，通过伸张和发展交往理性，确立交往行为的优先地位，建构一种融工具合理性、道德合理性和审美合理性于一体的新的理性化模式。他称之为"交往合理性"。

哈贝马斯的交往合理性所追求的是多种合理性的统一，是交往行为对多种理

---

① ［德］尤尔根·哈贝马斯：《合法化危机》，刘北成、曹卫东译，上海人民出版社2000年版，第96页。

性有效性的总体的要求。交往行为植根于总体化的先验的生活世界结构中。生活世界由社会、文化和个性等因素构成。这意味着交往行为要与不同的世界发生关联,这样,交往行动就不同于以往任何一种单独的理性行动而面临总体性的视域,即涉及三种行动:目的论(策略)的行动、规范调解的行动和戏剧行动,因而,也产生了交往合理性的不同的有效性诉求。其中,与客观世界相对应,要求认知真实性,适用认识的真理性标准和诉求;与自我世界相对应,要求主观真诚性,强调主体的表达意向和交往意向是诚实无欺的;与社会世界相对应,要求规范的正当性和正确性,有效的交往建立在规范共识的基础上。哈贝马斯指出:"由于有了可以批判检验的有效性要求,由于有了获得有效性的能力,因此,日常实践当中充满了既具有现实性又具有理想性的内涵。明确性、真实性、正确性、真诚性以及责任心(Zurechnungsfähigkeit)等观念都在这里留下了它们的深远影响。"① 这些理性诉求和有效性标准是人们进行有效交往、寻求共识的基础,是所有交往主体必须首先承认和接受的先在的约束性条件。

哈贝马斯的交往合理性思想明确地强调了主体间理解合作动机的重要性。交往行为与策略行为之间非常重要的区别在于,对行为的有效协调不能被还原为一种目的合理性,但可以被还原为一种动机方面的合理性力量,即作为实现主体间理解和共识条件的规范合理性。以理解为指向的语言交往和沟通,首先认可的不是"实质性规范",而是形式性规范。对话交往的合理性本身,不在于先在地、强行一致地接受某种确定性的规范和原则,而在于首先认同合理交往的形式条件。实质性的规范很可能是生活世界中压抑人的不合理的权威,因而有必要通过平等的对话来确立共同的规范,即通过言语论辩来说服别人。他强调,在对话中双方的利益、各自的要求都可以成为讨论的主题。在对话中,除了充分的论证以外,不能有任何的强迫,除了平等地探讨真理外,其他一切思想动机都要受到排斥。这里,语言理解充当的是协调行为的机制。互动参与者共同承认可批判检验的有效性要求,自觉遵守实现可能理解的约束性条件。所以,哈贝马斯主张在语言交往和对话交流中贯彻反思和批判原则。说话者要对自己的话语内容进行有效性认定,同时也允许别人进行反思和批判。反思和批判就是进行各种有效性认定和辩诘,评价一场对话是否具有合理性,就在于交往主体能否在必要时就其言语内容依据"真实""真诚""正当"等交往行为的有效性要求提供合理的论证。而且理由本身和论证本身也应该是可商讨、可论证和可争辩的。这种既强调程序合理,

---

① [德] 哈贝马斯:《后形而上学思想》,曹卫东、付德根译,译林出版社2001年版,第166页。

又重视价值合理的交往普遍条件的构建，成为哈贝马斯普通语用学和商谈伦理学的理论追求，也成为哈贝马斯实现理性重建的根本目标。哈贝马斯的交往合理性既强调了以社会整体团结为取向的价值理性、形式化的程序合理性和反思性的批判理性，又强调诸种合理性的多元统一。这种满足多种有效性要求的交往理想正是治疗文化现代性的良药，"在文化现代性当中，理性最终被剥夺了有效性要求，并与纯粹的权力等同了起来。理性失去了采取'肯定'立场或'否定'立场的批判能力，失去了区别有效命题和无效命题的能力，因为权力要求与有效性要求已经同流合污了。"①

由此看来，哈贝马斯的交往合理性既分别强调了以社会整体团结为取向的价值理性、形式化的程序合理性和反思性的批判理性，同时又强调诸种合理性的多元统一性。从哲学发展来看，这种理性重建的方向凸显了主体间性的理论原则。哈贝马斯试图凭借这一原则来克服哲学史上的逻各斯中心主义、主体中心主义和自我中心主义，实现由意识哲学向交往哲学的范式转换。在哈贝马斯看来，这种理性重建，从历史发展来看也具有根本性意义。哈贝马斯认为，理性主义作为现代性精神，之所以陷入困境，原因在于这种理性是一种片面的、局部的合理性。以往的现代性只是工具合理性或目的合理性，工具合理性或目的合理性片面地强调主体性的优势地位，注重以主体为中心的主客体的关系，注重以个人成功为指向的目的-手段关系，因而，传统的现代性是个人中心的。不仅如此，传统理性（工具合理性）与人的其他方面的理性也处于分裂和对立的状态。哈贝马斯以交往合理性为根本进行理性重建，就是要克服和解决理性的对立，实现多种理性的统一。

哈贝马斯理性重建工程所确立起来的交往合理性理论是哈贝马斯用以解救西方发达资本主义社会危机和现代性文化危机的理论方略和文化重建构想。他的交往合理化方案，拒斥对理性的"认识-工具式简略"，反对交往行为蜕变为工具行为，即主体-主体关系降格为主体-客体关系，以此重建现代性。现代性的重建之路必是通往交往合理性，达致主体间的共存。理性重建之路就是晚期资本主义的进化之途。哈贝马斯的理性重建论，不同于老一代法兰克福学派成员单纯激烈的文化批判和社会批判，更有别于后现代主义的彻底文化虚无主义。他肯定理性的进步价值，是一种历史主义的态度。由此，哈贝马斯丰富了现代性精神的内涵，使理性主义获得了新的生命。正如西方的哈贝马斯研究者伯恩斯坦指出的，哈贝

---

① [德]哈贝马斯：《现代性的哲学话语》，曹卫东译，译林出版社2011年版，第130页。

马斯在理性受到普遍怀疑之际，仍坚信人类的规范、价值可以用理性去重建，以达到主体间的理解，实现合作，这本身就是对理性与人类前途的信赖，因而起到了"理性的园丁"的作用，这也使他在一定程度上突破了霍克海默等人单纯批判工具理性的狭窄视野和思想局限。

第四节　对法兰克福学派思想的评析

作为20世纪典型的西方马克思主义理论形态，法兰克福学派对当代资本主义的社会历史矛盾，特别是新的极权主义的统治机制以及现代性所带来的人的异化的生存困境等进行了非常详尽的描述和揭露。法兰克福学派试图继承和发扬马克思的人道主义思想和批判精神，对西方启蒙精神、技术理性、大众文化、现代文明压抑等当代资本主义的种种不合理、不人道现象表现出强烈的不满和批判态度。同时，他们也从文化哲学的视角试图分析和揭示这种危机和困境的根源和实质，并提出试图超越资本主义的革命道路和社会变革方案。这种批判和方案对于我们进一步认清和把握当代资本主义的本质以及资本主义发展所带来的新情况、新矛盾和新问题具有重要的理论启示和参考价值。

（1）霍克海默、阿多尔诺对启蒙精神的批判主要从消极方面分析和揭示了启蒙精神的历史文化后果，指出了启蒙的思想局限和限度。根据这种批判，西方启蒙观念主要的思想局限表现在它对理性、知识、技术的非批判的盲目的乐观的信仰、对人的刚愎自用的人类中心主义观念以及狭隘的征服论的自然观等方面。从文化和历史的视角揭示和批判了理性主义、技术统治论以及文化乐观主义，对于深入认识启蒙思想的本质、启蒙的局限以及现代文化困境具有重要的思想价值。

（2）霍克海默、阿多尔诺等人对现代社会中文化工业、大众文化的批判是汹涌澎湃的西方文化批判思潮中最为激进与严厉的一种批判。他们力图弘扬现代文化艺术超越和否定现实社会的革命本质以及自由、反抗的文化精神，指责资本主义文化发展中出现的片面的商品化、媚俗化倾向。他们以一种文化精英主义的思想理念，试图通过唤醒艺术内在的乌托邦精神来改造不合理的社会现实。这一批判立场和文化主张无疑具有一定的思想价值。

（3）法兰克福学派重要代表人物霍克海默、阿多尔诺、马尔库塞、哈贝马斯等侧重从负面视角揭示现代资本主义条件下科学技术的新特性和历史功能，特别是技术进步所带来的消极的历史后果：人的全面异化的生存困境、现代社会中新的总体性的统治。他们对科学技术的意识形态批判、对现代文明压抑的深层机制的分析以及对现代社会交往困境的诊断，对于我们在新的历史条件下深刻认识和理解科学技术发展的实质、科学技术与人的生存、科学技术与政治的关系以及现代资本主义社会的基本矛盾和历史发展等诸多问题都有重要的启发价值。

（4）哈贝马斯以交往理性为思想基础的历史唯物主义重建和社会方案，其积极意义在于他没有完全局限于传统马克思主义的理论视野，而是立足于新的理论语境和新的历史条件对交往行为的社会历史功能、交往进化的一般逻辑机制以及对于晚期资本主义的危机和困境等诸多重要的历史哲学问题都进行了微观意义上的新探索，这些问题维度和理论建构对于丰富和发展马克思主义的唯物史观的确具有不可忽视的借鉴和启发意义。

从前述的思想梳理和价值评判中能够看出，法兰克福学派的社会批判理论具有强烈的现实性和批判性特征，实际上也形成了独具一格的反思和批判资本主义的激进的左翼政治立场。这一理论立场和理论风格在很大程度上也影响到了当代西方资本主义国家的许多社会理论思潮和文化研究，如以詹姆逊为代表的美国的文化学派、以伯明翰学派和伊格尔顿为代表的英国的文化研究、加拿大哲学家莱斯的生态哲学以及一些后现代主义、后马克思主义思想。与此同时，这一激进理论也极大地影响了当时西方的社会运动，特别是1968年爆发的学生反抗运动。法兰克福学派的左翼激进思想成为学生拒斥和反抗资本主义主流价值和生活方式的重要思想武器。法兰克福学派作为一个严格意义上的哲学流派虽然在现今已经解体了，但是其理论思想和批判精神依然在延续和传承，依然具有世界性的影响，激荡着后来诸多文化学者的理论思绪和精神创造。但是，也必须看到，法兰克福学派的社会批判理论由于历史和时代的限制还仍然存在着许多理论误区和思想局限。对此，我们必须坚持马克思主义正确的立场、观点和方法，给予充分的认识和科学的、合理的评价。

首先，法兰克福学派未能真正深入地把握和分析资本主义历史困境和文化危机的实质和根源，也没有真正找到解决资本主义危机和困境的正确道路。法兰克福学派将当代西方社会问题在根本上主要归咎于西方启蒙精神、科学技术、大众文化等文化层面上的因素，这种结论只是停留于表面，还没有深入地揭示问题产生的真正根源和实质。当代资本主义社会矛盾和危机的实质和根源主要在于社会物质力量和经济因素的决定性作用。法兰克福学派对于如何解决发达资本主义社会的危机和困境，提出了一些有价值的设想，如马尔库塞对于非压抑性文明的发展蓝图、哈贝马斯的理性重建方案。但是，由于法兰克福学派过多地从文化层面进行分析和反思，而没有强调社会经济变革和制度批判的重要性，致使这些理论批判、道路和方案流于激进主义的愤怒和乌托邦式的空想。

其次，法兰克福学派的社会批判和文化批判具有一种浓郁的浪漫主义和理想主义色彩。正如前面所述，法兰克福学派基于人的自由与超越的理想本性和人性解放的价值追求，激烈地批判工具理性和大众文化在当代资本主义社会中的意识形态效应及其造成的人的生存异化。法兰克福学派从文化批判的视角深刻地揭示了工具理性和大众文化在社会实践后果上的复杂性和历史特殊性，但是法兰克福学派也在一定程度上表现出彻底否定和批判科学技术、大众文化的片面化倾向。因为，法兰克福学派试图揭示和证明科学技术和大众文化在现代社会条件下不再是中性的，而是反人道的和反动的。这种立场和观点，没有看到技术理性和科学技术本身的区别，也没有在科学技术、大众文化本身与其特殊历史条件的实践后果之间做出不同的区分。换言之，他们没有看到或没有强调科学技术、大众文化的消极作用和历史后果根源于资本主义不合理的社会制度，以及现代历史条件下人的实践活动的狭隘性和局限性。他们忽视甚至否定了科学技术发展以及现代生产方式、生活方式变革的积极的、进步的意义。马克思主义认为，科学技术是历史进步的杠杆、是社会革命的根本力量。法兰克福学派的技术统治论和大众文化观未能真正认清科学理性文化的本质、技术的本质以及大众文化在全球化时代、文化多样化时代中的历史趋势和积极意义。这种社会批判方式和历史认知在根本上否定了科学技术、大众文化等现代性价值的历史合理性和历史进步性，因而染就了浓郁的技术悲观主义和文化悲观主义色调。

最后，法兰克福学派未能完整地理解和把握马克思主义的理论实质，在根本上偏离了马克思主义思想的轨道。应当指出，法兰克福学派思想家正确地看到并坚持了马克思主义的人本性、革命性和批判性，但是，他们并没有充分地肯定和坚持马克思主义的科学性、历史性和实践性。马克思主义的思想理论是科学性和革命性的统一、理论与实践的统一。马克思主义既立足于历史发展的客观实际和历史规律来分析和揭示资本主义的社会矛盾和危机，强调应当科学地、合理性地认识资本主义社会，又立足于人类自由和解放的理想和价值追求来揭露和批判资本主义社会的非人道的历史困境，同时，也强调以革命的实践态度和方式批判和超越资本主义，进行历史变革。对于马克思主义的理论品格，不能只强调它的批判的、革命的方面，忽视甚至否定它的科学性的方面。法兰克福学派批判的社会理论虽然认同和坚持了马克思主义理论本身所保有的犀利的批判立场和革命精神，但是单纯地强调其批判性和革命性，而忽视甚至是否定马克思主义本身的科学性和历史实践性特征,是失之偏颇的。这种立场不能说是对马克思主义完全正确的理解和坚持,在一定意义上也是对马克思主义完整思想的肢解和偏离。

思考题:

1. 简述法兰克福学派社会批判理论的思想基础。
2. 如何看待霍克海默、阿多尔诺对启蒙的批判及其思想限度?
3. 简述马尔库塞的文明观。
4. 简述哈贝马斯的交往行为理论。
5. 论述哈贝马斯的理性观。

第十一章　后期分析哲学

这里的后期分析哲学是指20世纪40年代末期以来分析哲学的发展。后期分析哲学一方面继续沿着弗雷格、罗素和早期维特根斯坦的思路往下走，另一方面出现了两个重要变化：一个变化是日常语言哲学的兴起，另一个变化是美国分析哲学与实用主义相结合，显示出浓厚的美国色彩。

日常语言哲学可以追溯到更早的摩尔，日常语言哲学有时也叫"牛津哲学"，因为这个学派的哲学家中有一批牛津大学教授，如奥斯汀、赖尔、斯特劳森。但是在牛津之外，摩尔是当代分析哲学的创始人之一，后期维特根斯坦的"意义即用法"具有颠覆性的影响，此后最有影响的日常语言哲学家则属美国人塞尔。

融入了实用主义因素的分析哲学有时叫做"新实用主义"。实用主义的分析哲学家认定，符号或语言的意义并非符号与对象的二元关系，而是依赖于人对世界的看法（信念）和人的行动方式。蒯因主张行为主义的意义理论以及知识和意义的整体论。戴维森和普特南也常常被划入实用主义的阵营。罗蒂自称新实用主义者，比其他分析哲学家吸纳了更多的大陆哲学要素。新一代的美国哲学家同样体现出实用主义的倾向。布兰顿主张表达式的意义是它在推理活动中的作用，这是对皮尔士准则的一个推广或新解释。麦克道尔受到分析哲学和德国古典哲学的双重影响，主张意义和信念可以在别人的行动或语言行动中直接显示出来。

第一节　后期维特根斯坦的语言哲学

维特根斯坦的前、后期哲学分别以《逻辑哲学论》和《哲学研究》为代表，中间经历了一个证实主义的过渡阶段，"一个命题所说的就是：如何证实它"[①]。维特根斯坦的这一思想可以看成是对《逻辑哲学论》的发展。在后期，他的研究材料发生了从形式语言到日常语言的根本转变。后期维特根斯坦的核心观点是：意义在于使用。词语的意义不在于它所代表的对象，而在于它如何在语言游戏中得到使用。意义是在语言游戏中显示出来的，我们根本不需要一个关于意义的哲学

---

① Wittgenstein, *Philosophical Remarks*, edited by Rus Rhees and translated by Raymond Hargreaves and Roger White, Oxford: Basil Blackwell, 1975, p. 200.

理论。哲学错误和争论的起源,是我们哲学家对一些词语的用法脱离了合适的语言游戏。

一、语言游戏

《哲学研究》以批评奥古斯丁语言观开始①。在奥古斯丁的语言观中,词语是对象的名字,句子是名字的联结。因此,句子的意义由名字决定,名字的意义则是其所指。显然,这就是《逻辑哲学论》中的图像语言观。这种语言观可能适用于解释"桌子""面包"和人名等名词,以及活动与属性的名称,至于其他词类,如感叹词、数词等,并不恰当,其哲学基础是反映论。但这一解释把名字和命名关系神秘化了,好像只要给事物命好名,一切就都确定下来了,我们用语言只做一件事,那就是谈论事物。而实际情况并非如此,真实的语言极具丰富性。

(一)语言的丰富性

看看以下表达式:

水!
走开!
啊唷!
救命!
好极了!
不!

维特根斯坦反问:"你仍然要把这些语词都称作'为事物命名'吗?"它们的作用各不相同,"其实我们用句子做着各式各样的事情"(PI27)。比如,一方说出一些词,另一方据此行动,儿童对母语的学习,跟着重复一个词,对一个情况进行提问并回答,描述一个东西的外形或测量它,形成假说并检测它,画出图表来表示结果,编故事,演戏,轮唱,猜谜,讲笑话,解应用题,感谢,咒骂,问候,祈祷,学习词汇,学习数学表达,按图示行事,扯谎,喊痛,告诉某人某事,引入新词并使用它,

---

① 参见[英]路德维希·维特根斯坦:《哲学研究》,陈嘉映译,上海人民出版社 2005 年版,第 3 页。依照惯例,本节引用维特根斯坦《哲学研究》(PI)第一部分时,只在正文中夹注维特根斯坦本人的编号,如"PI1"表示《哲学研究》编号为 1 的文字。引用该书,采用陈嘉映的译本;如果译法不同,则径改之,并在"[ ]"中标注陈译。如果引用第二部分,仍注明陈译本页码。

预测别人的行动……很明显，命名以及指物定义，只是其中的一种而已。

不同的语言表达式就像是工具箱中的工具。锤子、钳子、锯子、螺丝刀、尺子、胶水、钉子、螺丝……虽然都是工具，功能却不相同；不同的语言表达式，功能也各不相同。不能因为它们印在纸上整齐划一，就一定要给出一个统一的功能来。

(二) 家族相似

维特根斯坦相信，各种语言现象被称为"语言"，不是因为这些现象有一个共同点，而是因为它们通过种种不同的方式具有亲缘关系。考察这种相似，就会发现，它们构成复杂的、盘根错节的网络，就跟家族成员之间的相似一样：老大跟老二在身材和面相上相似，老二跟老三在眼睛颜色和步态方面相似，老三跟老大则是脾气相投……所以，维特根斯坦把这种相似称作"家族相似"（参见 PI67）。一根绳子，没有哪一根纤维贯穿始终，我们把所有这些纤维一起叫做一根绳子；一个家族，没有哪个特征为所有成员所共同具有，我们把这些成员视为一家人；一门语言，没有哪个功能为所有表达式所共有，我们把这些表达式都看成语言。

有人也许想把成员两两之间的共同点全部析取出来，并说这个析取式（逻辑和）就是在整体中贯穿始终的特征。以绳子为例，他们会说，绳子整体的特征，是纤维之间的相互缠绕。维特根斯坦回应道，这只是在玩弄字眼。因为这样根本就没有整体可言，我们不能就此划界线来回答：把什么算在其中，又把什么排除在外。这时并不存在一条界线划出概念的范围来。如果没有这样的界线，我们也就给不出相应的充分必要条件。

注意到维特根斯坦的这个态度跟以苏格拉底为典型的传统哲学的对立是很重要的。苏格拉底的大多数工作，都可以被归结为替一个概念寻找到本质性定义。例如，在《欧绪弗洛篇》里，当欧绪弗洛举出虔敬的具体例子，来回答"什么是虔敬"这个问题时，苏格拉底嘲讽说，他要的是一个虔敬，而欧绪弗洛却拿出了一堆虔敬。如果换作维特根斯坦，可能会对欧绪弗洛赞赏不已。既然能用一个词称呼一堆东西，这一堆东西就一定有共同点——这大概是本质主义者错误想法的开始。维特根斯坦告诫道："不要想，而要看！"（PI66）

不过，维特根斯坦并没有说过，所有概念的外延间的关系都是家族相似的。在某些语境下，我们可能会人为地给出一个概念的精确定义，根据这个定义来确定这个概念的外延。严格说来，维特根斯坦并不是一个反本质主义者，而只是一个非本质主义者。

(三) 意义即使用

早期维特根斯坦和逻辑经验主义者都试图为语言表达式给出一个统一的功能。

例如，他们都认为，一个表达式有没有意义，取决于它是否代表了一个对象或者代表了对象之间的关系。在这一观点之下，日常语言的绝大多数内容就被当成无意义的或者是不能言说的东西，被抛在了一边。回到日常语言，就要接受语言表达式没有一个统一的功能这个事实。这个时候，我们又如何理解语言表达式的意义呢？维特根斯坦说，语言表达式的意义，由对它们的使用给出。（参见 PI432、454）

"在使用'意义'［含义］一词的一大类情况下——尽管不是在所有情况下——可以这样解释'意义'［含义］：一个词的意义［含义］是它在语言中的使用［用法］。"

"一个名字［称］的意义［含义］有时是由指向它的承担者来解释的。"（PI43）

后一句话并不是说，名字的意义不是它的使用，而是它的承担者。因为，一个人死了，我们并不说他名字的意义也随之死亡。特别地，"尽管不是在所有情况下"，这一说法并不是要承认，有些时候，词的意义不是它在语言中的使用，而是要承认，有些时候，我们对"意义"一词有不同的使用。德文"Bedeutung"或相应的英文"meaning"及其词根含义很多，很难用同一个汉语词汇把它们译出来。一说到词的意义（Bedeutung），人们就忍不住想去找它所代表的对象，这很可能是由于"Bedeutung"这个词的词根"deuten"（指）带来的误导。

不只词语的意义（Bedeutung，meaning）是使用，句子的意义（Sinn，sense）也是使用。维特根斯坦明确地说：

"请把句子视作工具，把句子的意义视作其使用！"（PI421）

"长江长江，我是黄河"，这可以是一个叫黄河的人向一个叫长江的人喊话，也可以是两个特工在对暗语，还可以是环保主义者在表演小品，如果下一句接上"黄河黄河，我也是黄河"的话。两个句子有相同的意义，就在于它们的使用是一样的。从女性口中说出来的"你好讨厌喔"跟"你好讨人喜欢喔"可以是同一个意思。相应地，说一个语言表达式没有意义，无非是说，它在语言中没有使用，从而被排除在语言之外。"是偶数更胖还是奇数更胖？"在这个表达式的字面理解上，它没有意义，除非说话者临时赋予这些词以新的意义。

（四）语言游戏

把语言表达式的意义跟对它的使用等同起来，要求我们从使用语言的活动出发去理解语言。

"我还将把语言和活动——那些和语言编织成一片的活动——所组成的整体称

作'语言游戏'。"(PI7)

维特根斯坦的语言游戏说强调:"用语言来说话是某种行为举止的一部分,或某种生活形式的一部分。"(PI23)行为举止变化,生活变化,语言游戏随之发生变化。我们的语言像一座有着久远历史的老城,新旧错杂,不断更替。离开生活,孤立的语言没有意义。生活形式是生活中"须得接受下来的东西,给定的东西"①。语言的根基在于生活形式,而非形而上学的种种假定。人能够学会一门陌生语言,那是由于拥有共同的人类行为方式。如果生活形式不同,则会导致理解失败:就算狮子会说话,我们也不能理解它到底说了什么。看来,后期维特根斯坦已经把语境主义扩展到了整个人类生活。如果在理解上发生了困难,要紧的是问一问自己:是在哪个语言游戏中学会这个语言表达式的?在什么场合下、为了什么,我们说了它?理解一个词,就像理解象棋中的一个棋子,必须在棋步中去理解棋子,必须在句子中去理解词。理解一个句子,就是去理解一门语言。理解一门语言,就是理解一种生活形式。语言游戏如同生活形式一样,"属于我们的自然历史"(PI25)。

二、私人语言与遵守规则

从自然历史来看,我们的语言是公共的。我们的语言已经是公共的,这是一个必须接受的事实。霍布斯、笛卡儿、洛克等近代哲学家却有关于语言的另一种观点:内外对象刺激感官,唤起旁人不可知的私人感觉;感觉者用语言符号来代表这种私人感觉,以方便记忆,并在这种感觉再次被唤起时将其识别出来。在他们看来,语言在起源上是私有的,现实中语言的公共性只是一种偶然现象。这就导致了一个高尔吉亚式的困难:语言交流究竟是如何可能的?

(一)甲虫论证

维特根斯坦以"盒子中的甲虫"为喻,来揭示上述观点的困难。(参见 PI293 起)假设每个人面前都有一个盒子,每个人都只能看自己的盒子。大家都把自己的盒子里装的东西叫做"甲虫"。当然,盒子里装的东西可能并不相同,或者什么也没有装,甚至装了一个不断变化的东西。在这种情况下,"甲虫"这个词实际上就没有起作用,盒子里的东西也没有参与到语言游戏中来。如果把盒子比作人,把甲虫比作私人性的感觉(比如疼),我们就可以说,私人性的感觉没有参与到语言游戏中来。因为,有没有甲虫(私人感觉),这样的语言游戏都照玩不误。从奥

---

① [英]路德维希·维特根斯坦:《哲学研究》,陈嘉映译,上海人民出版社 2005 年版,第 272 页。

卡姆剃刀原则讲，假定私人对象和私人语言，并无必要。一个更强的结论是，一个以私人性感觉（对象）和指称私人性感觉（对象）的词汇为基础的语言，实际上并不存在。

维特根斯坦给这个强结论提供了如下支持（参见 PI258 起）。假设这样的私人语言存在，那么，就存在着私人词汇指称私人对象的情况。然而，首先，私人词汇对私人对象的指称联结无法完成。一个人牙疼，如果没有公共语言帮助，他就不可能把他当下拥有的牙疼体验，从环境中分离出来，叫做"丫定"（或者别的什么）。其次，就算上一步工作得以完成，他也没有办法再次识别出这种联结。好记性是靠不住的。如果用记忆去保证"丫定"指称牙疼，就需要用新的记忆去保证这一记忆的正确性。这会导致无穷后退。因此，私人语言的支持者将没有一个确定记忆正误的标准。结果，他把他以为正确的，当成是真正正确的。这就没有标准可言了。或者说，他的标准他只遵守一次：只在第一次遵守。只遵守一次的标准，不叫标准。遵守标准可重复。私人语言无标准可言，无规则可言，说不上是语言。

（二）遵守规则的盲目性

以上论证表明，语言游戏有一个确定的规则。语言游戏如同下棋。你知道某一步怎么下，前提是，你必须知道棋怎么下。你知道一个词、一句话怎么说，前提是，你必须知道话怎么说。为了理解一个句子，就要理解一门语言。而理解一门语言，就是掌握一种技术。这技术就是玩语言游戏的规则。虽然跟私人语言相比，公共语言有规则可循。但是，我们是如何遵守规则的，却没有理由可讲。如果允许为此提供理由，就会造成遵守规则的悖论（参见 PI201）：经由解释，任何行动都可以跟一条规则相符合，也可以跟它相矛盾。维特根斯坦解决这个悖论的秘诀在于：去除遵守规则的中介。遵守规则是一种实践。遵守规则时我们并不做选择，而只是盲目地遵守；就像服从命令时一样，我们是被训练成这样的。通过这样的训练，被训练者进入语言游戏，进入人类的生活形式中。

三、哲学治疗

跟早期一样，后期维特根斯坦认为，传统哲学问题源于语言的误导。不同的是，要清除误导的影响，不是通过逻辑分析，而是回到语言的日常使用："当哲学家使用一个语词……并试图抓住事情的本质时，我们必须不断问自己：这个语词在语言里——语言是语词的家——实际上是这么用的吗？"（PI116）我们要把语言从其形而上学的用法带回到它的日常使用上来，从语言游戏来理解语言表达式。

当然，维特根斯坦并不认为，一个语言表达式是否正确使用，要取决于大多数人的使用情况。

（一）语法命题与经验命题

语言游戏是遵守规则的活动。这规则就是语法。对语言游戏来说，遵守规则是根本性的。一个句子表达的是语法还是经验，只跟它在我们语言中所起的作用有关，而跟句子形式无关。有时候，维特根斯坦把表达式在语言中所起作用的研究叫做深层语法研究，把句子外在形式的研究叫做表层语法研究。来看这两个句子："米原尺有一米长"，"这根绳子有一米长"。它们形式相同，类型不同。前者是语法命题，后者是经验命题。前者描述语法规则，后者描述经验事实。前者无所谓真假，后者可真可假。前者的内容，只能靠阐明；后者的内容，可以是发现。我们可以合理怀疑，这根绳子真的有一米长吗？却无法去怀疑，米原尺是否有一米长，因为米原尺是一米长的标准，说它有一米长，不是在报告事实，而是在约定规则。"三角形三内角和等于180度"，报告的也不是事实，而是欧氏几何的语法。在欧氏几何里，"三角形"必须要这样使用。对世界中的三角形物体内角的测量结果不能推翻它，也不能证实它。又如，"这个物体具有广延"，既可以说当然如此，也可以说毫无意义；关键就在于，作为规则，那是当然的——物体得有广延；要说它描述了一个事实，就没有意义了。

语言游戏有规则，但规则并不总是清晰的。在过渡时期，维特根斯坦曾经把语言看成是演算，但语言的日常使用很少具有这样严格的规则，语言游戏不是逻辑和数学演算，而更多地体现为家族相似。尤其复杂的是，语法命题跟经验命题之间，并不存在一条清晰的界限，"规则与经验命题相互融合"（OC309①）。这无形之中增加了分析的难度。

（二）哲学问题与哲学治疗

哲学问题的产生，往往由混淆语法命题与经验命题造成。通过语法分析，我们可以消除一些传统哲学问题。例如，关于时间的测量问题。奥古斯丁认为，时间分为过去、现在与将来；过去已去，现在无广延，未来没来，所以时间不可测量。在维特根斯坦看来，这是因为奥古斯丁混淆了长度的测量与时间的测量。把"测量"这个词在长度上的使用放到时间上，这个词实际上就不起作用。语言如果空转，而不是正常起作用，哲学性的迷乱就会发生。

---

① Wittgenstein, *On Certainty*, Edited by G. E. M. ANSCOMBE and G. H. von WRIGHT, Translated by DENIS PAUL and G. E. M. ANSCOMBE, Oxford: Basil Blackwell, 1969. 中译为《论确定性》，是维特根斯坦生命最后阶段的思考结晶。本书引用此书，文中夹注书名缩写 OC 及原书相应编号。

要防止语言空转，就要清楚语言的所有使用，要对此有"综观"（Übersehen）。我们对某些事情不理解，其主要根源之一，就在于我们不能综观词语的使用全貌。哲学的工作不是要"干涉"语言的实际使用，而是要"描述"语言的使用，"它让一切如其所是"（PI124）。通过描述，达到对语言使用的综观，不再让规则绊住我们。

也就是说，哲学只是把一切都摆出来，不作解释，也不作推论，一切都是公开的，没有什么隐藏的本质让哲学家去发现。哲学问题的解决不是通过增加新的经验达成，而是靠整理我们早已知道的东西达成。如果有东西隐藏起来了，那也不是本质在隐藏，而是因为它一直就在我们面前，只不过我们熟视无睹罢了。哲学思考中不能作任何假设，"必须丢开一切解释而只用描述取代之"（PI109）。因此，哲学家也不应以改善语言的实际使用为目标。哲学家处理哲学问题，如同医生治疗疾病，重要的是恢复病人的正常生理功能，让疾病消失，而不是再造新人。这样，当哲学提供出综观，所有人都会同意这些论点。通过综观语言的使用，问题完全消失，哲学不再为之所困。由于语言的使用丰富多彩，所以，让哲学问题消失的哲学方法并非独此一种，而是各个不同，就像有种种不同的治疗方法一样。特别地，我们不能消除所有的哲学问题，因为对语言的误解总在不断涌现。

（三）哲学家：从伟大到熟练

在维特根斯坦生命的最后阶段，他提出世界图式、生活的脚手架、户枢命题等概念，大致相当于扩大的语法概念，它们一起构成我们的生活形式。它们的内容，不是事实，因此不能质疑或反对，也不能捍卫或相信，而只能接受。摩尔要捍卫常识，维特根斯坦提醒说，任何辩护都有一个终点，位于终点的，不是我们的观察，而是我们的行动（参见OC192）。通过接受某些内容，我们"从属于一个共同体"（OC298）。这些内容包括世界的齐一性、人类的生物学特征以及习得的社会历史特性等。接受这些内容，是我们反对或捍卫、质疑或相信的基础。它们是我们生活的基础。不难看出，这是对《哲学研究》中通过训练进入语言游戏一说的深化。

维特根斯坦一度自信满满，他感觉到，就像力学从物理学中横空出世，化学从炼金术里破茧而出，经由他的哲学方法，一种不同于传统的全新哲学出现了。从此，"伟大"哲学家的时代已经过去，"熟练"哲学家的时代已经来临。哲学被归结为"技术的事情"，但这技术极难获取，它跟科学不同，人们也不熟悉，它要求的是一种"思考方式"。因此，重要的不是结果的真与假，而是"已经找到了的方法"[①]。

[①] 参见 Moore, "Wittgenstein's Lectures in 1930-33", *Mind*, New Series, Vol. 64, No. 253 (Jan., 1955), p. 26.

虽然维特根斯坦致力于造就哲学技术工作者，像早期一样，他还是认为，误解语言形式而导致的哲学问题是深刻的不安，"它们意义重大，重如我们的语言本身"（PI111）。

第二节 日常语言学派

一、摩尔与常识实在论

摩尔（1873—1958）在剑桥大学完成学业，后来又在剑桥大学任教。英国自密尔去世后，新黑格尔主义取代了经验主义的地位，其中最有影响的是布拉德雷。英国分析哲学是从批判布拉德雷开始的，摩尔和罗素一起发起了对绝对唯心主义的批判，而摩尔的批判武器就是常识和日常语言用法的分析。他的主要著作有《伦理学原理》（1903）、《伦理学》（1912）、《哲学研究》（论文集，1922）、《哲学中的一些问题》（1953）、《哲学文集》（1959）等。

（一）常识实在论

在摩尔看来，一切唯心主义，包括布拉德雷的唯心主义，都主张宇宙是精神的东西，存在就是被感知。布拉德雷也是如此，因为他认为一切都是一个无所不包的绝对经验的组成部分。摩尔对唯心主义的批判主要是对"存在就是被感知"的批判。这句话可以作几种解释，其中一种是：感觉对象与感觉没有区别。摩尔要论证这种说法是错误的。

首先，感觉意识不同于感觉对象。我们都知道，绿的感觉与蓝的感觉不同。如果它们都是感觉，那么它们一定有共同的东西。摩尔把这种共同的东西叫做意识，而将两种感觉中不同的东西叫做感觉的"对象"。这样，"蓝是一种感觉对象，绿是另一种感觉对象。意识是这两种感觉共有的，既不是绿，也不是蓝"①。所以，蓝色与意识不是同一个东西，而且不能说蓝色是与意识一同存在的东西，否则，"蓝色存在"与"蓝色和意识共存"是同义的。但它们不是同义的，所以蓝色是独立于意识而存在的东西。

其次，物质事物存在与感觉存在具有同样强的证据。唯心主义断定实在是精神的，针对这个论断，摩尔指出，我们以同样的方式说"我们有感觉"和"物质事物存在"，因为对于这两个论断，我们恰好有相同的证据。如果说我们有感觉是

---

① G. E. Moore, *Philosophical Studies*, London: Routledge, 1965, p. 17.

不容置疑的,那么,物质事物的存在也是不容置疑的。怀疑物质事物的存在包含了怀疑我们的感觉存在。感觉经验明确告诉我们物质事物存在,常识也告诉我们外部世界是实在的。这是摩尔的常识实在论。他有一篇文章叫《保卫常识》(1925)。他在这篇文章中主张,有许多命题,我们确实知道它们的真理性。例如,我知道这里有一个活人体,它就是我的身体;我知道除我之外还有别的活人体;我知道地球存在了许多年;我还知道有些人知道这些命题的真理性,而且他们每个人都知道有别人同样知道的真理。

最后,常识就是真理。这些命题都属于常识世界观,因此它们都是真的。在摩尔看来,一个命题只要属于常识就是真的。这样,他把我们的思想从遥远的、神秘的、无所不包的绝对引回到我们的日常知识中来了。

1939年,摩尔写了《外部世界的证明》一文。他论证说,如果我们能指示几个物体,那么就是对外在于心灵的物质物体存在的证明。物质物体存在的充分证明我们早就有了,也不可能找到更好的证明了。外部世界的存在不是一个必然真理。要我们出示必然真理的证明是不可能的。哲学家的任务不是要去寻找更好的证据,而是要去分析"外部物质事物存在"这样的命题。它的"真"是确实的,但它的正确分析还不确实。

(二)哲学分析

哲学问题是不清晰的,因此难以回答。摩尔在上大学时就对哲学家的奇怪语言感到怀疑。麦塔格说:"时间不实在。"摩尔问:这样说可能是什么意思呢?他是不是在某种奇特的意义上使用"不实在"一词,以至于说时间不实在并没有什么矛盾之处呢?也许他说的是我们不是在早餐之后吃午餐。如果这样,说"时间不实在"倒是有语出惊人的效果,却是荒谬反常的,不可能是一句真话。不管怎么说,如果我们事先不确实地知道"时间是不是实在的?"这个问题问的是什么,我们怎么能够有益地讨论这个问题呢?布拉德雷的"实在是精神"这一论断也是如此。也许它含有几个不同的命题。在我们讨论实在是不是精神之前,我们不仅必须澄清问题的意义,而且必须确定它是一个问题还是包括了几个问题。如果包括了几个问题,就应该逐一讨论。

所以在摩尔看来,哲学问题很难回答,常常是因为不清楚问题到底是什么。有时,争论者有多重目的,所讨论的问题表面上是一个,其实是几个。因此我们迫切需要明晰性与精确性。哲学的任务不是去寻找外部世界存在的证明,而是对命题作分析,分析由常识证明的真命题,但并不是把一个常识命题变成一个哲学命题。

摩尔的哲学分析的方法是概念分析。分析不是简单地把一句话的意思用另一句说出来，当你知道一个命题为真时，你已经知道了它的意义。摩尔所说的分析是概念分析，即对概念进行分析、定义或规定。被分析语是一个概念，分析语也必须是一个概念。用作分析的表达式必须与被分析的表达式不同，即分析语表达一个或几个被分析语没有明确提到的概念。摩尔本人用的一个例子是，"x 是一个男性同胞"（x is a male sibling）是"x 是一个兄弟"（x is a brother）的分析。"男性同胞"是一个与"兄弟"不同的语言表达式，同时，它明确提到了"x 是一个兄弟"中没有明确提到的一个概念。

分析语与被分析语必须在某种意义上是相同的。如果这指它们除了语言表达之外的其他一切都相同，那就仅仅是一个替换另一个，例如用"兄弟"来替换 brother，这不算是分析。摩尔说分析不是这样。但到底在什么意义上，分析语和被分析语相同呢？摩尔感到自己没法说明确。因为他关心的是如何去分析具体的概念而不是去分析"分析"这个概念本身，所以他明确承认不能对"分析"有一个明确的分析。

必须指出，摩尔从不认为哲学就等于分析，除了分析之外别的什么事都不能干了；他也不认为一切概念都是可分析的，如"分析"、"好"（good）就是不可分析的。

（三）伦理概念的分析

伦理学首先要解释"好"的意思是什么。摩尔说，伦理学不只是讨论人的行为中什么是好的，什么是坏的，因为除了人的行为之外，其他事物也能说好或者坏。所以伦理学是对什么是好的做一般的探讨。在我们问什么行为具有好这种性质之前，我们必须问："好是什么？"即"好如何定义？""好本身是什么？"除非我们回答了这个问题，否则不能区分好行为和坏行为，不能说什么事物具有好这个属性。摩尔说，他提出好如何定义这个问题时，不是寻求纯语词定义，即用一个词替换另一个词，也不是想要确立"好"这个词的一般用法。他所关心的是这个词一般被用来表示的对象或观念。

"好"是一个简单概念。在提出了"好"如何定义的问题之后，摩尔进而断定这个问题是不能回答的。这不是因为"好"是某种神秘的、不可知的性质，而是因为"好"是一个简单概念，与黄色这一概念差不多。摩尔说："'好的'是一个简单概念，就如同'黄的'是一个简单概念一样；对于一个还不知道黄色的人，你没有任何办法向他说明黄色是什么；同样，你不能说明'好'是什么。"[①] 把

---

① G. E. Moore, *Principia Ethica*, Beijing: China Social Sciences Publishing House, Chengcheng Books LTD, p. 59.

"好"当作一个可定义的、自然的或形而上学的谓词，就是犯了自然主义的错误。描述一个对象的真实本性的定义只有当该对象为复合对象时才是可能的，当该对象是简单对象时，定义是不可能的。因此，"好"是不可定义的。但这不是说具有"好"这一性质的事物是不可定义的。

由于"好"是不可定义的，所以，任何用具有"好"这一性质的事物来定义"好"的做法都是错误的。在摩尔看来，"好"是自然事物的一种非自然属性。

二、赖尔的哲学制图法与奥斯汀的言语行为理论

（一）赖尔的哲学制图法

赖尔（1900—1976）是日常语言哲学的代表人物，牛津大学的高材生，除"二战"服役中断了几年，1925年起一直在牛津大学任教。1931年他发表"系统性的令人误会的表达式"，认为哲学的任务就是揭示和纠正那些散布在哲学问题中的语言混乱。他的最著名的著作是《心的概念》，有评价说这部著作终结了笛卡儿的心物二元论。赖尔的著作还有《二难问题》（1954）、《柏拉图的进步》（1966）、《论思维》（1979）等。

1. 哲学家是制图师，哲学就是逻辑地理学

赖尔把哲学家比作制图师。村民熟悉村子的每一条道路、每一栋建筑，但只有制图师才能把村子的地图画出来。同样，普通的说话者能够正确地理解和使用日常语言，却不能明确陈述它们的使用规则。我们使用的每个词语都是我们所说出的话语的一个因素，话语都有"含义线"，如果用一个词语替换另一个词语，话语的含义线就改变了，就会做出不同的陈述，拥有不同的含义，与相关陈述的相容或不相容关系改变了，从而导致不同的推断。在做一个日常的、非哲学的陈述时，我们也运用多种多样的表达式，一些表达式的含义线可能与另一些表达式的含义线相冲突。这就造成了所谓的"二难问题"。

要解决这些二难问题或澄清哲学中词语用法的混乱，就要像制图员那样把村民已经知道的村子的地图画出来，这就要求我们清理出与词语的用法相关的多条线索。困境产生于一些概念的联合，如事件、之前和之后、真、必然性、原因、阻止、过错、责任等。不是其中的单一概念，而是这些概念的相互关联造成了逻辑困境。两条常理之间的冲突常常牵涉到一个网络，其中有些因素是相互冲突的，而不只是某一个概念中有一个难以解开的结。概念分析并不是在车库里对运送概念的车辆一次一台做检查，而是检查员对概念交通堵塞的检查，他面前至少有两条车流。它们来自不同的理论、观点和常理，走向不同目的地，在交叉路口形成

拥堵。因此，概念分析就是追寻一个概念与它所属的一个概念族中的其他概念的错综联系。

2. 宿命论论题产生于推理的冲突

在《二难问题》中，赖尔讨论了多个二难哲学问题，他解决这些问题的方式表现了他的日常语言分析的方法。其中一个二难问题是宿命论（fatalism）问题。宿命论说，每一件事情都是必然的、不可避免地发生的。宿命论的推理方式是：设明天某件事将发生。那么"那件事明天将发生"这个陈述现在为真。如果"那件事明天将发生"这个陈述现在已经是真的，那么它明天不能不发生。因此没有任何事情可能阻止它发生。因此，那件事情是不可避免的。由于每件事情都适用同样的推理，因此每件事情都是不可避免的。用赖尔当时举的例子说：昨晚某个时刻赖尔咳嗽了。如果赖尔在1953年1月25日周日某个时刻咳嗽是真的，那么，它在24日周六是真的，在一千年前也是真的。[①] 咳嗽论证的逻辑形式如下：

赖尔昨晚咳嗽这件事一千年前就是真的；

如果赖尔昨晚咳嗽这件事一千年前就是真的，那么昨晚赖尔必然咳嗽（不可能不咳嗽）；

断言赖尔昨晚咳嗽这件事一千年以前就是真的与断定赖尔昨晚不咳嗽是矛盾的；

所以昨晚赖尔必然咳嗽。

这个论证错在哪儿呢？赖尔认为，第一个前提可能被误解。我们惯于认为，赖尔昨晚咳嗽这件事一千年以前就是真的，蕴含着赖尔昨晚咳嗽这件事一千年前就是已知的。按照这种解释，在那件事发生之前有人就知道它预定要发生，以将来时态形式出现的真理是永恒地、无支撑地预先存在的。赖尔说，这个观念中有着令人不可容忍的空洞的东西。当我们说，"我现在说某某事情一千年前就是真的"，我们说有个事情那个时候为真，要把那个某某事情具体化是无比困难的，于是我们不明智地用某人曾经拥有的具体预期或一段预先知识来填充它。于是，真理与知识混淆起来了。

赖尔认为，这里涉及我们关于真与假、正确与错误等词语的用法问题。他说，当我们说某事为真时，这通常意味着我们有足够理由相信那个事情。由于这个含义，我们不情愿说某个猜测（guess）是真的，即使后来表明猜测是正确的。因此，第一个前提应该改写成：在过去如果有人猜测赖尔昨晚将咳嗽，那么这个猜测是

---

① 参见 Ryle, G. *Dilemmas*, Cambridge: Cambridge University Press, 1953, p.15.

正确的。但是，只有在一个猜测所预测的事情发生之后，那个猜测才具有正确或不正确的属性；事情发生之前，不能说猜测是正确的。

接着，赖尔对结论中的必然性进行怀疑。如果赖尔昨晚将咳嗽这件事以前就是真的，那么赖尔昨晚必然咳嗽。这里的必然性是什么意思呢？他认为，人们倾向于把这种必然性看成因果必然性。这就是说，人们惯于把宿命论的结论解释为：赖尔昨晚咳嗽这件事很久以前就是真的，这个事实引起赖尔昨晚的咳嗽或使它昨晚发生了。如果这样解释，结论就是靠不住的。我们可以构造一个由未来到过去平行的论证。赖尔昨晚将咳嗽这件事在十年后是真的，从这个前提可到达下一前提：如果赖尔昨晚咳嗽这件事在未来是真的，那么赖尔昨晚不可能不咳嗽。如果说，必然性是因果必然性，那么，十年后的未来为真的事情就是赖尔昨晚咳嗽的原因。赖尔指出，把宿命论的结论解释为因果论断，是混淆了事件之间的因果联系与命题之间的逻辑联系。

赖尔总结道，二难问题产生于两个看起来没有问题的命题。第一个命题是，有些将来时陈述是真的。第二个命题是，我们常常能够确定有些事情发生了，有些事情没有发生。这两个命题都是大白话。这两个产生麻烦的命题并不直接冲突。然而，从一个命题出发做出的真实的或表面的推理与另一个命题相冲突，或与另一个命题得出的真实的或表面的推理相冲突。

从赖尔对二难问题的分析看，他抱有关于哲学的收缩论的观点（deflationary view）。哲学并不提供新理论，而只是解开那些使过去的哲学家走入歧途的语言结纽，使我们的常识思想以更清晰的形式呈现出来。在《心的概念》一书中，赖尔虽然致力于提供一个新的理论，主张我们关于心灵或内心活动的话语其实就是关于人的行为及其环境的话语，但是，他的方法仍然是对一个概念与其他概念和推理相互联系的方式进行分析，从而揭示心灵话语的意义。

3. 心物二元论是完全错误的

赖尔的心灵分析所针对的是"笛卡儿神话"，他称之为"机器里的幽灵"。这种心灵观有几个基本的主张。首先，人的心灵与身体是两种不同的实体；其次；这两种实体之间存在相互作用或相互影响；最后，每个人直接意识到自己的心灵活动，而对于他人的心灵只能通过他人的言行进行推测。赖尔力图证明，这些论题是完全错误的，不仅在细节上是错误的，而且在原则上是错误的。这种错误是一个"范畴错误"（category-mistake）。

赖尔举了一个例子来说明什么是范畴错误。一个外国人第一次访问牛津大学，他参观了很多学院、图书馆、运动场、博物馆、系所、办公室。然后他问：牛津大学在哪里？我看了这么多，还是没有看见师生们居住和工作的那个大学。于是你就得向他解释，牛津大学并不是另一个平行的机构，只不过是他所看到的各个单位组织起来的方式。看到了那些单位及其配置，他就看到了牛津大学。所以，当我们谈论一所大学时，我们所谈论的就是各个机构、房屋、办公室、人员等是如何分布的。同样，如果某人相信心灵是身体之外或之上的东西，他就犯了范畴错误。当我们谈论某人的心灵时，其实是在谈论他的行为和活动是如何配置的。例如，我们描述说某个人的行动是明智的，我们的说明方式是，他意欲达到 P 并相信某个行动可以达到 P，于是他有那个行动。这就说明了他的行动是如何产生的。我们关于行动原因的常识说明并不要求我们采取笛卡儿主义的立场，即赋予行动某种非物理的原因。如果每个人只有到达自己内心的通道，对于别人的心灵只能通过对方的行为来推测，那么，笛卡儿主义者就不能区分人与机器人。因此，笛卡儿主义一开始就是完全错误的。赖尔否认人的行动有非物理的原因，信念和欲望不是人的行动的内在原因，而是行动的一部分。信念和欲望只不过是以某种方式行动的趋向。说某个人有某种信念或欲望，并没有把他的行动的原因分离出来，只不过是说在某种条件下那个人将会以某种方式行动。

赖尔论证说，我们区分明智的和不明确的行动，明智的行动并非遵守某些规则或应用理论知识。当我们在描述人使用心灵的能力时，我们所谈的并不是有某些隐秘的事情产生了行动和话语等结果，我们谈论的是那些外显的行动和话语本身。有许多活动直接显示出心灵能力，但它们本身并不是智力活动，也不是智力活动的结果。建立理论的活动是多种实践中的一种，本身也是一种或者明智的或者愚蠢的行为。因此，要说明明智的或熟练的行为，并不需要假设一种事先的内心活动（如有意遵守规则或应用理论）来作为原因。说某人熟练地做了某件事，我们只不过是说：第一，他做了那件事；第二，他的行为显示出以某种方式行动的趋向。事物拥有一种趋向性质，并不是指处于某种具体状态或经历某种具体的变化，而是指当一个具体条件出现时那个事物就会处于某种具体状态或经历某种具体变化。例如，玻璃具有易碎的趋向，受到重击时它裂成碎片。同样，说某人熟练地做了某件事，这等于说，第一，他做了那件事；第二，一些虚拟条件句"假如有 P，那么就会有 Q"是真的，这些条件句都是关于行为的。

当我们要识别一个行动时，我们要把一系列因素联系起来进行推理。例如，一个士兵击中了靶心，这是运气还是技能？如果他有这个技能，那么他就能再次击中或近于击中靶心，即使风更强了，射程远了，或者靶子移动了。如果他的第二射脱靶了，那么他的第三、第四、第五射大概会逐渐靠近靶心。在扣动扳机前，他一般会调匀呼吸；针对折光、风力等情况做一些调整；他会用心、自控、注意环境、考虑射击规程，等等。①

"知道""相信"的日常用法是表示趋向的，但并不存在一个模式单一的内心过程，使这些认知趋向在这个过程中得到实现。说一个人相信地球是圆的，并不在于他信心十足地反复判断、断定"地球是圆的"，即使他这样喋喋不休地陈述，也不足以让我们认定他相信地球是圆的，这样的认定要求我们发现他推理出、想象出、说出和做出其他大量的事情。同样，"如果一个人说'我感到烦闷'或'我感到沮丧'，我们并不要求他找证据或要求他核实。我们可以指责他骗我们或骗他自己，但是我们不指责他观察很粗心或推理很粗糙，因为我们并不认为他的叫唤是对观察或结论的报告。他不曾是一个好侦探或坏侦探；他根本不是侦探"。"如果他的叫唤能够胜任，那么就应该用沮丧的声调说出来；必须说给同情者听，而不是向研究者报告。沮丧是一种心情，它做许多事情，叫唤'我感到沮丧'是做其中一件事情，即交谈事项中的一项。"②

（二）奥斯汀的言语行为理论

奥斯汀（1911—1960），1929 年入牛津大学，1933 年以优异的成绩毕业，1935 年到牛津大学麦德林（Magdalen）学院任教，受亚里士多德、柏拉图、莱布尼茨、康德和摩尔哲学影响较多。"二战"时任英国情报六处军官，战后回牛津大学任教授，49 岁时患肺癌去世。奥斯汀的著作和论文不多，主要著作《感觉与感觉对象》（1962）和《如何用词语做事》（1962）都是演讲稿，前者是奥斯汀 1947 年至 1959 年在牛津大学一些课堂讲授的内容，在加州大学也讲过；后者是他 1955 年在哈佛大学的演讲稿。

1. 知觉是对外部世界的知觉

在《感觉与感觉对象》中，奥斯汀试图在起点处反驳怀疑论。一方面，他主张，我们关于世界知识的陈述有些直接是真的，并不需要任何证据。另一方面，他力图反驳艾耶尔的感觉材料（sense-data）说，也即我们的知觉对象不是外部世界，而是感觉材料，其根据是错觉论证（argument from illusion）。奥斯汀区分了错觉（illusion）与幻觉（delusion），前者如直尺在水里弯曲、海市蜃楼、镜子形象，后者如醉鬼看见粉红耗子。就错觉的情况来说，我们的知觉确实是对于外部存在的事物的知觉。

---

① 参见 G. Ryle, *The Concept of Mind*, New York: Barns and Noble, 1949, p. 45.
② G. Ryle, *The Concept of Mind*, New York: Barns and Noble, 1949, p. 102.

2. 说话就是做事

在《如何用词语做事》中，奥斯汀提出了他的言语行为（speech acts）理论：说话就是做事。按照早期分析哲学和逻辑实证主义的观点，科学只是描述世界，只有那些描述世界的话语才是真的或假的，因此只有陈述才是有意义的。而伦理、美学和宗教中的语句只表达情感，没有意义。但是，奥斯汀指出，有一类语句具有陈述句的形式，却不做描述，说出一句这样的话语只是在做一件事情。奥斯汀把这样的话语叫做行事话语（performative utterances），如"我为踩了你的脚道歉"（I apologize for stepping on your foot），"我把这艘船命名为伊丽莎白女王号"（I name this ship the *Queen Elizabeth*），"我打赌克利夫兰印第安人队赢得世界〔职业棒球〕大赛"（I bet that the Cleveland Indians win the World Series）。这些语句不是真的或假的，但并不是无意义的。在语法形式上，这些语句都是主动语态，陈述语气，动词采用第一人称单数现在非进行时。此外它们还有两个特征，第一，它们并不"描述""报告"或记叙任何事情，因此没有"真假"；第二，说出这样一个语句就是做一件事情，或者是做一件事情的一部分。

奥斯汀进而把行事话语理论推广到所有的话语上。所有的话语，不论陈述、命令、请求、疑问、承诺，等等，都是言语行为。说出任何话语，都是做事情。早期分析哲学致力于语言表达式的"意义"的分析，但是，话语除了意义之外，还有"效力"（force）。说出一句话时，说话者不仅用声音表达了一定的意义，而且做了另外一件事情，并且产生一定的结果。这样，一个言语行动同时又是三种行动，施言行动（locutionary act）、施事行动（illocutionary act）和施力行动（perlocutionary act）。

施言行动是说话的行动，包括三个方面，即发声（phonetic act）、发言（phatic act）、发意（rhetic act）。发声就是发出物理上可辨别的声音，发出的声音不一定属于自然语言的语音，也可以是人的嘴巴发出的任何声音。发言就是发出的声音属于自然语言的音节或词汇，具有一定的结构或语法，有重音和轻音，能够成为自然语言的一部分，涉及词汇、语法和音调。发意就是发出一些具有一定的涵义和指称的声音。

说话就是做事，这个说法有不同的意思。说话本身是做事，即发出声音，这是施言行动；但是说出一句话也是做了另一件事情，如传达信息或命名，这是施事行动；通过说话，对听话者或说话者产生一定作用力、效力或效果，这是施力行动。

做出一个施言行动也是做出一个施事行动。奥斯汀列举的施事行动，例如：

提出和回答一个问题，给予某种信息、保证或警告，宣布一项裁决或意图，做出一项命令、一个请求或一个批评，做出一项识别或一个描述，等等。说出同一句话，它可以是劝告，也可以只是建议；可以是一份承诺，也可以只是一个较弱的意向。这种涵义不是由词汇和语法决定的，它是话语的施事效力（illocutionary force）。

奥斯汀指责哲学家们长期忽视了言语行动的施事效力，把所有的意义问题都看作施言问题。逻辑实证主义之后，一些哲学家用"语境"来说明词语的使用，但是通过这种说明得到的，仍然是"词语的意义"。而奥斯汀要把意义与效力区分开来，意义仅仅指言语的指称和涵义，效力则是另外一个东西。奥斯汀也表达了他对使用论或用法论的不满。哲学家们常常说到"语言的用法""语句的用法"，但"用法"与"意义"一样，是一个极其模糊而且涵盖甚广的词，用"用法"来取代"意义"并没有任何改善。我们可以把一个语句在某个具体情景下的"用法"弄得很清楚，但这依然属于施言行动，对施事行动没有丝毫触及。

说出一句话，就是做了一个施言行动，也是做了一个施事行动，因此它有指称与涵义，也有施事效力，这是它的第二个意义。除此之外，它还做了另一件事情，即施力行动，于是它就有了第三个意义。说出一定的话语常常对说话者和听话者的思想、感情和行动产生一定的效果或影响，这就是施力行动。下面是奥斯汀举的一个例子：

> 行动（A）或施言
> 他对我说："你不能做那个。"这里"你"指称你，"不能"的意义是不能，"做"的意义是做，"那个"指称那个。
> 行动（B）或施事
> 他劝阻我做那件事。
> 行动（C.a）或施力
> 他阻止了我或制止了我。
> 行动（C.b）
> 他使我停下来，他使我清醒了，他惹恼了我。

奥斯汀的语言哲学既反对早期分析哲学的意义理论，主张话语的意义除了涵义、指称和真假条件外，更重要的是说出一个话语时做了什么事情，产生了什么结果，也不同于后期维特根斯坦的用法理论，认为用法说不过是在一定的语境下确定话语的意义,其核心仍然是意义。所以,奥斯汀指出,施言、施事和施力这三种行动的区分是非常重要的。

"意义""语句的用法"等说法导致我们混淆施言行动与施事行动。从用法论的观点看,我们通过考察一个语句使用的语境,就可以弄清楚那个语句表达了什么意义,而说出那个语句所做的事情则被忽略了。而"语言的用法"则导致施事行动与施力行动的混淆。我们使用语言来描述、论证、命令、请求、许诺,这些都是我们用语言所作的事情,是约定的。这些行动可纳入"语言使用"的范围,即我们使用语言做了什么,但使用语言产生的效力或结果被忽略。施事与施力的区别,就像"劝说"与"说服"的区分一样,劝说有时带来说服,有时并不带来说服。"语言使用"(the use of language)包含将语言用于什么目的,如用语言来逗笑,用语言来做诗,用语言来演戏,这些语言使用或语言用法与施事行动没有关系。如果我说"去抓住那颗流星",这个话语的意义是很清楚的,在说这句话时产生了什么效果也是很清楚的。但是,用法理论不能回答我说这句话到底做了什么事情。语言使用也包括一些"寄生"用法,这些用法不严谨、不规范,其中的词语可能并不具有常规指称,说出一句话可能并不试图做出标准的施力行动,可能并不试图要你做任何事情。

在有些情况下,用法理论似乎也允许说话即做事的说法,例如说出一句话的行动暗示了什么。我说"风很大"或许是暗示你把门关上。但这并不是一种施事行动。我说"明天有雨"陈述了一个事实,我可以说"我陈述明天有雨"。我写一块"非请莫入"的牌子是做了一个警告,我可以说成"我警告未经许可不能进入"。但我不能说"我暗示你把门关上",而只能解释说,我的话语"风很大"是暗示你把门关上。但是,这种用法与意义之间并无约定的联系。我们可以由说出话语来表现某种情绪,如咒骂。这里我们并没有使用施事格式,我们可以说我们使用咒骂来释放我们的情绪。所有的施事行动都是约定的,是一个符合某种约定的行动。

施言、施事、施力都是行动,也就具有其他行动所具备的特征。行动之为行动,有些结果是有意产生的,有些结果是无意产生的。有时说话者有意产生某种结果,而该结果没有发生;有时说话者无意产生某种结果或有意不产生那种结果,那种结果却发生了。

奥斯汀认为,语句是有意义的最小单位,而"一个语词的意义是什么"则是哲学家炮制出来的一个虚假问题。如果我们问:"老鼠"的意义是什么?我们可以用"词语"来讲解"老鼠"一词的语法和语义学:列举一些汉语语句,在其中一些语句中可以使用"老鼠"一词，在另一些语句中则不能使用这个词；指出一些情境，含有"老鼠"一词的语句正确地描述了那些情境。但是，哲学家们惯于问：一般而言，一个词语的意义是什么？或者，任何一个词语的意义是什么？这就是在问"一个一般词语"（a-word-in-general）或"任何一个词语"（any word）的意义，但意义并不是一个东西。奥斯汀把哲学家的这种概括方式称为"言之无物"（Nothing-in-particular）的谬误，而且哲学家们常常犯这种错误，例如实在。哲学家们由"我们如何区分实在的老鼠与想象的老鼠？"过渡到"什么是实在的事物"，就由一个可以回答的问题过渡到无意义的空洞的问题。

三、斯特劳森的日常语言哲学

斯特劳森（1919—2006）生于伦敦，1937—1940年间就读于牛津大学，"二战"期间入伍。1948年回牛津大学继续担任教职。1950年发表"论指称"批评罗素并与奥斯汀就真理问题展开争论，名声大噪。他的主要哲学研究和教学活动地点都是牛津。与奥斯汀不同，他发表了大量的著作和论文，主要著作有《逻辑理论导论》（1952）、《个体》（1959）、《感觉的界限：康德纯粹理性批判专论》（1966）、《逻辑和语法中的主词与谓词》（1974）、《几种怀疑论与自然主义》（1985）、《分析与形而上学》（1992）、《实体与同一性》（1997）等。

（一）描述的形而上学

总的来说，斯特劳森主张，我们别无他途，唯有使用我们的常识中的核心概念，如物体、人［身］、空间、时间、因果、真理、指称、意义等。没有比这些概念更基本、更可靠的思想层次，因此，我们无法对这些概念进行还原，不论是还原为感觉经验还是还原为科学概念，都是不恰当的。斯特劳森提出"描述的形而上学"，用来抵制传统的"修正的形而上学"。他相信，人类有一个共有的、普遍的概念图式（conceptual scheme），对这个图式进行修改和增减，就是修正的形而上学。我们不能用更基本的概念和信念来为这个共有的图式提供辩护，而只能对它进行描述和分析，这就是描述的形而上学。这种分析并不是对任何东西进行还原，因为没有比我们的常识概念更基本的东西。这种分析的目的是揭示概念之间的关系和联系，从而使基本的常识概念的特征明确地显示出来。

从描述的形而上学看，普通的或时空中的物体是最基本的指称；"人"（a person）是一个初始概念，人并非单一的身体，也并非单一的心灵，而是同时具有物理和心理两种性状。斯特劳森反对康德的先验唯心论，也反对怀疑论。按斯特劳森的分析，知觉概念是一个因果概念，感觉经验的描述所使用的概念必定包含着物理对象的概念。知觉包含着我们所获得的经验，而经验具有关于对象的表征或反映内容；虽然幻觉也可以具有同样的内容，但我们可以根据恰当的知觉所满足的复杂的因果联系把幻觉区分出来。

斯特劳森与葛来斯（H. Paul Grice）联合发文，反驳蒯因对"分析性"教条的批判。他们主张，我们有足够的理由断定分析-综合的区分是存在的，因为有大量公认的实例支持这个区分，而这个实例系列还在不断延伸。蒯因所谓分析性概念不清晰的指责不足以推翻这个区分，在哲学上这个区分过去有、现在也有着确定的用途。正确翻译的存在支持了同义性概念，蒯因承认缩写定义也与他否认分析-综合区分的立场是矛盾的。斯特劳森也不赞成戴维森的语义学，他认为，真理概念是从属于说话和交流的，因此，他反对戴维森用真理来说明意义的做法。斯特劳森坚称"日常语言没有精确的逻辑"，因此也不赞成用谓词逻辑来描述自然语言的路线。

（二）语言的使用与摹状词理论批判

斯特劳森认为，罗素的摹状词理论含有根本的错误。通过对罗素理论的批评，他提出了自己关于意义、指称、真理的理论。按照罗素的观点，限定性描述短语（限定摹状词）作语句的主语时，通常的错误是误将语句的语法主语当作逻辑主语。实际上，这样的语句虽然有一个单称主语和一个谓语，但它们在逻辑上不是主-谓语句。在罗素看来，这种语句表达一个复杂的存在命题，其中一部分是一个"单称存在"命题。如"现在的法国国王是聪明的"表达了"存在一个唯一的对象是现在的法国国王"。罗素还主张，语句的主语应该是一个逻辑专名，其意义就是它所指称的个体。斯特劳森认为，罗素的这些观点毫无疑问是错误的。

斯特劳森的意义和指称理论的基础，是"语句"（a sentence）、"语句的使用"（a use of a sentence）和"语句的说出"（an utterance of a sentence）这三者之间的区分，对于表达式，相应的区分是"表达式""表达式的使用"和"表达式的说出"之间的区分。例如，"法国国王是聪明的"（The king of France is wise）是一个语句，我们可以设想在不同的时期说出这句话来，在法国是一个君主国的各个王朝时期，在法国是一个共和国的各个时期，以及在以后每个时期，说话者都可以说出这句话来。我们可以自然而正确地认为，同一个或不同的说话者在所有不同的场合说出了"同一个语句"，因此，语句显然不同于语句的说出，同一个语句在不同的场合下说出来，它就有许多不同的说出。同一个语句有着不同的使用场合。有人在路易十四在位时说出这句话，有人在路易十五在位时说出这句话。显然，他们说到的是不同的人。前者使用这句话做了一个真断定，而后者使用这句话做了一个假断定。在同一时间，如路易十四在位时，一个人说出这句话，另一个人写出这句话，那么这两个人是在谈论同一个人。他们使用同一个语句所做的断定都为真或者都为假，他们对同一个语句做了同样的使用，但对同一语句有不同的说出。

基于以上区分，斯特劳森自然引出以下结论：

第一，语句本身有意义，"现在的法国国王是聪明的"这个语句是有意义的，凡是说英语的都能理解那句英文原文的意义。同样，作为语句的一部分，表达式"现在的法国国王"本身是有意义的，在译成汉语之后，说汉语的人都知道这个表达式的意义。因此，意义是语句或表达式的属性。

第二，真假或真值是语句的使用属性，而不是语句本身的属性。我们不能说那个语句是真的或假的，而只能说某人使用那个语句做出真的或假的断定，或表达真的或假的命题。我们不能说那个语句谈论某个特定的人，因为我们可以在不同的时候用同一个语句谈论不同的人。因此我们只能说某人使用一个语句来谈论某个特定的人。

同样，指称产生于表达式的使用，而并非表达式本身的一个属性。当然，语句的使用产生真假，我们只能使用一个语句而不是一个表达式来谈论某个特定的人。这样，我们就只能说，某人使用一个表达式来提及（mention）或指称（refer）一个特定的人。在这里，斯特劳森是把"提及"和"指称"当作同义词使用的。如同我们使用同一个语句来表达具有不同的真假值的多个命题，同一个表达式也可以具有不同的指称用法或提及用法。指称不是表达式本身所做的事情，而是我们使用表达式所做的事情。因此，指称是表达式的使用的特征或属性。简而言之，词语并不指称，只有人能够指称。

第三，意义（meaning）不同于指称，罗素错误地把指称等同于意义。例如，在"我饿了"这个语句中，"我"是一个单指表达式，每个人都可以使用这个语句，但不同的人逻辑上不可能对这个语句有同样的使用，或者说，不同的人不可能使用这个语句表达同一个命题。我们不能说"我"指称一个特定的人。但我们可以说，无数的人之中，每个人都可以使用表达式"我"来指称他自己。"我"的意义是什么？真值和指称是语句和表达式的使用的函项，而意义是语句和表达式的函项。讲解一个表达式的意义，就是提供一般指南，指引人们使用这个表达式指称特定对象和人物；讲解一个语句的意义，也提供一般指南，告诉人们如何使用这个语句去做真的或假的断定。这并不是在谈论那个表达式或那个语句使用的特定场合。因此，表达式的意义不同于人们在某个具体场合下使用它指称的对象，语句的意义不同于人们在某个具体场合下使用它做出的断定。谈论表达式或语句的意义，就是谈论那些支配它的正确使用的规则、习惯、约定。

罗素由于忽略了上述区分，误以为意义就是表达式指称的对象，所以炮制出"逻辑专名"的神话。罗素的逻辑专名只有一个，就是"这个"，但"这个"的每一次使用，指称都可能不同，因此，指称并不是意义。"这个"的意义，是人们使用它指称特定事物的规则、习惯和约定。通过对指称与意义的区分，斯特劳森以自己的方式来解释"同一性陈述"或等式陈述的问题。

（a）拿破仑是下令处死甘当公爵的人。

（b）拿破仑下令处死甘当公爵。

这两个语句的使用做出了同样的陈述，但（a）语句的语法谓语似乎不是以直接形容的方式使用的，不同于（b）。如果（a）的谓语是以指称的方式使用的，那么，这个语句的使用似乎是二次指称同一个人，于是说话者要么对于他没有说什么，因此没有做出关于他的任何陈述；要么把他等同于自己，因此得出了一个没有内容的等式。但是，意义并不是指称，说出（a）和说出（b）的情境是不同的。

第四，语句的使用隐含主语所指对象的存在，但并不断定对象存在。例如，语句"现在的法国国王是聪明的"隐含（imply）着现在的法国国王存在，这里所说的"隐含"不是导出（entail），即不是逻辑蕴含。它的意思与"预设"比较接近。罗素的错误在于没有区分隐含与逻辑蕴含，因此断定，由于1905年不存在法国国王，所以"现在的法国国王是聪明的"是假的。但是，在斯特劳森看来，我们说"不存在法国国王"并不与"现在的法国国王是聪明的"相矛盾。如果在说出这句话时不存在法国国王，这句话的使用产生真命题还是假命题的问题根本不会提出来。一个语句能够被用来谈论某个具体的人或物，所以它是有意义的。但有可能在某个场合，说话者使用它时没有谈到某个特定的人或物，斯特劳森称这种使用为"虚假的使用"。语句的虚假使用没有真假问题。

对于逻辑方阵，即 A、E、I、O 四种语句形式，传统逻辑通常对 A 式（所有的 x 是 y）作否定的存在解释，即"不存在 x，x 不是 y"，或者把它解释为否定的存在陈述与肯定的存在陈述的合取，即"不存在 x，x 不是 y，并且存在 x"。而对 I 和 O 则作肯定的存在解释。但是，不论作上述哪种解释，都必须抛弃某些逻辑定律。斯特劳森对这些语句不作任何肯定或否定的存在解释，语句开头的"所有""有些"在日常语言中都是以指称方式使用的，相应的语句隐含主语指称的对象存在。如果主语的存在条件没有得到满足，这些语句是否用来作真假断定的问题根本不会提出来。

第五，对象的指称和形容依赖于语境。罗素认定只有逻辑专名才能做语句主语，而其他所有的表达式都只能作谓语。斯特劳森指出，使用语言的主要目的是陈述事实，这就要对特定的对象有所述说。于是有些表达式的使用具有指称功能，而有些表达式的使用则具有形容功能（对象具有什么性质，属于哪一类，等等），于是我们必须有主语-谓语的约定的语法分类。这是对表达式所起的作用的分类，而不是对表达式的分类，因为同一个表达式有时具有指称用法，有时具有形容用法。表达式的使用方式存在着两种约定，即指称约定和形容约定。

说话者的指称意图和他使用表达式指称什么，由约定和语境决定。语境主要指说话的"时间、地点、情境、说话者的身份、受到直接关注的主题、说话者和听话者的经历"①。正确使用表达式去指称，要求满足可陈述的语境条件，这是一个约定性的要求。正确使用一个表达式来指称某个事物，要求那个事物与说话者和说话语境有一定的关系，而正确地使用一个表达式来描述某物，则不需要考虑这种关系。一个命题断定某物属于某个类别或具有什么属性，谓语表达式的使用本身满足了该表达式的形容用法要求。

指称约定常常受到逻辑学家的忽略。逻辑学家只关心定义和形式分析，定义往往只是明确定义表达式的形容用法，而形式分析则撇开了使用问题。莱布尼茨的逻辑把指称的确定看作纯逻辑问题，因此走错了方向。有些表达式的使用主要起指称作用，如代词和普通专名；有些名词有时用来指称，有时用来形容，如普通名词、形容词和普通名词组成的词组。能够具有指称用法的表达式有多种，有的完全依赖于语境，如代词"我"和"它"；有的完全不依赖于语境，如没有时空标示的摹状词"《威弗利》的作者"。有的具有描述意义；有的则完全没有描述意义，如专名"霍拉斯"，可以是一个人的名字，也可以是一只狗的名字。有的受一般约定支配；有的不受一般约定支配，而是受特设约定支配，如给一个个体命名并无一般规则。

就限定摹状词（the so-and-so）的指称用法来说，当定冠词和后面的短语出现在语句的开头、及物动词或介词的后面等位置上时，则标示着说话者做了单一指称，而冠词后面的名词或名词短语则指明它指称哪个个体。罗素说，名字是伪装的摹状词，摹状词表面上是一个指称性的短语，实际上不指称任何东西，这种说法是根本错误的。

（三）谓词"是真的"的意义

按斯特劳森的看法，语句有意义，语句的使用有真假。这是一个方面的问题。

---

① P. F. Strawson, "On Referring", *Mind*, vol. 59. no. 235, 1950, p. 336.

但谓词"是真的"是什么意思呢？他同样从日常语言的使用的角度分析了这个概念的用法和意义。

> 地球是圆的是真的。
> 命题地球是圆的是真的。
> 这是真的（回应某人说地球是圆的）。

断定以上三个语句等于说出"地球是圆的"所做出的断定。例如，说出命题地球是圆的是真的，这并不是指称一个命题并将一个谓词"真的"给予它。不存在"真"这个属性，"是真的"也不具有描述功能。说出 S 是真的就是断定 S。但是除了断定 S 之外，"是真的"是在这里被说出来，于是成为一个言语行动，即肯定、赞成、承认 S 的言语行动。这就是"真"这个谓词的主要功能。

第三节　新实用主义

实用主义哲学是美国的本土哲学，但从思想方式上看它来源于欧洲哲学。英国经验主义、康德哲学、新兴的自然科学和逻辑、数学，都是实用主义哲学的思想资源。19 世纪末 20 世纪初，欧洲哲学和美国哲学都向意义理论和科学逻辑的方向发展。分析哲学与实用主义的结合有着天然的理由。穆尼茨在《当代分析哲学》中把皮尔士的实用主义看作"当代分析哲学运动的第一个实例"，认为后来哲学发展的主要特征在实用主义哲学中已经存在了。"特别是在皮尔士的著作中，我们看到丰富而强大的新逻辑的开端、对科学方法论的关注、对语言在人类经验中的作用的严肃考查。"① 随着大批欧洲分析哲学家由于受到纳粹的迫害而纷纷移居美国，美国在"二战"后成为分析哲学的主阵地。但是，美国的分析哲学一开始就打上了实用主义的烙印。蒯因在他的划时代的论文《经验论的两个教条》中一开篇就说，抛弃分析与综合二分的一个重要结果是"转向实用主义"。② 蒯因之后的美国哲学的主流，既是分析的，也是实用主义的，罗蒂的哲学虽然与分析哲学有较远

---

① M. K. Munitz, *Contemporary Analytic Philosophy*, New York: Macmillan Publishing Co. Inc., 1981, p. 61.
② W. V. O. Quine, *From A Logical Point of View*, New York: Harper and Row, 1963, p. 20.

的距离，但始终打着"新实用主义"的旗帜。

一、蒯因的分析的实用主义

蒯因（1908—2000）生于美国俄亥俄州，1926年入奥柏林学院攻读数学并获得数理哲学学士学位。他于1932年获得哈佛大学博士学位，后赴欧洲访学，结识维也纳学派和华沙学派的重要代表人物。1933年他回哈佛大学任教，"二战"期间在美国海军服役，1948年重返哈佛任教。他著有逻辑学著作多部，主要哲学著作有《从逻辑的观点看》（1953）、《语词和对象》（1960）、《集合论及其逻辑》（1963）、《悖论之道》（1966）、《本体论的相对性》（1969）、《逻辑哲学》（1970）、《指称的根源》（1974）、《理论与事物》（1981）、《真理的追求》（1990）、《从刺激到科学》（1995）。

（一）行为主义的意义理论

蒯因的早期哲学论文既显示出他受到弗雷格、罗素和前期维特根斯坦的极大影响，也留下了他走向实用主义的印迹。在《论什么存在》（1948）中，他提出了"本体论承诺"的概念。他虽然没有把本体论的讨论等同于本体论语言的分析，但依然是通过语言分析来讨论存在问题。他对名字和谓词的分析是罗素的摹状词理论的直接应用，旨在澄清本体论话语中的一些混乱。他首先讨论的不是存在什么，而是一个理论或一段话语认定了什么存在，这就是所谓的本体论承诺，即通过语言的逻辑分析揭示一个理论或一段话语认定了什么本体论，"本体论承诺"的意思就是本体论的认定或预设。他从罗素的摹状词理论引出一个口号：存在是约束变元的值。比如，有人说"飞马是白色的"，转译成"存在x，x是会飞的马并且是白色的"，这里x是受量词约束的变元，他给x取什么值，他就认可了什么东西存在。至于如何在多种本体论中做出选择，他采用了简单性原则，即选择最有效、最简便地描述世界的本体论。但他本人的立场倾向于现代科学：存在是由现代科学所认定的事物。

早在《论什么存在》中，蒯因就对意义概念提出怀疑，否认"意义"是一个东西，只同意使用"有意义的""同义的"这样的词，后来则对意义做了行为主义的解释。他在《本体论的相对性》（1968）一文中对杜威的行为主义的意义理论大加赞扬。杜威明确主张，意义不是一种心理存在，而主要是行为的一种性质。蒯因说，意义首先是语言的意义，语言是一种社会现象，我们只能根据人们在公共可辨认环境下的外部行为来了解这种现象。意义是行为的一种属性，而不是一种内心状态。

蒯因把早期维特根斯坦所代表的意义理论称为"博物馆神话"（the myth of a museum）：陈列物就是意义，词语就是标签，语言的转换就是转换标签。按照博物馆神话理论，语言的词语和语句具有确切的意义。要发现一个土著人的话语的意义，我们也许必须观察他的行为。但是，在土著人的心灵中，词语的意义是明确的，他的心灵就是一个博物馆。

蒯因对分析-综合的区分这一"教条"的批判，实际上是对意义概念本身进行的严厉的指责，也是对弗雷格主义的语义学理论的基本否定。蒯因否认内涵，对外延或指称也持有怀疑态度。

蒯因强调本质与意义的区别。亚里士多德的本质概念是近代的内涵或意义概念的先驱。亚里士多德说，有理性是人的本质，而有两腿是人的偶性。于是，有理性包含在"人"一词的意义之中，而有两腿则不在其中。蒯因反驳说，有两腿可以说是"二足动物"的意义的一部分，而合理性则不是其中一部分。因此从意义学说的观点看，一个实际的个人既是人又是二足动物，有理性是他的本质而有两腿是他的偶性，或者说有两腿是他的本质而有理性是他的偶性，二者都说不通。按照亚里士多德的观点，事物有本质，而语言形式才有意义。本质脱离被指示的对象而与字词相联系，就变成了意义。

对于一个数学家而言，有理性是本质的；而对于一个自行车运动员而言，有两腿更重要。对于一个既是数学家又是运动员的人，什么是本质呢？蒯因认为，如果我们对数学家和运动员没有特别的偏爱，那么就不能说这种属性是本质的，那种属性是偶然的。我们可以说某些属性更重要、更持久，但没有哪一种属性是本质的或偶然的。本质和偶性的区分是古代形而上学的残余。

本质同词语相结合成为意义，"意义"是什么？蒯因否认意义是说话者的心灵中的一种确定的东西，超出潜在的外部行为倾向。我们应该转向自然主义的语言观和行为主义的意义观。我们放弃的不只是关于语言的博物馆形象，也放弃了确定性。当我们认识到意义首先是行为的一种性质时，我们也认识到，除了潜在的公开行为倾向之外，没有意义，没有相似性，也没有意义的区别。对于自然主义，两个表达式的意义是否相似，除了由已知的和未知的人的说话倾向给予的回答之外，没有确定的回答。如果根据这些标准还存在不确定的情况，那么关于意义的语用学和意义的相似性，问题就更严重了。

（二）翻译的不确定性

翻译是把一种语言中的语句转换成另一种语言中有相同意义的语句。但对一种陌生语言中的一个语句，有多种可行的翻译方式。设想一位语言学家来到一个从未接触过的部落，当地人看见一只兔子时说"gavagai"。按照一般的意义理论，把 gavagai 译成兔子是一种纯客观的事情，可以由直指定义来解决，即用手指一个实物来定义一个词。蒯因论证说，事情并不这么简单。一只兔子的未分离的局部或者一只兔子的一个时段出现，是整只兔子出现的充分必要条件。如果我们想知道 gavagai 是译作兔子，或未分离的兔子局部，还是兔子时段，那么仅仅由直指（即在各种刺激场合反复地拿 gavagai 询问当地人，看他们赞成与否），是无济于事的。这是由于"兔子"的指称与个体化方式相联系。不同的文化把整体的世界分割、剪切成众多个体。因此，要掌握这个词，就不能不掌握它的个体化原则：一只兔子在何处结束，另一只兔子在何处开始。这是不能直接掌握的。兔子、未分离的兔子局部和兔子时段之间的唯一区别是它们的个体化方式。你怎样来划分你的时空世界呢？它可以是由兔子构成的，可以是由兔子局部构成的，也可以是由兔子时段构成的。这三种世界之间的唯一区别是剪切的方式不同。如何剪切世界是直指所不能告诉我们的。蒯因断定，gavagai 在英语中有三种翻译。他不是说这个词是歧义的，而是说，通过调整其他词的翻译，这三种翻译都行得通。

蒯因指出，假定这三种翻译都同样能匹配异族说话者和英语说话者的所有可观察行为，假定它们不仅匹配实际观察到的行为，而且匹配有关说话者的行为倾向，那么根据这些假定，就永远不能知道这些翻译中哪个是对的，哪个是错的。当然，如果博物馆神话是对的，那么就会有对与错的问题，但这正是我们永远不知道的，我们没有进入这种博物馆的通道。意义相似性的概念在这种情况下毫无帮助。

这里的问题不在于三种翻译中哪一种是对的，而在于异族人的世界观与西方人的世界观可能完全不同。西方本体论的基本信念是，凡是存在的，要么是个体，要么是个体的性质或关系。事物是一个一个地存在的，个体是时空中连续存在的个体。因此，西方语言手段中有单数和复数。同类个体形成一个类，因此，西方人还可以谈论抽象的对象。西方文化是一种设置物体的文化（object-positing culture）。但是，土人的世界观可能与西方人的世界观完全不同。依照土人的世界观，物体、抽象物体之类的说话都是胡言乱语。土人也许根本不谈什么这个、那个、相同、不同、一个、两个之类的话。gavagai 可能就指兔子，也可能指兔子时段或兔子的各个不分离的部分。但语言学家掌握的证据不足以使他断定一个 gavagai 就是一只整体性的连续的兔子。"如果语言学家下这个结论，那么他就悄悄地假定了土人像我们一样有一个概括性的词指称兔子，而没有概括性的词指称兔子时段或兔子局部。"① Gavagai 很可能是一个专名,指重复出现的兔子共相(recurring universal rabbithood)。也可能以上几种情况都不是。因为可以设想土人的世界观里有质料,但没有事物,没有具体的事物,也没有抽象的事物。

当然,蒯因很清楚,一个作实地考察的语言学家会灵活地把 gavagai 与"兔子"等同起来而排除其他两种译法。这种灵活的选择又进而有助于确定他随后关于那些异族用语对应于英语的个体化机制的假定,这样一切都会进行得很顺利。指导他选择"兔子"或其他译法的隐含准则是,一个持续的、相对同性的对象(作为一个整体相对于一个背景作运动)是一个词语的可行指称。如果他意识到这个准则,他会把它看作一个语言共相,或者一切语言的一个特性。他会轻易地指出其心理学的可信性。但是他可能搞错。这个准则是他自己为确定客观上不确定的东西而设立的。

蒯因指出,如果一个词的意义就是并且只是它的正确翻译共有的一切,那么一个词的意义是什么,就不是一个客观确定的问题,因为一个词的几种非同义的翻译中哪个是正确的,本身是不确定的。指称的不确定性导致意义的不确定性,意义的不确定性导致翻译的不确定性。

意义(或内涵)通常与指称相对。一个具体的通名(如 rabbit)指称一定数量的具体事物中的每一个。所指物体的总体叫做一个词的外延。一个词的内涵是并且仅仅是其外延的所有成员的共有特性。蒯因论证说,这个内涵概念是空洞的,也就是说,一个词的内涵是什么,没有确定的答案。就起点翻译(radical translation,即翻译一种完全陌生的语言)来说,甚至外延也是不确定的。但是,一般来说,蒯因认为一个词的外延要比内涵明确一些。但起点翻译表明,外延或指称也是不确定的。使用起点翻译的事例,是为了使这一点更明确些。其实,指称的不确定性在本国语言内也是成立的。"现在我们应该注意到,前面参照遥远语言的例子并非真有必要。经过更深入的思考可以看到,起点翻译始于本土。"② 我们必须把邻居的英语词与我们自己嘴里说出的相同音素串等同起来吗?显然不能。有时我们发现,我们的邻居对有些词的用法,如 cool、square、hopefully,与我们自己的用法不同,因此我们把他的词语译成与我们的习惯用语不同的音素串。本地语言的翻译规则通常是同音规则(homophonic rule),即直接把每一个音素串译

---

① W. V. Quine, "Meaning and Translation", in *Challenge to Empiricism*, ed. Harold Morick, Methuen, 1980, p. 76.
② W. V. O. Quine, *Ontological Relativity and Other Essays*, New York: Columbia University Press, 1969, p. 48.

成它自己；而且我们总是倾向于把同音性同威尔逊所说的同智原则（the principle of charity）① 糅合在一起。如果把邻居的话作异音解释使他的意思不是那么荒唐，我们常常会那样做。

我们的语言有谓词和辅助装置，还有同一与不同这样的二位谓词和其他逻辑常词。使用这些手段，我们才能滔滔不绝地说这是一个公式，那是一个数，这是一只兔子，那是一个兔子局部。这个和那个是同一只兔子，这个和那个是不同的部分。这个词语、谓词和辅助装置的网络是我们的参照系，我们的坐标系。相对于这个网络，我们能够有意义地、清晰地谈论兔子和兔子局部、数和公式。我们设想我们熟悉的词语改变指称。我们对这些指称作大量的、巧妙地变换，再辅之以辅助常词解释的补偿性调整，仍然可以通融所有的说话趋向。这是将指称的不可分辨性用到我们自己的语言上。它使指称成为空谈。只有相对于一个坐标系，指称才不是空谈。询问我们的词语"兔子""兔子局部""数"是否真的分别指称兔子、兔子局部、数，等等，而不是指称某些巧妙地替换了的东西，这是没有意义的。"只有相对于某个背景语言我们才能有意义地问这样的问题。"② 这样，蒯因就得到一个相对主义的论题：说一个理论的对象是如此这般，这没有意义。只有说如何用另一个理论来解释它或重新解释它才有意义。

（三）认识论的自然主义

蒯因认为，实用主义是一种经验主义，行为主义的语义学和自然主义的认识论在经验主义的发展中起关键作用。蒯因说，在休谟之后，经验主义取得了五大进步。这五大进步是：（1）方法论的唯名论。它采取的认识论策略是，只要有可能，就以语言表达式而非观念作为讨论的题材。（2）本体论的语境主义（contextualism）。它主张，对于一些用起来便利而在本体论上成问题的词，放弃其指称而对其作语境或场境定义。（3）认识论的整体论。它认为，语句过短，不足以传达经验意义，只有内容较多的一个科学理论体系才能传达经验意义。（4）方法论的一元论。即放弃分析-综合的二元论，否定分析陈述与综合陈述之间的严格区分。（5）认识论的自然主义。否认有先于科学的第一哲学，放弃第一哲学的目的。

按照蒯因的认识论的自然主义，人不是科学真理的发现者，而是它们的发明者或制造者。他坚定地认为科学理论的系统结构是人造的，是为了适合素材而把它造出来的，是发明而不是发现，因为它不是由素材唯一地决定的。现在做梦也

---

① Neil Wilson, "Substance without substrata", *Review of Metaphysics*, 12 (1959), p. 532.
② W. V. O. Quine, *Ontological Relativity and Other Essays*, New York: Columbia University Press, 1969, p. 48.

想不到的其他不同系统,也可能很适合素材。但是,蒯因在本体论上持有实在论的观点,而实在论的本体论正好来自他的自然主义。他主张物理物体是实在的,甚至假设性最强的粒子也是这样。当然,关于粒子的认识同所有的科学一样要受到修正。所以,蒯因既坚持实在论的本体论路线,又主张人主要是真理的作者而非发现者,这是因为,关于物理事物的科学真理虽然是人的作品,但仍然是真理。

蒯因的自然主义主张,除了科学提出和追求的真理之外,没有更高的真理。科学家的确是创造性的,他设立物理事物,并且也许能产生不同的系统,这样的系统也能适合过去和将来的一切材料;但是,一切言论都肯定真理还在科学中,还是关于科学的。这些真理说明我们的科学的方法论,而不是证伪它或者取缔我们的科学。我们暂且使用我们所拥有的,并且在我们看到如何改进时就改进它。当我们说到此真彼假时,我们总是在我们现有的系统内讲话,我们不能有别的说法。我们的系统在变化,当它变化时,我们不说真理随之而变化了。我们说我们过去错误地假定某种东西是真的,现在学得更好了。我们的口号是可误论,而不是相对主义,既是可误论又是自然主义。自然主义在科学上、在认识论上类似于可误论,而在心理学和语义学上,自然主义就是行为主义。蒯因说,这是他与经典实用主义的真正联系。

蒯因的自然主义认识论研究集中在观察语句的问题上。在分析哲学中,观察语句是一个关键的概念,因为科学逻辑就在于观察语句与理论语句之间的逻辑关系上。蒯因没有把观察语句当作既定的或给予的东西,而是力图以自然科学(特别是神经科学和心理学)为根据来阐明观察语句的性质。因此,他首先不是谈经验或知觉,而是谈神经末梢受外部刺激而引起的扰动,然后从进化和学习的角度讨论观察语句,进而再讨论如何超越观察语句达到科学理论。

超越普通观察语句的第一步是对预测的概括表达。这种办法是把两个观察语句联结起来,表述一个普遍的预测:只要一个观察语句成立,那么另一个也就会成立。例如,"在下雪的时候,天很冷";"有烟必有火";"太阳出来时,小鸟唱歌";"如果闪电,必有打雷"。它们是我们最初的尝试性的科学定律。蒯因称之为"观察范畴句"。在语言进化和小孩学习语言的过程中,从普通观察语句到观察范畴句的飞跃,是一个大的飞跃。因为观察范畴句是归纳预期的直接表达,是全部学习的基础。但在这个阶段,还没有指称,没有指向身体或其他物体。观察范畴句只是断定,那些原来分开来辨明的现象是相伴发生的,或者是紧跟着发生的。这个阶段小孩子的观察语句"妈妈"或"狗狗"还只是对短时景象的重复特征所做的记录,与"冷"和"雷声"并无差别。在此,任何差别都只是性质上的,而不是本体论的。这样，蒯因勾画了从光线、粒子对感受器的作用，到初步的外部世界理论的因果链条这样一幅认识进化图画。观察范畴句的确是关于世界的理论，拥有一些服从实验方法的经验检验点。一个观察范畴句就是一个科学理论的雏形，我们可以通过实验来检验它。我们可以等待观察范畴句的第一个子句得到满足的场合出现，甚至造成它的出现，然后看第二个子句的满足情况。不利的结果会反驳该理论也即该范畴句。而有利的结果则使得理论能得到进一步的考察。

（四）整体论

科学始于观察范畴句的产生。观察范畴句一般而言是科学的最终经验检验点。对一个理论的检验，就是从中推导出一个观察范畴句并对其进行检验。如果它失败了，那么这个理论也就是失败的。该理论一定有某个成分断定是错误的，需要撤销。如果该范畴句通过了检验，那么一切顺利。一个顺利的检验当然不能证明理论之为真，甚至也不能证明该观察范畴句为真。

因此，在理论的检验问题上，蒯因持有整体论的观点。他认为，从散乱的地理学、历史学知识到最深入的原子物理学知识，甚至纯数学和逻辑知识，我们的知识或信念的总体是一个人造织物，只在边缘部分同经验相接触。他用了一个比喻，"整个科学就像一个力场，其边界条件是经验。在边缘处与经验发生冲突会导致力场内部的调整。有些陈述的真值要重新分配。一些陈述的重新评价导致其他陈述的重新评价，因为它们在逻辑上是联系在一起的力场中的另外一些因素，逻辑定律也只不过是系统中的另一些陈述。重新评价一个陈述后，我们也必须重新评价另外一些陈述，后一类陈述也许与前一个陈述是逻辑上联系在一起的，也可以是关于逻辑联系本身的陈述。但是，边界条件离充分决定整个力场还相差如此之远，以至于面对单个经验的反对时，究竟重新评价哪些陈述，有很大的选择余地。"①

由于科学理论是整体地面对经验检验的，所以当理论与经验相冲突时，可以对整体系统内的任何一部分进行修改，以保持系统的融洽性。科学家可以修改某个理论假说，也可以不修改，即不进行证伪。即使是非常靠近力场边缘的某个命题在与经验发生矛盾时，也可以不修改。可以说那种经验是幻觉，或者对逻辑定律本身进行修改。

这样，从整体论的观点看，与逻辑经验主义的主张不同，首先，经验检验并不指向单个命题或理论，而是指向整体系统。其次，没有任何命题是免受修改的，

---

① W. V. O. Quine, *From A Logical Point of View*, New York: Harper and Row, 1963, p. 42.

即使逻辑、数学命题也是可修改的。因此，并没有所谓先天必然的真理。分析与综合两类命题之间并没有截然分明的界线。法国物理学家和哲学家迪昂也主张关于科学理论的整体论。所以这个论题一般叫做"迪昂-蒯因论题"。

二、罗蒂的新实用主义哲学

罗蒂（1931—2007）于1956年获耶鲁大学哲学博士学位。曾任教于耶鲁大学、韦尔斯莱学院、普林斯顿大学、弗吉尼亚大学。他曾于1985年、2004年来我国讲学访问。罗蒂于1967年编辑了《语言的转向》，收编重要的分析哲学文章。他的第一部专著是《哲学与自然之镜》（1979），考察了哲学的历史，特别是当代实用主义、分析哲学和大陆哲学，站在通览当代哲学潮流的高度重新论述了实用主义。此外还出版多部文集。他曾是卡尔纳普、亨普尔的学生，但激烈地批判分析哲学，对大陆哲学多有赞誉，被一些人视为分析哲学的叛徒。

（一）视点取代真理

罗蒂把传统哲学有时叫柏拉图主义的哲学，有时叫康德主义哲学。这种哲学有一个共同的哲学观：哲学知道知识和真理的最高本质，因此位于一切文化领域之上并裁决一切文化领域的知识判断。

传统哲学把真理看成与实在相符合。罗蒂认为，我们既不能客观地确定什么是实在，也说明不了符合关系是一种什么样的关系。真理只不过是一个赞美词，数学的、科学的、审美的和道德的真理之间并没有什么共同的本质。真理如同詹姆斯所说，是能够产生有益结果的信念。我们只能从现有的思想系统去看世界，因此没有传统哲学所说的客观性。合理性不在于合方法，而是一种伦理美德，即心平气和、靠说服而不靠压制，因此没有传统哲学所说的合理性。17世纪以来的心灵概念只是一个欺人的虚构。

罗蒂呼吁哲学家放弃追求"真理"，即对实在的、唯一的、最后正确的再现（representation），提倡多重"真理"。他论证说，"真理就是符合实在"的教导毫无意义、毫无用处，因为我们没法达到实在。实在独立于我们的信念和理论，而关于实在的信念和理论的真假正是我们想要确定的。这就是说，我们不可能拿我们的信念和实在相比较，看看它们是否相符，看看信念是否是真理。没有一种再现能使我们知道如何按事物的实际来把握其本性。因此，哲学家们希望建立客观知识的基础是不会成功的。传统哲学自以为提供人类知识的基础，这个梦想从此破灭了。

按照罗蒂的观点，詹姆斯和杜威既看到了获得客观真实的知识是不可能的，又能不使哲学家灰心丧气，感到没有什么值得说了。詹姆斯、杜威和罗蒂都认为，虽然没有终极真理等待我们去发现，但是我们的信念还是有好坏之分。哲学的任务就是帮助我们认识那些好观念。如果一个观念比另一个观念能更有效地帮助我们达到目的，那么就比另一个观念更好。人有一些相同的大目的（如自我保护），但不同的个人和群体有许多下属目标和利益。个人追求的目标多种多样，每个人都以自己所处的直接环境为出发点，这就产生了世界观念的多样性和冲突。

罗蒂认为，见解的多样性不仅是不可避免的，而且实际上比所有的人的意见趋同于一个最后信念更可取。在实践中这种趋同不会导致各种见解相互容纳，反而可能导致以强欺弱，这样我们就会失去受压制的思维方式中含有的合理见解。在这方面，罗蒂赞同费耶阿本德的观点增殖说，面对可选观点的海洋，哲学家的任务不是根据真理（包含在各种观点之中）必然相容这个假定，把它们翻译为一组共同的词句，从而最大限度地缩小它们之间的差距，而是充当"见闻广博的业余爱好者、爱管闲事的调停人"①。他把迄今互不往来的各种见解的主张者吸引在一起相互商谈。这种商谈的目的不是达到"真理"。相反，哲学家试图培养的这种跨学科、跨文化的商谈本身就是目的。这一定会把我们引向新见解，但新见解与其说是这种商谈所追求的目的，不如说是完全乐于交流意见、进行讨论所产生的偶然的副产品。

罗蒂眼里的商谈并没有特定归宿，没有非走不可的路线，没有任何信念是必须考虑的。罗蒂否认一切见解都应该在这种更大规模的商谈中受到"公正处分"，各得其所。他认为这是一种毫无希望的唯心主义。获得真理之大成是荒唐的，追求这种真理同样是荒唐的。我们能够达到的是令人快意的、有效的讨论。在这个世界中，我们要寻找的意义就是我们赋予世界的意义。由于语言的发明，把意义赋予世界是人类始终从事的活动，这种活动产生了不同理论和信念的海洋。然而，我们赋予世界的意义不是真的，而仅仅是好的信念方式（good in the way of belief）。重要的不是正确，而是我们的共同处境：我们是一群生物，发现自己没有任何理由就活在这儿了。罗蒂说："要紧的是我们对一道反对黑暗的其他人的忠诚。"② 我们谈话既表明我们的忠诚，也增加了忠诚的可能性。

康德假定，有一组普遍适用的范畴，它们给我们的经验定型，我们能够通过

---

① Richard Rorty, *Philosophy and the Mirror of Nature*, Princeton: Princeton University Press, 1979, pp. 173-174.
② Richard Rorty, *Consequences of Pragmatism*, Minneapolis: University of Minnesota Press, 1982, p. 166.

内省充分理解那些范畴。这个假定是罗蒂拒绝接受的。罗蒂注重的，是人类因为处于不同的文化背景、追求不同的实践目的、说不同的语言而产生的视点（perspectives）的多样性。假定我们没有通向自在之物的本性的通路，甚至没有希望确定我们为什么必须理解事物，那么，这些个人的视点为我们提供了关于世界的唯一"知识"。当敌对的视点相冲突时，我们如何消解冲突？在尼采看来，只有用强权来解决冲突。

罗蒂想提出一个比较温和的解决方案。他认为，我们应该努力造就（而不是发现）一个基础，在这个基础上面，不同视点的捍卫者可能取得一致。哲学常常依赖于直觉。直觉实在论者要求哲学找到每个人都能接受的论点，每个人的直觉都能够受到公正的裁决。罗蒂反驳说，这种精神生活的观点或者预设了语言不是无处不在的，或者预设了所有的词汇都是可通约的。对于第一种预设，罗蒂认为，所谓直觉，只是我们养成的说话方式的产物，只是我们遇到的文本和人群的产物。对于第二个预设，罗蒂认为，荷马英雄、佛教圣人、启蒙科学家、当代法国文学批评家的词汇中的直觉有着巨大的差异，哲学家企图找出它们之中的共同成分并将其分离出来，使之成为所有人接受的普遍规范，这是不会成功的。在实用主义者看来，能够超越因此能够统一东方和西方的文化的东西，"不可能是对于各方都作平等裁决的文化，而是以迁就的态度回顾这两方的文化，就像后代回顾祖先一样"①。

每一种视点都产生于局部的处境，所以没有理由认为，我们应该考察对立的视点有什么共同之处，每个视点中什么东西特别有价值，什么东西可以抛弃，从而达到一致性。这就是说，调和对立的视点是没有必要的。创造全新的看事物的方式更容易达到一致。当不同视点的捍卫者固执己见、不肯罢休时，可以把新视点引入争论以解决他们的冲突，新视点诱使各方放弃他们以前的立场。虽然冲突可能以这样的方式解决，但不能保证，在我们所处的这样一个复杂的世界中，冲突各方放弃以前的立场可能引入新的相冲突的立场。所以罗蒂不去冒昧地断定"全人类共同体"能够达到。

罗蒂承认，一旦客观真理的概念贬值了，通过法令来确立"真理"似乎就有了一定的道理。他认为，启蒙运动的捍卫者所提的问题很有道理：如果暴君把他们的谎言说成客观真理，并用暴力来捍卫那些所谓的"客观真理"，实用主义有什

---

① Richard Rorty, *Consequences of Pragmatism*, Minneapolis: University of Minnesota Press, 1982, p. xxx.

么办法阻止这种做法吗？罗蒂没有其他手段来制止暴政，而只有他说的友爱。

(二) 友爱取代客观性

对于暴政的危险，罗蒂的态度是，当他说真理是"欧洲的商谈中出现的东西"时，他指的是未受歪曲的商谈的结果。他进而论证说，如果迫不得已要说明"未受歪曲"是什么意思，那么我们只能举例说明。实用主义者只能说，"未受歪曲"意指使用我们的判别标准。罗蒂所说的"我们"，就是以苏格拉底、柏拉图、牛顿、康德、马克思、达尔文、弗洛伊德、杜威等为代表的西方文化的继承人。作为苏格拉底的后人，我们说的"真理"指的是在开放的、寻觅式的讨论中寻求的东西。"除了提醒交谈者他们所处的位置、他们共有的偶然的出发点、他们共同介入的没有根基的商谈，实用主义者不知道有更好的方式来说明自己的信念。这就意味着实用主义者不能回答'欧洲有什么特殊吗？'这个问题，只能说：'你有什么非欧式的东西更能符合我们欧洲人的目的吗？'不能回答'苏格拉底的德行、弥尔顿的自由交往、不受歪曲的商谈有什么东西这么好？'只能说：'此外有什么能更好地满足我们和苏格拉底、弥尔顿、哈贝马斯共有的目的呢？'"①

罗蒂把愿意讨论或商谈看作美德。"非理性主义者教导我们用血来思维，对思想、知识和逻辑的本性作更好的解释是驳不倒他们的。实用主义教导我们，我们在道德上有责任继续下去的商谈仅仅是我们的计划、欧洲知识分子的生活方式。"②罗蒂认为，思想生活和伦理生活中的美德是同一种美德，这就是乐于商谈。他提出在知识领域用这种美德来取代客观性和合理性。理性作为一个在柏拉图主义和康德主义传统中使用的词，与真理之为符合的概念、知识之为发现本质的概念、道德之为服从原则的概念是拴在一起的。这些概念都是实用主义力图摧毁的。

在西方哲学中，真理、知识、客观性、理性和合理性等概念是紧密联系在一起的，甚至是相互定义的。而它们的集中表现就是科学。罗蒂用实用主义的批判来摧毁符合论的真理概念和本质主义的知识概念。在《科学即友爱》一文中，罗蒂指出，科学作为西方文化的典范，关键不在于它的客观性与合理性，而在于它的友爱精神。与此相联系，他用友爱（solidarity）来取代客观性和合理性。罗蒂说，合理性有两种解释。一种解释是把理性看作一些超历史的、普遍有效的、先验的方法原则，合理性就在于遵守这些原则。因此，合理的就是合方法的（me-

---

① Richard Rorty, *Consequences of Pragmatism*, Minneapolis: University of Minnesota Press, 1982, p. 171.
② Richard Rorty, *Consequences of Pragmatism*, Minneapolis: University of Minnesota Press, 1982, p. 172.

thodical)。但是"'合理的'还有另一个意义。按照这个意义,这个词的意思类似于明智的、讲道理的,而不是'合方法的'。它指一组伦理美德:宽容、尊重别人的意见、愿意听别人说话、依靠说服而不是武力"[1]。罗蒂认为,我们的信念没有来自外部世界的限定,有的只是人类共同体成员的互相限定。没有凌驾于一切时代、一切理论和文化之上的普遍的、非历史的客观性、合理性标准。一切都在历史的过程中产生和变化。把合理性看成一种伦理美德,就是赞成西方自由主义的政治价值,如民主、平等、自由、尊重异己的观点。对这些美德他称为友爱。在《偶然性、讽喻和友爱》一书中,罗蒂主要论证友爱就是反对残酷,就是以仁爱之心待人。在《真理、政治学和后现代主义》中,他讨论了爱真理和爱邻居两种品德,而把爱邻居置于最高地位。

(三) 新实用主义而不是后现代主义

罗蒂经常被指为后现代主义者,但是罗蒂本人多次明确表示,他的主张与后现代主义的观点有重要的区别,因此他宁愿把自己称为"新实用主义者"。后现代是与现代相比较而言的。后现代主义不是一个学派,也不是一个单一的理论。现在没有、今后可能也没有一个划界标准。哈贝马斯因维护现代性而被视为现代主义者。罗蒂对现代性采取了独特的态度。后现代主义的批评矛头主要指向启蒙运动。反启蒙运动理性几乎成了后现代主义的代名词。但是,"启蒙运动的计划有两项:一项是政治计划,一项是哲学计划。一项计划是要在地球上创建天堂:一个没有特权、阶级和残暴的世界。另一项是要找到一种全面的新世界观,用自然和理性取代上帝"[2]。知识计划以启蒙运动理性和康德哲学为代表,这是罗蒂要彻底摧毁的。而它的政治计划是民主和自由主义。这是罗蒂所赞赏的。许多人认为,罗蒂的政治哲学理论是在为美国的政治制度和社会生活方式做辩护。

在罗蒂看来,"后现代"是个糟糕的术语。他说,"后现代主义"是一个含糊的、易误导人的词,它有时用来指某些哲学创见。以这种方式使用时,它指一项计划,这项计划可以回溯到尼采和美国实用主义者,不过它植根于黑格尔派的历史主义和达尔文主义的生物学。罗蒂被人称为一个"后现代主义者",是由于对真理和合理性持实用主义的观点。但是,"给我贴上这一标签令我甚感不安,因为在许多场合,'后现代主义'表示另外一种意义,指政治上绝望的态度。20世纪60

---

[1] Richard Rorty, *Obejctivity, Relativism, and Truth*, Cambridge: Cambridge University Press, 1991, p. 37.

[2] Richard Rorty, *Truth, Politics and "Post-modernism"*, Assen: Van Gorcum & Comp. B. V., 1997, p. 35.

年代的学生运动没有取得预期的结果,自此以来,这种绝望态度广泛流行"①。在他看来,人们所说的"后现代主义的政治"或"文化政治",似乎是退出现实政治,进入学院政治。这种政治的倡导者所提出的一切,是对传统资产阶级的自由创造精神的不信任,对所谓"人本主义"的不信任,这些创造精神被认为受了"人本主义"的污染。而罗蒂自称是一个真正的资产阶级自由主义者,对西方启蒙运动以来的政治充满希望和信心。在这个意义上,罗蒂绝不是一个后现代主义者。

第四节 对后期分析哲学的评析

本章所说的后期分析哲学,主要是指日常语言哲学和分析的实用主义哲学。日常语言哲学在语言研究特别是意义研究方面,更贴近人类的语言交流和生活实践。基于日常语言的用法和日常语言的丰富性,日常语言哲学对早期分析哲学的缺点进行了无情的揭露。早期分析哲学认为自然语言是不完善的,自然语言在意义的清晰性和语法的严谨上都存在无法改正的缺点,用自然语言所表达的哲学命题都是没有意义的。而早期分析哲学家所说的自然语言,就是日常语言。他们迷恋人工语言或所谓的理想语言,他们构造的人工语言的工具,就是弗雷格和罗素开创的符号逻辑。但是,逻辑的目的是建立正确推理的规则。逻辑推理和语言交流之间存在着巨大的差异。逻辑理论和技术只能描述从一些命题如何正确地推导出另一些命题来,这样,照搬符号逻辑的分析哲学就局限于陈述句的分析以及对陈述的构成成分的考察。但是,人类不仅用语言陈述或描述事实,而且用语言表达情感、提出问题、发布命令、提出要求、规划行动、讲述故事,等等。语句和词语都有多种类型,语言的使用与人类生活和人类生活的历史有着水乳交融的关系。日常语言哲学的发展,充分显露了形式的分析哲学的弊端。

不过,日常语言哲学本身也面临一些重大困难。有时它过于琐碎,喋喋不休地重复诸多日常语言的零星碎片。有时它过于狭窄,以日常语言的名义把日常语言的一小部分当作全部的日常语言。有时它过于贫乏,只描述日常语言中的一些事实而缺少理论的深度。有时甚至是反理论的,维特根斯坦就主张意义本身呈现出来,无需任何意义理论,要求我们只看不思考。从总体上看,日常语言哲学同

---

① Richard Rorty, *Truth*, *Politics and "Post-modernism"*, Assen: Van Gorcum & Comp. B. V., 1997, p. 35.

样没有很好地解决语言的意义问题。

日常语言哲学发展丰富了语用学研究。语用学是研究语言的实际的、具体使用的学科。语言总是在一定的语境中使用，语境包括说话情景、说话者与听话者的说话意向和心理状态等因素。这是意义的探讨不可忽视的方面，但哲学中的语境主义将语境的作用提升到不切实际的高度，甚至认为语言只有语境所确立的意义，并无稳定的意义。这就违背了语言的规范性和语言交流存在规律性等基本的语言事实。20世纪末期以后，语境主义泛滥，在语言哲学之外，科学哲学、认识论等学科都存在极端语境主义的偏向。

分析的实用主义是美国经典实用主义与分析哲学相结合的产物。这种结合虽然产生了大量的理论成果，其中有些成果是很有启发意义的。但"实用主义"与"分析哲学"的结合一开始就隐藏着一个内在的矛盾。实用主义的分析哲学家大多数对日常语言没有多少兴趣。一方面，实用主义的宗旨是强调现实生活，强调人类的认识活动、科学实验、工业进步和社会改造，这本身与固定的、苛刻的逻辑规则相抵触。另一方面，实用主义的分析哲学家又将逻辑规则看成不可侵犯的法则。这种内在矛盾在分析的实用主义哲学家那里充分地表现出来。蒯因一方面撰写了大量的逻辑著作，将逻辑分析方法用在许多哲学讨论上，另一方面坚决反对模态逻辑和内涵概念，甚至从指称的不确定性走向意义的虚无主义。他在早期明确地提出实用主义转向，在晚期又不承认自己是实用主义者。

在出版《哲学与自然之镜》和论文集《实用主义的引申》(*The Consequences of Pragmatism*) 时期，罗蒂的论述风格还有较多的分析哲学的成分。在后来的哲学研究中，他完全抛弃了分析哲学，也背离了实用主义，而更多地转向阐述欧洲大陆哲学。

罗蒂把整个西方哲学史当作一个整体加以批判，其中许多批判是击中要害的。但是，罗蒂主张哲学实行库恩式的范式转换，即将过去的哲学问题及其对这些问题的回答全部撇在一边，用文化批评来取代哲学，遭到国际哲学界的强烈批评。世界观的问题、人类知识的真理性问题是客观的、严肃的问题，不可能因为罗蒂的取消主义而失去研究的价值。罗蒂的世界，只是西方文化里呈现出来的世界，而不是客观的物质世界和人类实践活动的世界，这种世界观显然是西方唯心主义的变种。而在真理问题上，罗蒂比经典实用主义者更极端。经典实用主义或多或少都承认真理的客观性的一面，而罗蒂则完全否认了真理的客观性，甚至将"真理"解释为一个赞美词，严重歪曲了人类认识世界和改造世界的伟大实践。

正如罗蒂自己所说，在政治哲学上，他是西方启蒙运动的追随者。罗蒂对自由、民主等启蒙运动观念的推崇，有着深层的政治意图，就是为现行的美国政治制度、生活方式做辩护。他无法理解美国和欧洲之外的文化、社会制度和生活方式。他一方面否认哲学是不同文化的裁判所，另一方面又以自己的政治哲学来为美国做辩护。这是一种自相矛盾。他一方面对传统哲学大加批判，另一方面在美国政治面前完全丧失批判精神，则是另一种自相矛盾。

思考题：

1. 怎样理解维特根斯坦所谓不存在私人语言？
2. 举例阐明摩尔的哲学分析方法。
3. 从施言、施事与施力的区分谈谈奥斯汀的言语行为理论。
4. 试述蒯因的翻译不确定性论题。
5. 试述罗蒂关于以视点取代真理的思想。

第十二章 结构主义与后结构主义

结构主义与后结构主义产生于20世纪下半叶,以法国的结构主义和后结构主义为代表。在存在主义风行一时之后,法国的新一代思想家们从"意识哲学"走向了"无意识哲学",明确提出了"主体去中心化"的哲学思想。在索绪尔的结构主义语言学、俄国形式主义、布拉格语言学派、精神分析学、马克思主义等思想方法的直接推动之下,结构主义和后结构主义将"结构分析"置于人文社会科学的方法论之中,提出了从主体到结构的新范式。在结构主义与后结构主义的代表人物看来,人文社会科学的研究对象不是物质客体或物理事实,而是充满了各种深意的文化符号;人文社会科学的研究目标不能停留在表面的经验陈述上,而应去发掘文化现象背后的内在结构。换言之,结构主义与后结构主义所要揭示的就是那些潜藏在人类生活中的文化象征系统。其主要代表人物有列维-斯特劳斯(结构人类学)、福柯(结构历史学)、巴尔特(结构符号学)、德里达(解构主义)等。结构主义与后结构主义的差别在于,结构主义力求寻找普遍性的思维构造原则,而后结构主义偏向差异性和多元性的历史解构原则,并且为后现代主义思潮的出现奠定了理论基础。从一定意义上说,后结构主义不仅是后现代主义的思想先声,而且也是后现代主义的理论中坚。

第一节 列维-斯特劳斯的结构人类学

列维-斯特劳斯(1908—2009),法国著名哲学家,结构人类学创始人,法兰西学院院士。他出生于比利时的布鲁塞尔,1932年毕业于巴黎大学,并获得法学硕士和在中学、大学教授哲学的资格证书。1934年被巴西圣保罗大学聘为社会学教授,后辞去教职从事人类学的考察研究。"二战"期间流亡纽约并与著名语言学家罗曼·雅各布森结识,深受其结构主义语言学思想的影响。他先后发表的著作有论文《亲属关系的基本结构》(1949),考察游记《忧郁的热带》(1955),研究文集《结构人类学》(1958)、《野性的思维》(1962)、《神话学》(四卷本1964—1971)。就思想方法而言,列维-斯特劳斯可以作为法国结构主义的代言人。他在著述中极力阐发的结构主义方法论,为同时代的以及后来的人类学研究提供了强有力的思想支撑,也为逐渐兴起的结构主义方法论运动提供了极为重要的理论原则。

一、结构主义方法论

与自然科学和精密科学相比较，人文社会科学的研究总是陷入争议之中。究其原因，不外乎两个：一是缺乏客观性的方法论工具，二是缺乏普遍性的认识论原则。人类学的研究状况更是如此。实地考察和经验研究往往局限于一时一地的所见所得，无法从整体上把握人类社会的基本结构。在列维-斯特劳斯看来，结构主义语言学的研究方法可以助推人类学研究。从语言学家那里可以找到高效的严谨方法。语言学应该是人类学的地基，这是因为语言既是文化的产品，又是文化的条件。语言特别显示出适合科学研究的两个基本特征：一是语言行为大多处于无意识思维的层面，我们说话时并没有意识到语法和句法的规则；二是语言系统只能作为一种集体的设计而存在和发展。关键的问题在于，在语言学上，观察者对被观察现象的影响可以忽略不计，因为现象不会由于观察者对其有所意识而改变。

从索绪尔和雅各布森等结构主义语言学家那里，列维-斯特劳斯发现了结构主义语言学模式所具有的革新作用。与此同时，列维-斯特劳斯非常强调音位学的方法论意义，即由著名语言学家特鲁别茨柯伊归结出来的四条原则：一是关注语言现象背后的深层结构研究，二是从语音实体转向语音关系研究，三是引进系统概念以阐明音位的结构，四是揭示音位系统中的普遍法则。在列维-斯特劳斯的结构人类学中，这四条原则显然得到了彻底的贯彻实行，正是这四条原则大体上规定了不同学科领域里的结构主义方法论思想。

结构主义方法论的源头要从索绪尔的结构主义语言学说起。索绪尔主张语言学的研究对象应该是语言（language）而不是言语（speech），语言是普遍性和体制性的规则系统，而言语只是这个系统在个体话语中的具体表现。语言学研究不能停留在言语活动上面，而应去追究在背后起作用的语言规则系统。语言是在人的头脑中潜藏着的，如支配着我们使用语言的那个语法体系。语言系统好比一套生活中的游戏规则，决定了具体的语言发生过程。我该如何说话，我该如何写作，尽管其中可以有一点个人特色，终究还是由我所使用的语言系统来决定的。对于结构主义语言学而言，个人的言语行为并不是研究的重点，语言系统才是问题的核心所在。语言所具有的制度性和生成性，就来源于语言符号的系统性原则。

索绪尔凸显了语言的符号性质，即每一个词就是一个符号，而符号是由能指和所指组合起来的。能指是符号的声音和标记，所指是符号的概念和意义。能指与所指的划分只是出于研究的需要，事实上它们完全是不可分的。没有所指的能指是不存在的，比如那些没有任何意义的声音或者标记，同样，没有能指的所指也是不存在的，比如那些没有声音或者标记的概念。就好比氧原子和氢原子结合成为水一样，二者缺一不可。当然，这种连接完全是任意的或者是约定俗成的。为什么对于鱼这样的生物非要用"鱼"（fish）来代表，其中是不存在必然联系的。换言之，语言符号仅仅是一种形式，而不是一种实体。语言本身并不具有固定的本质，其意义只是取决于语言系统中的种种关系。既然任何语词的意义都诞生于语言的结构或者秩序之中，那么语言学的核心问题就是结构问题，即处于自足平衡状态的共时态关系。在索绪尔看来，语言的"结构"不仅是内在的和非时间性的，而且是超稳定的，但这种"结构"并非自然的产物而是文化的产物。结构主义语言学所关注的正是这种文化的语言而不是自然的语言。

列维-斯特劳斯发现，在社会学的研究中，那些表达亲属关系的称谓与音位一样，不过是一些意义成分，只有纳入到亲属系统中才有意义。其实，亲属系统跟音位系统一样，都是在无意识思维阶段建立起来的。重复出现在世界上相距遥远的不同地区和迥异的社会里的那些亲属关系的形式、婚姻规则、某些类型的亲属之间同样必须谨守的态度等，都使我们相信，这些可以观察到的现象无一例外，全都来自一些普遍的隐性法则的作用。问题不妨这样表达：亲属关系诸现象是在另一范畴内的现实当中跟语言现象同类的现象。从语言学到人类学，有一条连接线能够一直贯穿下来，那就是结构分析。在《语言学和人类学中的结构分析》一文中，列维-斯特劳斯明确提出，亲属称谓不仅仅是一种社会学的存在，同样是话语的成分。我们把语言学家的分析方法移植到亲属称谓上面，它们不是类比地而是直接地隶属于语言学的方法。换言之，语言学的方法可以直接运用于人类学。

列维-斯特劳斯的结构主义方法论原则，首先是他所坚持的秩序性原则。如果说结构主义是一种哲学，那么它就是一种秩序哲学。秩序问题作为结构主义的核心问题，已经上升为哲学的基本问题。"结构"是一种"关系"，而"关系"则是一种排列起来的"秩序"。只有在一个秩序化的结构中，各个组成要素才能获得相应的意义。比如一幅图画的局部，如果脱离整个画面，自然是没有任何意义的。对于这种秩序性原则，列维-斯特劳斯也用共时性、整体性、系统性、结构性等予以表述。接下来的是普遍性原则。人类学应该研究什么？列维-斯特劳斯主张人类学应该关注跨越时空的东西，即确立一种普遍的思维结构。他的着力点是人类所共有的普遍思维模式。无论是语言学还是人类学，结构主义方法其实都是要在不同的内容中找出不变的形式。再就是文化性原则。列维-斯特劳斯将文化视为一种语言系统。无论是亲属称谓和婚姻关系，还是饮食分类和烹饪方法，其实都是文化的一种体现。相比人类存在的自然方面，只有语言的象征结构才是理解人类社会的关键所在。

二、亲属关系的基本结构

列维-斯特劳斯不想做一个经验主义者，也不愿受制于功能主义的理论解释。他始终坚持一种普遍主义的方法论，即从要素组成的关系出发去揭示社会文化的普遍结构。人类学需要从经验观察上升到结构分析，注重抽象的和形式化的研究方法，即对复杂多样的社会关系进行模型化的结构研究。那么，究竟什么是结构研究呢？首先，结构的概念并不是一个归纳性的定义，而是在抽象基础之上的关系特征表述。因此，结构的分析并不是一种经验材料的归纳总结，而是对于社会现象的形式方面的模型化研究。其次，结构研究并不局限于一个专门的领域，而是可以运用到社会现象的各个方面中。结构研究只要达成以下四个条件就可以进行："首先，一个结构表现出系统的特征。对于它的某一组成成分做出任何变动都会引起其他成分的变动。其次，任何一个模型都隶属于一组变化，其中每一种变化都对应于同类模型内的一个模型，以致所有这些变化加起来便构成一组模型。再次，上述特质使我们能够预见，当模型的某一成分被更改的时候，该模型会如何反应。最后，构拟一个模型应当使其运行能够解释全部被观察到的事实。"①

列维-斯特劳斯的结构研究是从亲属关系的基本结构入手的。他认为，亲属关系必然依赖并且通过明确界定的婚姻方式才会得到承认、建立和延续。亲属关系的首要特征是那些家庭基本单位之间的联系，这是亲属关系存在的条件。事实上，人类社会最基本的东西不是家庭（它只是一个词项），而是这些家庭之间的关系。不然，我们就无法解释人类社会中乱伦禁忌为何如此普遍，也无法解释舅甥关系为何如此重要。其次，我们必须看到亲属关系被赋予了一种社会现象的特点，原因并不在于它从自然中保留下来什么，而是它用来使自己区别于自然的主要方式。一个亲属关系系统的本质并不在于那种人与人之间在继嗣上或血缘上的既定的客观联系；它仅仅存在于人的意识当中，是一个任意的表象系统，而不是某一实际情形的自然而然的发展结果。亲属关系的实质是社会的区分，而非自然的区分。它的建立标志着人类已经从自然状态走向了文化状态。

在列维-斯特劳斯看来，只有从亲属关系的整体结构出发，我们才能理解和把

---

① [法]列维-斯特劳斯：《结构人类学》，张祖建译，中国人民大学出版社2006年版，第298页。

握亲属关系的基本结构。亲属关系中存在父亲、舅舅、母亲和孩子这四个要素。在他们之间又产生了四种亲属关系,或者四个关系项,即夫妻关系、兄妹关系、父子关系、舅甥关系。其中,夫妻关系与兄妹关系这两项之间形成一个对立面,而父子关系与舅甥关系这两项之间则形成另一个对立面。当夫妻之间亲密和睦的时候,兄妹之间则是冷漠生硬的;当父子之间积极友好的时候,舅甥之间则是消极漠然的。反之亦然。亲属系统包含着两个东西:一个是表达家庭关系的称谓系统,另一个属于社会心理的态度系统。称谓系统建立在自然的和生物的基础之上,是由血缘关系、姻亲关系、继嗣关系支撑起来的;态度系统建立在心理的和社会的基础之上,表达了敬畏或亲昵、喜爱或敌视、权利或义务的对立和转换。列维-斯特劳斯更注重从态度系统来分析亲属关系结构,因为态度系统是针对称谓系统的一种动态的整合过程,态度系统的作用就在于保障群体内部的凝聚和平衡。在对待舅甥关系的两种对立态度上(惧怕与亲昵),如果不放在亲属关系的整体中来考虑,就会得出一些片面的经验之谈(以为舅舅的重要性只是母系社会的残余),而不能把握舅甥关系的存在条件。亲属关系的系统在不同文化里并不具有同等的重要性,它只是给某种文化提供调节全部或者大部分社会关系的积极准则。

人类亲属关系的建立和衍生显然是实施了外婚制的结果,而外婚制又是普遍存在的乱伦禁忌的直接产物。作为一种社会的和文化的重要禁忌,乱伦禁忌是一个民族走出自然状态的基本标志。列维-斯特劳斯接受了弗洛伊德等人的观点,将普遍性的乱伦禁忌看作人类社会的奠基石。因为有了乱伦禁忌的约束,一个部落的男人不能够占有自己的姐妹,而只能从另一个部落的男人那里得到妻子,后者是以女儿或者姐妹的关系形式向他出让的,他同样如此操作。于是就诞生了意义深远的"女人交换"。不同部落之间的女人交换,一方面禁止了同胞兄弟姐妹之间的乱伦行为,另一方面则建立起了更为复杂的社会关系。可以说,人类社会的建立是从女人的交换开始的,这种交换又分为局部性的(限制在两个群体之间)和广泛性的交换(存在于多个群体之间)。随着女人交换的推进,各个群体之间的交换以后又逐渐地扩展到物质资料和劳动生产等方面的交换。人类社会以亲属关系的基本结构为基础,而这个基础就是在女人交换的过程之中不断地发展壮大起来的。

列维-斯特劳斯认为,同语言结构一样,亲属关系的基本结构也是在人类的无意识心灵中建立起来的,因此在不同的社会中存在着大同小异的婚姻规则及其亲属关系。他试图通过普遍存在的亲属结构来发掘支配着人类生活的深层结构,而不满足于只是停留在表面性的经验认识之上。在他后来的神话研究中,这种结构主义的方法得到了进一步提升和总结。

三、神话要素的结构分析

神话是一种广泛存在的文化现象。任何一个民族（无论是有文字的还是没有文字的）都有着自己的神话传说，比如古希腊罗马神话、北欧神话、美洲神话，再比如中国古代神话和印度神话等。最让人不可思议的地方在于，这些发生在世界各地的神话，无论是故事内容还是叙事结构，似乎都存在一些似曾相识的特征。那么，人类的心灵中是不是存在着一种神话思维的基本结构呢？在四卷本的《神话学》巨著中，列维-斯特劳斯汇集了813个神话传说，从神话结构分析去寻找人类思维的构成原则。在他看来："神话的本质不在于文体风格，不在于叙事手法，也不在于句法，而在于它所讲述的故事。神话就是语言行为，然而是一种在极高层面上发挥作用的语言行为；不妨说，神话的意义此时能够从它最初赖以启动的语言跑道上起飞。"① 所有神话讲述的奇异故事无非都是围绕着人类生存的基本矛盾和难题来展开的。事实上，神话为人类生活提供了一种能够克服固有矛盾的解释逻辑。

原始人首先需要克服的是生与死、灵与肉、自然与文化的矛盾；同时，还需要解决人类起源的难题，即人类究竟是祖先所生还是神灵的创造。这些矛盾和难题存在于各个地区的神话之中。列维-斯特劳斯认为，神话与语言之间存在着一种特定的关系。神话是人们讲述出来的，所以神话首先是一种语言行为。然而，神话与一般的语言行为不同，因为神话具有三个特点：（1）如果说神话有某种意义的话，那么这种意义不会是那些进入组合的孤立成分，它只能存在于这些成分的组合方式当中。(2) 神话属于语言的范畴，是语言的组成部分之一。但是，神话所运用的语言显示出特殊的性质。（3）这些性质只能到语言表达的通常层面之上去寻找。

列维-斯特劳斯对人们熟知的俄狄浦斯神话进行了要素拆分和重新配置。他首先从这个神话情节中拆分出11个基本事实：

1. 卡德摩斯寻找被宙斯掠走的妹妹欧罗巴；
2. 卡德摩斯杀死了恶龙；
3. 斯巴达人自相残杀；
4. 俄狄浦斯的祖父（拉布达科斯）是跛足；

---

① ［法］列维-斯特劳斯：《结构人类学》，张祖建译，中国人民大学出版社2006年版，第225页。

5. 俄狄浦斯的父亲（拉伊奥斯）是左撇子；

6. 俄狄浦斯名字的意思是肿脚；

7. 俄狄浦斯杀死父亲拉伊奥斯；

8. 俄狄浦斯杀死了怪物斯芬克斯；

9. 俄狄浦斯娶了自己的母亲伊俄卡斯特；

10. 俄狄浦斯的两个儿子波吕尼克斯和厄忒俄克勒斯自相残杀；

11. 安提戈涅不顾禁令安葬自己的哥哥波吕尼克斯。

列维-斯特劳斯接着又把 1、9、11 排成一个纵向栏 A，再依次把 3、7、10 排成一个纵向栏 B，把 2、8 排成一个纵向栏 C，把 4、5、6 排成一个纵向栏 D，从而发现这几个纵向栏就是一个个的神话要素，也就是构成这个神话故事的四个关系束。它们才是这个神话故事的内在意义的"基质"（matrix）。我们会像阅读乐谱一样看到其中的曲调：A 栏中的事件具有过高估计血缘关系的共性；B 栏中的事件具有过低估计血缘关系的共性；C 栏中的事件与怪兽有关，是在否认人类的大地起源；D 栏中的事件与难以直立行走有关，是在肯定人类的大地起源。列维-斯特劳斯认为，只要系统地运用这种结构分析方法，我们就能够将一个神话的所有已知要素归入一个关系之中，从而揭示神话中隐含的普遍意义。

第二节　福柯的权力分析

福柯（1926—1984），当代法国哲学家，生于法国西南部小城普瓦捷，1946 年进入巴黎高等师范学校学习哲学。1954 年他发表第一本著作《精神疾病与心理学》，1960 年出版长篇巨著《古典时代疯狂史》（其缩写本为《疯癫与文明》）并一举成名，1963 年又出版《临床医学的诞生》。1966 年出版的《词与物：人文科学考古学》（英译本名为《事物的秩序》）轰动一时。福柯因此与列维-斯特劳斯、拉康、阿尔都塞、巴尔特成为法国 20 世纪 60 年代的结构主义运动的领军人物。70 年代出版了《规训与惩罚：监狱的诞生》（1975）和《性史》第一卷《认知的意志》（1976），1984 年出版了《性史》第二、三卷，同年因艾滋病逝世。福柯以其在思想史与社会史上的洞见，深刻影响了后结构主义、后现代主义、后殖民主义、新历史主义、新文化史、生命政治、反精神病学运动、文化批判、社会理论、空间理论、艺术批评、身体理论、女性主义等各种后现代思潮。哈贝马斯称福柯是对 20 世纪下半叶时代精神影响最大的哲学家。福柯的思想体系围绕着三条轴线,也即知识—权力—主体。这三条轴线是三个"研究领域":话语研究、权力研究、主体性研究;同时也形成三个"方法论"原则:话语分析、权力分析、自我构成分析;还可以作为福柯三十年哲学探索历程的三个路标:60年代的"知识考古学"、70年代的"权力谱系学"和80年代的"自我关切的伦理学"。

一、知识考古学与话语构成

福柯在20世纪60年代的早期哲学,可以被称为"人文科学的知识考古学",这也是他的代表作《词与物》一书的副标题。福柯的知识考古学属于一般的思想史范畴。思想史和社会史相结合是福柯研究哲学的基本形式。福柯的思想史研究方法就是对人文科学的知识构成和话语构成进行"知识考古学的批判"。什么是"人文科学的知识考古学"?人文科学的知识考古学(L'archéologīe du Savoir)中的"考古学"指的不是考古学这门学科,也不是一般意义上发掘史料的实证研究,而是指对现代知识体系在知识和话语的层面上得以形成的"历史的可能性条件"的批判性分析与重构。知识考古学中的"知识"(savoir)也不是通常意义上像自然科学那种严格的科学知识,它指的是诸如临床医学、心理学、精神病学、经济学、刑法学、性科学等关于"人"的"半成熟"的科学。《词与物:人文科学考古学》的"人文科学的知识考古学"的目标就是,分析近三四个世纪以来不同时代各种学科知识之间横向共享的认知方式和话语方式,也就是每个特定时代的"知识型"(épistèmé)。福柯用"知识型"这一术语,指的是在不同的历史时期中由"词"与"物"之间的各种关系建构出来的具体的"事物的秩序"的方式。它规定着特定时期不同学科的知识建构自身的可能性条件。某一学科知识与另一时代同一学科的知识之间的连续性,小于它与同一时代不同学科之间知识结构与思维方式的相似性,因为同一时代不同学科之间的知识都是以相同的"知识型"组织起来的。这是一种典型的结构主义的观点,而非历史主义的思想。

在《词与物:人文科学考古学》中,福柯主要考察了现代早期的三种知识型:文艺复兴知识型、古典时代知识型和现代知识型。文艺复兴知识型主要是借助语言(词)来认识世界(物),因此,词与物之间的关系是"相似"。到了17世纪中叶至18世纪末期"古典时代知识型"兴起,引起了西方近代思想史上的第一次断裂。培根在《新工具》中批判了"四种假相",古典时代的知识型将文艺复兴知识型视为一种不够科学或不符合认识论原理的认识"假相"。在近代哲学的开创者笛卡儿那里,他通过"词的体系"表象"物的秩序"建立了一个确定的有序的知识体系,彻底地摧毁了文艺复兴知识型。塞万提斯的小说正是处于从文艺复兴知识型向古典时代知识型过渡阶段表现出"不适应"的典型,而委拉斯凯兹的名画《宫娥》则是古典时代的表象型的知识型的完美代表。可以说,整个古典时代的知识型的认识论基础就是"表象",而语言的功能主要就是"表象"之用。

到了19世纪初,西方现代知识发生了第二次断裂,古典主义时代的表象主义认识论彻底瓦解了,真正的"现代性"开始了。18世纪的科学,如普通语法、自然史和财富分析的知识型,追求清晰表象的完美秩序,因此在这一知识型中并不存在着对"人"的追问;而到了19世纪,在新兴的历史语言学、生物学和政治经济学中,"人"作为知识的"可能性条件"、有限性的存在和可见的对象被追问之时,就在知识中出现了。这可以说是康德哲学的时代。康德毕生追问三个问题:"我能知道什么?""我应该做什么?""我可以希望什么?"而这三个问题又可以归结为一个问题:"人是什么?"这种对"人的有限性"进行规定的追求,也是19世纪对人从方方面面进行各种限定的"人的科学"的主导动机。

然而,随着尼采在19世纪末借着疯子之口喊出了"上帝之死","人之死"也就成了不可避免的结果,因为历史主义和实证主义不仅杀死了形而上学的上帝观念和基督信仰的上帝,也会杀死被各种"人的科学"塑造起来的"人"的观念。"人之死"意味着,作为被现代知识型建构起来的知识对象的"人",被新的知识型和新的话语方式杀死了。现代知识型瓦解之后,诞生的是20世纪新的"反人文科学"或"反人文主义"的知识型。在列维-斯特劳斯、拉康、罗兰·巴特和德里达等人手中发展起来的结构主义的"文化人类学"、结构主义的"精神分析"以及结构主义的"符号学"全面取代了19世纪的政治经济学、心理学和历史语言学。在结构主义思想潮流的冲击下,被近两个世纪的"人的科学"的知识型构造出来的"人",已随着"人的科学"在19世纪末的崩溃而死掉了。福柯在《词与物:人文科学考古学》结尾写道:"人将被抹去,如同海边沙滩上一张脸的形象那样被抹去。"这就是在当时掀起轩然大波的那个著名的"人之死"的宣言。

在接下来的理论性小册子《知识考古学》(1969)中,福柯以"陈述"和"话语"概念取代了知识型概念,将辨别和发掘不同时代知识型的工作推进到对"话语构成"和"话语实践"的理论分析工作。在这本书中,他将特定的"话语实践"称为"陈述"(énoncé),"陈述"的扩散和分配的规则称为"话语构成","话语实践"的整体则被称为"档案"(archive)。于是,知识考古学从发掘知识型就转向了发掘那些话语实践的"档案"。对于"话语实践"的构成规则以及不同的"话语构成"之间转换,福柯的考古学更强调话语实践的差异、断裂、界限、系列、转换、偶然性和事件性,于是,他就在思想史、社会史、文化史以及一般历史哲学中有力地摧毁了现代性关于历史目的论的种种幻象。

那么，福柯这种强调思想史的断裂性的激进历史主义立场到底从何而来？它来自尼采的谱系学思想。从尼采的谱系学的视角出发，福柯批判了对天真、高贵、完美的"起源"的执着追求，拒绝将事物的出现和事件的发生看作是从单一的、统一的、原始的"起源"中派生出来的，抵制历史主义和本质主义的目的论及其"宏大历史"或"宏大叙事"，转向微观的、卑微的、无名的、无意义但却真实的事件与权力关系，这就打破了纪念碑式历史的神圣性以及历史学的科学性、实证性、现实性和客观性的教条和禁忌，站到了黑格尔主义、马克思主义以及整个19世纪和20世纪的历史实证主义和历史进步论的对立面。

福柯在法兰西学院的院士就职演讲《话语的秩序》（1971）中继续推进《尼采、谱系学、历史》（1971）一文所表述的激进历史主义，提出要以"事件"对抗"原创性"，以"系列"对抗"统一性"，以"规律性"对抗"本源性"，以"可能性条件"对抗"意义"，用这四种策略推进断裂性的话语分析。不过，他很快就放弃了对话语构成和话语实践的研究，因为当他把"话语实践"看作是受到内在和外在的原则约束限制的排斥性的话语实践时，结构主义所发现的自足自律的"话语的秩序"不过是一种形式主义的幻象。这样，他就非常接近后来的想法了："话语的秩序"乃是权力—知识关系从话语内部和外部所配置出来的效果。

二、谱系学与权力—知识分析

从20世纪70年代初开始，福柯从对语言、知识和话语等问题的关注转向了对权力与知识关系的关注。权力谱系学批判的第一个成果是《规训与惩罚》（1975）。在《规训与惩罚》中，福柯讲述了从惩罚到规训的现代刑罚史：从折磨肉体的惩罚到监控灵魂的规训，并不意味着我们的社会变得更加人道了，它其实是一种新型的微观权力和一个新型的规训社会。在新型的规训权力兴起之时，新型的人的科学以及新型的"危险的人"的观念也随之兴起。为了考察现代规训社会中微观权力的兴起，就需要一套新的权力-知识分析的谱系学方法。考察的对象将集中于作为规训社会的典型机构的新型监狱的诞生。在《规训与惩罚》中，福柯还提出了"权力-知识"（power-knowledge）的概念，用以分析现代社会新型的微观权力的"权力谱系学"，旨在打破那种从"主权-法律"或垄断暴力的"国家机器"的模式分析权力的传统范式。

在福柯看来，首先，权力应被视为各种权力关系，视为一堆被配置起来的复杂的技术与"策略"，而不应被看作是一种对占有物的"所有权"。权力的"支配"或"统治"关系，应该归因于权力关系中的策略、调度、计谋、技术、运作的效果，而不应被归因于垄断某种权力资源的"占有"。权力关系是一个永远处于紧张和不断斗争状态中的关系网络，而不是一方绝对占有的"有权者"与另一方绝对屈服的"无权者"的关系。

其次，权力效应是在权力关系中产生出来的。如果没有反抗者的反抗，没有反抗者某种程度的自由，支配者的权力就不会产生效果，支配性的权力关系也就不会扩散和运作。因此，被支配者与支配者是权力关系中的"同谋关系"。要摆脱这种"同谋关系"，就要发展出一些"逃逸策略"。尽管支配者与被支配者处在一个权力关系之中，他们的位置并不是一成不变的，权力关系在冲突斗争和策略中经常有可能被颠倒过来。

再次，在权力关系的冲突斗争中，权力并没有固定在某个对象或某个机构上，相反，在社会各个领域中都有无数的权力冲突的焦点，在每一个不确定的点上都有可能发生权力关系的颠倒，而在每一个局部所发生的权力关系的冲突都会对整个权力网络产生影响。

权力关系渗透在整个社会的表层，它在每个个体和全体人民中再生产出各种微观权力关系。权力关系体现在各种各样的社会关系之中，而并不局限于国家机器之中，也并不局限于"国家与市民社会"的关系中。正是各种各样的微观权力机制支撑着国家机器、主权-法律秩序和支配性权力。

最后，权力不仅仅是惩罚性的、禁止性的、否定性的，现代的权力关系也是生产性的、肯定性的、策略性的。这种新权力观对现代的革命和解放理论有很大的拓展，因为现代的革命和解放理论都是以压迫性、否定性、剥夺性和支配性的权力概念以及"权力即恶"的学说为前提的。从福柯的新权力观念来看，现代的革命、解放和自由的观念都过于简化权力模式了，因此，它们往往低估了现代社会中各种规训、治理术和生命权力的微观性、狡猾性、复杂性。

福柯的新权力观念带来的另一个冲击性效果就是，不可能再坚持无功利或无利害关系的客观中立的真理观和知识论了。那些所谓的"人的科学"或"人的知识"，既是近两三个世纪以来的"权力-知识"所配置的现代规训、话语实践和治理术的产物，也是规训权力、治理权力和生命权力得以微观化、规范化、主体化地再生产的必要条件。微观权力能够弥散于整个社会的各种机构和各种社会关系之中，能在每个个体的身上再生产出权力的效果，就在于它推动并征用了各种关于人的科学，激发了各种关于真理的话语。福柯的"权力-知识"关系的概念不仅打破了传统的纯粹物质性的赤裸裸的权力观，也打破了独立于权力的纯粹观念性的知识观。

在《规训与惩罚》中，福柯用1840年前后的巴黎少年犯管教所、18世纪的军训、监狱群岛等一系列意象，具体展示了规训机构及其规训权力的运作机制，其中最有代表性的莫过于"全景敞视监狱"。"全景敞视监狱"是英国功利主义哲学家边沁设计的环形监狱，它的所有囚室都对着中央监视塔，因而监视塔里的看守能对囚徒的活动一览无遗。这种空间结构是一种每个人都被嵌入其中的无孔不入的监视机制。这种监视机制是规训机制最典型且最精细的形式，它让囚禁者知道自己正在受到观察，由此给他们造成一种有意识的"自我监视机制"，从而确保规训权力自动地发挥作用。因此，全景敞视监狱不仅仅是一个技术发明，本质上还是规训权力微观化和再生产的自动机制。福柯用"全景敞视监狱"这一令人难忘的意象为我们描绘了一个现代的"监狱社会"的诞生。美国的斯诺登事件之后，福柯的《规训与惩罚》被更多的人以一种全新的方式来阅读。

在现代的"监狱社会"中，无处不在的规训权力通过监视、纪律、训练、规范和操控我们每个人的身体而有效地运作。正是那些规训伎俩支撑了那些机构、制度和规范光鲜亮丽的合法性。我们的身体实际上早已经被"权力-知识"的微观机制规训成一个被驯服的"政治的肉身"，而我们的灵魂则是被现代权力-知识关系规范、审查、监视和治理的身体的"灵魂"，它其实是那个身体的"监狱"。在福柯这里，不仅传统的主权-法律的权力观和非功利的客观中立的知识观被消解了，那种哲学中至高无上的主体概念也被消解了。

三、自我伦理与生存美学

在权力谱系学时期，福柯认为，现代的权力关系主要不再以剥夺、压迫和禁止的"否定性形式"施加于个体之上，而更多地是以个体化的、主体化的、策略性的"肯定性方式"运作于个体之上。被规训的身体和被欲望化的主体不仅是权力关系的产物和效果，而且是权力关系的载体和自动生产者，但这种貌似"自由"的主体并不是真正意义上的自由的主体，而是以客体化的方式被迫主体化的主体。那么，能够反抗规训、治理和生命权力的真正意义上的自由的主体应该是什么样的呢？为此，福柯从权力谱系学研究转向探究一种新的主体性，探究一种自由的主体化形式，以此抵抗现代社会强加于我们之上的那种主体化模式。

福柯在70年代晚期，也就是从写作《性史》第一卷（1976）到第二、三卷（1984）期间，完成了从"生命政治"向新的主体化形式的"自我关切的伦理"的转变，着手探究在古希腊罗马以及基督教时代人们对性行为、快感与欲望的关切中是如何通过自我建构为自由实践的道德主体的。《性史》第一卷最初计划是在权力谱系学的框架中分析"性之为性"（sexualité）是如何形成的，主题主要集中于考察17—19世纪关于"性真相"的科学话语及其背后的求知意志。为了追溯性配置的生命权力谱系学的发生，就得从16世纪上溯直至5世纪基督教有关性的欲望的主体解释学和忏悔的话语技术。可是，进入到基督教的欲望解释学和忏悔的话语技术的领域之后，福柯发现，基督教并不是将性的欲望问题作为揭示性真理的科学的对象，而是将之作为道德规则监视、抑制和消除的对象。这就带出一个新问题来：为什么基督教把"性"作为一种"道德实践"，而"性"的人又是如何被视为一个有罪的"欲望主体"的？为此，福柯在《性史》第二、三卷开始从古代的性道德及其自我伦理而非现代的性配置及其生命权力出发来分析"性之为性"的问题了。

通过考察公元前5世纪到公元4世纪古希腊罗马和基督教早期的人们对性的问题的关注点，福柯发现，古希腊罗马时代对性的关注点与基督教以及现代科学对性的关注点极为不同，他们更关注"快感的有节制地享用"，他们更重视通过风格化的生活操练去面对与性相关的一些令人焦虑的问题，而不是像基督教那样要求人们严苛地服从宗教规则或道德义务，极力监视、审查、揭露、拷问与性有关的"欲望"的动机，并对其施加禁忌，限制它以至于最终消除它。在古希腊罗马那里存在着一种"风格化"的"生活艺术"，福柯称之为"生存美学"，它旨在通过修行的实践将自己的生活和生命塑造成一件艺术品。通过这种自我关切的自由实践，古希腊罗马人将自己塑造为一个伦理主体。因此，这种伦理和我们通常所说的道德现象并不一样，它是一种关注自我与自我的关系的自我关切的伦理。

福柯对西方的伦理的谱系的考察可以根据伦理实质、伦理义务的方式、伦理实践方式以及伦理的目的等四个方面大体上划分为五个时期：生活风格化的前柏拉图时期、伦理反思的柏拉图时期、"自我教化"的黄金时代的罗马时期，道德禁忌的基督教时期、解放欲望的现代时期。古希腊罗马时期的风格化的自我关切的伦理与生存艺术，具有"生存美学"的典型特征，而基督教的道德则开始转向严格服从道德法则、禁令、规范以及普遍道德义务。现代社会时期从基督教那里继承了自我审查的良知治理、道德规则的规范化、忏悔技术、主体欲望的解释学、教牧形式的治理术。福柯晚年的伦理谱系学，一方面以古希腊罗马的自我关切的伦理和自我技艺，去批判西方现代社会的科学话语及其"求真意志"，批判笛卡儿式的自我认知的知识主体；另一方面用它去批判发端于基督教的"坦白真相"与关心生命和福利的现代治理术。

福柯的权力谱系学分析和伦理谱系学批判都旨在理解"我们现在是谁"的现实问题。福柯在《什么是启蒙?》(1984)中说:"'我们自身的批判的本体论'不该被视为一种理论或学说,甚至也不能将其视为一套不断积累的永恒的知识体系,而应该将其视为一种态度,一种精神气质,一种哲学生活。在这种态度、精神气质或哲学生活之中,对我们自身的批判,同时也是对'强加于我们的界限'的历史分析,以及逾越这些界限的可能性的实验。"这段话可以视为福柯对自己毕生思想立场的总结。

第三节　巴尔特的符号学理论

罗兰·巴尔特(1915—1980),法国结构主义和后结构主义思想家,符号学家,文学理论家和文化批评家。他出生在法国瑟堡一个新教家庭,毕业于巴黎索邦大学,主修法语和古典文学。大学毕业后做过中学教师,不久因肺结核复发而住进疗养院。在长达5年的治疗期间,他阅读了大量的文学作品并且开始写作。出院后分别在大学、政府部门和出版机构任职,后来成为巴黎高等研究院的正式教师。他在1976年当选为法兰西学院院士,1980年因遭遇车祸去世。巴尔特早期受到存在主义和马克思主义的影响,随后转向结构主义和符号学研究,并将文学批评带入了一个"后结构主义时代"。他最突出的成就是将符号学原理运用到文学批评和文化研究等领域,创建了文学科学和社会神话学的符号学分析模式。他的代表作有《写作的零度》(1953)、《神话学》(1957)、《论拉辛①》(1963)、《批评文集》(1964)、《符号学原理》(1965)、《批评与真理》(1966)、《S/Z》(1970)、《文本的快乐》(1973)、《罗兰·巴尔特自述》(1975)、《恋人絮语》(1977)等。

一、结构主义符号学

相比列维-斯特劳斯、福柯、拉康等结构主义理论家,巴尔特的主要贡献是将索绪尔的结构主义语言学原理运用到文学批评以及大众文化和社会意识形态等领域,从而形成了他独有的结构主义符号学及其分析模式。对于巴尔特而言,语言不仅仅是作为表达和交流的工具,而且作为制度性的规定操纵着人们的一言一行。从一定意义上讲,语言符号类似一种无意识的力量。结构主义符号学的宗旨就是

---

① 也即莱辛,德国戏剧家,文艺批评家。

揭示语言符号的隐蔽意义,将文学作品和所有社会文化现象纳入符号学分析的视域。巴尔特的结构主义符号学是对索绪尔结构主义语言学的改进和深化,并在此基础之上实现其更加形式化和社会化的符号学构想。在巴尔特看来,结构主义是一种活动,是一种立足于符号分析的批判活动。这种结构主义的符号分析不仅针对各种语言性的对象(如文学作品等),而且针对各种非语言性的对象(如各种社会意识形态)。从文学符号学到社会符号学,都是基于符号学的原理。语言其实是一种立法,或者说是一种法规。所有语言的分类都是压制性的:秩序既意味着分配又意味着威胁。对于文学创作活动而言,语言结构是一切时代一切作家共同遵从的一套规定和习惯。对于社会人群而言,除了阶级的划分以外,语言行为也起到了标志身份和地位的作用。

索绪尔曾提出,符号学是一门研究社会生活中的符号行为的科学。语言学不过是这门一般科学的一部分,将来符号学发现的规律也可以应用于语言学,所以后者将属于全部人文事实中的一个非常确定的领域。索绪尔认为,除了语言这种精致的符号,人类还发明了许多其他形式的符号,因此符号学的范围要远远大于语言学的范围。巴尔特正好把这个关系倒转过来,强调符号学应该是语言学的一部分,符号学的研究需要从语言学中引进基本的分析概念。在巴尔特看来,任何文化符号系统都是以自然语言为基础的。符号世界终归还是一个语言的世界。一个非语言性的符号也是由能指和所指的关系构成的,比如玫瑰花作为表达情意的一种符号,就是由玫瑰花这个能指和情意这个所指结合而成的,玫瑰花这个非语言性的植物,既可以是一个纯粹的能指,又可以成为一个情感的符号。正是因为符号学完全服从于语言系统的构成原则。所以说,语言学应该是符号学的理论原型。

巴尔特大体依照索绪尔的结构主义语言学来阐释符号学的基本原则。首先,他接受了索绪尔关于语言和言语的二分法。他认为,这个区分意义重大:一是突出了语言对于言语的优先性,以及语言自身的结构性和封闭性;二是揭示了语言系统的社会学意义,所有文化现象或者意义系统都可以根据这个区分去阐释。其次,他肯定了索绪尔的能指和所指这一对概念,进一步将之分别当作表达面(符号的形式方面)和内容面(符号的实质方面)。符号学的记号与语言学的记号类似,也是由一个能指和一个所指组成,例如交通规则中表示通行指令的绿灯颜色。许多实用物品本身并不具有意指作用,但是人们总是将它们当作一些符号来使用,如穿上一件很昂贵的品牌服饰,其身份的意义已经远远大于保暖的意义。

任何符号系统都至少包含有两个层级:第一个层级是由空洞的能指和其所指之间的关系构成一个符号,然后形成一个特定的意指系统;第二个层级则是由第一个层级扩展而成，即第一个层级的意指系统变成了第二个层级中的能指，并与社会所赋予的所指构成一个崭新的符号，于是产生了第二层的意义。第一个层级成为表达面，而第二个层级成为含蓄面。例如汽车，它原本就是作为一种语词符号或者功能符号，但是社会大众往往赋予它更多实用功能之外的意义，使得汽车这个符号还具备了更加含蓄和隐蔽的第二层意指作用，即作为财富和权力的象征，或者作为时尚和活力的象征。对于这种意指作用的符号学研究，巴尔特以《巴黎竞赛画报》的一个封面为例进行了说明。封面上，一个穿着法国军服的年轻黑人在敬礼，双眼上扬，也许在凝神注视一面法国国旗。但实际上它在意指：法国是一个伟大的帝国，她的所有子民，没有肤色歧视，忠实地在她的旗帜下服务，对所谓殖民主义的诽谤者，没什么比这个黑人效忠所谓的压迫者时所展示的狂热有更好的回答。这张照片以一种暧昧的方式呈现在人们眼前：它一方面是能指（形式），另一方面又是所指（意义）；它一方面显得十分空洞，另一方面又非常充实。巴尔特的符号学分析不是停留在这张照片的表面意义上，而是力求揭示它背后所隐含的符号意义。这种背后的符号意义，或者说第二个层级的符号意义往往是由社会意识形态强加到第一个层级的符号系统之上，而且伪装成为一种非常自然的东西，变成了各种各样的社会神话。

巴尔特对于服装系统、饮食系统、家居系统、汽车系统这些非语言性的实物符号系统进行分析，正是为了揭示这些实物符号中所隐含的社会意义。如果说索绪尔的结构主义语言学重在探讨语言符号的语言结构（直接的意指系统），那么巴尔特的结构主义符号学则要研究非语言符号第二个层级的语言结构（含蓄的意指系统）。换言之，他的符号学对象主要是那些由权势运作出来的意识形态符号，即那些带有欺骗性和混淆性的"人为制品"。

二、现代神话的符号学分析

巴尔特的结构主义符号学，从一开始就担负着社会批判的职能。在他看来，社会权势及其意识形态往往寄附在语言之上，寄附在各种符号化的社会神话之上，因此，对抗权势需要从对抗语言开始。揭开一切意识形态的面纱，也就是"去神秘化"，自然成为巴尔特的符号学任务。在我们接受的各种解释中，往往存在着观念上的混淆视听。意识形态的滥用，遍布社会生活的各个角落。符号学分析是对那些看似自然的信念进行破解，对那些装扮成永恒必然性的阶级利益给以揭示。当我们受制于常识性的信念，往往就会相信世界就是我们所感觉到的那个样子，事物的意义都是显而易见的。我们生活于其中的世界并不是一个纯粹的经验世界，而是一个已经被编码的符号世界。我们的经验和认知经过层层的符号化作用，事实上是被各种意义包围起来的。

巴尔特的"神话学"，其实就是意识形态批判的别名。那么何谓神话？我们又如何对神话进行符号学分析呢？巴尔特认为，"神话"首先是一种语言或者话语，也可以说是一种符号体系。神话不可能是一件东西，或是一个观念，而是一种意指作用的形式。可以说，神话就是意指作用本身。神话的原则是将历史转化为自然，比如当法国的帝国性被看作是自然的状态时，关于法兰西大国的神话就算是建立起来了。自然化和神秘化乃神话的基本功能，它们使读者将神话当作一个事实系统或者归纳系统，而不会发现神话不过是一个符号化的价值系统。因此，对于神话的符号学分析，就是一个去自然化和去神秘化的解读过程。

作为一种意识形态批判，巴尔特"神话学"的分析对象是以大众传媒为载体的各种社会神话，尤其是那些承载着资产阶级意识形态的现代神话（他几乎将资产阶级神话与现代神话画上了等号）。在符号学分析的视野之下，社会权势及其主流意识形态的匿名性是被各种流行神话掩饰的。整个法国都被笼罩在各种匿名的意识形态中：报纸、电影、剧场、通俗杂志、仪式、司法、外交、审判、婚礼、烹调、礼服等。巴尔特对"葡萄酒的神话"有过这样的分析：葡萄酒在法国仿佛就是一种图腾式的饮料。它不仅为社交环境提供基础，也为社会道德提供了基础。它的魔力在于可以使一个虚弱的人变得强壮，或使一个沉默的人变得滔滔不绝。关键在于，信仰葡萄酒在法国成为一种强制性的集体行为。畅饮葡萄酒确实是一种广受喜爱的社交行为和娱乐行为。在日常生活中存在着许多看似中立的现象，巴尔特分析了自由摔跤、肥皂粉和清洁剂、牛排与马铃薯、旅行指南、脱衣舞、占星术等流行神话，意在揭示这些符号背后的生活假定，即潜藏在其中的种种政治信念。意识形态的主要功能就是力图对社会现实进行"自然化"和"神秘化"，让现实看起来如同自然事实一般。符号本身是人为性和相对性的东西，一旦符号冒充为自然的和永恒的东西之时，它就变成了神话。符号学的分析就是要去掉符号的自然性和永恒性，恢复其应有的人为性和相对性，由此而达到意识形态批判的目的，即揭示那些欺骗性的文化观念及其价值取向。

三、文学科学与文本理论

在文学批评乃至文学创作领域，巴尔特从结构主义符号学出发，提出了许多颠覆性的文学观点，为当代文学理论开创了一个全新的视野。何为文学？何为写作？何为作家？对于这些文学问题，巴尔特的思索实际上经历了一个从结构主义到后结构主义的变化过程,或者说是先后有了"文学科学"和"文本理论"的不同建构。对于巴尔特而言,结构主义产生于语言学,因此产生于语言的文学作品为结构主义提供了一个结构分析的形式。无论是文学创作还是文学阅读,都是以话语表述和象征系统为前提的,因而也可以像语言学研究语言那样去研究文学活动。文学所应有的"文学性"并不在于它的故事性,而在于它的语言性,即语言符号的能指作用。换言之,文学作品不过是若干能指的集合,不过是在第一个层级的自然语言之上产生出来的第二个层级的符号系统。文学作品的"文学性"在于它本身的意指作用,因此文学批评绝不是经济分析或者心理分析,而应该是语言形式的分析。文学是语言活动,作家必然要受到语言结构及其符号系统的制约。文学作品的意义绝不是取决于作家本人的主观想法和叙事内容,而是来自文学作品中的能指的集合,来自其特殊的叙事形式。从建立一门"文学科学"来看,重要的是要关注那些能够产生出文学意义的诸条件,是要将产生文学效果的那些潜在的语言结构和符号系统揭示出来。巴尔特明确提出,作者和作品仅仅是分析的起点,而分析则是一种言语活动,不可能有一种关于但丁的科学、关于莎士比亚的科学或关于拉辛的科学,只有一种关于话语的科学。

巴尔特的文学理论始终聚焦在"文学性"这一根本问题上面。究竟是什么东西决定了文学的存在方式?或者说文学究竟靠什么东西来维持它的专属性?再现论(以现实主义文学为代表)、超越论(以浪漫主义文学为代表)、介入论(以萨特存在主义文学为代表)等已有的文学理论均遭到了巴尔特的批判和否定。他认定文学仅仅是一种语言,文学的本质在于其特有的意指作用,也就是作品给读者提供的能指集合。表面上看起来文学作品就是一些非物质性的符号形式,然而,正是在这些空无的符号中有着意义的生成。在他的处女作《写作的零度》中,他既强调了写作方式背后所隐含的种种意识形态倾向,又充分肯定了一种非感情化的中性写作方式,也即"写作的零度"。他后来将这种中性写作方式称为"不及物的"写作方式,指出这种方式意在把读者引向写作本身而不是写作之外的东西。为此,他区分出了"作家"和"作者"。"作家"采取"不及物的"写作方式,没有把语言当作表达思想和再现生活的工具,而是通过语言形式来达到思想的疏离化效果(比如法国新小说代表人物罗伯特·格里耶的中性写作)。"作者"坚持"及物的"写作方式,即通过写作而将读者引向外在现实对象。而真正意义上的文学作品乃"不及物的",即没有任何确定的和客观的所指或含义,其能指是空的和不确定的,因而存在着无限可能的意义充实。"文学科学"正是要研究纯形式的能指体系,立足于文学复调语言进行一种"叙事结构分析"。巴尔特在《批评与真理》一书中,明确提出了文学科学和文学批评之间的区别:前者研究意义得以产生的语言形式条件,后者探讨语言形式中的多重意义。

巴尔特后来转向了后结构主义文本理论。他修改了索绪尔的能指所指同一性观点,强调能指与所指之间绝非一一对应的关系,因而存在着能指的飘浮和增值,文学作品似乎就是一片片"能指的星群"。结构主义力图寻找的那种固定和封闭的思想模型也不复存在了。"对文学来说,我主要关心的是文本,也就是构成作品的能指之织体……我可以不加区别地使用文学、写作或文本这些字眼。文学中的自由力量并不取决于作家的儒雅风度,也不取决于他的政治承诺(因为他毕竟只是众人中的一员),甚至也不取决于他的作品的思想内容,而是取决于他对语言结构所做的改变。"① 在《S/Z》一书中,他将巴尔扎克的小说《萨拉辛》(Sarrasine)分解为561个阅读单位,并运用了行动密码、阐释密码、文化密码、内涵密码、象征密码对其进行研究,将这篇小说从"可读的"文本变成了"可写的"文本。可读的文本属于读者文本,即读者可以读懂的文本,这类作品是按照读者熟知的语言规则写出来的;可写的文本属于作者文本,这类作品是作者按自己独特的语言密码写成的,对于读者来说因为相互间没有默契而感到晦涩难懂。巴尔特的文本理论突出了文学的象征性及其能指的游戏性:因为文本的自由开放而产生了文本的欢悦。这种文本理论宣告了"作者的死亡",因为作家不过是文本的代言人,不过是语言的结果。作者在文本中的消失就如同蜘蛛织网后就销声匿迹一样。

第四节　德里达的解构主义

德里达(1930—2004),法国当代哲学家,生于法属殖民地阿尔及利亚首都阿尔及尔郊区的一个犹太人家庭。他在1948年通过法国高中毕业会考后第一次离开家乡远赴巴黎,1952年考入法国最好的大学巴黎高等师范学校。1954年德里达完成了第一部习作《胡塞尔哲学中的发生问题》(1990年出版),1962年翻译了胡塞尔的《几何学起源》并完成《胡塞尔〈几何学的起源〉引论》,1964年任教于巴黎高师。1967年,他一口气推出三部著作《声音与现象》《论文字学》和《书写与差异》,一举成名。1972年再次推出三部著作《撒播》《哲学的边缘》和《多重

---

① [法]罗兰·巴尔特:《写作的零度》,李幼蒸译,中国人民大学出版社2008年版,第184—185页。

立场》，接下来又陆续发表了《丧钟》（1974）、《马刺：尼采的风格》（1978）、《绘画中的真理》（1978）和《明信片》（1980）。到了 80 年代，解构主义思潮席卷美国乃至整个国际学界，德里达被公认为当世最重要的哲学家之一。2004 年德里达曾来中国讲学，回国后不久因病去世。

德里达成名于 20 世纪 60 年代，那是"二战"后法国哲学的黄金年代。德里达和福柯那一代人通常被称为"六八一代"。费里和雷诺在《六八一代的思想》（1985）中把德里达与福柯、阿尔都塞、布尔迪厄、拉康这些思想家归为代表法国 1968 年学潮精神的一代"反人道主义"的激进哲学家，认为他们深受德国哲学的影响，福柯是"法兰西的尼采"，阿尔都塞是"法兰西的马克思"，拉康是"法兰西的弗洛伊德"，而德里达则是"法国的海德格尔"。

20 世纪下半叶的法国哲学也被巴迪欧称为继希腊哲学和德国古典哲学之后又一个"哲学的黄金时代"，从萨特、梅洛-庞蒂和巴什拉这一代哲学家起，经过列维-斯特劳斯、阿尔都塞、福柯、德里达、拉康、德勒兹、利奥塔，一直到列维纳斯、利科、巴迪欧、马里翁等人，历经存在主义、结构主义和解构主义三个阶段，人才辈出，群星璀璨。而萨特和德里达则分别是法国 20 世纪哲学黄金时代上半段和下半段最有代表性的哲学家。两个人都兼通哲学与文学，也都深受海德格尔的影响：萨特的《存在与虚无》的存在主义思想源于海德格尔的《存在与时间》，而德里达的"解构主义"（déconstruction）则是来自海德格尔"解构"（Destruktion）西方形而上学的思路。

一、后结构主义转向

1966 年德里达应美国约翰·霍普金斯大学之邀参加一场旨在介绍结构主义的思想研讨会，他的报告题目是《人文科学话语中的结构、符号与游戏》。美国听众本来希望听到法国结构主义最新的发展，没想到德里达在报告中却展开了对列维-斯特劳斯的结构主义的批判。60 年代鼎盛一时的结构主义运动在它达到顶峰时遭到了来自内部的批判，在 1968 年学潮前后突然衰落，而德里达则以其"解构主义宣言"而一举成名。多斯在两大卷的《结构主义史》（1992—1994）中用"解构主义"一词来标志"结构主义时代"之后的整整一个时代，即"解构主义时代"。而《人文科学话语中的结构、符号与游戏》也成了结构主义的"后结构主义转向"的宣言。

德里达并非从一开始就是一个解构主义者。他的思想发展大致分为三个时期，学术生涯最初十多年和最后十多年可称为"前解构主义时期"和"后解构主义时期"，这期间的四分之一世纪是标准的"解构主义时期"。在"前解构主义时期"，德里达是一个现象学家,他的后结构主义转折就是通过其现象学的研究取得突破的;在"解构主义时期"德里达致力于解构传统形而上学;而在"后解构主义时期",德里达开始转向伦理、政治、宗教等方面的解构实践,转向面向无限的他者的"不可解构的正义"。

德里达的"前解构主义时期"是以 1967 年为分水岭的"解构主义的史前史",也就是 1954—1967 年之间的思想发展。要理解德里达的解构主义的起源,就必须先了解他早年作为一个现象学家的思想经历。青年德里达写出的两部现象学著作——《胡塞尔哲学中的发生问题》和《胡塞尔〈几何学的起源〉引论》,最终导向德里达的经典之作《声音与现象》。这三本书处理的主题都是胡塞尔的观念论的符号、语言、意义观在发生或起源问题上的困境,从而展开对胡塞尔现象学的"在场形而上学"的激烈批判。正是在对胡塞尔的批判中,德里达提出了"延异"(différance)和"痕迹"(trace)的概念,它们和《论文字学》中的"文字"(writing)、"替补"(supplementarity)、"播撒"(dissemination)等概念成为解构主义的核心术语。从标准的"解构主义时期"的著作中,人们很难看出这些概念的思想渊源,如果不理解青年德里达的现象学,标准的"解构主义时期"的这些概念就会被当成一些"概念",而完全不明白这些概念的具体用法以及它们被提出来所要解决的问题。可以说,青年德里达对胡塞尔现象学关于语言的观念论所进行的批判,是他能够突破结构主义并完成后结构主义转向的思想渊源。

如果把握了德里达在《胡塞尔哲学中的发生问题》,《胡塞尔〈几何学的起源〉引论》和《声音与现象》这三部作品中对胡塞尔的观念论的符号、语言、意义的起源或发生问题的研究,就能充分理解他在《论文字学》中何以能够以"延异"概念对索绪尔的语言学原理做出超出一般的结构主义语言学的解释。实际上,德里达在《声音与现象》中批判胡塞尔的观念论的语言观,与他在《论文字学》中批判索绪尔的"声音与文字"之间灵与肉的观念论形而上学是同一原理;而他在《论文字学》中将索绪尔的"任意性原则"和"差别原则"进一步回溯到"痕迹"或"原文字"的原初生成,这与他在《胡塞尔哲学中的发生问题》中对"起源"或"发生"的追问也是同一路数。在胡塞尔的现象学中,所谓的"发生"主要指的就是原初时间构造作为原初意义之先验发生的结构。作为现象学家的青年德里达当时深受所谓的"3H"(指黑格尔、胡塞尔和海德格尔,他们的姓名首字母都为 H)的影响,将起源或发生视为存在与时间、被动综合与主动综合、经验与先验的"辩证法",而在十年后"辩证法"一词演变为延异、痕迹、书写等一系列解构主义的独创概念。总而言之,"前解构主义时期"的德里达的现象学思想是理解其解构主义突破和后结构主义转向的关键。

二、解构形而上学

德里达的"解构主义"起源于海德格尔的"解构"形而上学。海德格尔毕生从"时间作为存在的境域"以及"存在史"的视角去解构西方形而上学，他认为形而上学的机制是一种"本体论-神学"的机制，在这一机制中人们往往从最高的存在者或普遍的存在者、对象化的认识、符合论的真理观、在场的优先性、线性的时间性、工具性的语言观去理解存在本身在人身上的发生事件，因而只有彻底解构形而上学，才能打通彰显存在的意义之路。德里达对"在场形而上学""逻各斯中心主义"和"本体论-神学"的解构，在很大程度上继续推进了海德格尔的哲学主题。但与海德格尔不同，德里达从来没讨论过海德格尔毕生追问的"存在问题"，他将存在问题视为形而上学最后的一点残余。

青年德里达在《声音与现象》中着手解构形而上学传统，暗中运用海德格尔的思想对胡塞尔的先验论现象学的观念论进行批判。德里达用被海德格尔发挥的那部分胡塞尔的思想，从不同侧面批判了胡塞尔带有先验论色彩的理想语言以及观念性的意义观：他通过胡塞尔时间域的观念，批判了他的现在和在场的优先性的观念；他通过胡塞尔的"原印象-原初记忆-再回忆或想象"三者具有同样的原初性的观念，批判其感知和直观的优先性的观念；他通过强调符号的可重复性和物质性，批判其观念性意义的优先性的观念。德里达指出，胡塞尔推崇内心独白、自说自听、意识的意向活动的充实，都是出于一种推崇直观地给予的完满在场和"活生生的现在"的生命哲学。这是西方哲学两千年来根深蒂固的在场形而上学传统。在批判了胡塞尔的观念论的意义观之后，德里达在《声音与现象》的结尾提出了一系列他独创的概念，如原初的发生、延异、不在场、替补、符号、书写、痕迹等。

在写作《声音与现象》批判胡塞尔的"声音-观念"的意义理论同时，德里达在《论文字学》中集中对索绪尔的"声音优先于文字"的语言学原理进行了批判。索绪尔在建立他的普通语言学之初就将文字排除在了语言系统之外。语言系统是口头言说的言语，而不是书写的文字，因为只有声音作为能指，可以直接而自然地表达所指、观念和意义，而文字只是派生出来用以记录和再现言语和声音的记号，是言语和声音的危险的替代和补充。声音与观念、思想和意义就像是一物的正反两面一样不可分开，而文字则做不到这一点。然而，德里达却机智地指出，索绪尔语言学的第一原理，即能指和所指联结的"任意性原则"，能够从根本上消解言语和声音对于文字的优先性地位。因为如果能指与所指的联结是任意约定的，那么言语或声音就不再是自然的联结纽带，相反，书写或文字越是被视为外在的，它就越能内在地体现语言的任意性原则。也就是说，真正能体现语言符号的任意约定性本质的，是作为痕迹的无限延异的文字，而非言语和声音。作为痕迹和延异的文字，就是最原初的意义生成或起源，就是能指与所指之间最原初的"综合"与区别，就是最原初的时间化运作。不存在绝对的本源、自然纽带、本质、在场，存在的只是原初的延异、痕迹、替补、播撒、重复。德里达造出来的词"延异"（différance）与différence（差异）在法语里发音相同而书写有别，因而只能通过文字书写相区别，从而显示出书写文字的不可还原性。"延异"一词不仅成为德里达创造出来的最著名的概念，也是最能体现解构主义精髓的一个概念。

实际上，传统形而上学并非没有意识到书写或文字是一种延异、痕迹、替补，但基于完满的意义、真理和观念的形而上学立场，往往将它贬低为传达思想不可靠的工具或载体。只有当下直接在场的言语和声音，才能确保思想在听者与说者之间的交流不被误解，不被扭曲地传达，既无需翻译和中介，也无需解释和补充。德里达的解构主义批判了这种语言中的灵与肉的二元论、在场的形而上学、逻各斯中心主义和完美交流的观念论，深刻地揭示了语言本身不透明但又不可或缺的存在方式（即原文字），那种完全清晰透明又直观在场的语言（即声音和完美的交流）是不存在的。德里达的《论文字学》展示了解构主义的主要内容，即以延异、替补、痕迹、原文字等概念对声音-文字的灵肉二元论的批判，由此，他将索绪尔语言学的差别原则和任意性原则，转化成一种尼采与海德格尔式的解构传统形而上学的"激进解释学"。

德里达强调文字或书写的延异、替补、痕迹和重复性，颠覆了声音、观念、主体、意识、作者等对于文字或书写的优先性地位，在此之上，他建立了一种新的"文本"概念，在六七十年代引发了广泛的反响。德里达提出的"文本"概念不仅取代了传统的表象论、反映论和观念论的"作品"概念，引出播撒、互文性、可写性、自我解构性等一系列新观念，而且也打破了柏拉图在"哲学与诗之争"中所设定的哲学与文学之间的等级界限，敞开了文学与哲学之间相互开放的"双重场景"。通常人们会认为，哲学通过逻辑论证、理性分析、避免误用语言表达等严格的分析方法，就能够彻底地、毫不含混地表达观念、真理和思想，而文学是表达思想必须避免的无意义的抒情、非理性的文字游戏或无益的修辞。这种对分析、论证和表达的清晰性的执迷，在今日英美哲学传统中被奉为一种理想。德里达认为，任何文本都不能摆脱语言本身的延异、痕迹、替补、播撒以及其不透明性，也无法摆脱文本自身要被翻译、被解释的语义耗损，甚至是自我解构的危险，更无法摆脱修辞性的表达。认为哲学是用概念清晰严谨地表达思想、观念和真理，而文学则是用"隐喻"和修辞模糊晦涩地表达情感，对这种根深蒂固的观念，德里达称之为一种"白色的神话"。实际上，哲学从来就没少使用过隐喻和修辞，只不过通常更为隐蔽而已。针对这一偏见，德里达写过许多"哲学与文学之间互文本性"的实验之作，比如《丧钟》。除此之外，他还写下了大量关于萨德、马拉美、卡夫卡、乔伊斯、塞林纳、贝克特、阿尔托、博尔赫斯、巴塔耶、布朗肖、蓬热、热奈等现代作家作品的解读，在现代文学经验中他发现了他所钟爱的关于语言、文本、写作、阅读、翻译、修辞、自传、署名和自我解构等思想主题。尽管强调哲学与文学之间的互文本性，德里达并没有将文学抬高到优越于哲学的地位之上，他同样批判性地追问文学作为建制、规则和历史的根本性问题，这表明在他那里，哲学与文学二者都应同样被质疑和被解构。

当然，德里达解构形而上学的工作并不局限于从语言、符号、书写、文字、文本、写作出发对在场形而上学、语音中心主义、逻各斯中心主义进行批判，他也批判男性中心主义、人类中心主义、欧洲中心主义等各种形而上学观念，将尼采与海德格尔的解构形而上学的事业拓展到无所不至的范围。

三、不可解构的正义

德里达对解构最为重要的一次拓展是在 20 世纪 90 年代初，他从以语言、书写、文本为中心的理论解构，转向了以伦理和政治为中心的解构实践。自从 80 年代后期以来，他几乎从不缺席时代热点问题的公共讨论，诸如哲学教育、海德格尔与德·曼的纳粹问题、马克思主义的未来、毒品问题、死刑问题、动物受苦问题、反犹主义问题、伊斯兰问题、欧洲共识问题、流氓国家、恐怖主义问题等，广泛涉及伦理、政治、法律、宗教、艺术等各个领域，彻底突破了标准"解构主义时期"的"文本之外别无它物"（There is no outside-text）的基本范式。

如果从《马克思的幽灵》（1993）、《友爱的政治》（1994）和《法律的力量：权威的神秘基础》（1994）这三本解构政治的著作算起，德里达"后解构主义时期"应该始于其自传性著作《割礼忏悔录》（1991）发表前后。"后解构主义时期"的著作除了解构政治的几本之外，还包括解构宗教的《信仰与知识》（1996）、《蚕》（1998）以及后来收入文集《宗教行动》（2002）中的文章。如果说标准"解构主义时期"的德里达对传统形而上学的解构主要吸收了尼采和海德格尔的问题意识以及索绪尔的语言学视角而专注于延异与文本问题，那么"解构实践时期"

的德里达更多地转向了他的老师列维纳斯的问题意识而关注他者问题，提出了著名的"不可解构的正义"的思想。对于德里达来说，基于延异和文本，可以解构各种自以为是的传统形而上学观念，但是也存在各种不可解构之物，也就是那些"不可能"之事。在标准"解构主义时期"对不可能之事的理解和解释多半来自文本的文本性经验，在"解构实践时期"则更多地来自各种他者的经验，比如正义、宽恕、礼物赠予、弥赛亚，以及诸如此类的东西。解构恰恰是要突显这些来自他者的陷于困境的不可能性的经验。

基于列维纳斯的他者的伦理思想，德里达将"不可解构的正义"界定为与无限的他者之间无限的好客、赠予与宽恕的关系。对他者无条件的好客与赠予因此也预示了一种"到来中的民主"，这是一种被呼召出来克服现有国际秩序的"新国际"。"不可解构的正义"呼召对无限他者的无限责任，它不在现成的法律秩序或现今的民主政治之中，而是从他者、困境和不可能性中召唤而来的正在来临的事件："不可解构的正义"在《法律的力量》（1994）中是超越可以被解构的法律、法律实证主义以及法的形而上学之外的源初的正义；在《马克思的幽灵》（1993）中是拒绝正统性或身份认同的各种马克思的幽灵所呼唤的"到来中"的"新国际"或"解构的共同体"；在《友爱的政治学》（1994）中是超越各种友爱的同一性范畴而面向无限的他者所召唤的"无限的民主"；在《好客》（1997）中是对陌生人超越权利与义务的限定的"好客"和"新世界主义"；在《我是动物，故我在》（1999）中它甚至还是"非笛卡儿主义"的能痛苦的动物权利……德里达解构的实践本身是一种向无限的他者敞开的好客、赠予与宽恕的伦理政治实践，是置身于不可能的困境之中召唤克服旧秩序的正在到来中的力量的期许与憧憬。正是这一点，使得德里达晚年的解构主义实践不再像一种玩世不恭的文字游戏，相反，他像召唤正义的犹太先知一样，拥有一种感人至深的悲情的力量。呼唤"不可解构的正义"，就是这个犹太哲学家留给 21 世纪的思想遗产。

第五节　对结构主义和后结构主义的评析

结构主义和后结构主义的思想主旨，自始至终都是与语言问题关联起来的。或者说，它们试图建立起一种有关语言机制问题的新哲学。列维-斯特劳斯、福柯、巴尔特、德里达等结构主义和后结构主义思想家，始终纠缠在语言活动所引发的各种文化以及社会政治问题上面。他们特别关注语言具有的制度性和生成性。

语言与其说是我们每个人先天具有的东西，毋宁说是一种我们自孩提时代起就已经耳濡目染的制度，是一切社会化过程最为根本的要素。从其理论演变的进程来看，结构主义是放弃一般历史而走向语言系统，后结构主义则是专注于语言的政治（或者说将政治问题归结为语言问题）。从某种意义上，可以将结构主义和后结构主义视为一种"语言哲学"，可以将其列入当代西方哲学思潮所发生的"语言学转向"之中。我们一般只是将分析哲学思潮与"语言学转向"联系起来，其实，结构主义和后结构主义也代表着一种当代哲学的"语言学转向"。不过，在对语言问题的认识及其处理上，它们之间的理论初衷完全不一样。分析哲学相信语言可以成为清晰透明的思想媒介，强调解决语言的可传达性问题即可以清除传统哲学的种种疑难问题；结构主义和后结构主义则对语言抱着怀疑主义态度，关注语言的隐蔽结构以探究社会文化的深层机制问题，其"语言学转向"的要义在于全盘采用结构语言学的理论模型去探究和揭示人类社会的普遍思维结构及其文化意义生成的基本机制。

作为"二战"后兴起于法国的当代西方哲学思潮，结构主义与后结构主义除了具有一般反传统形而上学的思想特征之外，相比分析哲学、现象学、实用主义等哲学思潮，还持有更加极端的反本质主义的思想立场，对于基础主义、中心主义、主体主义、人道主义、历史主义等加以否定。尤其是作为存在主义（以萨特的自由存在主义为代表）的理论对立面，结构主义和后结构主义始终坚持一种"去主体化"的理论策略，极力强调"主体的死亡""作者的死亡"以致"人的死亡"。从列维-施特劳斯对于萨特存在主义的激烈批判来看，结构主义对于个体自由和主体作用采取完全排斥的理论观点，将社会系统和无主体的历史过程置于决定性的位置。似乎在语言结构和符号秩序面前，作为个体的人完全没有自由，以至于作为整体的人类也陷入作茧自缚的境地。随着在语言问题认识上的深入化和极端化，后结构主义与结构主义又有所不同，这具体表现在它对于差异化和多元化的诉求。后结构主义被纳入后现代主义思潮之中，而且还是作为后现代主义思潮的一个重要组成部分，正是在于它对于整体系统或者总体结构的彻底否定。后结构主义强调差异和多元，反对将意义束缚在总体化的系统之中。客观性、确定性、真理性、系统性等被它当作批判的目标，这种思想立场为后现代主义思潮所发扬。

结构主义和后结构主义从结构语言学出发的方法论改造，当然还吸收了马克思主义和弗洛伊德主义等理论观念，因而自始至终具有强烈的现实关怀和批判精神。无论是列维-施特劳斯的结构人类学和拉康的结构精神分析学，还是巴尔特的现代神话分析、福柯的知识—权力批判和德里达的解构主义，无一例外，都关注着人类现实的生存状况，旨在揭露现存社会对人的压制和欺骗。他们的学术研究并不是在象牙塔里面进行的文字游戏，而是立足于社会现实变化的严肃思考，因而体现出法国哲学骨子里面的怀疑主义气质。三位"怀疑大师"（弗洛伊德、马克思、尼采）在当代法国哲学中的广泛影响，可以从一个侧面反映出结构主义和后结构主义的批判性思想。列维-施特劳斯、巴尔特、福柯和德里达，都明确承认了这三位思想家对于他们的启示作用。

从当代西方哲学的思想演变来看，结构主义和后结构主义所推进的理论方法创新无疑是具有一定时代意义及理论价值的。首先，结构主义借鉴并发挥了结构语言学的语言观和方法论，对于不同人文社会科学领域（诸如人类学、民族学、神话学、社会学、心理学、历史学、文学批评、政治学等）中的基础性问题展开了深入的研究。一方面，从语言学的角度推进了人类自身的进一步认识。语言不再是由人类自由使用的交流工具，而是反过来成为掌控人类行为的符号系统。这种观点固然有些极端和片面，但确实有助于人类对于自身的重新认识。另一方面，开掘出了人文社会科学研究的崭新领域，推动了人文社会科学方法论的更新。更为重要的是，由于语言问题的普遍性和融和性，跨学科和交叉学科的综合性研究得以实现。其次，结构主义和后结构主义在一定程度上推进了文化研究的展开，使得当代文化理论步入了一个迅速发展的新兴时代。究其原因，它们关注的是由符号系统所建构起来的文化现象，关注的是潜藏在语言形式背后的意识形态，这样，基础性的符号学分析就直接转换成了政治性的文化批判。从某种意义上说，结构主义和后结构主义代表了一种当代西方文化哲学的发展形式。最后，作为当代西方哲学的一种新形态，我们在结构主义和后结构主义身上很难看到传统哲学的影子，因为它们完全放弃了哲学的传统理论活动，采取了一种可以说是超越哲学的思想方法。一些研究者在无法断定其哲学特征的情况下，将其笼统地称为"法国理论"。在当代西方哲学屡屡陷入"哲学终结"的背景之下，结构主义和后结构主义的理论尝试不妨看作是一种重建哲学的具体形式。

当然，作为一种尝试性的和综合性的理论建构，而且作为一种偏执于语言结构和符号系统的研究方法，结构主义和后结构主义难以避免地存在着诸多理论问题，其思想和方法上的矛盾性、片面性和极端性尤为明显。自结构主义与后结构主义兴起以来，批评和指责之声就从未中断。首先，最大的问题在于结构主义和后结构主义自身无法回避的语言至上论或者符号决定论的嫌疑。比如，列维-斯特劳斯在《图腾崇拜》和《野性的思维》中提出一个基本论点：人类拥有一种普遍性的和超时空的基本思维模式。他的结构主义人类学就是要将形形色色的社会文化现象划归为一种共同性的思想机制，以此将人类学的研究提升到哲学认识论的高度。因此，他的不少结论总是带有某些客观唯心主义的基调。在追求普遍的思维形式和精神结构的意图下面，难免走入哲学唯心主义和符号唯心主义的思想路径。其次，在主体性问题的认知方面，结构主义为了对抗存在主义的主观性思想而走向另一个反面，即完全否定个体自由和主观选择，甚至提出人类历史发展是一个无主体的过程这样的观点。所以，结构主义发展到后结构主义是必然的。后结构主义之所以背离了结构主义，除了要将反本质主义贯彻到底之外，主要就是用差异性来捍卫主体性，或者说是为主体性存在留出一定的空间。福柯后期的自我伦理学和德里达的解构主义，无疑是对主体性问题的再思考。对于结构主义和后结构主义而言，语言与主体之间的关系问题是一个基本问题。再次，后结构主义的去中心化和去整体化的理论批判，是在为文化多元主义辩护，是在倡导一种尊重差异的公平正义。然而，从语言游戏走向思想游戏，人类的种种文化活动似乎都变成了一场游戏。后现代主义思潮在法国和其他欧美国家的兴起，大多高举"多元共生"的思想旗帜，其多元文化主义的立场正是这种思想游戏的集中体现。

思考题：

1. 什么是结构主义？
2. 什么是列维-施特劳斯的"神话要素"？
3. 福柯的"知识型"意指什么？
4. 德里达的"解构"意指什么？
5. 结构主义与后结构主义的主要区别是什么？

第十三章 自由主义与共和主义

英美哲学界长期以来一直为语言分析哲学所占据,即使是像道德哲学这种实践性极强的学科,也陷入了琐碎的、技术化的语词分析之中。从 20 世纪后半期开始,人们开始扭转这种倾向,终于迎来了政治哲学的复兴。许多哲学家将目光投向了现实生活,开始关注与生活息息相关的自由与平等、权利与正义等问题。当代西方政治哲学流派众多、意识形态复杂,不同理论也正处在不断争论与整合之中,不过我们从中还是可以把握到,自由主义、社群主义和共和主义的争论是当代西方政治哲学的基本内容。自由主义思潮最先得以复兴,但在对自由主义的批评上,社群主义与共和主义倾向于结成同盟。特别是,共和主义对传统资源的挖掘得到社群主义者的积极响应,二者结合的趋势日益明显。紧扣自由主义和共和主义,有利于我们把握当代西方政治哲学的基本面貌。

第一节 罗尔斯的平等自由主义

约翰·罗尔斯(1921—2002),美国著名哲学家,普林斯顿大学博士,哈佛大学教授,他的一生基本上都是在大学里度过,属于书斋型的学者,但对现实生活有着深切关怀。罗尔斯的著作主要集中于道德哲学与政治哲学领域,其中《正义论》《政治自由主义》与《万民法》影响深远。《正义论》发表之后,诺齐克曾说:"政治哲学家们或者必须在罗尔斯的理论框架内工作,或者必须解释不这样做的理由。"[①] 罗尔斯一生致力于为自由主义提供辩护,并在自由与平等之间寻找平衡。人们一般把他的思想称为"平等主义的自由主义"。

一、无知之幕

追求正义似乎是人与生俱来的本能。人们需要正义,因为人是社会合作的动物,孤立的个体没有办法存活下去,因此人们彼此之间必然会合作,合作之后劳作的效率就会更高,相比彼此孤立劳动来说,一定会有合作收益。正义观的提出

---

① [美]罗伯特·诺齐克:《无政府、国家和乌托邦》,姚大志译,中国社会科学出版社 2008 年版,第 218 页。

就是为了调节合作收益以及基本权利的分配。正义所指向的主题是社会基本结构，即一个社会分配这些收益与权利的主要制度。因此，罗尔斯认为，正义是社会制度的首要德性。历史上的正义观可谓千奇百态，哪种正义观最合理呢？罗尔斯借助社会契约论，提出了作为公平的正义观（justice as fairness）。

罗尔斯的社会契约论是对传统社会契约论的发展，他要把传统的契约论发展到一个更高的抽象水平。传统社会契约论中通常存在着自然状态的假设，这在霍布斯、洛克和卢梭等人那里表现明显，罗尔斯相应地提出了原初状态（original position）概念，认为生活在原初状态中的人有可能建立一种公平的程序，从而得出大家一致同意的正义原则。然而，现实生活中的人彼此不同，每个人都倾向于提出对自己有利的原则。罗尔斯所说的原初状态是一种假想状态，排除了一切自然和社会的偶然因素的影响，为此，他又提出了"无知之幕"（veil of ignorance）的说法。那些生活在无知之幕背后的假想缔约者不能根据自己的特殊情况进行选择，他们只能在一般考虑的基础上来决定应当根据什么样的原则对社会进行组织。

假想的缔约者对于许多特殊事实处于无知状态，众多私人信息都被屏蔽掉了。罗尔斯认为，应当排除至少四类信息。第一，没人知道自己在社会中的地位和阶级出身，也不知道自己的资质、自然能力和智力水平。第二，没人知道自己的善的观念、自己所追求的生活计划的特殊性，甚至不知道心理特征，例如是否喜欢冒险、是悲观还是乐观。第三，不知道自己所处社会的经济和政治状况，不知道这个社会所达到的文明程度。第四，不知道自己属于什么时代，也就是说，不清楚自己是当代人还是后代人。由于对这些信息的无知，缔约者也就不知道怎样才能做到对自己有利。某个人可能主张有钱人应当做大官，穷人理应受奴役，这才是合适的原则。然而，无知之幕揭开后，他发现自己并不是富人而是穷人，那么这个原则对他来说就太过冒险。因此，无知之幕使人们一致选择某种正义观成为可能。

这里所面对的一个直接反驳就是，如果一个人根本不知道自己的情况，不知道自己喜欢什么样的东西，那么他如何进行选择，如何能够决定什么样的社会才是可取的呢？罗尔斯为此提出了"弱的善理论"（thin theory of the good）。罗尔斯认为，原初状态下的假想缔约者都期望得到尽量多的基本善（primary goods）。这些基本善可以分为五类：（1）基本的权利和自由：思想自由、信仰自由和其他自由，这些权利和自由是必需的本质性制度条件；（2）在拥有各种各样机会的背景条件下的移居自由和职业选择自由，这些机会允许追求各种目标，也允许修正和改变它们；(3) 拥有权威和责任的官职和职位之权力和特权；(4) 收入和财富，它们被理解为达到众多目标通常所需要的手段，无论这些目标是什么；(5) 自尊的社会基础，它们被理解为基本制度的组成部分，对于公民是否能够强烈地感觉到他们自身的价值，并且是否能够带着自信来推进他们的目标，它们通常是极其重要的。这些基本善是每个有理性的人都希望得到的，无论人们持有什么样的私人性的善观念。有人可能想过享乐主义的生活，有人可能想过苏格拉底的生活，但这些基本善都是必需的，人们总是需要它们来实现个人目标。

根据罗尔斯的理论，每个人都是理性的（rational），他们会尽量获取基本善来实现自己的目标。但我们依然可以设想，人们彼此之间也不必然要达成某种正义原则来协调对基本善的追求，如果资源极大丰富，人们能够各取所需，正义原则就是多余的。因此，正义的达成需要一定的环境。有了这些环境，无知之幕下的假想缔约者达成一些原则并据此合作才是可能的，也是必需的。正义的环境包括三方面内容。第一，在许多领域存在着中等程度的匮乏，即自然的和其他的资源并不是足够丰富，以使得合作计划成为多余；这些资源也不是极度缺乏，以使得任何合作都会失败。第二，人们有着大致相近的需要和利益，但他们又都有自己的生活计划和目标，因此会对中等匮乏条件下的社会利益划分提出相互冲突的要求。第三，原初状态中的各方是相互冷淡的，他们并不是极端的利他主义者，如果人人都是圣徒，每个人都会无私地为共同信奉的目标而工作，关于正义的争论也就不会出现。原初状态具备了这些环境，同时人们又处在无知之幕下，人们就能选择出理想的原则和标准，并能够据此对其他制度进行批评和改造。

具备了正义环境，原初状态下的各方在无知之幕背后就能够对原则进行选择，但这些原则要成为正当的，还必须具备一些形式上的限制，罗尔斯期待通过这些限制可以把一些理论排除在正义原则的备选项中。罗尔斯认为，就道德哲学来说，首要原则必须是一般的（general）。正义原则本来就是适用于社会基本结构的，是秩序良好社会的公共蓝图，所有人都会受到它的影响，那么对这些原则的理解和表达就不应该涉及有关偶然的、特殊情形的知识，不能专门对待特定的个人或集体。例如，唯我论的利己主义认为每个人都应当增进我的利益，存在着第一人称专制，它就没有满足一般性条件。原则的应用必须是普遍的（universal），原则必须对每个人都有效。一个原则如果被所有人实行时会自相矛盾，那么它就要被排除。原则必须是公共的（public），原初状态下的各方都是为了一个公共的正义观而选择原则的，这些原则必须向大家公开，所有人都应知晓且按照它们行事。例如，有人在理解功利主义的时候，提出社会精英可以按照功利计算的方式来做社会决策，但普遍大众只要根据日常规则就可以，那么这就违背了公共性条件。一种合格的正义原则还应当能够对相互冲突的要求排出顺序，对这些要求做出有效调整。例如，一般的利己主义理论就没有满足这一条件，该理论认为每个人都应当追求自己的利益最大化，张三追求张三的利益最大化，李四追求李四利益的最大化，这里不存在第一人称专制，满足了一般性条件，但是每个人都有义务推进自己的利益，这些相互竞争的要求之间就无法排序了。最终被选定的正义原则还应当具有终极性（finality），立约的各方均要把这个原则体系作为实践理性的最后上诉法庭，这些原则所提出的要求是决定性的，原初状态中的缔约者不能在无知之幕揭开后，发现这些原则于自身不利，就要求重新立约。

二、平等的正义原则

有了原初状态、无知之幕、正义环境和形式限制，人们会选择什么样的正义原则呢？罗尔斯认为，人们会选择他的作为公平的正义观，该正义观包含了两个原则。第一个原则是每个人有平等的权利享有最广泛的基本自由，这些自由与别人的相似的自由是相容的。第二个原则是社会的和经济的不平等应该满足两个条件：（1）确保公职和职位在公平的机会平等条件下对所有人开放；（2）确保有利于社会之最不利成员的最大利益。这两个原则分别处理不同的问题，第一原则处理权利和义务的分派，以确保公民的平等基本自由，我们称之为自由原则；第二个原则用于调节社会和经济利益的分配，以确保公民在社会和经济方面尽量享有平等，它包含了机会公平平等原则与差别原则。这样看来，罗尔斯的作为公平的正义观其实是多种正义原则的混合体，而这些不同的原则彼此之间还有可能发生冲突。罗尔斯为了解决原则冲突，运用了词典式的序列（lexical order）概念，根据这一概念，只有在最优先的原则得到满足之后才会考虑其后的原则。在罗尔斯的体系里，自由原则优先于机会公平平等原则和差别原则，机会公平平等原则又优先于差别原则，因此自由的主张应该首先被满足。

为什么原初状态下的各方会选择他的正义两原则呢？罗尔斯认为，原初状态下的各方由于无知之幕屏蔽掉了许多信息，通常会采取一种最大最小值（maximin）的选择策略。最大最小值规则告诉人们，要按可选项的最坏结果来对它们进行排序，然后采取这样一个可选项，它的最坏结果优于其他对象的最坏结果。这也就是说，人们不会冒险去追求那些最好的结果，而是会采取保险策略，在坏结果中选择最不坏的。例如，功利主义不会成为被选项，功利主义的策略从某种程度上讲对选择主体来说太过冒险。按照功利原则，为了更大的社会利益而严重侵害自由是合理的，比如说可以减少或剥夺弱势群体的自由。如果原初状态下的某人赞同功利原则，但无知之幕揭开后，极有可能发现自己就是潜在的受害者，为了预防这些危险，我们就应当反对功利主义，而赞同保证基本自由的原则。同样，在收入和财富的分配上，差别原则代表了一种保险策略。任何人都不会选择高度不平等的社会，然后期待自己总是处于社会中最强势的一方，这种赌博心态是不合适的。只要人们清楚认识到，原初状态下的选择结果具有终极性，不能因为结果不合自己的意愿就准备推倒重来，而且选择的原则将从此全面支配自己的生活前景、规范整个社会的基本结构，他们就不会去冒险了。

自由原则包含了一系列的基本自由，其中较为重要的有：政治上的自由（选举和担任公职的权利）与言论和集会自由；信仰自由和思想自由；免除心理压制、身体攻击和破坏个人完整性的自由；拥有个人财产神圣不可侵犯的权利；依法不受任意逮捕和没收财产的自由。这些基本自由虽然具有优先性，但并不代表它们不受限制。我们不能否认，基本自由的可行性要依赖于一定的环境条件。为了自由的缘故，有时候对自由的范围进行限制是必要的。假如把一个较不幸的社会改造为一个人人都能充分享受平等自由的社会，而要求放弃这些自由中的一部分，这很有可能就是必要的。同样，家长式统治的原则也可能是各方在原初状态中能够接受的原则，它可以保护自己免受理智不发达与意志软弱之害。既然自由可以受到限制，那它有没有可能会受到第二原则的限制呢？罗尔斯认为，自由不能通过社会地位或经济利益来进行交换，这正是自由优先的内涵。但自由优先的根据在哪里？自由优先完全是无知之幕下的各方所达成的必要结果。原初状态下的各方都有自己特殊的目标与利益，无论这些目标和利益的具体内容是什么，它们都会受到这些自由的保护。拿宗教信仰来说，假如某人知道自己是个虔诚的信徒，只是不知道自己信奉的到底是哪一种宗教，那么他首先会赞同宗教信仰自由与宗教宽容，因为这种自由最终能够保护他的信仰。

机会公平平等原则是一项非常重要的自由主义原则，它要求某些职位必须向所有人都公平开放，否则那些被排除在外的人会觉得自己受到了不公正对待。即使一部分人垄断某些社会机会，其他人反而能够获利，也并不能为垄断提供辩护。这些被排斥在社会机会之外的人依旧有理由抱怨，抱怨的理由"不仅是因为他们得不到职位的某些外在奖赏例如财富和特权，而且是因为他们被禁止体验因热情机敏地履行某些社会义务而产生的自我实现感。他们因此被剥夺了一种重要形式的人类善。"① 我们要注意，机会公平平等原则不同于形式公平。形式公平要求各种职位形式上向所有能够和愿意去努力争取它们的人开放，但由于自然和社会偶然因素的作用，每个人并不具备相同的能力去争取某些地位。例如，面对一个文盲，我们说某个要求较高文化知识的职位对他是开放的，这无疑是对文盲的嘲讽。机会公平平等原则就是要修正这种形式意义上的公平，使所有人都有机会公平追求某些社会地位，社会应该对那些具有同样才干和能力的人提供教育、培训等，纠正社会不公正，以免他们的抱负会受到社会出身的影响。

差别原则适用于收入和财富的分配，该原则认为，社会中的收入和财富的分配应该是平等的，除非一种不平等能够使所有人受益，特别是符合那些最少受惠者或最不利者的利益。罗尔斯是平等主义者，把机会公平平等原则与差别原则结合在一起，就构成了他所宣称的"民主的平等"。他能够容忍社会中存在着贫富差距，但这种差距必须得到辩护，特别是社会弱势群体要由于这些差距而受益。另外，这种收入和财富的分配还不应当依赖于那些具有道德任意性的因素。为了说明这一问题，罗尔斯把他的民主平等观与自然的自由平等观（natural liberty）和自由的平等观（liberal equality）进行了比照。自然的自由平等观倡导形式公平，所有人都有同样合法的权利进入有利的社会地位，但由于没有相应的制度设计来保证大家有一种平等的或相近的社会条件，因此资源的最初分配就受到自然和社会偶然因素的强烈影响。每个人的天赋都是不同的，而且这些天赋的运用会受到社会环境的影响，那些拥有良好家庭背景和受过良好教育的人比没有这些东西的人具有更为明显的优势，由之而来的收入和财富分配也大不相同。自由的平等观试图超越单纯的形式上的机会平等，希望为那些具有同样能力和抱负的人提供大致平等的教育和成功前提，使其不受社会出身的影响。例如，它会主张国家实行一系列的教育与工作培训、儿童营养与医疗计划等。这种平等观的优点在于它完善地排除了社会偶然因素的影响，但它还是允许财富和收入的分配受能力和天赋的自然分布决定。民主的平等与它们都不一样，它平等地把每一个人当作一个道德人来对待，不会根据人们的社会幸运和自然资质分配中的运气来衡量他们在社会合作中利益和负担分配的份额。

罗尔斯认为，差别原则体现出三个方面的特征。第一，差别原则体现了补偿的观念。差别原则不是补偿原则，因为它不要求社会去抹平差别和所有障碍，让

---

① ［美］约翰·罗尔斯：《正义论》（修订版），何怀宏等译，中国社会科学出版社2009年版，第66页。

所有人在同一个绝对公平的起点上竞争，但它认识到了补偿的重要性。因此，差别原则把天赋的分布看作某种意义上的集体资产。人们不能认为天赋是自己应得的，天赋的获得虽然能够给自己带来较大利益，但这种利益的获得只能在改善较不利者境况的基础上得到辩护。第二，差别原则体现了互惠的观念。它虽然看起来更多地偏爱最少受惠者，实际上它是互相有利的原则。社会上占优势地位的人不能认为自己获得的利益完全是自己应得的，他们的所得实际上依赖于那些较不利者的合作，而较不利者是整个社会合作体系的积极贡献者。因此，最少受惠者积极合作，最有利者关照最少受惠者，这恰好体现了互惠性。第三，差别原则体现了博爱的观念。差别原则强调，如果不是有助于状况较差者的利益，就不应意欲占有较大的利益，换言之，那些处境较好者愿意只在一种促进较不利者利益的结构中占有他们的较大利益。罗尔斯甚至认为，西方社会盛行的自由、平等和博爱分别对应他的几个原则，自由原则体现了自由，机会公平平等原则体现了平等，差别原则体现了博爱。

三、中立性与政治自由主义

罗尔斯第二部重要的著作是《政治自由主义》，人们通常认为，从《正义论》到《政治自由主义》罗尔斯在思想上发生了转向，背后的原因就在于，罗尔斯认识到，现代社会是一个价值与文化呈现多元主义的时代，政治上最重要的问题是这些持有不同价值观念与文化传统的人如何共处。

罗尔斯认为，他在《正义论》中没有区分一种普遍意义上的道德学说和一种严格的政治正义观念。《正义论》中的论证依赖于正义原则得以实现的前提，这个前提就是在秩序良好的公平正义社会里，公民们都坚持相同的完备性（comprehensive）学说，他们在完备性的哲学学说或道德学说的基础上来认可作为公平的正义观念。所谓完备性学说，以一种或多或少是一致而连贯的方式概括人类的宗教、哲学和道德等方面，每一种学说都以其独特的方式来刻画自己所认同的价值，并认为这种价值是最重要的。这些完备性学说都是合乎理性的，但互不相容，这种多元性已经成为民主社会公共文化的一种恒常特征，为方便起见，通常就把这些合乎理性的完备性学说共存的现象称为理性多元论（reasonable pluralism）事实。理性多元论是公民们在自由制度框架内自由地运用理性而得来的结果，与之相对的是一般多元论（亦称简单多元论），后者是指那些出于狭隘的自我利益、阶级利益、民族利益来看待政治世界而形成的观点。

罗尔斯认为，理性多元论符合现代社会的现实。就政治观念来说，这种多元分歧不仅存在于自由主义者与非自由主义者（如社群主义）之间，甚至存在于自由主义家族的内部。罗尔斯认为，以密尔的个体性为标志的自由主义、康德的自律为标志的自由主义以及他在《正义论》中依据正义两原则所倡导的自由主义，都是某种完备性的自由主义。作为《正义论》论证基础的这种完备性观点不可能成为公民们普遍坚持的立场，以国家权力来压迫所有人接受某种特定的观点与学说是不理智的。《政治自由主义》的目标就是要对《正义论》中秩序良好的社会理念重新阐发，探讨这种公平正义的社会如何通过一种政治的正义观念来获得理解，同时解释在理性多元论背景下，这些持有不同完备性观点的公民如何才能组成一种自由社会并保持其稳定性。

这些多元学说之间的分歧如何解决呢？一种最直接的做法就是使用国家权力来进行压制，国家强力推行某一种完备性的宗教学说、哲学学说或道德学说，使生活在这一政治社会中的所有人都认同同一种完备性学说，从而达成统一的共同体。最典型的例子就是中世纪社会的宗教裁判所，它对异教徒实施残酷的压制，就是要保持某种共有的宗教信仰。历史已经表明，这种做法是不可取的，理性的个人会认为利用政治权力去压制其他合乎理性的完备性观点的做法是非理性的。罗尔斯推行的做法就是他所赞同的政治自由主义。政治自由主义所寻求的是一种政治性的正义观念，在由这种观念所规范的社会中，各种合乎理性的完备性学说都能够和平共处，反过来，它们也都支持这种政治正义观念。罗尔斯认为，政府应当把许多为人们所熟悉的和系统的学说都看作是合乎理性的，政府需要在这些多元学说中保持中立（neutral），不能单向性地强制推行某一种世界观或价值观，"在存在一种合乎理性的学说之多元性的时候，要求利用国家权力的制裁来纠正或惩罚那些与我们观点相左的人，是不合乎理性的或错误的"①，这也正是罗尔斯所倡导的中立性概念的基本内涵，在政治哲学中，我们通常把这种中立性称为自由主义中立性或国家中立性。

罗尔斯认为，社会统一与稳定的最合乎理性的基础是重叠共识（overlapping consensus）和公共理性（public reason）。鉴于理性多元论长期存在的事实，任何一种完备性学说都不适合作为立宪政体的政治观念，相反，各种合乎理性的完备性学说会就这种政治的正义观念达成重叠共识。这种政治的正义观念适用于社会基本结构及其最主要的政治、社会和经济制度，它会赢得那些认可合乎理性然而相互冲突的完备性学说的公民的理性支持。一个能够得到重叠共识支持的政治观念

---

① ［美］约翰·罗尔斯：《政治自由主义》，万俊人译，译林出版社2000年版，第146页。

就是一个我们有道德根据去认可的道德观念,社会的统一就建立在对该政治观念的共识之上。重叠共识不是某种临时协定,临时协定只把社会共识建立在自我利益或群体利益的基础上,或者把它看成是政治谈判的结果。例如,如果任何完备性学说都想压倒别的完备性学说,只是苦于自己目前没有足够的力量和手段成功压制对方,因此选择一种策略性的和平相处,那么这就是临时协定。临时协定本质上是不稳定的,随着条件与环境的改变,只要某种完备性学说发展得足够强大,它就会力图打破这种平衡,把这种学说推向整个社会。重叠共识能够满足所有合乎理性的批判反思,它所支持的政治正义观念不再被看作与基本的宗教价值、哲学价值和道德价值不相容,相反,它是这些持有不同价值观的人都会理性认同的东西。因此,由政治自由主义所规范的政治制度包含了足够的空间允许各种有价值的生活方式存在,它是足够稳定的。

但是,重叠共识真的能够达成吗?它有没有可能只是一种乌托邦的美好想象?罗尔斯认为,重叠共识的达成是完全现实的,它要经过从宪法共识到重叠共识的过程。在宪法共识阶段,自由主义的正义原则最初作为一种临时协定而被人们犹犹豫豫地接受下来,并采纳到宪法之中。这些原则保证了基本的政治权利和自由,建立了调和政治对立和处理社会决策问题的民主程序,它往往改变着公民的完备性学说,认识到自己的学说都不充分完备,这就为发展一种独立的、对有助于达成共识的政治观念的忠诚留下空间。这种忠诚反过来引导人们以明确的意图去按照宪法安排行动,人们从理性上也相信别人服从这些宪法安排,随着政治合作的不断成功,公民之间的信任也逐步加强,最终形成重叠共识。

重叠共识是个体公民把公共的政治正义观与自己的完备性学说调和起来的工作,相比之下,公共理性是这些公民基于公共的政治正义观进行集体推理,得到共同的政治结论的工作。大体而言,重叠共识是公共理性的基础,因为公共理性要求诉诸公共理由,而通过重叠共识,我们就可以确保这些理由是公共的。公共理性是民主国家的基本特征,它所处理的并不是所有政治问题,而是那些被称为宪法根本和基本正义问题的政治问题,与社会基本制度结构紧密相关的问题,例如,谁有权选举、什么宗教应当宽容等。与公共理性相对的是非公共理性,非公共理性由市民社会中的许多联合体的理性所构成,如大学、教会和科学团体等。生活在这些联合体内部的成员可以根据联合体的理想和原则行事,可以接受各种联合体所倡导的完备性学说,这是良心自由与思想自由的基本表现。但是在公共领域,这种非公共理性的实施就要受到限制,如果在基本政治问题上,每种联合体只强调以自己的完备性学说作为行动理由,那么人们就永远无法进入公共理性。

公共理性所追求的理想是："公民将在每个人都视之为政治正义观念的框架内展开他们的基本讨论，而这一政治正义观念则建基于那些可以合乎理性地期待他人认可的价值，和每个人都准备真诚捍卫的观念上。"① 罗尔斯认为，公共理性理想的范例清楚地表现在最高法庭之中，法官们在处理案件时，不能求助于任何的私人性因素，也不能求助于普遍的道德理想和道德美德，相反，他们必须求助于那些属于合乎公共理性的政治价值，他们真诚地相信这些价值，同时期待所有理性且合理的公民们都认可这些价值。唯有在公共理性的基础上，一个存在理性多元分歧的现代社会才能真正达到统一和稳定。

第二节 诺齐克的自由至上主义

罗伯特·诺齐克（1938—2002），美国著名哲学家，哈佛大学教授，与罗尔斯是哈佛大学哲学系同事。针对罗尔斯的《正义论》，诺齐克于1974年发表了《无政府、国家和乌托邦》，他在这本书中为自由主义原则提供了最连贯、最系统的表述，并全面批判了罗尔斯的正义观。诺齐克主张私有财产权神圣不可侵犯，国家类似于守夜人，它的功能只限于保护公民免于他人侵犯。人们通常称罗尔斯为平等主义的自由主义或左翼自由主义，而称诺齐克为自由至上主义或右翼自由主义。

一、资格理论

诺齐克倡导资格理论（entitlement theory），资格与权利的意思差不多，某个人对某物具有资格，也就是说他对该物拥有权利，这种权利是他人不可侵犯的，也为他人的行动设置了界限。如何知道与判定人们对某物的占有具有资格呢？诺齐克更具体地提出了他的持有（holdings）正义理论，这一理论包含了三种正义原则：获取的正义原则、转让的正义原则和矫正正义原则，如果某人对其持有物的占有符合这三个正义原则，那么他对该持有物就具有资格。获取的正义原则主要处理持有物的最初获取是否符合正义，关注的是无主物如何变成有主的。转让的正义原则主要处理持有物的转让，持有物如何能够正当地从一个人手里到达另一个人手里，这主要涉及自愿交换、赠予等问题。矫正正义原则是对持有的不正义情况进行矫正，因为并非所有现实占有状态都是根据获取的正义原则和转让的正义原

---

① [美] 约翰·罗尔斯：《政治自由主义》，万俊人译，译林出版社2000年版，第240页。

则而得来的，有些人会通过偷窃、欺骗、奴役、掠夺等方式从别人手里获得物品。如果过去的不正义以各种方式导致了今天的持有现状，那么现在就应当采取某些做法来矫正这种不正义。按照诺齐克的归纳，持有正义理论的一般纲领是："如果一个人根据获取和转让的正义原则或者根据不正义矫正原则（由头两个原则所规定的）对其持有是有资格的，那么他的持有就是正义的；如果每一个人的持有都是正义的，那么持有的总体（分配）就是正义的。"① 不过，目前这三个具体原则的表述与界定还非常粗略，具体内容尚需进一步明确。

诺齐克首先具体探讨了获取的正义原则，他以洛克的理论作为探讨的出发点。洛克认为，某人对无主物的所有权是由于他把劳动同无主物相混合而产生的。为什么把一个人的劳动与某种东西相混合就使得这个人成为它的所有者呢？这似乎是说，某物渗满了某人所拥有的东西（劳动），所有权就渗入了该物的其余部分。诺齐克指出，把我拥有的东西与我并不拥有的东西混合在一起，为什么不是我失去了我所拥有的东西，而是我得到了我并不拥有的东西？我把自己制作的番茄汁倒入大海，我并不会愚蠢地认为自己就拥有了这片大海，而会清醒地认识到这浪费了我的番茄汁。诺齐克主张对洛克的理论做出修正，更严谨的表述应该是：施于某物的劳动使它得到了改善，使它更有价值了，任何人在一个物上面创造了价值，他就有资格拥有这个物。即使这样，问题依然存在。如果可以改善的无主物的数量是有限的，那么把改善一个物看作是赋予对它的全部所有权，这也没有道理。原因在于，当某物只归某个人所有时，就改变了其他人使用该物的自由，他们原初本来是可以自由地使用该物的。因此，这个理论修正要想成立，依赖于其他条件，特别是对无主物的占有不能使其他人的处境变坏。这有两种路径，或者某人改善了某物，但是他留有足够多的此物供他人使用；或者某人对某物的改善带来了对其他人地位的改善，从而抵消了他们失去使用该物的自由所造成的损失。这就类似于洛克为确保其他人的处境不变坏而提出的限制条款（proviso）：足够的和同样好的东西留给其他人。很明显，由于资源的有限性，某人对无主物的占有总会使其他人丧失占有的机会与自由，如果按照这种思路来理解洛克的限制条款，那么几乎没有什么人对持有物的占有是有资格的。诺齐克倡导从一种比较弱的意义去理解限制条款，只要有人对无主物的占有改善了其他人的地位，补偿了失去自由使用该物而造成的损失，那么它就符合了限制条款。

---

① ［美］罗伯特·诺齐克：《无政府、国家和乌托邦》，姚大志译，中国社会科学出版社2008年版，第183—184页。

对于转让正义原则，这种限制条款也同样适用。有时候，一个人在一开始时就占有某种物品的所有供应是不被允许的。假设我合法占有某种物资的一部分，然后从拥有这些物资的其他人那里购买了所有剩余物资，虽然这种占有和购买分别来看都没有违反洛克的限制条款，但是我对这种物资的全部占有违反了洛克的限制条款。例如，饮用水是人类生存所必需的，如果我是个大富翁，我占有许多饮用水，别人也占有了其余部分饮用水，我以合适的价格从别人手里购买到了所有饮用水，这样我就占有了饮用水的全部供应。但是，由于我没有给别人留下足够的和同样好的东西，那么它就违反了限制条款，这一条款也同样排除了我有权购买所有饮用水，这也意味着这个转让过程看似正义，实质上行不通。一个人不可以占有沙漠中唯一的水坑，某个岛屿的所有者也不能命令失事船只的遇难者作为闯入者离开他的岛屿，在这些情境中，环境之不幸使得洛克的限制条款发生效力。然而，在诺齐克看来，这种情况非常特殊，只会出现在灾难的场合。在绝大多数情况下，某个人掌握了维持其他人生存的某种必需品的全部供应，这一事实并不意味着他对该物的占有使其他人的处境变得更坏。例如，医学研究人员合成了一种新药品，它能有效治疗某种疾病，但他拒绝以低价格出售，这并不意味着他使那些病人得不到他已经占有的东西，从而使他们的处境变坏；其他人从这位研究人员手中购买全部这种新药品，他们也没有使别人的处境变坏。诺齐克站在自由主义的立场上，乐观地相信市场制度的自由运行与洛克的限制条款不会发生实际冲突，对于持有物的转让来讲，只要遵循自由原则，交易双方是自愿的，没有强迫、欺骗等要素，那么它就是正义的。某物的占有方也可以通过赠与行为把持有物转移到受赠方，这个转让过程是正义的，受赠方对该物的占有也是正义的。

诺齐克认为，资格理论相对于其他分配正义理论具有两个特征：历史性与非模式化（non-patterned）。资格理论是历史的，它的意思是说，人们在评估一种分配状况是否正义时，不仅需要考虑它体现为什么样的分配，而且需要考虑这种分配是如何发生的，过去的状况与人们的行为能够产生对事物的不同资格或不同应得。资格理论依据的是正义的历史性原则，有些分配正义理论依据的却是正义的即时性原则（current time-slice principles），这种原则认为，分配正义是由产品如何分配来决定的，而其对此的判断则是由某种正义分配的结构原则做出的。根据正义的即时性原则，人们在判断分配正义时，只关注谁最终得到了什么，不在乎这些用来分配的东西到底是怎么来的，因此，任何两种结构上相同的分配都是同等正义的。诺齐克也把以正义的即时性原则为代表的非历史性原则称为目的—结果原则（end-result principle）或最终—状态原则（end-state principle）。

许多分配正义理论也要求根据特殊的规定进行分配，例如"按道德功绩分配""按对社会有用分配"或"按道德功绩、对社会有用和需要的权重总和分配"，等等。几乎所有这些分配正义原则都是模式化的，原因就在于人们总是认为分配正义理论的任务就是在"按照每个人（　）给予每个人（　）"中填空，总是事先准备好去寻求一种模式，把生产和分配当作两个独立的问题进行处理，似乎用来分配的产品是从天而降的，现在的任务只是根据某种模式对其进行分配。资格理论不是模式化的，它显得很随机，例如有些人从自己所拥有的东西中通过投资挣得很多，有人买彩票发了财，有人收到了基金会的馈赠，等等，这些人对这些东西的最终持有是正义的，但它并没有遵循模式化原则。因此，资格理论并不把生产和分配相分离，而认为产品在进入世界的时候已经是属于某些人的，他们对这些东西拥有资格，把本属于别人的东西按照某种分配模式进行分配，这就是侵犯他人的权利。

资格理论尊重自由与权利，然而，自由原则与最终一状态原则或模式化的分配正义原则格格不入，后两种原则只要想始终维持下去，就必然要对人们的生活进行持续干预，侵犯人们的资格或应得。诺齐克以篮球明星张伯伦为例说明这一问题。我们假设要实行人人拥有平等份额的模式化分配，当前也确实做到了这一点，假定这种分配状态为 D1。现在由于张伯伦是篮球明显，票房价值很高，他同一个球队签了为期一年的合同，合同规定，每一张售出的门票价格中有 25 美分归他。赛季开始后，凡是去观看他比赛的人，在买票的时候，都把门票价格中的 25 美分放入一个单独写着张伯伦名字的盒子里，假设这个赛季有 100 万人观看比赛，这样张伯伦就挣得了 25 万美元。现在就出现了新的分配状态 D2，这种状态是一种不平均的状态，张伯伦在 D1 状态中所获得的平均份额之外还有 25 万美元，观看比赛的 100 万人在 D1 状态中所获得的平均份额中减少了 25 美分，没有去看比赛的人还维持了 D1 状态中的平均份额。我们都知道，这 100 万人都愿意拿出 25 美分给张伯伦，如果 D1 是一种正义的分配，而且人们自愿地从 D1 移动到 D2，那么 D2 状态虽然不平均，也应该是正义的，因为这符合获取的正义原则与转让的正义原则。然而，如果我们要恪守人人拥有平等份额的模式化分配，那么我们就应当把张伯伦的钱拿出来重新分配。模式化的分配正义原则必然需要再分配的行为，而再分配包含着对权利的侵犯。现代社会实施再分配通常是以高税收的形式进行，而在诺齐克看来，对劳动所得征税等于强迫劳动，夺走别人的劳动成果等于夺走他的时间。设若国家把张伯伦的收入拿来进行再分配，这其实就是在压迫张伯伦无偿地为大家劳动（打篮球），严重侵犯了他的资格与权利。

二、对罗尔斯的批判

诺齐克和罗尔斯都属于自由主义阵营，对于自由优先原则，二者没有本质区别。不过，诺齐克比罗尔斯更极端与彻底，他只承认最低限度的国家，反对国家的许多积极功能，提倡自由至上主义。诺齐克依据他的资格理论或持有正义原则对罗尔斯正义理论（特别是第二正义原则）进行了严厉批判。

诺齐克首先批评了罗尔斯把社会合作作为分配正义的前提。诺齐克认为，罗尔斯引入社会合作，实际上使得谁有资格得到什么这一问题模糊不清。可能在罗尔斯看来，人们根本没有办法把从事合作的不同个体的贡献区别开，每一个东西似乎都是所有人共同作用的结果，因此对于它的任何部分，每个人都有理由提出要求，这样就需要用分配正义的原则来处理社会合作产品的分配问题。在罗尔斯的体系里，个人资格问题似乎湮没在社会合作这一模糊状态中。但在诺齐克看来，个人资格问题同样适用于通过合作生产出来的产品的各个部分，社会合作是基于劳动分工、专业化和自愿交换等方式达成的，每个人都单独工作，对自己手上的资源进行加工，通过交换与流通，最后使之成为人们手中的消费品。在这种状态中，人们合作做出了这些事情，但是他们分别地工作，每个人都是一个独立实体，每个人所做的工作都非常清楚，那么人们有资格给予或持有的东西也就非常清楚。当然，罗尔斯并不是说，由于每个人对社会合作产品都有贡献，所以应当提倡平均分配。罗尔斯会承认与允许不平等，有些人可以得到更多，但这种不平等的前提是有助于弱势群体的利益。然而，诺齐克认为，罗尔斯的这种想法与他的社会合作论相矛盾。罗尔斯在这里已经承认有必要向某些人提供刺激以使其从事各种活动或者担任各种角色，而这些活动或角色不是每个人都同样胜任。这也就说明，个人贡献与共同的社会产品是可以分开的，可以清楚确定有些人的贡献更大。如果二者分不开的话，那么我们也就根本不知道要把额外的刺激给予哪些人，罗尔斯对可辩护的不平等的讨论预先假定了这些东西都是可以知道的，因此，那种认为共同产品不可分、并非由清晰部分所组成的主张就不攻自破了。

其次，罗尔斯的正义原则是一种最终—状态原则或目的—结果原则。罗尔斯的构造无法产生出诺齐克所倡导的历史的或资格的分配正义观念，最主要的原因就是他设想的无知之幕。它防止有人按照自己的利益来剪裁原则，也防止他们根据自己的特殊条件来设计原则，从而保证人们在进行理性计算时不会有一点资格方面的考量。就此而言，罗尔斯的理论与诺齐克的资格理论就形成了鲜明对比。

罗尔斯的差别原则很明显是一种模式化原则，它要求社会产品的分配要符合最少受惠者的利益，而且这是原初状态下的行动者根据最大最小值原理会最终选择的原则，不遵守这一模式的原则都将是不正义的。然而，这种原则明显忽视了最多受惠者与最少受惠者在社会最终产品中的贡献和各自的应有资格，实际上，无论要求最少受惠者为最多受惠者做出牺牲，还是要求最多受惠者为最少受惠者做出牺牲，都是不正义的。罗尔斯投入了大量精力来解释最少受惠者为什么面对不平等不应该进行抱怨，原因就在于这种不平等对他有利，最少受惠者在这种不平等制度中得到的比他们在一种平等制度中所得到的东西更多。但是，罗尔斯很少认真处理最多受惠者应有的抱怨，他认为，最多受惠者没有理由进行抱怨，原因就在于所有人的幸福都依赖于社会合作，没有社会合作，任何人都不能有一种满意的生活。但是，这种理由完全可以由最多受惠者说给最少受惠者听，最多受惠者甚至可以要求社会更好地提高自己的地位，因为只有最多受惠者得到的更多，他们才会同最少受惠者合作。

再次，诺齐克批评罗尔斯以道德任意性为由消除天资（natural assets）在分配中的影响。罗尔斯认为，分配的份额不应当受社会偶然性和自然偶然性的影响。例如，像家庭出身和天资这些东西从道德观点来看完全是任意的，任何人都不能声称对这些东西的拥有是应得的，因此分配份额不应该受它们的影响。罗尔斯通过无知之幕的设计想把道德上任意性的东西都排除掉，这种做法过于仓促，如果仅仅因为某些东西是任意的，就否定它们具有任何道德意义，那么甚至个体的存在也不具有道德意义，每个人的存在依赖于精子和卵子结合，但从道德的观点看，众多精子使一个卵子受精完全是任意的。与此相反，根据诺齐克的资格理论，人们拥有他们的天资，而且他们对这些天资的拥有并没有侵犯到其他人的资格和权利，那么人们对于自己根据这些天资所获得的东西就是有资格的。人们使用碰巧拥有的东西，这没有什么不合法，对于他们据此所制造的东西，对于他们的劳动产品，对于别人赠给他们或与之交换的东西，人们都是有资格的。

没有哪一种正义理论能够完全排除掉所有道德上任意的事实，罗尔斯的理论也不例外。拿罗尔斯的差别原则来说，它的运作会给予一些人更大的分配份额，通过给予这些人更大的刺激，就能够极大地改善最少受惠者的命运，他们能够获得这些刺激通常是由于其天资，他们更能够合理地利用天资增加社会产品。因此，哪些人能得到这些更大的份额至少部分地取决于这些人和其他人之间的差别，而这些差别从道德观点看是任意的。另外，天资方面的差别并不是孤立的，它同其他的差别关联在一起，而这些其他的差别从道德观点看不是任意的。诺齐克利用哈耶克的研究说明了这一问题。哈耶克已经证明，在资本主义条件下，分配一般是按照人们对他人的公认服务来进行，但由于天资方面的差别，这会导致人们在服务他人的能力上存在差异。就这种分配体系来说，它所执行的分配原则看上去不是按照天资进行分配，而是按照对他人的公认服务进行分配。实际上，天资与公认服务的质量之间存在着必然关联，天资方面的差别会导致人们最终的持有状态存在差别，但我们不能据此就认为，人们对自己的持有没有资格或权利。

最后，诺奇克批评罗尔斯把自然才能的分配看成是集体资产（collective asset）。罗尔斯把自然才能当作集体资产，认为每一个人对天资的总体都拥有某种资格或要求，因此这也就决定了他的利益分配原则。它会要求天生有利的人在按照改善最不利者处境的前提下，才可以从自己的好运中获益。社会基本结构也会如此安排，让那些有利者运用天赋上的偶然性为最不利者的利益服务。在诺齐克看来，罗尔斯的做法就是要把人们合法拥有的天资和才能限制起来，使这些东西只能为他人服务，人们运用它们为自己或者自己喜欢的人谋利，似乎都是不正当的。实际上，如果人们对天资是有资格的，只要他们没有侵犯到其他人的权利，他们如何运用自己的天资，任何人都不能干涉，罗尔斯的做法最终会以集体之名干涉私人自由。罗尔斯把自然才能看成共同资产，还可能会面临另一个困难，即没有认真对待人与人之间的差别。罗尔斯在反对功利主义的时候，特别指出，功利主义没有认真对待人与人之间的差别，功利主义只强调最大多数人的最大幸福，任何个体都会湮没在总后果的计算中。与之类似，集体资产概念中看不出每个人在天资和才能上的具体差异，这样就消解了个体的特殊性。其实，才能、天资和能力之类的东西是个体性的重要标志，消解了这些东西，也就消解了每个人对自我的理解与认同。

第三节　阿伦特的共和主义

汉娜·阿伦特（1906—1975），美籍德国哲学家，曾师从海德格尔和雅斯贝尔斯，在海德堡大学获得博士学位，1933年纳粹上台后流亡巴黎，1941年到达美国，1951年成为美国公民。自1954年开始，她先后在加利福尼亚大学、普林斯顿大学、哥伦比亚大学等开办讲座，担任过芝加哥大学教授。她的代表作有《极权主义的起源》《人的境况》和《论革命》，等等。由于她的才气与卓识，许多人认为她是20世纪伟大的具有原创性的思想家、政治理论家之一。在政治哲学上，她最大的贡献就是致力于恢复和倡导古典共和主义思想，推动了政治谱系中的共和主义复兴。

一、人的境况

阿伦特的政治思想非常丰富，学者们从各个侧面发展她的思想触角，无论这些思考有多么迥异，大家都会认同共和主义是阿伦特政治思想的核心所在。共和主义是一种关于自由的理论，它特别强调人类参与政治的自由，人们在公共领域进行对话交流，为国家事务彼此交换意见，这才真正体现人的自由本质。现代的民主自由理论强调私人领域不受侵犯的自由，政治生活只是一种手段，成了保护私人利益的工具，这种自由观也称为无干涉的（non-interference）自由。在这种理论下，君主制统治下的人都可以是自由的，只要这位君主对他们的生活不横加干涉。共和主义自由是无支配的（non-domination）自由，它认为只有生活在共和制政府下的人才是自由的，他们不受任何外在统治力量的支配，而是人民自己统治自己。在共和主义者眼中，一个主张无为而治的君主统治下的臣民有可能生活得很幸福，但他们依然是奴隶。与之不同，共和国是一个自由国家，它不从属于任何一个主人，而是公民的共有之物。为什么参与政治才能体现人的自由本质呢？阿伦特努力为共和主义自由观寻找哲学上的辩护，这主要体现在《人的境况》中。

阿伦特首先提出了积极生活（vita activa）概念。积极生活包括了三种最根本的人类活动：劳动（labor）、工作（work）和行动（action）。劳动指与人身体的生物过程相应的活动，身体自发的生长、新陈代谢和最终衰亡，都要依靠劳动产出和输入生命过程的生存必需品，劳动所表达的人之境况是生命本身。工作指与人存在的非自然性相应的活动，工作提供的是一个完全不同于自然环境的"人造"事物世界，每个人都居住在这个世界之内，但这个世界本身却注定要超越所有的人而长久存在，工作所表达的人之境况是世界性（worldliness）。行动是唯一不需要以物或事为中介的、直接在人们之间进行的活动，它所表达的人之境况是复数性（plurality）的，行动主要是大家共同致力于政治体的创建与维护。人类存在的复数性与政治生活紧密相关，由于人是复数的存在，他们彼此之间就应当交流，共同决定政治事务。阿伦特认为，罗马人就是历史上最富政治性的民族，在他们的语言中，"活着"和"在人们中间"是同义词，而"死去"和"不再在人们中间"是同义词，这正好说明罗马人对人的复数性同政治的必然关联有深刻认识。

与积极生活相对的概念是沉思生活（vita contemplativa）。柏拉图关注永恒和过哲学家的生活，这种生活只会发生在人类事务领域之外和人的复数性之外。《理想国》中的洞穴隐喻已经表明,哲学家挣脱了把他和他的同胞们束缚在一起的锁链,孤独地离开了洞穴,没有他人的陪伴与追随,独自去追求真理。亚里士多德探讨了享乐的生活、政治的生活和沉思的生活三种生活方式,最后发现唯有沉思的生活是最幸福的。在他们这里,沉思的生活似乎成了唯一真正自由的生活方式。然而,这是他们的反政治偏见,诱使人们放弃政治的生活方式,对于城邦来讲,这其实是摧毁性的。作为共和主义者的阿伦特,对沉思生活并不满意,在她看来,如果说像罗马人所认为的那样,死亡也就是不再在人们中间,那么哲学家们倡导沉思生活、追寻永恒的体验,其本质上也就是一种死亡。追求不朽,不必然取决于对理念和永恒的沉思,它同样可以在政治生活中获得。不过,现代世界已经把沉思能力逐出了有意义的人类能力范围,行动和沉思的位置发生了变换,积极生活成为人们活动的核心。现代人明白了一个道理,真理和知识只能靠行动、靠做,而不是靠沉思来获得。目前,我们还只是消除了把沉思生活当成真正自由的领域,但是积极生活毕竟还包含了三种人类活动,到底哪一种才是真正自由的,还有待考察。

劳动是为了获得生命存在所需要的必需品,它本质上不是自由的。古代世界基本上对劳动采取蔑视态度,这种对劳动的蔑视最初源于摆脱生存必需品而追求自由的强烈渴望。城邦生活需要公民付出大量时间来投身政治,这就需要把他们从其他活动中解放出来,而把这些活动留给奴隶去完成,那些从劳动中解放出来的自由市民才是真正自由的人。奴隶制度并不是要利用廉价的劳动力去追求利润最大化,而是尝试把劳动排除出人类生活境况。与古代不同,现代社会对劳动采取了一种推崇态度,现代人把劳动赞颂为所有价值的源泉,以人是劳动动物的口号取代了过去人是理性动物的口号。即便如此,这种对劳动的推崇也不能消解劳动所固有的局限性,"一切劳动的特点正是留不下任何东西,它辛苦劳动的产物几乎在劳动的同时就被迅即消耗掉了。可是这种辛苦虽徒劳,却出自一种强大的紧迫性,因为它被无与伦比的生命强力本身所驱动"[①]。所有出自必然性并与之打交道的人类活动都必定要陷入周而复始的自然循环,劳动正是这样的一种循环,它是生命有机体的生物过程规定好了的,它的辛苦操劳一直要到有机体死亡时才会结束。随着现代科学技术的发展,劳动工具有了极大改进,使得人类劳动的辛劳程度大大降低,这似乎为把人类从劳动中解放出来提供了希望。然而,劳动工具的改进只是改变了劳动固有的紧迫必需性显现的方式,并不能取消劳动对人的强

[①] [美]汉娜·阿伦特:《人的境况》,王寅丽译,上海人民出版社2009年版,第64页。

制,也不能消除人的生活受制于需要和必然性的状况。按照阿伦特的理解,哪怕是最推崇人类劳动的马克思也认为,革命的任务不是解放劳动者阶级,而是把人从劳动中解放出来,只有取消劳动,自由王国才能代替必然王国。

劳动是由身体的必然性强加给我们的,工作与之不同,它是为了获得物的有用性而促发出来的。它把有用和功利确立为人类生活和世界的最终标准,它和劳动一样也没有摆脱必然性,因此也不是自由的。工作就是技艺人通过双手进行制作和对材料进行加工,最终制造出无限多样的东西,它们的总和就构成了人造物。在技艺人的世界里,每个东西都必须有用,所有事物都被工具化,这也就意味着所有事物都被贬低为手段,失去了内在的和独立的价值。面对众多的人造物,技艺人表面上看起来非常自由,他们可以自由地选取手段来追求目的,但他们不具备理解意义的能力。意义是永恒的,无论人们有没有发现它还是忽略它,都无损于它的性质,实际上唯有人自身变成了终极目的,这种工具理性的无穷链条才会终结。不过,技艺人完全能够拥有一个属于自己的公共领域,这个公共领域不是严格的政治领域,不是公民集会的地方,而只是一个市场,技艺人在这里可以显示和交换他们的产品。在交换市场上,技艺人不再作为制造者相遇,而是作为商品和交换价值的所有者相遇。人已经被贬低为商品,这个社会已经不再把人作为人来评判,而是把人作为生产者,按照他们所生产产品的质量来评判。生活在这种领域中的人不可能是自由的,追求自由的古代人一直企图把技艺人从公共领域中驱逐出去,在他们看来,技艺人对世界的这种态度是市侩的。在希腊城邦中,手艺人被称为贱民,即那些主要兴趣在于技艺而不在广场的人,这些人不关心公共事务,不把时间消磨在不事生产的广场活动和政治活动上,其实这也就是放弃了自己对真实自由的追求。

与劳动和工作不同,行动能力的本质就是自由,行动所体现的人之境况是复数性,行动领域仅仅由于人才会存在,这里人并不是单个的人,而是复数的人。阿伦特认为,生活在行动这一人类活动领域中的人具有平等和差异的双重特征。因为如果人们是不平等的,那么他们既不能相互理解和了解他们的先辈,也不能计划未来和为他们的后辈做打算;如果人不是彼此存在差异的,那么他们就不需要用言说或行动来让自己被理解,只要用手势或声音传达直接的、同一的需求或欲望即可。人们通过言说和行动让自己切入人类世界,通过言说和行动,使自己和他人区别开来,在与别人的对照与差异中显现自身,同时也由于他人的在场,人总是想要加入其他人之中,获得其他人的陪伴。行动和言说为什么紧密地联系在一起?这是因为原初的、特定的人类行动,必定同时包含着对"你是谁?"这个问题的回答，这个问题是每个新来者都要面对的。对某人是谁的彰显，内含在人们的言说和行动之中，人们通过言行表明了自己是谁，积极地揭示出独特的个人身份，从而让自己显现在人类世界之中。

阿伦特还从另一个角度探讨了言说对于自由的重要性。她注意到，亚里士多德不仅把人定义为政治的动物，而且把人定义为理性的、会说话的动物，即能够懂得相互对话而共同生存的动物。自由就是通过语言说服，实施所有的公共事务。它包含着两层意思：一方面，市民们的所有问题必须通过说服来解决；另一方面，所有活动也必须是由相互对话、相互说服开始、进行和结束的。言说和行动是政治活动的实际内容，人们以言说来讨论、判断和决定公共事务，以行动把新计划付诸实施。

二、公共领域

行动和言说作为人类共同体所必需的活动，本质上是政治的，从它们之中产生了人类事务的领域，即政治生活或公共领域，而其他一切仅仅是必需的东西（劳动）和有用的东西（工作），它们都被排除在公共领域之外。鉴于与行动的内在关联，复数性成为公共领域得以显现的必要条件，取消复数性也就等于取消公共领域。公共领域的实在性依赖于无数视角和面向的同时在场，只要这种复数性存在，公共世界就会自行呈现，它不是任何人能够用共同尺度或标尺预先设计出来的。从政治哲学的角度来看，所有形式的专制政府的共同特征就是消解复数性和公共领域，把公民排除在政治参与之外，似乎参与公共事务只是统治者的事情，普通人只应关心他们的私事，以及把所有个体都折叠为一，避免倾听不同的声音与诉求。现代社会的许多大灾难都与消解复数性和公共领域有关，例如，阿伦特认识到，在极权主义国家，"极权统治努力组织无限多元和无限区别的人，似乎将全人类只看作是一个人，只有每一个个人的各种反应可以降低到一种绝对不变的一致，使每一组反应能够与另一组反应随意互换，才能使极权统治成为可能"①。

与公共领域相对的是私人领域。私人领域的贫乏就在于他人的缺席，在这个领域中，人已经不是作为一个真正的人存在，而仅仅只是作为人类这个物种中的一个具体样本而存在。生活在私人领域中的人过着一种完全私人的生活，他被剥夺了被他人看到和听到所产生的那种实在性。在希腊社会里，私人领域对应家庭，

---

① ［美］汉娜·阿伦特：《极权主义的起源》，林骧华译，生活·读书·新知三联书店2008年版，第548页。

政治或公共领域对应城邦。家庭领域的显著特点就是，生活在其中的人们被他们的需要和需求所驱使而一起生活，这种驱使力量是生命本身，男性和女性共同奋斗，维持生命存在和种族延续。因此，家庭内的自然共同体产生于必然性，必然性统治着家庭中的所有活动，这也正是古代社会蔑视私人领域的原因。城邦的领域是自由空间，自由也仅仅存在于政治领域或城邦的公共领域之中，那些只服务于谋生或维持生命过程的活动，都不允许进入政治领域，所以追求自由的希腊人把贸易和制造都交给奴隶或外邦人经营。同时，作为公共领域的城邦和作为私人领域的家庭还有一个重要差别，生活在城邦中的多元复数的人彼此之间是平等的，但家庭却是最严格的不平等场所。家庭中存在着统治与被统治、支配与被支配的关系，人们彼此之间是不平等的。但是，只要人们进入公共领域，无论出身背景和其他条件如何，他们都是平等的，所有人的声音都有权在公共领域里得到倾听与尊重。

到了中世纪和现代社会，公共领域与私人领域之间的这种明晰区分在一定程度上变得模糊不清，共和主义的传统也在某种程度上遭到遗忘。基督教时代，教会通过对彼岸世界的关切把信仰者结合成共同体，政治责任对信仰者来说是一种负担，承担它只是为了那些不堪公共事务烦扰的人的福祉，让他们得以解脱。在封建制度下，世俗领域彻底变成了古代的私人领域，封建主类似于古代家长，在自己的统治范围内行使正义，他们把一切活动都纳入家庭场所，以家庭模式来塑造所有的人类关系。这种倾向最终发展出中世纪城市特有的职业团体，如行会、同业工会甚或最早的商业公司。这些团体虽然也有公共善（common good）的概念，但这只是承认结合在一起的私人具有相同的物质利益追求，只有私人的重要性，公共领域受到削弱。到了现代社会，随着社会领域的兴起，传统的私人与政治之间的界限模糊了，我们所看到的政治共同体基本都是依家庭形象建立，一种巨型的、全国性的事务管理机构照管着人们的每件事情，与此相应的也不再是传统的政治科学，而是国民经济学、社会经济学、民族经济学等。其实，根据古代的看法，所有与经济相关的事情本质上都是非政治的家庭事务，只与个人生命和种族延续有关。在现代社会里，政治已经不再是崇高的目的，只是一种社会的功能，政府也只是保护私人利益的工具。希腊人和罗马人都瞧不起那些躲在自己的私密空间里的人，现代个人主义与现代自由民主理论却把私人空间变得异常丰富，所有的政治活动不过是为了保护这种私密性，这样的社会注定发展不出稳定的公民身份和公民美德理论。在阿伦特的眼中，现代社会虽然弊病很多，但不是没有解救之道，复兴古典共和主义传统乃必经之路，这种传统虽在一定程度上被人遗忘，但从没有彻底失落，它在罗马人、孟德斯鸠、哈林顿和美国建国的国父们那里得到了传承。

三、美国革命的启示

阿伦特的共和主义非常强调复数性与公共空间，这两种要素是真实自由的标志。如果说革命的目标是要以自由立国，那么只有体现了复数性和公共空间的革命才是真正的革命。阿伦特比较了法国大革命与美国革命，她认为两种革命虽然都在追求自由，但法国大革命遵循的是绝对主义逻辑，美国革命走的是分权制衡的道路，只有后者才实现了创建共和政府的壮举。

众所周知，对于法国大革命来说，它以自由、平等、博爱的美好追求为出发点，最终却走向了暴力与杀戮的惨剧。在这场革命中，人民成了关键词，它已经成功地剥离每个人的个性，抓住了人之人为的内在本质性的东西，这一集合概念瞬间代替了真理。公意成了人民的意志，当个体意志完全偏离了所谓的公意时，这一定是个人出了问题。强迫个人按照公意的要求去行动，这也只是在强迫他去追求他本应当追求的东西。阿伦特秉持了一种常识之见。她认为，对于法国大革命的灾难，卢梭难辞其咎，以罗伯斯庇尔为领导的雅各宾派将卢梭的公意理论付诸实践才导致了这么可怕的后果。他们打着公意的名号推行暴政，这种做法无疑忽视了人的复数性，把所有人都变成了没有特性的存在，也就破坏了真正意义上的政治参与和公共领域。

美国革命始终致力于以自由立国并建立保证自由的持久制度，参与其中的革命者们也知道，绝对性一旦被引入政治领域，每个人都将难逃厄运。这些革命者认为，公意的统治是暴政的一种形式，他们从不打出公意的旗号来组织社会。美国式的人民概念等同于各种声音和利益的大杂烩，对美国革命者来说，"'人民'一词有多数人之意，即无穷无尽、数不胜数的群众，它的崇高就在于它的多样性。反对公共意见，也就是反对潜在的全体一致性，便成为美国革命者们取得高度一致的众多事情之一。他们知道，共和国的公共领域是由平等者之间的意见交流所构建的，一旦所有平等者都正好持有相同的意见，从而使意见交流变得多余，公共领域就将彻底消失。"①

美国革命者不仅坚持意见的多元性，而且设计制度来控制意见，以免政治受多变的激情的影响。他们认识到，缺乏代表和不经过滤的意见都会显得混乱不堪，

---

① [美]汉娜·阿伦特：《论革命》，陈周旺译，译林出版社2011年版，第79页。

因为不存在传递意见的中介。因此，一旦为形势所迫，这些意见就化身为大量相互冲突的大众情感，最终只能等待一位强人的出现，将它们塑造成所谓的公意，这也就宣告了一切意见的死亡。法国人解决这一问题的方法是选择全民公决，最终的结果是政府更替不断。美国革命者在代表意见多样化的众议院加了一个参议院，专门用来代表最终作为一切政府基础的意见，它充当了意见的巨大过滤器，防止意见的众说纷纭造成混乱。意见在本质上只能属于个人，任何人都不能胜任筛选意见的任务并随之将其变成公共观点，意见之间的差异只能由一个专门为此而选出的人组成的机构来加以传递。美国革命者知道如何建立一种持久的制度来塑造那些进入共和国的公共观点，在这一问题上，他们展现出了政治创造力。

美国革命者知道，权力只要集中在任何一个东西的手上，不管是君主、民族国家还是公意，人类的灾难就是不可避免的。他们从孟德斯鸠那里明白一个道理，权力能制约权力，分权原则能够避免权力被政府的某一个部门垄断。可以从两个方面来理解他们对分权的思考，一方面是行政、立法和司法三权分立，另一方面是美国当时的十三个州都拥有主权，从这些已经正式构立的合众国中成立联盟。麦迪逊在制度设计层面论述了联邦政府与州政府之间权力平衡的问题，认为权力是可以分割的，联邦不能为了彰显自己的权力而要求州政府全面让渡自己的权力。合众国的联邦制不会是一种低效无能的组织，只要它的成员都是小共和国，它就能够组建一个新的政治体，即联邦式的共和国，所以说，美国宪法的真正目标不是要限制权力，而是要创造更多的权力。从更深层的意义上讲，权力的这种可分割性其实与人的复数性紧密相关。与此相反，专制政治将权力集于一身，体现的恰恰是孤立性，专制君主孤立于他的臣民，臣民由于相互恐惧和怀疑而彼此孤立。专制违背了人的复数性的根本境况，这种专制权力甚至称不上真正意义上的权力，至多只是暴力。

美国革命者们也非常关心公共领域的建设。在美国革命发生之前，居住在北美殖民地的人就拥有在市政厅集会的权利，将市政厅作为公共空间，商议公共事务。美国人所理解的公共自由就是分享公共事务，他们从来不把这类活动看成负担，相反，那些在公共领域履行职责的人感到一种特别的幸福和满足。对于美国人来说，自由就在于公民具有能够进入公共领域的权利，在于他对公共权力的分享。很明显，这种自由有别于臣民受政府保护而追求私人幸福的自由。革命之前的美国人明白一个道理，如果他们的幸福只存在于享受私人生活之中，那么他们不可能真正幸福，幸福更在于分享公共权力。

在人类历史上，美国革命的胜利意义重大，然而，阿伦特认为，革命胜利之后，美国革命精神却被人们遗忘。美国革命在将自由给予人民的同时，却无法为他们提供一个空间使这种自由得以践行，因为只有人民的代表而不是人民自己，才有机会从事表达、讨论和决定的活动。美国革命者为反对民主制，提出了代议共和制，但是代议制政府面临的问题可能会是人民再度被拒于公共领域大门之外，政府事务成为少数人的特权。为了拯救被遗忘的革命精神，阿伦特提倡杰斐逊的"街区的初级共和国"。按照杰斐逊的观点，共和政府的原则要求将县细分为街区，也就是创建小共和国，通过它，州的每一个人都可以成为共同政府的行动者，竭尽所能，亲身协调大部分实为琐屑却又重要的权利和义务。据此，阿伦特明确提出了委员会制度（council system）。委员会是不属于任何党派的人民的唯一政治组织，人们跨越一切党派界限，不带党派身份地坐到一起，委员会的成员想让每位公民都直接参与国家的公共事务。委员会的成员不是自上而下提名的，在从杰斐逊所讲的那种最初级的街区共和国开始，"委员会接着就为下一个更高级的委员会选出了他们的委托人，这些委托人再由他的同侪来挑选，他们不受制于任何自上而下或自下而上的压力。他们的头衔不仰赖别的什么，而只仰赖与之平等的人的信心，这种平等不是自然的，而是政治的，不是与生俱来的"①，可见，委员会才是真正自由的空间。阿伦特不喜欢代议选举制度，她寄希望于公民能够通过委员会制度直接参与政治，在公共领域实现共和主义自由。

第四节　对政治哲学的评析

自从西方近代社会兴起以来，自由主义一直都是政治意识形态的主流，其他的理论几乎都是在对它的修正与批判的基础上发展起来的。追求自由是一代又一代人的梦想，但是谁也说不清自由到底是什么。从政治思想史上看，自由一词的含义之多让人眼花缭乱。亨利在弗吉尼亚州议会上的演讲中呼喊："不自由，毋宁死。"罗兰夫人却在断头台上控诉："自由，多少罪恶假汝之手以行。"我们要知道，人们对自由的理解可能各不相同，每个国家亦有不同的自由主义传统，同时，不同领域中的自由主义也不一样，如经济和政治领域就很不相同，要想赋予自由以一种统一而又完整的含义，几乎是难以完成的任务。

自由主义作为近代意识形态，建立在个人主义的传统之上。它承认个人在逻

---

① ［美］汉娜·阿伦特：《论革命》，陈周旺译，译林出版社 2011 年版，第 261 页。

辑上先于国家存在，国家的建立只是为了维护个人的利益。自由主义者致力于在个人权利和国家权力之间划出界限，为每个人划出一块不受侵犯的空间，国家似乎沦为满足个体欲望的工具。以麦金太尔、桑德尔、沃尔泽和泰勒为代表的社群主义者严厉批评了自由主义者对原子式自我和普遍理性的承诺，指出自由主义过于强调个体自由和私人生活，缺乏对公民义务、公民德性与共同善的理解。但是，自由主义者并不承认自己对人持一种原子式的理解，也不承认自己漠视社群。而且，在自由主义者看来，社群主义所强调的社群意思并不明确，它虽然可以包含许多德性，但同时也可以容纳许多恶。有些社群所奉行的价值本身就让人接受不了，如果对权利的理解只能依赖于具体社群中流行的价值或偏好，这就非常可怕。因此，社群本身应当受到一定的约束，例如，它必须是由具有自我统治能力和公共精神的公民所组成。如此一来，社群主义就倒向了共和主义，我们也能够更容易理解，为什么有些社群主义者慢慢倾向于认为自己是共和主义者，如桑德尔。

共和主义者同样担忧自由主义者对自我利益的追求，担忧他们完全以社会生活代替了政治生活，认为这是对公民生活的摧毁。其实，国家是所有人的国家，生活在这里的每一个公民都能够为自己说话与行动，实现自我统治，同时也要有公共精神与公民德性，愿意参与公共事务。以阿伦特为代表的共和主义者力图克服传统自由主义的内在困境，倡导以人的复数性和公共空间来建构自由，鼓励公民积极参与政治，在协调与对话中实现国家共同体的良性发展。实际上，自由主义与共和主义的差距有没有阿伦特等人所认为的那么大，一直没有定论。二者共享了许多政治承诺，如宪政与法治，也有共同推崇的历史人物，如孟德斯鸠。如果说自由主义完全把国家看成是实现私利的工具，不利于国家的稳定和繁荣，那么阿伦特把经济和个人利益完全排除出政治领域，也是非常荒唐的，离开了具体的经济利益、阶级利益的对话与协商都是空谈。自由主义与共和主义并不是完全对立的理论，它们反映出了自由理念的不同面向，二者如何进一步融通还需要在理论上做出努力。

平等是当代政治哲学中的又一大主题。在任何社会里，太多的自由必然会影响平等的实现，太多的平等也必然会侵犯人们的自由，如果把自由和平等理解成看待和评判一个社会的横纵坐标，那么如何维持自由与平等之间的平衡是任何政治理论都必须处理的事情。自由至上主义者强调自由，因而醉心于自由市场和资本主义；平等的自由主义者则倡导自由与平等的某种混合模式，主张福利国家形式的资本主义和国家的再分配功能。这在本质上涉及对国家功能的理解，国家到底是不是最低限度意义上的，这种"最低限度"的界限应该划在哪里，从无政府主义到强国家概念,其间有很大的空间可以浮动,各种政治理论都在这片空间里寻找自己的位置。德沃金与罗尔斯同为左翼自由主义者的代表,但德沃金认为,在思考分配问题的时候必须纳入对责任的思考,罗尔斯对偶然性要素的消除确实有价值,但过于淡化了应得的重要性,运气和责任的区分对分配平等非常重要。以柯亨为代表的马克思主义者认为,罗尔斯的理论表面上赞同平等,实际上认可了太多的不平等,而且罗尔斯把这种不平等当成对富人的激励,完全违背了共同体精神。何谓平等?如何实现平等?这确实是当前学界亟待解决的重大理论问题。

当代政治哲学的内容极其丰富,各种政治思想流派之间的争论异彩纷呈,本章只是选取了自由和平等两大主题、自由主义和共和主义两大流派,从某个侧面反映出当代整个政治哲学的纷繁复杂。在当前的政治哲学领域,自由主义、功利主义、自由至上主义、社群主义、共和主义、西方马克思主义、文化多元主义、女权主义等流派都有代表人物和系统的理论,这些理论围绕着自由、平等、公正和民主等核心问题持续展开讨论,不难预见,这些艰深的讨论在西方学界还会长期进行下去。我们要认识到,当今世界虽然总体上是一个价值与文化多元的格局,但并不代表每个国家没有主流的意识形态,马克思和恩格斯早就批判过西方自由民主理论的虚伪性,也强调了资产阶级的价值观并不是全人类的普世价值。当代中国需要建立属于自己的主流意识形态,拨开国家中立性的迷雾,以社会主义核心价值观为指导,吸收当代西方政治哲学研究的有利成果,保障人民自由与实现社会公正,追求全体中国人民的良善生活。

思考题:

1. 为什么罗尔斯的两个正义原则中第一个原则优先于第二个原则?
2. 重叠共识与价值多元性是否有冲突?
3. 按照诺齐克的资格理论,少数人占有多数财富是否合理?
4. 谈谈诺齐克与罗尔斯的根本分歧。
5. 阿伦特的共和主义是否具有现实的可行性?

结语　当代西方哲学的发展趋势

哲学界一般把当代西方哲学划分为英美分析哲学和欧洲大陆哲学两大阵营。这种划分与地理和国别有关，但更重要的是这两种哲学在研究方法和研究对象上有明显的区别。英美分析哲学强调逻辑分析的方法，关注知识和真理，属于科学主义思潮；而欧洲大陆哲学更多地使用概念辩证的方法，关注生命和社会，属于人本主义思潮。前者是英国古典经验主义的继续，而后者则与欧洲近代理性主义和德国思辨哲学有更多的传承关系。20世纪后期以来，这两种哲学思想的风格在各自的道路上继续前行，提出了一些新问题，产生了一些新思想。从总体上看，当代西方哲学表现出一些比较明显的趋势，如唯物主义逐步取得主导地位；对西方文化和社会的批判更加深入细致；后现代主义哲学在整个西方经历了从极度兴盛到渐趋平淡的转变；两大阵营之间的交流有所加强，相互融合的趋势日益明显。

一、当代英美分析哲学发展概况

当代英美分析哲学的一个突出的特点，是哲学学科的分化和研究方向的细化。与欧洲大陆哲学不同的是，在英美哲学的二级甚至三级分支学科里，虽然不乏各种各样的主义，但很难再产生影响广泛的思潮。在20世纪早期和中期，语言哲学和科学哲学是主要的哲学学科。此后，随着人工智能和认知科学的快速发展，心灵哲学成为最活跃的领域；随着逻辑实证主义受到全面批判，形而上学、知识论（认识论）、伦理学和政治哲学等传统哲学分支重新吸引了大量的哲学研究者。

在科学哲学领域，历史主义引发了对科学客观性和真理性的怀疑，随后产生了科学实在论与反实在论的争论。科学实在论主张成熟的、预测力强的科学理论的核心陈述是真理或近似的真理，它们的核心概念或词语指称外部世界中真实存在的对象。而反实在论认为，理论定律和概念只是我们用来预测和说明可观察事件的工具。预测和说明的成功只表明科学理论是好的预测和说明的工具，或具有经验恰当性，而不保证真理和指称。科学实在论的主要论证是普特南等人的"无奇迹"论证：如果一个理论总是做出成功的预测，而其中的主要陈述不是真理，那么其成功就只有归于神话般的奇迹。与这种实在论论证相联系的是最佳说明推理：成熟的科学理论为什么如此成功，对这个事实的最佳说明是认定它的核心概念指称外部世界中存在的对象，而且它的主要陈述是真理或近似真理。反实在论的主要论证是劳丹的"悲观的元归纳"：过去许多科学理论都是预测成功的，如燃素说、热质说、光以太说，但它们都是假的，它们的核心概念没有指称。因此，当前的科学理论虽然成功，但它的主要陈述也很可能是假的，它的核心概念很可能并无指称。科学实在论又有多种形态，如卡特莱特与哈金的实体实在论（entity realism）、沃拉尔的结构实在论、基切尔的说明主义的实在论。反实在论的阵营里有范·弗拉森的建构经验论、形形色色的工具主义和社会建构主义。

科学哲学下属的分支领域也同样向着深化和细化的方向发展。在科学哲学中，物理学哲学吸引了最多的研究者。一方面，物理学一直被看作人类知识的楷模；另一方面，量子力学在世界观和方法论上都向哲学家提出了新问题。化学哲学、生物学哲学和经济学哲学的研究成果也比较多，心理学哲学研究起步晚一些，但有着很好的发展前景。

科学哲学不仅向各门具体科学的方向发展，而且在研究内容上发生了极大的变化。布洛尔的科学知识社会学把科学知识看作一种社会现象，主张用社会学的方法来研究科学知识。受库恩和布洛尔等人的影响，科学哲学衍生出一些新研究领域和研究方法。其中研究人员比较多的领域是科学学（science studies），又叫科学技术和社会研究（science, technology and society studies），或科学技术学（science and technology studies），主要研究社会、政治和文化因素对科学和技术革新的影响，以及科学技术对社会、政治和文化的影响。

在语言哲学领域，随着因果指称理论和模态逻辑的发展，基于模态逻辑的分析技术和可能世界的形而上学、可能世界语义学、二维语义学等领域发展迅速。此外还有自然语言的形式语义学、生物语义学、概念角色语义学等新兴的领域。

弗雷格和罗素关于专名的指称和涵义的理论引申出两个基本的意义原则：专名的涵义是同指摹状词的涵义，专名的指称由对应的摹状词决定。因此，普通专名等于摹状词。克里普克论证，专名不同于摹状词。专名是固定指示词（又译严格指示词），在所有可能世界固定地指称同一对象；而摹状词是非固定指示词，在不同的可能世界里指称不同的对象。因此，专名的指称不是由相应的摹状词决定的。说话者可能完全不知道一个专名与什么样的摹状词相联系，甚至把一个错误的摹状词与一个专名联系起来，但他使用一个专名时指称那个专名所指称的对象，而不指称别的对象。一个专名最初在命名活动中与一个对象固定地联系起来，然后通过语言共同体传递给其他说话者，这样，专名的指称就固定下来了。这是一个因果历史过程，克里普克的专名指称理论也因此又叫做"因果指称理论"。

普特南与克里普克一道提出了关于自然种类词的因果指称理论。普特南的著名的"孪生地球"思想实验说是这样的：假定宇宙另一处有一个与地球完全一样的星球，两个地球上都有水，水的常识属性也是一样的，只不过地球上的水分子是 H_2O，孪生地球上的水分子是 XYZ。当地球上的人说"水"时，他指称 H_2O，而当孪生地球上的人说"水"时，他指称的是 XYZ。尽管两个人的心理状态相同，把同样的摹状词（如无色透明的可饮用的液体）与"水"联系起来，但他们指称不同的对象。因此，自然种类词的意义不是相应的摹状词，意义不在头脑中（指称不由说话者的心理状态决定）。这种理论开辟了语义外在主义的路线。普特南认为一个自然种类词的意义有四个因素：该词的句法类别、语义类别、常识原型、外延。

语义外在论遭到塞尔的反对，他提出了"汉语屋"（Chinese room）的思想实验。设想一个不懂汉语的美国人待在一个房间里，里面有完整的汉字卡片和汉语语法手册，另一个人在房间外，递进去一张汉语字条，房间里的人按语法规则将汉字连成语句递到房间外。从外部看，他们是在进行汉语交流，但其实那个美国人根本不知道自己说了什么。因此，如果说话者不在内心里理解别人所说的话语，他们就不可能进行有意义的语言交流。这是语义内在主义的一种表现。

真值条件语义学的代表人物是戴维森。戴维森认为语句是有意义的基本单位，他以塔斯基的真理概念为初始概念，用来定义意义概念，即一个陈述句的意义就是它的真值条件。但是，如何把真值条件赋予一种陌生语言中的陈述句呢？这是他所说的起点解释（radical interpretation）问题。起点解释依赖于解释者了解说话者的信念，这又进而要求解释者了解说话者的话语的意义，于是产生循环。为了打破这个循环，戴维森提出了"同智原则"（the principles of charity，又译宽容原则）。这个原则假定，解释者与说话者具有相似的心智，两方所说的话大多数是真的，都是有理性的，即遵守同样的逻辑规则。这样解释者就可以根据说话者的行为及其情境，把真值条件赋予他的话语，从而使他的话语得到解释。

认识论（epistemology）在当代有时也叫做知识论（theory of knowledge）。盖梯尔于 1963 年在《分析》杂志上发表的一篇短文中讲了几个反例，用以反驳传统的知识定义——知识是有充分根据的真信念。此后几十年，很多认识论的争论是围绕着这个问题进行的。

按照传统的知识定义，说一个人知道 P 的充分必要条件是：他相信 P，他有足够的理由相信 P，并且 P 是真的。盖梯尔借助现代逻辑，列举了几个事例，其中史密斯的信念 P 满足了这些条件，但肯定不能说他知道 P。例如，史密斯是一位逻辑学家，他有根据相信琼斯在纽约。从"琼斯在纽约"可以合逻辑地推导出"琼斯在纽约或者琼斯在巴塞罗那"，因此，史密斯相信琼斯在纽约或者在巴塞罗那。当时琼斯碰巧正在巴塞罗那而史密斯不知道这一点。史密斯相信"琼斯在纽约或者在巴塞罗那",这个信念有充分的依据并且是真的,但我们不能说史密斯的这个信念是知识,因为他关于琼斯在纽约的信念是假的并且根本不知道琼斯在巴塞罗那。于是许多哲学家致力于寻找知识的第四个条件,满足了所有四个条件便足以拥有知识。勒瑞尔用"接受P"取代"相信P",他的第四个条件是:S以某种不依赖于假陈述的方式有足够的证据接受P。而哈特曼的第四个条件是:不存在S并不掌握的破坏性的证据。诺齐克采用虚拟条件句来表达有足够根据这个条件,并把它变成两个条件:假若实际情况是非P,那么S不会相信P;假若实际情况是P,那么S会相信P。

不论第四个条件多么严格,在真理和辩护(即有足够的根据)之间总是存在缺口。盖梯尔的论文发表后,类似的反例层出不穷。于是,扎格泽布斯基论证,盖梯尔难题不可逃避,由于辩护不等于真理,因此我们总是可以构造出盖梯尔式的反例。威廉森认可盖梯尔反例证明传统知识定义的失败,因此,他把"知识"看作一个初始词,这样就独立于相信、辩护、真理等认识论概念确定了"知道"的意义,进而这些认识论概念可以由"知道"或"知识"来解释。

回答盖梯尔反例的另一条思路是可靠主义,即我们的信念应该是由可靠机制、过程或方法形成的。可靠主义主要针对认知运气问题,即像史密斯那样碰巧具有真信念。可靠主义虽然不能解决盖梯尔问题,但仍然是一种很有影响的认识论路线。当代认识论的另一种新动向是德性知识论。

当代心灵哲学的核心问题是心灵与大脑、身体和外部世界的关系问题。关于神经系统的科学发现与人类的体验或感受到的性质(感受质)之间始终存在着缺口,于是,关于心灵、意识、思维的本质问题的争论也就成为当代心灵哲学的焦点。

1971年,罗尔斯出版《正义论》,哲学家们终于认识到,公平、正义、民主、自由、权利等问题绝不是没有意义的情感表达,而是对人类生活具有极其重要的价值。于是,政治哲学和规范伦理学研究成为热门话题。

除了以上提到的学科外,数学哲学、逻辑哲学、技术哲学、艺术哲学、社会科学的哲学等也是得到高度发展的哲学分支学科。

随着哲学各门分支学科研究的深入和细化,形形色色的"主义"、学派和思潮应运而生。一些"主义"是对古代和近代思想家提出的各种学说的改造和发展,另一些是新兴的思潮。在交叉领域,有后现代主义、反本质主义、语境主义、自然主义、女性主义、内在主义、外在主义等思潮;在科学哲学领域,有科学实在论、建构经验论、工具主义、方法论的个体主义等主张；在语言哲学领域，始终存在着日常语言学派和人工语言学派的对峙；在心灵哲学中，有身心同一论、功能主义、属性二元论、物理主义、取消论的唯物主义、还原论与反还原论等思想路线；在政治哲学中，有各种各样的自由主义、功利主义、契约论、社群主义、共和主义、福利主义。当代女性主义哲学不同于早期争取女性的政治和社会权利的女权主义。女性主义哲学从性别出发，主张男性与女性看世界的视点具有隐藏的巨大差异，在认识论、科学哲学、伦理学、政治哲学、形而上学中，在各个学科和文化领域中，挖掘隐藏的男性中心主义偏向，并主张男性中心主义的偏向必须由女性主义的视点来纠正和补充。

二、当代欧洲大陆哲学发展概况

当代欧洲大陆哲学的发展趋势呈现出多元化、实践化和跨学科的特征。针对当今人类所面临的社会问题和生存危机，大陆哲学围绕着语言符号、伦理责任、生态环境等主题，从理论哲学和实践哲学的层面展开了深入的探讨。

（一）当代法国哲学发展概况

法国哲学历来有它独特的风格与思想传统。20世纪法国哲学以两个伟大的科学哲学家庞加莱和迪昂为开端，布隆什维克将他们的科学哲学沿着观念论的方向向前推进了一步，而法国科学认识论的代表人物巴什拉则反对这种观念论的科学史研究范式。在巴什拉之后，科学史家康吉兰在生命研究中延续了巴什拉的哲学突破，并对他的学生福柯产生了重要的影响。柏格森以其生命哲学的思想在20世纪之初获得了世界性的声誉，之后兴起了第一代存在主义者布隆代尔、马利坦和马塞尔，而萨特、梅洛-庞蒂、波伏瓦等人将存在主义推向了20世纪上半叶法国哲学的顶峰。梅洛-庞蒂不仅是法国20世纪上半叶最重要的现象学家和存在主义者，也是结构主义和符号学的先驱。在人类学家列维-斯特劳斯开启了结构主义之后，结构主义思潮对精神分析（拉康）、语言学（格雷马斯）、马克思主义（阿尔都塞）、心理学（皮亚杰）和文学理论（巴尔特）都产生了巨大影响。

当代法国哲学家辈出，法国理论引领着整个欧美学术思想的潮流，最典型的例子莫过于六七十年代盛行的结构主义和后现代主义。"后现代主义"或"后结构主义"是20世纪60年代到80年代法国哲学的主流，它由福柯、德里达、德勒兹、拉康、巴尔特、利奥塔、鲍德里亚、德·塞尔托、维利里奥等哲学家们引领，其中福柯、拉康、巴尔特三人虽然当年与列维-斯特劳斯、阿尔都塞一起作为结构主义的代表人物，但他们的思想都经历了"后结构主义"的转向而被视为后现代主义者；而德勒兹与福柯、德里达这三个尼采主义者则是推动法国后现代主义的核心人物，至今影响不衰。除此之外，以克里斯蒂娃、西克苏和依利加雷这三位哲学家为代表的法国女性主义也是法国后现代主义重要的组成部分。利奥塔在《后现代状况》（1979）中将"后现代"界定为对启蒙现代性的宏大叙事或元叙事的合法化模式的批判，诉诸反本质主义、反基础主义、多元、差异、特异性、他者，反对一元论、总体论和元话语，这些典型特征可以刻画出法国后现代主义哲学家们共享的思想立场。

到了八九十年代，当代法国哲学发生了一个"伦理转向"：晚年福柯在《性史》第二、三卷中转向了自我实践的"伦理"，德里达也在90年代转向了伦理政治上的解构实践。此外，还有两位深受胡塞尔和海德格尔影响并与福柯、德里达齐名的大哲学家也直接推动了八九十年代的"伦理的回归"，他们就是利科和列维纳斯。利科早年以"意志现象学"成名，在60年代成为与伽达默尔齐名的解释学的两大重要代表人物之一。到了七八十年代，他提出了叙事学，将其毕生思想融于三卷本的《时间与叙事》（1983—1985）及其姊妹篇《记忆、历史、遗忘》（2000）之中。从他的《作为一个他者的自身》（1990）来看，利科的伦理学比较接近于麦金太尔的德性伦理；从他的《论公正》（1995）的政治立场来看，他又比较接近阿伦特的共和主义和查尔斯·泰勒的"承认政治"的立场。除此之外，利科还有基督教神学方面的论述，比如《恶》与《思考圣经》等，立场接近于希望神学和叙事神学。2004年11月，美国国会图书馆授予利科人文领域最高荣誉的克鲁格奖。

列维纳斯的名声最早是通过他的学生德里达传播开来的，其实萨特早就承认，列维纳斯才是最早（在30年代）向法国介绍胡塞尔和海德格尔的人。列维纳斯的哲学是建立在批判他的思想起源海德格尔哲学之上的，这一批判在早期代表作《整体与无限》（1961）的"形而上学优于存在论"和"伦理学与面孔"两章中达到了顶峰。列维纳斯拒绝海德格尔将存在论视为第一哲学，对列维纳斯来说，伦理学才是第一哲学。在后期代表作《异于存在或超越本质》（1974）中列维纳斯开宗明义：他者之于自我、此在或者同一性的存在，具有超越性和不对称的优先性；而自我、此在或同一性的存在之于绝对他者，则是被动性的。与他者的关系，这就是"伦理"的含义。德里达在《永别了，列维纳斯》中提醒我们，列维纳斯的他者伦理的终极关切其实是作为绝对他者的上帝。他者的面孔所显现的不仅仅是伦理，而且也是神圣。列维纳斯独树一帜的"他者伦理"，不仅率先在法国现象学中引发了伦理转向和神学转向，还复兴了犹太教的塔木德思想。

列维纳斯激发了法国哲学家探求克服海德格尔哲学之路，德里达和马里翁可以说分别代表了两条不同的超越海德格尔的路线。马里翁在其"礼物现象学"三部曲《还原与给予：胡塞尔、海德格尔和现象学的研究》（1989）、《被给予：论给予现象学》（1997）和《论溢出：溢出现象研究》（2001）中，分别探讨了"被给予性"、给予现象学以及溢出现象等一系列的主题，在推进列维纳斯的"现象学—犹太教—伦理"的路线的同时，也重新开启了重建基督教神学的可能性。20世纪末的20年间法国哲学的一个基本走向就是"法国现象学的神学转折"运动，其开创者是列维纳斯与米歇尔·亨利，其集大成者就是马里翁。马里翁沿着胡塞尔、海德格尔、列维纳斯、德里达和亨利的思想路线，将现象学原则推向一个激进化的程度，建立了他的"被给予性现象学"，确立"现象学作为第一哲学"。马里翁认为，如果我们对现象的本质或现象之为现象本身进行彻底的追问，那么必然会突破意向活动的自我和边缘域而转向更为原初、更为彻底的现象学还原，即向"被给予"的事情本身的还原。马里翁在《还原与给予》中将"向被给予性的还原"视为继胡塞尔的"先验还原"和海德格尔的"存在还原"之后的现象学"第三还原"。米歇尔·亨利总结20世纪现象学运动的成就时将马里翁的"还原越多，被给予的就越多"这条新现象学原则称作现象学的终极原则。作为新一代法国现象学家中杰出的代表和横跨哲学与神学两界的哲学家，马里翁的新现象学代表了当今法国哲学的最新成就。20世纪下半叶法国现象学产生了一大批优秀的现象学家，以至于可以说，当代法国现象学完全取代了德国现象学的地位。除了上述的利科、列维纳斯、米歇尔·亨利和马里翁之外，还有利希尔、克雷蒂安、拉考斯特、雅尼考、库尔蒂纳、米歇尔·哈尔、弗兰克、达斯杜尔、罗马诺等。可以说，当代法国现象学成为世界现象学研究的中心。

在今天，当代法国哲学舞台上最活跃的人物，要数当年阿尔都塞圈里的两位政治左倾的哲学家巴迪欧和朗西埃，而德里达的弟子南希和拉库拉巴特、以"行动者网络理论"而闻名的布鲁诺·拉图尔以及近些年以"思辨实在论"暴得大名的巴迪欧的学生梅亚苏，虽然他们现在很流行，但他们的思想创造力和影响力终究难以达到德里达和福柯那一代人的高度。

自20世纪80年代以来法国哲学开始了一场政治哲学复兴运动。1974年索尔仁尼琴的《古拉格群岛》法译本出版后在法国引发了一场声势浩大的苏联体制大论辩。1978年法国大革命史学家孚雷出版了《思考法国大革命》，强烈冲击了以索布尔为代表的对法国大革命的马克思主义和左翼的解释模式。孚雷的研究同时也推动了法国自由主义者托克维尔相关思想的复兴，使托克维尔取代了结构主义的马克思主义者阿尔都塞，成为 80 年代以来法国政治哲学复兴的标志性人物。这一趋势也可以说是坚定的自由主义者雷蒙·阿隆终于赢得了对萨特的存在主义的马克思主义的胜利。参与法国当代政治哲学的复兴者不仅有历史学家罗桑瓦隆、奥祖夫、格尼费，也有政治哲学家勒福尔、戈歇、马南、吕克·费里和雷诺等。深受托克维尔和阿伦特影响的费里和雷诺，一方面批评六七十年代的结构主义与后结构主义的非政治化，另一方面着手恢复法国的自由主义政治哲学传统，成为推动共和主义在法国复兴的重要代表。费里还与孔特-斯蓬维尔、翁福雷一道恢复了阿多所阐发的那种古典哲学观念，即哲学作为一种生活方式的哲学理念。因此，他们的著作在大众中也非常畅销，成为一股新的潮流。

简而言之，"法国现象学的神学转向"，"伦理的转向"与"政治哲学的复兴"，大体构成了近三十年来当代法国哲学的基本发展概况。

（二）当代德国哲学发展概况

如果说古希腊是西方哲学的故乡，那么德国会被认为是西方哲学的另一个故乡。康德、费希特、黑格尔、谢林、叔本华、尼采、马克思等德国哲学家所开创的哲学的黄金时代，在人类历史上只有古希腊能与之媲美。哲学和古典音乐是德国傲视整个文明世界的文化标志。宗教改革之后，在德国的新教徒和犹太人之中产生了大量的哲学家，并在他们的哲学思想中打上了鲜明的"德国风格"的烙印，与英美和法国哲学在语言风格、思辨方式和问题意识等方面相比有很清晰的辨识度。德国哲学有一些典型的哲学主题，也有丰富而独特的哲学概念和思考方式，以至于当人们进行哲学思考和写作时很难绕过这些哲学概念和思考方式。于是，在很长一段时间和很大一个范围之内，哲学就在用德语讲话。这培养了德国哲学在西方哲学世界中的优越感，也让德国哲学的思想局限性不那么容易被人发现或承认。德国哲学在 20 世纪上半叶依然保持了在世界哲学版图中的霸主地位，法国哲学就深受德国哲学的影响，而德国哲学则既没有受到法国哲学的影响，也没有受到英美哲学的影响。人们说福柯是法国的尼采、阿尔都塞是法国的马克思、拉康是法国的弗洛伊德、德里达是法国的海德格尔，显然，这些不仅意味着德国哲学是 20 世纪下半叶法国哲学的黄金时代思想的原创性源头，而且也是它们所诉诸的样板和权威。

哈贝马斯在《后形而上学思想》中将 20 世纪西方哲学概括为四个最重要的哲学运动，其中在德国产生了"现象学运动"和"西方马克思主义"两大运动，法国的"结构主义与后结构主义"其实受到德国哲学决定性的影响，而德国分析哲学在起步上其实比英美的"分析哲学"还早，因为弗雷格以及石里克领导的"维也纳学派"的逻辑实证主义都是讲德语的哲学,"二战"后德国还涌现出施泰格缪勒和图根哈特等分析哲学家。广义的"现象学运动"包括胡塞尔的现象学、胡塞尔的学生海德格尔的存在主义以及海德格尔的学生伽达默尔的解释学,其经典著作有胡塞尔的《逻辑研究》、海德格尔的《存在与时间》与伽达默尔的《真理与方法》。在德国,"西方马克思主义"主要指的是法兰克福学派的"批判理论",第一代代表人物有霍克海默、阿多尔诺、本雅明、马尔库塞、弗洛姆,第二代代表人物有哈贝马斯、维尔默等,其经典著作有霍克海默与阿多尔诺的《启蒙辩证法》、阿多尔诺的《否定辩证法》、马尔库塞的《爱欲与文明》以及哈贝马斯的《交往行为理论》。法兰克福学派之外还有一位特别的西方马克思主义者布洛赫,他的"希望哲学"和乌托邦精神充满迷人的思辨和犹太弥赛亚主义的色彩。在"一战"之前德国哲学的主流是科亨、那托普、文德尔班、李凯尔特、卡西尔的新康德主义,当时还有建构了庞大的本体论范畴体系的哈特曼的"批判实在论",不过,在胡塞尔和海德格尔的现象学运动的冲击下它们很快就显得不合时宜了。与新康德主义和胡塞尔的现象学这两种理性主义相抗衡的是狄尔泰和斯宾格勒的激进历史主义,与他们同时代的齐美尔的生命哲学、雅斯贝尔斯的"存在哲学",舍勒、格伦和普列斯纳等人的哲学人类学以及施米特的政治哲学,都与这种激进历史主义潮流有着密不可分的关系。"二战"后德国最擅长历史哲学的是海德格尔的弟子洛维特。

但随着"二战"的爆发,20世纪二三十年代德国哲学的黄金时代结束了,直到60年代德国哲学才开始全面复苏。"二战"后德国哲学重建工作做的第一件事就是跟"二战"前的,甚至是18、19世纪以来的德国哲学做一个彻底的切割,因为它们与德国纳粹的兴起有许多解脱不开的干系,甚至应该负有一定的责任。哈贝马斯和法兰克福学派对德国哲学传统以及海德格尔发起了严厉猛烈的批判,成为"二战"后德国哲学的主流。"二战"后,除了继承海德格尔传统的伽达默尔及其弟子舒尔茨、亨利希、弗兰克和布伯纳等这一派以及继承法兰克福学派传统的阿多诺、马尔库塞、哈贝马斯及其弟子霍耐特这一派之外,还有一派就是以主编十三卷《哲学历史辞典》而闻名的利特尔开创的明斯特学派,其主要成员有吕贝、马夸德、施佩曼等,他们因为推崇亚里士多德、黑格尔和施米特而被哈贝马斯视为一种"新保守主义"。哈贝马斯之外最重要的德国政治哲学家是著有《政治的正义性》(1987)的赫费,而与哈贝马斯激烈论战过的比勒菲尔德社会学派领袖卢曼则是哈贝马斯之外最重要的德国社会理论家。与作为哈贝马斯的交往行动理论的哲学基础的普遍语用学思想比较接近的是提出"先验语用学"的阿佩尔,他将维特根斯坦的哲学引入德国，并与伽达默尔一起推动了德国哲学的"语言的转向"。

哈贝马斯之外最重要的德国伦理学家是约纳斯，他的《责任原理：技术文明的伦理研究》(1979)一书是七八十年代德国哲学的标志性成就。德国战后道德哲学的基本主题不仅有对纳粹统治下的集体罪责的反思，还有对医学伦理、环境问题、技术时代的伦理问题的关切与追问。这与"二战"前的情况十分不同。可以说，解释学、批判理论、道德哲学构成了"二战"后德国哲学的关键领域。

"二战"后最重要的德国哲学家是伽达默尔、阿多诺和哈贝马斯，20世纪下半叶与伽达默尔和哈贝马斯齐名的德国哲学家还有思想史大师布鲁门伯格，他以《近代的合法性》(1966)、《哥白尼世界的起源》(1975)和《神话研究》(1979)三本博学的巨著闻名世界。此外，像新现象学家施密茨、分析哲学家图根哈特、美学家韦尔施、图宾根学派的克莱默，也都很有影响力。随着布鲁门伯格和伽达默尔两大哲学家在世纪之交先后谢世，"二战"后一代哲学家逐渐退出德国哲学舞台。当今德国哲学最重要的人物应属当年以《犬儒理性批判》(1983)一书闻名的后现代哲学家斯洛特戴克，他的最重要著作是探讨全球化（尤其是电子全球化）条件下人类的生存空间主题的三卷本著作《球体》(1998，1999，2004)，该书受到拉图尔·布鲁诺和齐泽克极力推崇。斯洛特戴克的后现代哲学风格非常接近那些法国哲学家，他和萨弗兰斯基常年主持德国电视二台的哲学谈话节目，是当今德国知名度很高的哲学明星人物；另外一个公众关注度较高的哲学人物是生于1980年的加布里埃尔，他是德国史上最年轻的哲学教授，2013年他的著作《为什么世界不存在》成为风靡一时的畅销书，另一位哲学家普雷希特则成为网红明星，斯洛特戴克、加布里埃尔、普雷希特三位哲学家代表着德国哲学走向一种新的实践哲学的风尚。由于20世纪下半叶欧洲哲学重心从德国转移到法国，以及英美分析哲学在德国的流行，德国哲学总体上给人一种远离自己的传统而日趋走向衰落的印象。

三、当代西方哲学发展的主要趋势

当代西方哲学主义林立，思潮叠起。总体来说，一方面，在世界观和本体论上，唯物主义逐步取得主流地位，在历史观上，对西方当代社会和文化的批判更加全面和深入；另一方面，搅动整个当代西方哲学的后现代主义思潮则经历了由波涛汹涌到复归平静的历程，而欧洲大陆哲学为代表的人本主义思潮和英美分析哲学为代表的科学主义思潮经历了高度分化之后通过交流走向融合的趋势日益明显。

（一）当代唯物主义哲学思潮的兴起

除了少数基督教哲学家外，当前的西方哲学家大多数是唯物主义者。很多哲学家虽然没有明确声称自己是唯物主义者，但也没有提出或支持任何唯心主义论题。这种情况主要出现在英美分析哲学中，但也有一些欧洲大陆哲学家明确表达了唯物主义的哲学立场，打出了"思辨唯物主义""先验唯物主义""新唯物主义"等各种旗号。20世纪末到现在，欧洲大陆以文本分析为主线的思想路线发生了变化。在法国，德勒兹与瓜塔里合作，力图重构和强化唯物主义。巴迪欧以集合论为基础构建具有唯物主义倾向的本体论。巴迪欧的学生梅拉苏深入批判了康德的所谓哥白尼式革命所导致的主观主义哲学传统。当代德国哲学中的批判的社会理论运用马克思主义的思想资源，有着更强的唯物主义倾向。

英美分析哲学中的唯物主义更加明显也更加明确。科学实在论是科学哲学中的唯物主义。当代英美哲学家大多数尊重科学，相信科学，重视科学发现。在本体论上，他们反对笛卡儿主义的心物二元论。在心灵哲学领域，有些哲学家直接宣称自己是唯物主义者，如阿姆斯特朗和丘奇兰，有些哲学家则偏爱物理主义这个名称，如韩裔美国哲学家金在权。澳大利亚哲学家斯马特主张身心同一论，即一种心灵状态就等同于一种大脑状态，哲学界通常把他叫做唯物主义者。

阿姆斯特朗相信所有的事物都必须服从物理因果律，如果意图和信念能够引起人的行动，那么意图和信念就是物理过程。丘奇兰把自己的立场叫做取消论的唯物主义。他认为像信念和意图这样的概念来自民间心理学（folk psychology），这些概念无法得到科学的考察，它们像燃素和以太一样，是一种错误的假定，因此科学的心理学必须取消这类概念。

金在权是当代心灵哲学中物理主义的代表。他主张因果封闭原则，即每一个物理事件都有充分的物理原因，因此不存在物理原因之外的原因。对于我们意识到的经验或感受问题，金在权承认物理主义还不能够很好地回答，但他相信物理主义是近于完善的。

一些物理主义者主张心理过程等同于物理过程，还有一些人主张把心理过程还原为物理过程。但是，在物理世界中，许多属性或功能可以在不同的物理系统上实现，如温控系统可以是机械的，也可以是电子的。所以一种功能可以有多种实现方式。这是普特南提出的多重实现（multiple realizability）的概念。同理，知觉、思维、意识、推理、计算等功能也可以在不同的物理系统中实现。普特南和丹尼特是功能主义者，这也是物理主义的一种形式。此外，戴维森主张物理实在是唯一的实在,但不存在严格的心理-物理定律,所以他称自己的观点为异态一元论。而查尔默斯同样主张物理实在在本体论上的唯一性,但认为心理属性不可还原为物理属性,因此他的观点叫做属性二元论。

英美唯物主义的另一种表现形态是自然主义。自然主义在方法论上主张我们获得正确知识的唯一方法是自然科学的方法,在本体论上则断定凡是存在的都存在于自然之中。塞拉斯说,存在或不存在都必须由科学来判定。简而言之,自然主义主张科学之外无知识,自然之外无存在。

1969年,蒯因发表《认识论的自然化》,主张用科学的心理学来取代传统哲学的认识论。对于整个哲学,他宣称"科学哲学就是全部哲学",这是一种方法论的自然主义。此后,自然主义称雄美国哲学界。当前英美哲学界的自然主义形形色色,种类繁多。迪普雷赞成多元自然主义,霍恩斯比主张朴素的自然主义,麦克道尔支持自由的自然主义,斯特劳德倾向于"更开明或更博大"的自然主义。还有与题材或学科相关的自然主义,如伦理自然主义、数学自然主义、美学自然主义,等等。

总体上,当代自然主义可以分为两大类。一类是杜威式的自然主义,立意反对先验方法和超自然的存在,而对于具体的心理、社会、伦理现象的解释,持有比较宽容的态度。另一类是物理主义,试图将一切现象,包括社会存在、价值、心理属性,都建立在基础物理学家的定律之上。正是后一类自然主义受到大量的批评和挑战。

(二)后现代主义哲学思潮的涨落

在前面相关章节的论述中出现过"后现代主义思潮""后现代主义哲学思潮""后现代主义哲学""后现代主义哲学流派""后现代哲学家"等名词概念,但限于篇幅而没有进一步阐释。这里结合当代西方哲学的发展趋势,对后现代主义哲学思潮给以简要介绍。

论及后现代主义哲学思潮的涨落,我们首先要从"后现代"和"后现代主义"(postmodernism)这两个概念说起。后现代既是一个时间概念,代表着现代之后的时代,标志着西方发达国家在20世纪60年代前后步入了"后工业社会"时代(以知识社会、技术社会、消费社会为特征),又具有超越现代的思想含义,代表着一种反现代主义的倾向。后现代主义则是起始于20世纪五六十年代的艺术风格和创作取向,最初是指在建筑领域出现的所谓"后现代风格"的设计思想,以反叛现代主义的建筑理念为宗旨,具有鲜明的折中主义、装饰主义、"亦此亦彼"的含混性和多义性等特征。之后这种后现代风格逐渐在小说、戏剧、绘画、诗歌等艺术创作中盛行开来。后现代主义是由现代主义演变而来的，或者说是从现代主义内部产生的反传统和反现代的文化思潮。

在后现代主义文化思潮的推动和催化之下，逐渐兴起了各种后现代主义哲学思潮，反过来，后现代主义哲学思潮又支撑和强化了后现代主义文化思潮，它们之间有着一种相辅相成的关系。后现代主义哲学思潮俨然是对传统思维方式的批判与解构，其反本质主义、反基础主义、反中心主义的基本立场，表达了一种超越传统和超越现代的思想诉求。法国哲学家利奥塔将"后现代主义"定义为彻底放弃"宏大叙事"的理论立场，即不再信任传统哲学的绝对真理，不再接受总体化的理论体系。按照美国哲学家罗蒂的说法，作为取代传统哲学的"后哲学文化"就是要用"教化哲学"去取代"体系哲学"，哲学不再去追求绝对真理而是去助力多元化的生活。法国哲学家德里达的"解构主义"可以直接作为后现代主义哲学的思想典型，其倡导的非中心、非同一、差异、多元等后现代观念，具有非常鲜明的去传统化的后现代主义哲学特征。一般说来，法国的后结构主义、解构主义、女性主义以及美国的新实用主义，基本上代表了后现代主义哲学思潮。

后现代主义哲学思潮的活跃期在20世纪的60—80年代，一时间学术界言必谈差异和多元这些后现代主义哲学的"黑话"。自80年代以来，后现代主义不再是流行的思潮，后现代主义哲学思潮随着其代表人物的离世而渐渐销声匿迹。个中缘由，或许是后现代主义哲学观念已经渗透到哲学人文社会科学各领域，已经成为理论家和研究者的既有背景而不再时髦。或许是遭到各种批评的声音，如当代法国哲学家巴迪欧针对后现代主义带来的怀疑主义、相对主义、虚无主义而提出重建一种"新柏拉图主义"。尽管不能说后现代主义哲学思潮只是昙花一现，但它确实因为走向思想的极端而无法摆脱自身思想内在的矛盾，因而不能成为一种完全成熟的理论观点。

（三）当代哲学思潮的"文化转向"

哲学在今天所面对的时代课题往往与文化问题紧密相关。我们可以看到，随着全球化时代的到来，随着消费社会的升级，随着科学技术的不断变革，当今世界范围的文化问题愈加突出，以至在哲学和人文社会科学其他领域出现了所谓的"文化转向"。这种转向具体表现在各式各样的文化理论、文化研究、文化批判之中，表现在当代哲学所展开的现代性批判之中。除去语言分析哲学、认知心灵哲学、现象学等比较纯理论的哲学取向之外，也有不少哲学理论流派始终坚持其社会批判的思想立场，对于当代资本主义的文化消费现象，对于全球化进程中的文化冲突等，展开了哲学的批判性反思。而且，即使是语言分析哲学、认知心灵哲学、现象学哲学等，也逐渐将自身理论问题的视域转向了文化。从一定意义上说，在反传统形而上学的思想推动之下，当代哲学逐步将目光聚焦在文化的基础性作用上面。

当代哲学极为关注的语言问题、伦理道德问题、法律问题、生态问题等，均与文化问题紧密相关。随着现代性批判的不断深入，文化问题的重要性越发得到认可。美国的新实用主义、英国的后语言分析哲学、德国的新现象学和实践哲学、法国的后结构主义和解构主义以及女性主义、各种遍布和渗透哲学人文社会科学的后现代主义哲学思潮都不同程度地以文化问题作为哲学的基本问题。于是，哲学变得越来越不像哲学，而是变成了文化批判和文化研究。我们之所以难以把握当代西方哲学的变异，这是其中的一个重要原因。

（四）当代西方哲学思潮的交流与融合

从"二战"之后到20世纪70年代这段时间，以英美分析哲学为代表的科学主义思潮与以欧洲大陆哲学为代表的人本主义思潮总体上处于相互隔离和互不往来的状态，这是因为这两大哲学思潮在研究方法、研究对象和学术评价等方面就有着重大的差别。英美分析哲学继承了英国经验主义传统，追求语言表达的准确性和论证的逻辑严密性，主张科学方法是我们获得自然知识的正确方法，关心的是知识和真理问题。而欧洲大陆哲学继承了理性主义的思辨传统，追求人的自我理解和对社会历史的理解，否认科学方法的普遍性，主张人文科学的方法论独特性，通过文本解释和概念辩证来构建关于生活和历史的哲学。

但是，这两大阵营的划分不是地理上的，也不是绝对的。分析哲学的主要理论基础是自然科学和逻辑，19世纪后期到20世纪初是欧洲科学技术和数理逻辑爆发式发展的一个时期。德语和法语国家都出现了一批从哲学上反思科学知识和科学方法的科学家，如马赫、彭加莱、迪昂等。在这个背景下，分析哲学差不多同时产生于英国和德语国家。弗雷格和罗素开创了语言的逻辑分析，随后维特根斯坦发表《逻辑哲学论》，奥地利产生了维也纳学派的逻辑经验主义，并在德国等欧洲国家得到积极响应。"二战"前后，分析哲学的主要阵地转移到美国，并与美国本土的实用主义哲学相结合。而美国实用主义恰恰是德国思辨哲学、英国经验主义、皮尔士的逻辑研究与美国本土文化相结合的产物。从这些事实来看，英美分析哲学与欧洲大陆哲学一开始就潜伏着交流与融合的思想因素。

另一方面，英语世界也不是经验主义和逻辑分析的一家之言。罗素和摩尔之前，新黑格尔主义在英国哲学界声势强劲，美国也出现了新黑格尔主义思潮。现象学和结构主义也始终都有英语哲学界的发言人。有意思的是，胡塞尔和皮尔士差不多在同一时期相互独立地提出了一门新的哲学学科，这就是现象学，而且他们对现象学的理解也基本相同。

从这个背景我们可以看到，有几大因素推动着英美分析哲学与欧洲大陆哲学的交流与融合。第一个因素是维特根斯坦后期对生活形式的关注与胡塞尔后期对生活世界的关注，引向后期两大阵营中的共有历史主义和语境主义。第二个因素是科学哲学中的历史主义与大陆哲学的文本解释取向有着较多的共鸣，如库恩的常规科学传统与伽达默尔的解释传统之间就有许多共通点。第三个因素是哲学思想的本性使然，重要的哲学文本都有可能成为其他学派的阅读文献。罗蒂早期是一个分析哲学家，但随后欧洲大陆哲学在他的哲学著作中得到了越来越多的体现和阐发。第四个因素是美国实用主义哲学。实用主义哲学部分地源于德国哲学，一方面与美国分析哲学相结合，另一方面又反过来影响了德国哲学。哈贝马斯和阿佩尔都通过解释和发展实用主义哲学中的语用学成分而形成了自己独有的哲学思想。可以预见，在今后一个时期，两大哲学阵营的交流和融合将会进一步加强。

当代西方哲学思潮仍处于演变过程中，很多流派从当代西方哲学的总体格局上将发生各种分化、融合，就具体的流派而言，也将发生各种难以预测的变化，我们要密切关注当代西方哲学思潮的演变和发展，"不忘本来 吸收外来 面向未来"，为建设新时代中国特色社会主义而服务。

阅 读 文 献

- 马克思：《1844年经济学哲学手稿》，《马克思恩格斯文集》第1卷，人民出版社2000年版。

- 马克思、恩格斯：《共产党宣言》，《马克思恩格斯文集》第2卷，人民出版社2009年版。

- 恩格斯：《路德维希·费尔巴哈和德国古典哲学的终结》，《马克思恩格斯文集》第4卷，人民出版社2009年版。

- 列宁：《唯物主义和经验批判主义》，人民出版社2015年版。

- 洪谦主编：《逻辑经验主义》（上卷），商务印书馆1982年版。

- ［德］叔本华：《作为意志和表象的世界》，石冲白译，杨一之校，商务印书馆1982年版。

- ［法］奥古斯特·孔德：《论实证精神》，黄建华译，商务印书馆1996年版。

- ［英］约翰·密尔：《论自由》，许宝骙译，商务印书馆1959年版。

- ［德］H.亨里希·李凯尔特：《文化科学和自然科学》，涂纪亮译，杜任之校，商务印书馆1986年版。

- ［德］尼采：《权力意志》上，孙周兴译，商务印书馆2007年版。

- ［英］罗素：《逻辑与知识》，苑莉均译，张家龙校，商务印书馆1996年版。

- ［美］威廉·詹姆士：《实用主义》，陈羽纶、孙瑞禾译，商务印书馆1997年版。

- ［德］胡塞尔：《纯粹现象学通论 纯粹现象学和现象学哲学的观念》第一卷，［荷］舒曼编，李幼蒸译，商务印书馆1992年版。

- ［德］马克斯·舍勒：《伦理学中的形式主义与质料的价值伦理学》，倪梁康译，商务印书馆2011年版。

- ［美］约翰·杜威：《经验与自然》，傅统先译，商务印书馆1960年版。

- ［德］海德格尔：《存在与时间》，陈嘉映、王庆节译，熊伟校，陈嘉映修订，商务印书馆2016年版。

- ［德］雅斯贝斯：《时代的精神状况》，王德峰译，上海译文出版社1997年版。

- ［德］霍克海默、阿道尔诺：《启蒙辩证法——哲学断片》，渠敬东、曹卫东译，上海人民出版社2006年版。

- ［法］萨特：《存在与虚无》，陈宣良译，杜小真校，生活·读书·新知三联书店1997年版。

- ［德］恩斯特·卡西尔：《人论》，甘阳译，上海译文出版社2003年版。

- ［法］莫里斯·梅洛-庞蒂：《知觉现象学》，姜志辉译，商务印书馆2001年版。

- ［英］路德维希·维特根斯坦：《哲学研究》，陈嘉映译，上海人民出版社2005年版。

- ［美］威拉德·蒯因：《从逻辑的观点看》，江天骥、宋文淦、张家龙等译，上海译文出版社1987年版。

- ［法］罗兰·巴尔特：《写作的零度》，李幼蒸译，中国人民大学出版社2008年版。

- ［英］J. L. 奥斯汀：《如何以言行事》，杨玉成、赵京超译，商务印书馆2012年版。

- ［德］赫伯特·马尔库塞：《爱欲与文明——对弗洛伊德思想的哲学探讨》，黄勇、薛民译，上海译文出版社1987年版。

- ［德］汉娜·阿伦特：《人的境况》，王寅丽译，上海世纪出版集团2009年版。

- ［法］列维-斯特劳斯：《结构人类学》，张祖建译，中国人民大学出版社2006年版。

- ［英］卡尔·波普尔：《科学发现的逻辑》，查汝强、邱仁宗、万木春译，中国美术学院出版社2007年版。

- ［德］汉斯-格奥尔格·伽达默尔：《诠释学Ⅰ真理与方法——哲学诠释学的基

本特征》，洪汉鼎译，商务印书馆 2010 年版。

■［德］汉斯-格奥尔格·伽达默尔：《诠释学Ⅱ真理与方法》——补充和索引，洪汉鼎译，商务印书馆 2010 年版。

■［美］托马斯·库恩：《科学革命的结构》，金吾伦、胡新和译，北京大学出版社 2003 年版。

■［法］保罗·利科：《诠释学与人文科学——语言、行为、解释文集》，孔安明、张剑、李西祥译，中国人民大学出版社 2012 年版。

■［法］雅克·德里达：《书写与差异》，张宁译，生活·读书·新知三联书店 2001 年版。

■［美］约翰·罗尔斯：《正义论》（修订版），何怀宏等译，中国社会科学出版社 2009 年版。

■［德］罗伯特·诺奇克：《无政府、国家和乌托邦》，姚大志译，中国社会科学出版社 2008 年版。

■［美］保罗·法伊尔阿本德：《反对方法——无政府主义知识论纲要》，周昌忠译，上海译文出版社 1992 年版。

■［法］米歇尔·福柯：《规训与惩罚——监狱的诞生》，刘北成、杨远婴译，生活·读书·新知三联书店 2003 年版。

■［美］理查德·罗蒂：《哲学和自然之镜》，李幼蒸译，商务印书馆 2003 年版。

■［德］哈贝马斯：《在事实与规范之间——关于法律和民主法治国的商谈理论》，童世骏译，生活·读书·新知三联书店 2003 年版。

人名译名对照表

[德]	阿多尔诺,西奥多·维森格朗德	Theodor W. Adorno
[德]	阿伦特,汉娜	Hannah Arendt
[澳]	阿姆斯特朗,大卫·马利特	David M. Amstrong
[英]	艾耶尔,阿尔弗雷德·朱尔斯	Alfred Jules Ayer
[英]	奥斯汀,约翰·兰肖	J. L. Austin
[法]	巴尔特,罗兰	Roland Barthes
[法]	巴迪欧,阿兰	Alian Badiou
[英]	边沁,杰里米	Jeremy Bentham
[英]	波普,卡尔	Karl Popper
[英]	布拉德雷,弗朗西斯·赫伯特	Francis Herbert Bradley
[美]	布兰顿,罗伯特	Robert Brandom
[英]	布洛尔,大卫	David Bloor
[美]	查尔默斯,大卫	David Chalmers
[美]	戴维森,唐纳德	Donald Davidson
[美]	丹尼特,丹尼尔	Daniel Dennett
[法]	德里达,雅克	Jacques Derrida
[法]	德勒兹,吉勒斯	Gilles Deleuze
[法]	迪昂,皮埃尔	Pierre Duhem
[德]	狄尔泰,威廉	Wilhelm Dilthey
[法]	迪普雷,约翰	John Dupré
[美]	杜威,约翰	John Dewey
[法]	菲涅尔,奥古斯丁-让	Augustin-Jean Fresnel
[奥]	费格尔,赫伯特	Herbert Feigl
[美]	费耶阿本德,保罗	Paul Feyerabend
[美]	福多尔,杰里	Jerry Fodor
[法]	福柯,米歇尔	Michel Foucault
[德]	弗雷格,弗里德里希·路德维希·戈特洛布	Friedrich Ludwig Gottlob Frege
[德]	伽达默尔,汉斯-格奥尔格	Hans-Georg Gadamer

[美]	盖梯尔，埃德蒙	Edmund Gettier
[美]	哥德尔，库尔特	Kurt Gödel
[法]	瓜塔里，菲力克斯	Félix Guattari
[德]	哈贝马斯，尤尔根	Jürgen Habermas
[奥]	哈恩，汉斯	Hans Hahn
[美]	哈曼，吉尔伯特	Gilbert Harman
[美]	哈特曼，吉尔伯特	Gilbert Hartman
[德]	海德格尔，马丁	Martin Heidegger
[美]	汉森，诺伍德·罗素	Norwood Russell Hanson
[英]	赫胥黎，托马斯·亨利	Thomas Henry Huxley
[德]	胡塞尔，爱德蒙德	Edmund Husserl
[英]	霍恩斯比，詹妮弗	Jennifer Hornsby
[德]	霍克海默，马克斯	Max Horkheimer
[美]	基切尔，菲利普	Phillip Kitcher
[德]	加尔，弗朗兹·约瑟夫	Franz Joseph Gall
[美]	金在权	Jaegwon Kim
[美]	卡尔纳普，鲁道夫	Rudolf Carnap
[德]	卡西尔，恩斯特	Ernst Cassirer
[德]	柯亨，赫尔曼	Hermann Cohen
[丹麦]	克尔凯郭尔，索伦	Søren Kierkegaard
[美]	克里普克，索尔·阿伦	Saul Aaron Kripke
[法]	孔德，奥古斯特	Auguste Comte
[美]	库恩，托马斯	Thomas Kuhn
[美]	蒯因，威拉德·冯·奥尔曼	Willard van Orman Quine
[法]	拉菲特，皮埃尔	Pierre Laffitte
[英]	拉卡托斯，伊姆雷	Imre Lakatos
[法]	拉马克，让-巴蒂斯特	Jean-Baptiste Lemarck
[德]	莱布尼茨，戈特弗里德·威廉	Gottfried Wilhelm Leibniz
[英]	莱特，克里斯宾	Crispin Wright
[德]	莱欣巴赫，汉斯	Hans Reichenbach
[英]	赖尔，吉尔伯特	Gilbert Ryle
[美]	勒瑞尔，基斯	Keith Lehrer

[德]	李凯尔特，亨里希·约翰	Heinrich John Rickert
[法]	李特，埃米尔	Emile Littré
[法]	利科，保罗	Paul Ricoeur
[法]	列维-斯特劳斯，克劳德	Claude Lévi-Strauss
[美]	罗蒂，理查德	Richard Rorty
[美]	罗尔斯，约翰	John Rawls
[英]	罗素，伯特兰	Bertrand Russell
[德]	马尔库塞，赫伯特	Herbert Marcuse
[德]	马赫，恩斯特	Ernst Mach
[法]	马塞尔，加布里埃尔	Gabriel Marcel
[英]	麦克道尔，约翰	John McDowell
[英]	麦克斯韦，詹姆斯·克拉克	James Clerk Maxwell
[美]	麦塔格，约翰	John McTaggart
[法]	梅洛-庞蒂，莫里斯	Maurice Merleau-ponty
[法]	梅拉苏，昆汀	Quentin Meillassoux
[奥]	梅农，亚历克修斯	Alexius Meinong
[奥]	门格尔，卡尔	Karl Menger
[英]	密尔，约翰·斯图尔特	John Stuart Mill
[英]	摩尔，乔治·爱德华	George Edward Moore
[德]	尼采，弗里德里希·威廉	Friedrich Wilhelm Nietzsche
[美]	诺齐克，罗伯特	Robert Nozick
[英]	帕皮诺，大卫	David Papineau
[美]	皮尔士，查尔斯·桑德斯	Charles Sanders Peirce
[英]	皮柯克	C. Peacocke
[美]	普特南，希拉里	Hilary Putnam
[德]	齐美尔，格奥尔格	Georg Simmel
[加]	丘奇兰，保罗	Paul M. Churchland
[法]	萨特，让-保罗	Jean-Paul Sartre
[美]	塞尔，约翰	John Searle
[美]	塞拉斯，威尔弗里德	Wilfrid Sellars
[美]	桑塔亚那，乔治	George Santayana
[德]	施莱尔马赫，弗里德里希·丹尼尔·恩斯特	

			Friedrich Daniel Ernst Schleiermacher
[德]		施太格缪勒,沃尔夫冈	Wolfgang Stegmüller
[德]		石里克,莫里茨	Moritz Schlick
[德]		叔本华,阿图尔	Arthur Schopenhauer
[英]		斯宾塞,赫伯特	Herbert Spencer
[澳]		斯马特	J. J. C. Smart
[加]		斯特劳德,巴里	Barry Stroud
[英]		斯特劳森,皮特·弗里德里克	Peter Frederick Strawson
[波兰]		塔斯基,阿尔弗雷德	Alfred Tarski
[英]		威廉森,蒂摩西	Timothy Williamson
[奥]		维特根斯坦,路德维希	Ludwig Wittgenstein
[奥]		魏斯曼,弗里德里希	Friedrich Waismann
[德]		文德尔班,威廉	Wilhelm Windelband
[英]		沃拉尔,约翰	John Worrall
[英]		休厄尔,威廉	William Whewell
[德]		雅斯贝尔斯,卡尔·西奥多	Karl Theodor Jaspers
[美]		詹姆斯,威廉	William James

后 记

《当代西方哲学思潮评析》是马克思主义理论研究和建设工程重点教材,由教育部组织编写,经国家教材委员会审核通过。

在教材编写过程中,得到了国家教材委员会高校哲学社会科学(马工程)专家委员会、思想政治审议专家委员会以及教育部原马工程重点教材审议委员会的指导。同时,广泛听取了高校教师和学生的意见建议。

本教材由丁立群主持编写,朱志方、欧阳谦、罗跃军任副主编。绪论,丁立群撰写;第一章,第十二章,欧阳谦、张旭撰写;第二章,第六章,第十一章第二节至第四节,朱志方撰写;第三章,刘振怡撰写;第四章,高来源撰写;第五章,第十一章第一节,苏德超撰写;第七章第二节、第三节、第五节,张廷国撰写;第七章第一节、第四节,第八章第三节,第十章,王晓东撰写;第八章第一节、第二节、第四节,罗跃军撰写;第九章,何卫平撰写;第十三章,陈江进撰写;结语,朱志方、欧阳谦、张旭撰写。

2021 年 6 月

郑重声明

高等教育出版社依法对本书享有专有出版权。任何未经许可的复制、销售行为均违反《中华人民共和国著作权法》,其行为人将承担相应的民事责任和行政责任;构成犯罪的,将被依法追究刑事责任。为了维护市场秩序,保护读者的合法权益,避免读者误用盗版书造成不良后果,我社将配合行政执法部门和司法机关对违法犯罪的单位和个人进行严厉打击。社会各界人士如发现上述侵权行为,希望及时举报,我社将奖励举报有功人员。

反盗版举报电话　（010）58581999　58582371
反盗版举报邮箱　dd@hep.com.cn
通信地址　北京市西城区德外大街4号
　　　　　高等教育出版社法律事务部
邮政编码　100120

读者意见反馈

为收集对教材的意见建议,进一步完善教材编写并做好服务工作,读者可将对本教材的意见建议通过如下渠道反馈至我社。

咨询电话　400-810-0598
读者服务邮箱　gjdzfwb@pub.hep.cn
通信地址　北京市朝阳区惠新东街4号富盛大厦1座
　　　　　高等教育出版社总编辑办公室
邮政编码　100029

防伪查询说明

用户购书后刮开封底防伪涂层,使用手机微信等软件扫描二维码,会跳转至防伪查询网页,获得所购图书详细信息。

防伪客服电话　（010）58582300